GUINNESS WORLD RECORDS 2019

Conoce a los artífices...

El libro de este año lo presenta el diseñador de disfraces *cosplay* Thomas DePetrillo (EE.UU.), de Extreme Costumes. Lo acompaña una de sus últimas creaciones: el autobot *Bumblebee*, personaje del universo Transformers. Con una altura de 2,89 m hasta la parte superior de sus «alas» y 2,66 m hasta lo más alto de sus antenas, se trata del **disfraz móvil *cosplay* más alto (para una persona)**. *Bumblebee* es sólo uno de los inspiradores proyectos que encontrarás en el *Guinness World Records* de *2019…*

SUMARIO

Dentro de nuestros 10 capítulos repletos de acción se incluye la novedosa sección de **Conoce a los artífices**, que detalla la historia que hay detrás de 10 creaciones que han batido récords. No te pierdas tampoco el apartado **Construyendo la Historia**, que rinde homenaje a ocho construcciones icónicas mediante sensacionales maquetas de LEGO©.

Cada sección lleva una franja con el color identificativo del capítulo.

Las infografías de la parte superior de la página te ofrecen datos breves y concisos.

EN DETALLE: DINOSAURIOS

¿Quieres más información? Las páginas **En detalle** ofrecen un estudio detallado de un tema. Se complementa con fotografías a todo color y elaboradas ilustraciones.

CONOCE A LOS ARTÍFICES: LA HAMBURGUESA MÁS GRANDE

¡Conoce a los artífices! En estas páginas averiguarás qué hay detrás de algunos de los récords más ingeniosos. También encontrarás entrevistas a sus protagonistas, que explican cómo abordaron el reto y revelan qué fue lo que les llevó a hacerse con un título GWR.

MOTOCICLETAS

Fíjate en estas franjas situadas en la parte inferior de las páginas. Muestran una serie de récords que están relacionados de algún modo.

¡Encontrarás más de 1.000 fotografías en esta edición del GWR!

El icono del 100 % significa que ves al protagonista del récord a tamaño real.

100 %

EL SATURNO V

Construyendo la Historia

Este año GWR celebra con orgullo la denominada «Cultura *maker*», una corriente que engloba a inventores y aficionados que idean y construyen sus propios diseños innovadores o bien le dan una nueva vuelta de tuerca a algunos ya existentes.

Las páginas dedicadas a **Construyendo la Historia** ponen el foco, mediante increíbles maquetas de LEGO, sobre objetos icónicos o construcciones que han batido récords. Algunas de estas impresionantes maquetas son construcciones de LEGO que atesoran un récord por sí mismas, mientras que otras son representaciones hechas con LEGO de construcciones de récord que hay en el mundo real. La elaboración en detalle de estas maquetas refleja la genialidad de los diseños originales. Quién sabe, puede que algún día tú también crees un LEGO que deje a todo el mundo boquiabierto...

¡Conoce a Ally Zing!

Prepárate para dar la bienvenida a un nuevo miembro del equipo de Guinness World Records: ¡Ally Zing! Puedes seguir sus aventuras en nuestra página web para niños (**guinnessworldrecords.com/kids**) y en nuestro canal PopJam, y tal vez incluso puedas llegar a conocerlo en persona en uno de los programas en directo de GWR. Como se encarga de recopilar las marcas más increíbles del mundo, quizá aparezca en un intento de récord que se organice cerca de donde vivas. Es la hora de «¡Llamar a Zing!».

CARTA DEL EDITOR

¡Bienvenido a la última edición del *Guinness World Records*! Esta nueva entrega está completamente actualizada y presenta lo mejor de los récords más recientes, ¡seleccionados de entre casi 40.000 solicitudes!, así como algunos de nuestros clásicos favoritos...

El tema central del libro de este año, nuestra 65.ª edición, es la «Cultura *maker*». Esta emocionante tendencia cultural anima a todo el mundo a canalizar su creatividad para construir algo impresionante desde cero, o modificarlo y reciclarlo para alargar su vida útil. Los principios no escritos del «Manifiesto de los artífices» resuenan en cada uno de los GWR: la inventiva,

el trabajo en equipo, la participación y el espíritu colectivo; sin duda, un tema perfecto para nuestra edición de 2019.

Para mostrar nuestro reconocimiento a los titulares de los récords más ingeniosos, hemos sumado fuerzas con la estrella de la televisión Edd China, el excéntrico inventor autor del **baño, cobertizo de jardín** y **sofá más rápidos**. En las

págs. 126-47, Edd nos presenta a 10 de sus artífices favoritos, y también nos habla de su último proyecto: convertir una furgoneta de helados diésel en un vehículo eléctrico respetuoso con el medio ambiente. ¿Será también la **furgoneta de helados eléctrica más rápida del mundo**? Descubre cómo le va en esta aventura en

Más personas saltando y chocando los cinco al mismo tiempo
El 18 de mayo de 2017, 4.418 empleados del proveedor de servicios bancarios Grupo Bolívar (Colombia) formaron parejas para saltar y chocar los cinco en Bogotá, Distrito Capital, Colombia. Este sorpresivo intento de récord tuvo lugar durante una convención que había organizado el Grupo Bolívar con el lema: «En tus manos está hacer un mundo mejor».

el capítulo especial «Conoce a los artífices».

El tema de los creadores se amplía en un nuevo apartado exclusivo de esta edición de 2019. Lo hemos llamado «Construyendo la Historia». Se trata de unas páginas estilo póster en las que exploramos ocho maravillas tecnológicas de todos los tiempos, como la Estatua de la Libertad (la **estatua más pesada**, págs. 10-11), el *Wright Flyer* (la **primera máquina voladora con motor**, págs. 48-49) y

el *Saturno V* (el **cohete más grande**, págs. 78-79). Y, como queríamos darles un toque único, hemos construido todas esas maravillas con bloques de LEGO®. Esto significa que, si te animas, tú también puedes hacerlo en casa y aprender por ti mismo los secretos que esconden estos vehículos y estructuras pioneros. (También hemos construido el **set más grande de bloques de LEGO®**: el *Halcón milenario* de las películas de *Star Wars*,

El mayor desfile de alpacas
El 21 de agosto de 2017, la Municipalidad Provincial de Carabaya (Perú) organizó un desfile de 460 alpacas por las calles de la capital de la provincia, Macusani, en la Región de Puno, Perú. Las alpacas que participaron en este evento fueron seleccionadas entre los 20.000 camélidos que habitan en la región de Carabaya. Las alpacas pertenecían a las dos razas existentes, huacaya y suri, y todas tenían al menos un año.

La ración más grande de tacos (empaquetados)

El 26 de mayo de 2017, UberEATS y El Tizoncito (ambos de México) sirvieron 1.230,2 kg de tacos en el bosque de Chapultepec, Ciudad de México, México. Se necesitaron 60.000 taqueros que ayudaron en la elaboración de las tortillas, hechas al estilo tradicional mexicano de taco al pastor.

La clase de eliminación de manchas más multitudinaria

El 3 de junio de 2017, la empresa de productos de limpieza Vanish (México) organizó una clase con 262 participantes en la Central de Abastos de Ciudad de México, México. La sesión duró 41 min y 49 s, tiempo en el que se eliminaron manchas de salsa de perejil o maquillaje de prendas blancas y de color. Al final de la clase, los supervisores confirmaron que las manchas habían desaparecido (izquierda).

formado nada menos que por 7.541 bloques. ¡Trabajar en Guinness World Records es todo un desafío!).

Un guiño final a la Cultura *maker* es nuestro especial «Inténtalo en casa», que puedes encontrar en las páginas 242-47. En este apartado incluimos nuestra guía para convertirte en el poseedor de un récord y cinco desafíos que te animan a batir uno en tu propia casa. Y no importa si no aspiras a lograr un récord o sólo quieres divertirte, con ellos vas a tener la oportunidad de convertirte en un artífice por derecho propio. ¡Buena suerte!

Esta atención a los artífices demuestra que los responsables y consultores de GWR siempre están muy atentos a las últimas tendencias, modas y tecnologías. Por ese motivo, también encontrarás récords con *spinners* (pág. 176) —¡hemos recibido 983 solicitudes de récords

Carabaya es famosa en todo Perú por sus alpacas, que se crían por la calidad de su lana.

CARTA DEL EDITOR

La tarta de fruta fresca más larga

El 27 de agosto de 2017, la Gobernación del XIII Departamento de Amambay (Paraguay) presentó una tarta de frutas de 502,29 m de longitud en Pedro Juan Caballero, Paraguay. La tarta había sido elaborada con un bizcocho tradicional lleno de dulce de leche y cubierto con fresas frescas, piña y plátano.

En los últimos 12 meses, nuestro equipo de gestión de récords ha registrado la increíble cifra de 38.205 solicitudes de reconocimientos de récords, ¡más de 100 diarias! En total, se aprobaron 3.178 en ese mismo período, un porcentaje de éxito del 8 %. La idea de que Guinness World Records «reconoce cualquier cosa como un récord» ¡simplemente no es cierta!

Si eres uno de esos pocos afortunados, ¡felicidades!, ahora formas parte de una élite: sólo el 0,0054 % de

Más personas cocinando en parrillas y barbacoas al mismo tiempo

El 19 de agosto de 2017, Yuca Expoeventos (México) reunió a 394 cocineros en Ciudad Juárez, Chihuahua, México. Una carnicería local donó 6.000 kg de carne que luego se distribuyó entre los participantes, procedentes de varios asadores de Juárez y Chihuahua, que trabajaron a la sombra del famoso monumento de 60 m de altura conocido como la «Equis».

relacionados con ellos!— o *slimes* (pág. 152), así como relacionados con la realidad virtual (págs. 156-57), la computación cuántica (pág. 155), los drones (págs. 172-73) y el *cosplay* (pág. 180). ¡Algunas de estas cosas ni siquiera existían hace 10 años!

Lo mismo puede decirse de plataformas como Instagram y Twitter (págs. 194-97), y de fenómenos de los medios sociales como el *unboxing* (pág. 152) y la retransmisión por *streaming* de series de televisión como *Stranger Things* (pág. 191). Allí donde se intente batir un récord, estaremos nosotros para dejar constancia.

El ceviche más grande

El 14 de abril de 2017, la Universidad Tecnológica de Manzanillo (México) ofreció 11.480 kg de ceviche en Colima, México. Casi 1.000 estudiantes y profesores trabajaron juntos para preparar un tradicional ceviche colimote con atún, chiles, cilantro, tomates y jugo de lima. Después de pesar el plato, éste fue distribuido por toda la región.

la población mundial tiene el derecho de exhibir un certificado de Guinness World Records colgado en la pared de su casa. Y entre estos pocos elegidos, un grupo incluso más pequeño ha sido incluido en las páginas de este libro. Con espacio para apenas unos 3.500 récords, tenemos que seleccionar muy bien qué mostramos en él.

Siempre es difícil decidir qué récords incluimos y cuáles dejamos fuera. Al preparar el libro, los editores buscan una mezcla de temas impresionantes, peculiares, intrigantes, que estén de actualidad y que tengan interés periodístico. También se preocupan de tratar el mayor

Más flautas servidas en ocho horas

El 9 de octubre de 2017, BBVA Bancomer (México) sirvió 12.000 flautas durante un período de tiempo de ocho horas en Ciudad de México. Para lograr este récord, se emplearon 396 kg de tortillas, 495 kg de carne de vacuno, 165 kg de queso, 200 l de crema agria y 429 kg de guacamole.

La ensalada de aceitunas más grande

El 12 de noviembre de 2017, la Universidad de San Ignacio de Loyola y la Municipalidad Provincial de Tacna (ambas de Perú) ofrecieron 789,47 kg de ensalada de aceitunas en Parque Perú, Tacna, Perú. El plato contaba con nueve ingredientes diferentes, entre ellos unos 250 kg de variedades moradas y verdes de aceitunas tacneñas locales. El encuentro se prolongó durante 12 horas.

La Universidad de San Ignacio de Loyola también ostenta el **récord de la ración más grande de rocotos rellenos**: 542,72 kg, servida el 27 de noviembre de 2016.

El desfile más grande de coches Ford Mustang

El 3 de diciembre de 2017, Ford Motor Company y Centro Dinámico Pegaso (ambos de México) celebraron el lanzamiento del nuevo Ford Mustang 2018 con un desfile de 960 vehículos en Estado de México, Toluca, México. Se colocaron chips electrónicos en cada vehículo para contarlos al principio y al final del desfile.

de la sección «Construyendo la Historia», que hemos distinguido con un diseño inspirado en la construcción y que ostenta el récord de **mayor set de LEGO® Technic**.

Nuestro equipo de documentación ha llenado el libro con cientos de fotografías originales inéditas. Ha recorrido el mundo entero para ofrecerte las imágenes más espectaculares. Entre sus favoritas están las del **hexápodo manejable más grande** (págs. 146-47), la **persona con más**

El desfile más grande de coches clásicos

El 30 de abril de 2017, Practico Events (Puerto Rico) organizó un desfile con 2.491 automóviles clásicos en Dorado, Puerto Rico. Para poder participar, los vehículos debían tener al menos 30 años. Tuvieron que recorrer unos 5,1 km sin detenerse para ser contabilizados en el total final.

abanico de temas posible, por lo que encontrarás de todo: desde la exploración espacial hasta juegos y deportes.

El diseño también ha sido completamente renovado gracias a Paul Deacon y nuestros amigos de 55 Design. Además de las habituales páginas de récords, no te pierdas los especiales «En detalle», dedicados a un único tema (como los dinosaurios en las págs. 72-73 y *Minecraft* en las págs. 192-93), ni los «Recopilatorios», que compilan récords muy particulares difíciles de categorizar. Y por cierto, si te estabas preguntando cuál es el tema favorito de Paul, éste no es otro que la **excavadora de rueda de cangilones más grande** (págs. 148-49)

modificaciones corporales (pág. 87), los **10 metros de puntillas más veloces sobre una cuerda floja** (pág. 114) y la **pistola de agua más grande** (págs. 144-45). En total, hay más de 1.000 imágenes de récords en este libro.

Si no formas parte del selecto 0,0054 % pero quieres unirte al club, visita **guinnessworldrecords.com**. Solicitar el reconocimiento de un récord es fácil y estamos deseando escuchar tus ideas. No podemos garantizártelo, pero todo es cuestión de esfuerzo y osadía. ¡Te deseamos toda la suerte del mundo!

El logotipo con coches más grande

El 1 de octubre de 2017, los distribuidores de automóviles costarricenses Purdy Motor celebraron su sexagésimo aniversario formando el logotipo de Toyota con 1.600 coches en el aparcamiento del Centro de Eventos Pedregal en Heredia, Costa Rica. La mayoría de los participantes eran propietarios de automóviles Toyota. Necesitaron nueve horas para completar el logotipo, que ocupó un área de 31.888,56 m².

Craig Glenday
Craig Glenday
Editor jefe

El desfile más grande de coches Toyota

El 23 de septiembre de 2017, Distribuidora Toyota (Colombia) organizó un desfile con 742 vehículos en el Autódromo de Tocancipá, Colombia, con lo que igualaba el récord establecido por Dickran Ouzounian en Nicosia, Chipre, el 7 de junio de 2015. El desfile conmemoraba los 50 años de la importación a Colombia de los primeros Toyota Land Cruisers. A la cabeza de la comitiva iba un Toyota FJ 25 restaurado y vendido en Cundinamarca en 1959.

DÍA DEL GWR

Cuando llega el mes de noviembre, aspirantes de todo el mundo a poseer un récord intentan batir alguno con motivo del Día del Guinness World Records. Los hay verdaderamente impresionantes, y otros fabulosamente excéntricos. En estas páginas, encontrarás una selección de los desafíos recientes más destacados, como la **maratón de videojuegos de combate hack and slash más larga** (24 h y 25 min, marca establecida por los alemanes Peer Bresser y Jimmie Smets en 2017) o el récord de **más canciones de Queen reconocidas por sus letras en un minuto** (17, del británico Bernie Keith en 2017).

¿Se te ocurre algún récord que podrías intentar? Para hacerte un hueco en el *Guinness World Records*, empieza por visitar nuestro sitio web **guinnessworldrecords.com**. Para más información, consulta la página 242.

▲ **El pastel vegano más grande**
Therese Lindgren (Suecia) preparó un pastel vegano de 462,4 kg (casi el mismo peso que un piano de cola), que fue presentado y pesado en Estocolmo, Suecia, el 3 de noviembre de 2017. El pastel se hizo para promover el veganismo (una dieta que no incluye productos de origen animal) y concienciar acerca de la importancia de una alimentación saludable.

▼ **El hula-hoop más grande que se logra girar**
El 9 de noviembre de 2017, el japonés Yuya Yamada hizo girar seis veces seguidas un hula-hoop con un diámetro de 5,14 m y una circunferencia exterior de 16,17 m en Yokohama, Kanagawa, Japón. En las imágenes de abajo puede verse a Yuya en acción así como celebrando su récord mientras la juez de GWR Kaoru Ishikawa (derecha) le ayuda a sostener el aro.

▼ **El menor tiempo en erigir una pirámide de 171 vasos**
El 9 de noviembre de 2017, el hábil James Acraman (R.U.) levantó en sólo 59,10 s una pirámide de 171 vasos en Londres, R.U. Batía así con mucha holgura su propio récord de 1 min y 26,9 s, establecido el 3 de enero del mismo año. El reto fue retransmitido en directo a través de Facebook Live.

▲ **La velocidad más rápida en un traje con motor a reacción autopropulsado**
Inspirándose en la famosa armadura de Iron Man, el británico Richard Browning voló en su propio traje levitante el Día del GWR 2017. Más información sobre su invento en la página 96.

◄ **El menor tiempo empleado en recorrer 20 m haciendo giros contorsionistas**
El 6 de noviembre de 2017, Liu Teng (China) recorrió una distancia de 20 m haciendo giros contorsionistas en 15,54 s en el NUO Hotel Beijing de la capital de China. Para realizar un giro contorsionista hay que empezar con los pies en el suelo, arquearse hacia atrás e impulsarse para avanzar rodando sobre el pecho.

El récord de **más personas apilando vasos en múltiples lugares** es de 622.809, establecido por la World Sport Stacking Association (EE.UU.) durante el 11.º encuentro anual WSSA STACK UP!, el 17 de noviembre de 2016.

◀ **Más personajes de *Star Wars* identificados en un minuto a partir de citas**

El 9 de noviembre de 2017, el británico Nathan Tansley identificó a 16 personajes de *Star Wars* a partir de citas en 60 s en Londres, R.U. Logró una alta tasa de aciertos, y sólo erró en cuatro de las 20 citas, que fueron leídas por el editor jefe de GWR, Craig Glenday.

▲ **El avión más pesado remolcado por un equipo de personas durante 100 m**

Un equipo de la policía de Dubái (Emiratos Árabes Unidos) remolcó 100 m un Boeing 747 de 302,68 t en el Aeropuerto Internacional de Dubái, el 9 de noviembre de 2017. La prueba duró 2 min y 38 s y formó parte del Dubai Fitness Challenge, un evento de 30 días de duración que promociona los hábitos de vida saludable.

▲ **El mordisco más ruidoso a una manzana**

El 7 de noviembre de 2017, Felix Michels (Alemania) alcanzó un volumen de 84,6 decibelios al morder una manzana en el plató de *So Geht Das*, en Colonia, Alemania. Felix logró el récord durante un duelo con la copresentadora del programa, Kim Unger. El micrófono que grabó el crujido estaba colocado a 2,5 m de distancia y 1,5 m de altura.

▶ **Más saltos mortales hacia atrás escupiendo fuego en un minuto**

El 9 de noviembre de 2017, el australiano Aiden Malacaria logró el doble desafío de dar 10 saltos mortales hacia atrás y escupir fuego al mismo tiempo. Aiden llevó a cabo esta hazaña en tan sólo 60 s. Logró el récord en Studio 10, Sídney, Nueva Gales del Sur, Australia, en su primer intento.

◀ **Más hula-hoops girando colgada de las muñecas**

El 17 de noviembre de 2016, durante el Hollywood Aerial Arts celebrado en Los Ángeles, California, EE.UU., Marawa Ibrahim (Australia) hizo girar 50 hula-hoops alrededor de su cintura colgada de sus muñecas. Su hazaña fue retransmitida en directo a través de Facebook. Según las normas de GWR, un récord en esta disciplina debe incluir al menos tres rotaciones de 360°.

▲ **La pelota encestada en una canasta a más altura**

El 5 de noviembre de 2017, Corey *Thunder* Law (EE.UU.), jugador de los Harlem Globetrotters, encestó una pelota en una canasta situada a 15,26 m de altura en el exterior del edificio del Capitolio en Salt Lake City, Utah, EE.UU. Esta sorprendente habilidad le ha servido para lograr cuatro récords Guinness en solitario. Los tres anteriores también los consiguió el Día del GWR.

▼ **Más pases de un balón de fútbol de un ojo al otro en un minuto**

El 6 de noviembre de 2017, el japonés Yuuki Yoshinaga hizo rodar un balón de fútbol de un ojo al otro 189 veces en sólo 60 s en Nerima, Tokio, Japón.

El 9 de octubre del mismo año, Yuuki había establecido un nuevo récord mundial de **más toques de un balón de fútbol con los hombros en un minuto (hombres): 230.**

▲ **Más giros Ripley en 30 segundos**

El 31 de octubre de 2017, Giuliano y Fabio Anastasini (ambos de EE.UU.) realizaron 32 giros Ripley en 30 s en la carpa del Big Apple Circus en el Lincoln Center de Nueva York, EE.UU. En esta pirueta, un acróbata se tumba boca arriba mientras hace girar a otro acróbata (o «volatinero») con los pies. El circo corre por la sangre de la familia Anastasini, ya que el padre de estos dos hermanos, Giovanni, realizó el mismo ejercicio acrobático junto a su hermano Luciano durante más de 25 años.

LA ESTATUA DE LA LIBERTAD

La Estatua de la Libertad custodia el puerto de la ciudad de Nueva York (EE.UU.) desde su inauguración, el 28 de octubre de 1886. Se convirtió en un gran símbolo de libertad y de democracia para la enorme cantidad de inmigrantes que llegaron a EE.UU. durante el siglo XX con el objetivo de emprender una nueva vida en el Nuevo Mundo. Sin embargo, esta colosal hazaña de la ingeniería se concibió, diseñó y construyó a miles de kilómetros de distancia, al otro lado del océano Atlántico.

Llamada originalmente *La libertad iluminando el mundo*, la estatua fue obra del escultor Frédéric Auguste Bartholdi, como reconocimiento y celebración de la independencia de EE.UU. En una visita al país en 1871, eligió la isla de Bedloe (ahora isla de la Libertad) en el puerto de la ciudad de Nueva York (ciudad que consideraba la «puerta de entrada a América») como lugar idóneo para ubicar su creación. Con la ayuda del visionario de la construcción Gustave Eiffel, Bartholdi dedicó los 15 años siguientes a construir la Estatua de la Libertad en Francia antes de enviarla por barco a EE.UU. Una vez terminada, la estatua pesó 27.156 toneladas, por lo que es **la estatua más pesada**.

AL FIN LIBRE

La construcción de la estatua terminó en París, Francia, en 1884. Entonces, la desmontaron en 350 piezas que llegaron a Nueva York a bordo de la fragata francesa *Isère* el 17 de junio de 1885. La estatua permaneció encerrada en cajas durante 11 meses, mientras se terminaba el pedestal de hormigón sobre el que debían colocarla. Al liberarla sobre la isla de Bedloe, en el puerto de la Ciudad de Nueva York (arriba), su rostro se reveló en toda su gloria, con una longitud aproximada de 5,18 m y una nariz de 1,37 m.

La estatua porta una tablilla donde aparece grabada la fecha de la firma de la Declaración de Independencia de EE.UU. (4 de julio de 1776) en números romanos.

En 1986 la antorcha de cobre original fue sustituida por otra chapada en oro de 24 quilates.

Los siete rayos de la corona simbolizan los siete mares y los siete continentes del planeta.

El brazo que alza la antorcha mide 12,8 m de longitud.

EL OBSERVATORIO

La corona de la Estatua de la Libertad contiene un observatorio con 25 ventanas, que representan los 25 tipos de gemas que se encuentran en la Tierra. Los visitantes han de subir 377 escalones desde el vestíbulo principal para llegar a él. Sólo se venden 365 entradas al día y se tienen que comprar con antelación. Originariamente, el público también podía acceder a la antorcha, pero en 1916 se cerró el acceso tras la explosión del «Black Tom», un acto de sabotaje bélico que dañó la estatua.

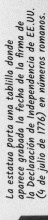

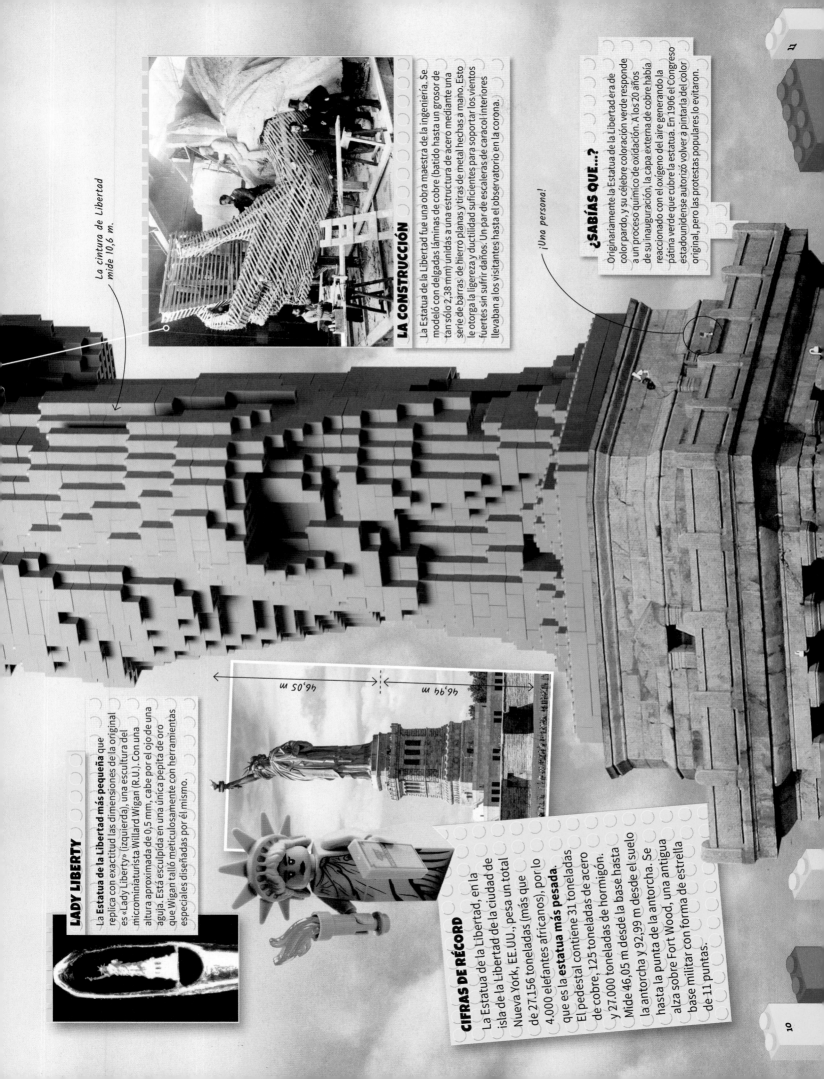

LA CONSTRUCCIÓN

La Estatua de la Libertad fue una una obra maestra de la ingeniería. Se modeló con delgadas láminas de cobre (batido hasta un grosor de tan sólo 2,38 mm) unidas a una estructura de acero mediante una serie de barras y tiras de hierro planas y tiras de metal hechas a mano. Esto le otorga la ligereza y ductilidad suficientes para soportar los vientos fuertes sin sufrir daños. Un par de escaleras de caracol interiores llevaban a los visitantes hasta el observatorio en la corona.

La cintura de Libertad mide 10,6 m.

¡Una persona!

¿SABÍAS QUE...?

Originariamente la Estatua de la Libertad era de color pardo, y su célebre coloración verde responde a un proceso químico de oxidación. A los 20 años de su inauguración, la capa externa de cobre había reaccionado con el oxígeno del aire generándola pátina verde que cubre la estatua. En 1906 el Congreso estadounidense autorizó volver a pintarla del color original, pero las protestas populares lo evitaron.

LADY LIBERTY

La **Estatua de la Libertad más pequeña** que réplica con exactitud las dimensiones de la original es «Lady Liberty» (izquierda), una escultura del microminiaturista Willard Wigan (R.U.). Con una altura aproximada de 0,5 mm, cabe por el ojo de una aguja. Está esculpida en una única pepita de oro que Wigan talló meticulosamente con herramientas especiales diseñadas por él mismo.

46,05 m
46,94 m

CIFRAS DE RÉCORD

La Estatua de la Libertad, en la isla de la Libertad de la ciudad de Nueva York, EE.UU., pesa un total de 27.156 toneladas (más que 4.000 elefantes africanos), por lo que es la **estatua más pesada.** El pedestal contiene 31 toneladas de acero, 125 toneladas de cobre, 125 toneladas de hormigón: y 27.000 toneladas de hormigón. Mide 46,05 m desde la base hasta la antorcha y 92,99 m desde el suelo hasta la punta de la antorcha. Se alza sobre Fort Wood, una antigua base militar con forma de estrella de 11 puntas.

EL UNIVERSO

El mayor anticiclón del sistema solar

La Gran Mancha Roja de Júpiter, el **mayor planeta del sistema solar**, varía de tamaño, pero puede alcanzar los 40.000 km de largo y los 14.000 km de ancho. Las nubes en esta tormentosa zona de altas presiones se elevan unos 8 km respecto a la atmósfera, y el vórtice anticiclónico puede tener tres veces el tamaño de la Tierra.

El punto oscuro de la derecha es la sombra de la tercera luna más grande de Júpiter, Ío. Aunque aquí no se aprecia, en la superficie del satélite tienen lugar unas enormes erupciones volcánicas, por lo que es el **astro con mayor actividad volcánica del sistema solar**. Su intensa actividad geológica responde a la interacción entre Júpiter, Ío y otra luna, Europa (el cuarto satélite más grande de Júpiter), que puede verse abajo.

Esta imagen la forman 16 fotogramas que realizó la sonda *Voyager 1* el 3 de marzo de 1979. En mayo de 2018, la sonda estaba a 21.000 millones de km de distancia, por lo que es el **objeto artificial más alejado de la Tierra.** ¡Y sigue alejándose!

EL ESPACIO PROFUNDO

La estructura más grande del universo

La Gran Muralla de Hércules-Corona Boreal es una gigantesca superestructura de galaxias que mide unos 10.000 millones de años luz de longitud. Su existencia se anunció el 5 de enero de 2013, cuando la descubrieron los astrónomos que llevaban a cabo el sondeo de brotes de rayos gamma detectados por la Misión de Estallidos de Rayos Gamma *Swift*.

La **galaxia más grande** es IC 1101. Está en el centro del cúmulo de galaxias Abell 2029 y su diámetro mayor es de 5.600.000 años luz (unas 50 veces más grande que nuestra Vía Láctea). Su luminosidad equivale a la de 2 billones de Soles.

El vacío más grande

AR-Lp 36, también conocido como el Gran Vacío, está en la constelación Canes Venatici (Lebreles) y es una enorme región de espacio con una densidad de galaxias y otra materia anormalmente baja. El Special Astrophysical Observatory de Arjyz, en Rusia, lo describió en 1988 y se estima que tiene un diámetro de entre 1.000 y 1.300 millones de años luz. En 2013 se sugirió la posibilidad de que nuestra galaxia forme parte de un vacío aún mayor, el Vacío KBC, que podría tener un diámetro de 2.000 millones de años luz.

El objeto visible a simple vista más lejano jamás observado

A las 06:12 UTC del 19 de marzo de 2008, el satélite *Swift* de la NASA detectó un estallido de rayos gamma procedente de una galaxia a unos 7.500 millones de años luz de distancia. La explosión, bautizada como GRB 080319B, alcanzó una magnitud aparente máxima de 5,8 y fue visible a simple vista desde la Tierra durante unos 30 s. La magnitud aparente indica la medida del brillo de un objeto celeste visto desde la Tierra.

La galaxia que se aproxima a mayor velocidad

M86, una galaxia lenticular (con forma de lente) a unos 52 millones de años luz, en el cúmulo de Virgo, se acerca a la Vía Láctea a 419 km/s. Es una de las pocas galaxias que se aproxima a la nuestra, en sentido opuesto a la expansión global del universo.

El chorro galáctico más largo

En diciembre de 2007, los astrónomos anunciaron el descubrimiento de un chorro de materia emitido desde un agujero negro supermasivo en el centro de la galaxia activa CGCG 049-033. Este chorro de alta energía mide unos 1,5 millones de años luz de longitud y apunta directamente a una galaxia cercana. La atmósfera de cualquier planeta que entrara en su línea de fuego quedaría ionizada y la vida sobre el planeta se extinguiría.

El agujero negro más pesado

El agujero negro supermasivo en el centro del cuásar S5 0014+81 tiene una masa que equivale, aproximadamente, a 40.000 millones de masas solares, lo que significa que es unas 10.000 veces más masivo que el agujero negro supermasivo que hay en el centro de la galaxia de la Vía Láctea. Los astrónomos lo midieron en 2009 con el telescopio espacial de rayos gamma *Swift* de la NASA, a partir de la luminosidad que emite el cuásar.

El objeto más distante del universo

Se estima que la luz que el telescopio espacial *Hubble* detecta en la galaxia GN-z11 (ver recuadro, arriba) tiene unos 13.400 millones de años. Dada la expansión del universo, se cree que GN-z11 está a unos 32.000 años luz de la Tierra. La galaxia posee un corrimiento al rojo (una medida del estiramiento de la luz a medida que ésta avanza por el cosmos) de 11,1.

El lugar más frío de la Vía Láctea

La nebulosa Boomerang es una nube de polvo y gas a unos 5.200 años luz de la Tierra y su temperatura es de -272 °C, apenas un grado por encima del cero absoluto: -273,15 °C.

La nota más grave del universo

Las ondas acústicas que genera un agujero negro supermasivo en el centro del cúmulo de galaxias Perseo suenan como un si bemol que está 57 octavas por debajo del do medio. Es más de mil billones de veces más grave que lo de puede detectar el oído humano.

El objeto más remoto visible a simple vista

La galaxia Andrómeda, también conocida como Galaxia Espiral M-31, se halla en nuestro cúmulo de galaxias (Grupo Local) y está a unos 2,5 millones de años luz de la Tierra. En enero de 2007, se anunciaron resultados que sugieren que Andrómeda es cinco veces más grande de lo que se había creído hasta entonces y se descubrieron estrellas orbitando en su centro, a una distancia de, como mínimo, 500.000 años luz.

LUCES BRILLANTES

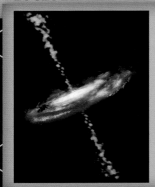

◀ Las galaxias activas más brillantes

Las galaxias activas tienen un centro muy luminoso y emiten energía por encima del espectro electromagnético. Se cree que sus núcleos albergan agujeros negros supermasivos, que emiten chorros de gas ionizado a una velocidad próxima a la de la luz. Cuando un chorro apunta a la Tierra, estas galaxias parecen más luminosas y reciben el nombre de «blazar».

▲ La nebulosa más brillante

La nebulosa de Orión, una enorme nube difusa de polvo y de gas, tiene una magnitud aparente de 4. Se halla en la «espada» de la constelación de Orión y es la región de formación de estrellas más próxima a la Tierra. Se puede ver a simple vista, con forma de mancha de luz borrosa.

El cuásar más brillante del firmamento

Los cuásares son brillantes discos de materia que giran alrededor de agujeros negros supermasivos en el centro de galaxias. El cuásar 3C 273, con una magnitud aparente de 12,9, es lo bastante brillante como para ser visible con telescopios relativamente modestos, a pesar de que se halla en la constelación de Virgo, a 2.500 millones de años luz de distancia. Fue el primer cuásar que se detectó.

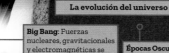

La evolución del universo

Big Bang: Fuerzas nucleares, gravitacionales y electromagnéticas se combinan en una sola fuerza fundamental.

Épocas Oscuras: No se han formado estrellas. No hay luz.

Formación de los primeros objetos astronómicos: Se empiezan a formar las primeras estrellas a partir de hidrógeno, helio y litio.

A los **4.000 millones de años**, el universo ya contiene estrellas y galaxias.

Actualidad: Muchas de las primeras estrellas han muerto y se han convertido en elementos más pesados.

GUINNESS WORLD RECORDS

La nebulosa planetaria brillante más cercana

La nebulosa de la Hélice (o NGC 7293) está a unos 700 años luz de la Tierra. Se formó cuando una estrella en sus últimas fases de vida expulsó sus capas externas, que ahora se expanden gradualmente en el espacio. Las nebulosas planetarias reciben este nombre porque, al principio, se creía que eran planetas nuevos, debido a su forma, que suele ser esférica. La nebulosa de la Hélice está unas 100 veces más lejos que las estrellas más próximas (a excepción del Sol).

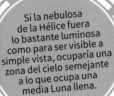
Si la nebulosa de la Hélice fuera lo bastante luminosa como para ser visible a simple vista, ocuparía una zona del cielo semejante a lo que ocupa una media Luna llena.

La galaxia activa más próxima

La gran galaxia elíptica Centauro A está a «sólo» 11 millones de años luz de la Tierra. Las galaxias activas cuentan con un núcleo compacto y muy luminoso que emite una radiación intensa. Se cree que su origen es un gran disco compuesto por estrellas desmenuzadas y otra materia que es absorbido por un agujero negro supermasivo.

▶ El cúmulo estelar abierto más brillante

Incluso desde grandes ciudades con mucha contaminación lumínica, se pueden ver a simple vista unas seis Pléyades (M45), también conocidas como las Siete Hermanas. Este cúmulo se halla en la constelación de Tauro y contiene unas 500 estrellas. Muchas de las que son más luminosas siguen rodeadas de nebulosas de polvo, los restos del material a partir del cual se formaron.

La supernova más luminosa

Registrada en abril del año 1006 d.C. y próxima a la estrella Beta Lupi, la supernova SN 1006 brilló durante dos años y alcanzó una magnitud de -7,5. Esta titánica explosión cósmica era visible a simple vista y, en su momento de máxima luminosidad, fue 1.500 veces más brillante que Sirio, **la estrella más luminosa vista desde la Tierra**. La supernova sucedió a unos 7.000 años luz de distancia.

◀ Los restos de supernova más brillantes

La nebulosa del Cangrejo (M1), en la constelación de Tauro, tiene una magnitud de 8,4. Ya en el 1054 d.C., astrónomos chinos vieron la explosión de la estrella masiva que la formó. La explosión fue tan brillante que se pudo ver a simple vista y a plena luz del día durante 23 días.

ESTRELLAS

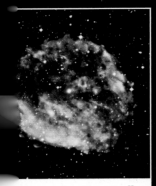

Las estrellas más pequeñas

Aunque la masa de las estrellas de neutrones puede llegar a triplicar la del Sol, el diámetro de estos astros es de tan sólo de entre 10 y 30 km, mientras que el diámetro medio del Sol es de 1.390.473 km. Las estrellas de neutrones también son las **estrellas más densas** del universo. Un granito de arena de una estrella de neutrones tendría la misma masa que un rascacielos.

El tipo de estrella más frecuente

El tipo de estrella más frecuente es, con diferencia, la enana roja. Las enanas rojas acaparan el 80 por ciento de las estrellas más próximas a nuestro entorno. Son estrellas con poca energía y poco luminosas, con no más del 40 por ciento de la masa solar. La enana roja más brillante sólo tiene el 10 por ciento de la luminosidad del Sol. Como queman su combustible tan lentamente, su esperanza de vida es de, como mínimo, 10.000 millones de años.

La estrella más grande con un planeta

Los astrónomos que trabajan en el telescopio Hobby-Eberly del McDonald Observatory de Texas, en EE.UU., anunciaron en octubre de 2011 que habían descubierto un planeta que orbitaba alrededor de HD 96127, una estrella a unos 540 pársecs de la Tierra, en la constelación de la Osa Mayor. Es una gigante roja del tipo K-2, con un radio unas 35 veces superior al del Sol. Se estima que el planeta que la orbita tiene una masa que cuadriplica la de Júpiter y que es 1.271 veces la de la Tierra.

La estrella más antigua de la galaxia

HD 140283 está a unos 190 años luz de la Tierra y se estima que se formó poco después del Big Bang, hace unos 13.800 millones de años. Cuando se formó el universo, consistía en hidrógeno y un poco de helio. A medida que fue evolucionando, aparecieron otros elementos químicos, formados por síntesis nuclear en las estrellas. HD 140283 apenas contiene metales, por lo que se tuvo que formar a partir de nubes de gas compuestas por hidrógeno y helio prácticamente puros, cuando el universo estaba aún en su primera infancia.

Las **estrellas más antiguas que han dado lugar a planetas** son BP Piscium y TYCHO 4144 329 2. Ambas tienen unos 400 millones de años. En enero de 2008, se anunció el descubrimiento de lo que parecían ser discos de polvo alrededor de estas estrellas. Semejantes discos formaron los planetas que orbitan alrededor del Sol, aunque normalmente se suelen ver alrededor de estrellas recientes. Es posible que estas dos estrellas despidieran el material estelar que formó los discos tras absorber otra estrella o a un sistema planetario anterior.

La estrella más rápida de la galaxia

El 8 de febrero de 2005, un equipo del Harvard-Smithsonian Center for Astrophysics de Cambridge, Massachusetts, EE.UU., anunció que había descubierto una estrella que se desplazaba a más de 2,4 millones de km/h. La llamaron SDSS J090745.0+24507 y es probable que se viera acelerada por un encuentro, hace poco menos de 80 millones de años, con el agujero negro supermasivo que hay en el centro de nuestra Vía Láctea.

La **estrella más rápida en el cielo** es la Estrella de Barnard, que se mueve a 10.357,704 mas/año (miliarcosegundos por año). Para ponerlo en perspectiva, un minuto de arco es sólo una sexagésima parte de un ángulo de un grado. En 170 años, la estrella de Barnard se mueve en el cielo a una distancia equivalente al tamaño de una Luna llena. Este cambio en las posiciones aparentes de las estrellas en el firmamento se llama «movimiento propio».

El sistema estelar con más estrellas

El sistema estelar con más estrellas cuenta con seis. El más conocido es Cástor, la segunda estrella más luminosa de la constelación de Géminis. Aunque, desde lejos, Cástor parece una entidad única, lo cierto es que se compone de tres pares de estrellas.

La estrella más chata

La estrella menos esférica de nuestra galaxia es Achernar (Alfa Eridani), en el extremo sur de la constelación de Eridanus. Las observaciones realizadas con el interferómetro VLT del Observatorio Europeo Austral del cerro Paranal, en Atacama, Chile, han revelado que Achernar gira tan rápido que su diámetro ecuatorial supera en más del 50 por ciento a su diámetro polar.

La estrella más luminosa de la galaxia

Las estrellas Wolf-Rayet son estrellas muy calientes y brillantes en sus primeras fases de evolución. WR 25 (cerca del centro en la imagen de arriba) es una estrella Wolf-Rayet en el cúmulo Trumpler 16 de la nebulosa de Carina, a unos 7.500 años luz de la Tierra. WR 25 es una estrella binaria, lo que complica el cálculo de su luminosidad absoluta, pero se cree que es unos 6.300.000 de veces más luminosa que el Sol.

La estrella más grande

Se estima que el radio de UY Scuti es 1.708 veces el del Sol. Eso corresponde a un diámetro de 2.276.511.200 km, aunque debido a la dificultad que entraña medir con precisión la envergadura de las estrellas, el margen de error podría ser de hasta ±192 radios solares. La imagen de arriba muestra el Sol comparado con UY Scuti.

LOS TIPOS DE ESTRELLA MÁS FRECUENTES

Los astrónomos clasifican las estrellas a partir del sistema Morgan-Keenan, que las cataloga en función de la temperatura superficial, de las más calientes (O) a las más frías (M). Luego, se pueden subdividir en función de la temperatura y la luminosidad. Las estrellas más calientes son también las más luminosas y las más grandes, y son mucho menos frecuentes que las más frías. Las estrellas calientes tienen vidas más cortas: las de clase M, o enanas rojas, en teoría pueden durar unos 200.000 millones de años, mientras que las de clase O, «sólo» 10 millones de años.

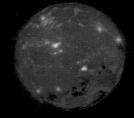

▲ Clase O

Estrellas raras y calientes (unos 30.000 kelvin), unas 100.000 veces más luminosas que el Sol.

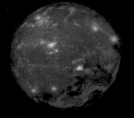

▲ Clase B

Tienen unos 100 millones de años. Su temperatura ronda los 15.000 kelvin.

▲ Clase A

Presentan temperaturas de 10.000 kelvin y una masa que casi duplica la del Sol.

¿Qué es nuestro Sol?

Gas: Como todas las estrellas, el Sol es una enorme bola de gas. El hidrógeno representa más del 70 % de su masa, y el helio un 27 %.

Diámetro: Con 1.390.473 km de diámetro, el Sol es unas 109 veces más grande que la Tierra.

Temperatura: La temperatura en el núcleo del Sol es de unos 15.000.000 °C. En la superficie, es de «tan sólo» 5.537 °C.

Rotación: El Sol gira más rápidamente en el ecuador (unos 27 días) que en los polos (unos 36 días).

Fotosfera: La superficie visible del Sol.

Zona de radiación: La energía del núcleo sale hacia el exterior en forma de radiación electromagnética.

Núcleo: Es la parte más caliente del Sol (15.000.000 °C) y donde ocurre la fusión nuclear.

Protuberancia: Una gran erupción en la superficie solar que se libera al espacio.

Manchas solares: Zonas más frías en la superficie, con una temperatura de unos 5.537 °C.

La estrella más próxima

A «sólo» 149.600.000 km de la Tierra, se considera que el Sol está astronómicamente cerca de nosotros. La siguiente estrella más cercana es Próxima Centauri, a 4,2 años luz o 40.000.000.000.000 km. El padre Angelo Secchi (Italia, 1818-1878) llevó a cabo un trabajo pionero con espectroscopia, a partir del cual desarrolló un sistema de clasificación de las estrellas y llegó a la conclusión de que nuestro Sol es una estrella y no un fenómeno único del sistema solar.

La masa del Sol es unas 333.000 veces la de la Tierra y representa más del 99 % de la masa de todo el sistema solar, que se mantiene unido y orbita alrededor del Sol gracias a la inmensa gravedad de nuestra estrella.

▲ **Clase F**
Temperaturas superficiales de hasta 7.400 kelvin. Tienen unos 3.000 millones de años.

▲ **Clase G**
Incluye a nuestro Sol. Temperaturas de hasta 6.000 kelvin.

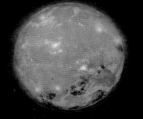

▲ **Clase K**
Temperatura superficial de unos 5.000 kelvin. Pueden tener más de 20.000 millones de años.

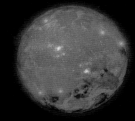

▲ **Clase M**
Son las estrellas más frecuentes y también las más frías (unos 3.000 kelvin).

PLANETAS

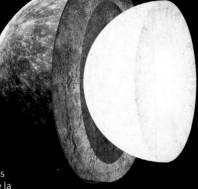

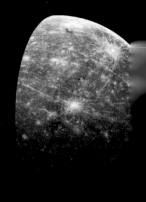

El primero en ser descubierto

El 13 de marzo de 1781, desde su jardín en Bath, R.U., el astrónomo británico William Herschel observó una «estrella» que más adelante se conocería como planeta Urano. Venus, Marte, Júpiter y Saturno son tan brillantes que ya eran conocidos por antiguas civilizaciones. Urano, aunque ya se había visto, no había sido catalogado como planeta.

El más caluroso

Venus registra una temperatura media de entre 462 y 480 °C, con una superficie lo bastante caliente como para fundir el plomo. Su atmósfera tóxica contiene la **lluvia más ácida del sistema solar**, con unas tormentas de ácido sulfúrico casi puro que se precipitan desde unas nubes situadas a unos 48-58 km de altura. Estas condiciones tan extremas dificultarían en gran medida la exploración de la superficie venusiana.

El más veloz

Mercurio registra una velocidad media en órbita de 172,248 km/h, casi el doble de la de la Tierra. Mercurio orbita alrededor del Sol a una distancia media de 57,9 millones de kilómetros, por lo que es el **planeta más próximo al Sol**, y tiene un período orbital de 87,9686 días.

La densidad más baja

La densidad media de Saturno es sólo 0,71 veces la del agua. El planeta está compuesto principalmente por hidrógeno y helio, los dos elementos más ligeros del universo.

El **planeta más denso** es la Tierra, cuya densidad media es 5,517 veces la del agua.

La mayor inclinación

El eje de rotación de Urano tiene una inclinación de 97,86° respecto a su plano orbital, mientras que el de la Tierra tiene una inclinación de 23,45°. Una posible teoría sugiere que Urano recibió el impacto de otro planeta durante la formación del sistema solar, lo que explicaría dicha inclinación.

Debido a su inclinación axial, las regiones polares de Urano se turnan para orientarse directamente al Sol. Durante los 84 años que tarda el planeta en dar la vuelta al Sol, cada polo recibe 42 años de luz solar, seguidos de 42 años de oscuridad: es el **período más largo entre oscuridad y luz solar en un planeta del sistema solar**.

El campo magnético más fuerte

Generado por el hidrógeno líquido metálico de su interior, el campo magnético de Júpiter es 19.000 veces más fuerte que el de la Tierra y se extiende varios millones de kilómetros en el espacio desde las nubes más altas. Si se pudiera apreciar a simple vista desde la Tierra, parecería el doble de grande que una luna llena, aunque se encuentra 1.700 veces más alejado.

El día más largo

Mientras que la Tierra tiene un tiempo de rotación o un día de 23 h 56 min 4 s, Venus tarda 243,16 «días terrestres» en dar una vuelta sobre su eje. Su proximidad al Sol explica que un año venusiano sea más corto que un día venusiano, ya que dura tan sólo 224,7 «días terrestres».

El planeta más brillante desde la Tierra

En astronomía, el término «magnitud» describe la intensidad del brillo de un objeto visto desde la Tierra. Cuanto más baja es la cifra, mayor es el brillo. Venus registra un máximo de −4,4. Esto se debe en parte a las nubes extraordinariamente reflectantes de su atmósfera, que contienen pequeñas gotas de ácido sulfúrico (ver a la derecha).

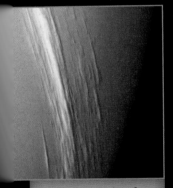

Los vientos más veloces del sistema solar

Los vientos de Neptuno soplan a unos 2.400 km/h, según las mediciones que realizó la *Voyager 2* de la NASA en 1989. La sonda también captó imágenes de unas nubes blancas de cristales de metano helado (en la imagen) y de una veloz tormenta anticiclónica.

El núcleo más grande

El núcleo metálico de Mercurio tiene un radio de unos 1.800 km y representa alrededor de un 42 % de su volumen y un 85 % de su radio, lo que lo convierte en el núcleo más grande en relación con el tamaño del planeta. La combinación de un gran núcleo con una corteza exterior relativamente delgada ha llevado a pensar que Mercurio sufrió un impacto violento al principio de su formación que destrozó parte de su corteza.

El volcán más alto del sistema solar

La cumbre del Monte Olimpo, en Marte, está 25 km por encima de su base, por lo que es casi tres veces tan alto como el Everest. Conocido como «volcán escudo» debido a su forma (es más de 20 veces más ancho que alto), es el resultado de la acumulación de muchos miles de coladas de lava líquida. El Monte Olimpo es también la **montaña más alta del sistema solar**.

CUERPOS CELESTES

◉ Año (período orbital)   ☀ Distancia del Sol   🆔 Masa (× 10²⁴ kg)   ⊖ Diámetro   🌡 Temperatura

▲ **Mercurio**
◉ 87,9 días
☀ 57,9 millones de km
🆔 0,330
⊖ 4.879 km
🌡 167 °C

▲ **Venus**
◉ 224,7 días
☀ 108,2 millones de km
🆔 4,87
⊖ 12.104 km
🌡 480 °C

▲ **La Tierra**
◉ 365,2 días
☀ 149,6 millones de km
🆔 5,97
⊖ 12.756 km
🌡 15 °C

▲ **Marte**
◉ 687 días
☀ 227,9 millones de km
🆔 0,642
⊖ 6.792 km
🌡 −65 °C

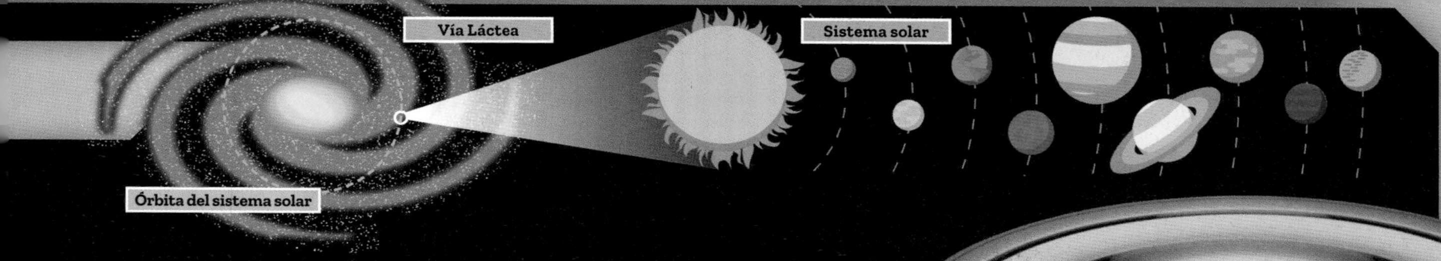

El sistema de anillos más grande del sistema solar

El intrincado sistema de anillos que envuelve Saturno, un gigante gaseoso, posee una masa combinada de aproximadamente 4×10^{19} kg, el equivalente en la Tierra a 30 millones de Everests. Los anillos de Saturno están formados por millones de partículas de hielo y polvo que orbitan alrededor del planeta. Es probable que se formaran a partir de los fragmentos de una pequeña luna tras haber sido destruida por un cometa. Los otros gigantes gaseosos del sistema solar (Júpiter, Urano y Neptuno) también tienen anillos, pero ninguno del tamaño de los de Saturno.

Los anillos de Saturno se erosionan poco a poco porque las partículas descienden en espiral hacia el planeta. Según algunos científicos, los anillos habrán desaparecido por completo dentro de unos 100 millones de años.

*Aquí se aprecia el ojo rojo oscuro de un huracán en el polo norte de Saturno, flanqueado por una corriente en chorro y nubes, que representa el **mayor hexágono del sistema solar**.*
*En 2009 la **tormenta eléctrica más duradera** duró más de ocho meses en la atmosfera superior de Saturno. Con un diámetro de varios miles de kilómetros, provocó relámpagos 10.000 veces más intensos que los de la Tierra.*

▲ **Júpiter**
◉ 4.331 días (11,8 años)
🌞 778,6 millones de km
⚖ 1.898
⊖ 142.984 km
🌡 -110 °C

▲ **Saturno**
◉ 10.747 días (29,4 años)
🌞 1.433,5 millones de km
⚖ 568
⊖ 120.536 km
🌡 -140 °C

▲ **Urano**
◉ 30.589 días (84 años)
🌞 2.872,5 millones de km
⚖ 86,8
⊖ 51.118 km
🌡 -195 °C

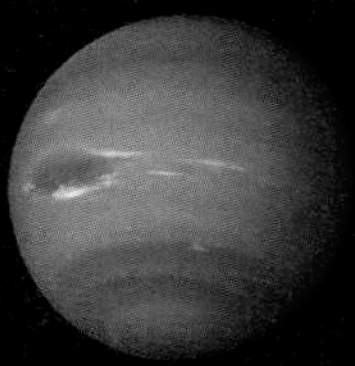

▲ **Neptuno**
◉ 59.800 días (164,8 añ...
🌞 4.495,1 millones de k...
⚖ 102
⊖ 49.528 km
🌡 -200 °C

LUNAS

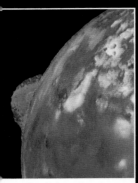

El volcán más potente del sistema solar

Loki Patera, en Ío, una de las lunas de Júpiter, emite más calor que todos los volcanes terrestres activos juntos. En la imagen, se ve cómo entra en erupción sobre la superficie de Ío. La lava fundida inunda con frecuencia la caldera (cráter) del volcán, que supera los 10.000 km² de superficie.

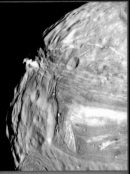

El acantilado más alto del sistema solar

En 1986 la sonda *Voyager 2* de la NASA llegó a Urano y a sus lunas. Miranda es una pequeña luna de 472 km de diámetro que tiene un acantilado con un corte vertical de unos 20 km al que se ha bautizado como Verona Rupes. Dicho acantilado es más de 10 veces más alto que las paredes del Gran Cañón del Colorado. Es muy probable que el material blanco que cubre la cara del acantilado sea agua helada.

La Tierra

Las **rocas lunares más recientes** tienen unos 3.200 millones de años. Están compuestas de basalto volcánico, proceden de los oscuros mares lunares y tienen una edad parecida a las rocas terrestres más antiguas que se han podido datar.

Marte

La Tierra y Marte son los dos únicos planetas rocosos del sistema solar interior que tienen satélites. Marte tiene dos, Fobos (ver derecha) y Deimos, por lo que es el **planeta rocoso con más lunas**.

Júpiter

Una de las cuatro lunas más grandes de Júpiter, Ío (ver izquierda) tiene una densidad promedio de 3,53 g/cm³, por lo que es la **luna más densa**. La Luna de la Tierra es la segunda más densa, con 3,346 g/cm³.

El 6 de agosto de 2001, la sonda Galileo se aproximó a Ío. Durante los siguientes meses, los científicos de la misión advirtieron que la sonda había pasado a través de una pluma volcánica de 500 km de altura, lo que supone la mayor erupción volcánica jamás presenciada en el sistema solar.

Europa, el satélite helado de Júpiter, tiene la **superficie más lisa de todos los cuerpos sólidos del sistema solar**. El único relieve prominente en su superficie son cordilleras de apenas unos centenares de metros de altura. Las fuerzas mareales que provocan la intensa actividad volcánica de Ío (ver arriba a la izquierda) también afectan a Europa. Hay muy pocos cráteres de impacto, lo que significa que la superficie es geológicamente reciente.

Por el contrario, Calixto, el satélite galileano más exterior, es la **luna con más cráteres**. La superficie de esta antigua reliquia está cubierta en su totalidad por cráteres de impacto.

Saturno

Las trayectorias orbitales de Jano y Epimeteo, dos de las lunas de Saturno, están a 50 km de distancia, por lo que son las **lunas más próximas entre sí**. Cada cuatro años, los dos satélites están a tan sólo 10.000 km de distancia e intercambian sus órbitas.

El mar del Kraken, en Titán, otra de las lunas de Saturno, es el **mar de metano más grande**. Mide 1.170 km de ancho y tiene una superficie de 400.000 km², superior a la del terrestre mar Caspio.

Las observaciones de Jápeto que la nave de la NASA/AEE *Cassini-Huygens* llevó a cabo el 31 de diciembre de 2004 revelaron una enorme cordillera de, al menos, 1.300 km de longitud. Además, alcanza una altitud de unos 20 km sobre la superficie, por lo que es la **cordillera más alta del sistema solar**. Jápeto tiene 1.400 km de diámetro.

Neptuno

Cuando la *Voyager 2* pasó junto a Neptuno y su satélite Tritón en 1989, sus cámaras grabaron criovulcanismo activo en forma de erupciones de gas nitrógeno y nieve. Se trata de los **géiseres de nitrógeno más altos**, ya que alcanzan altitudes de hasta 8 km. Además, se cree que se forman debido a que la débil luz solar calienta el nitrógeno helado justo debajo de la superficie del satélite.

Con un diámetro de 2.706 km, Tritón es la **luna retrógrada más grande** (orbita Neptuno en dirección opuesta a la de la órbita de Neptuno alrededor del Sol). También es la séptima luna más grande del sistema solar.

La luna más próxima a un planeta

El diminuto satélite marciano Fobos está a 9.378 km del centro de Marte, o a 5.981 km sobre la superficie marciana. Esta pequeña luna irregular con forma de patata mide 27 × 22 × 18 km, es oscura y está cubierta de cráteres polvorientos. Casi con toda seguridad se trata de un asteroide que la gravedad de Marte capturó hace millones de años.

El objeto más grande con rotación caótica

Hiperión es una de las lunas de Saturno que se caracteriza por tener una forma muy irregular: mide 410 × 260 × 220 km. Otra de sus particularidades es su rotación absolutamente caótica, ya que gira aleatoriamente en su órbita alrededor de Saturno. Se cree que el asteroide 4179 Toutatis, además de las lunas de Plutón Nix, Hidra, Cerbero y Estigia, también giran de forma caótica.

LAS LUNAS DEL SISTEMA SOLAR

Las lunas son satélites naturales que orbitan alrededor de un planeta. Sólo dos de los planetas del sistema solar carecen de lunas: Mercurio y Venus. Júpiter es el **planeta con más lunas** (69), aunque aún se siguen descubriendo lunas nuevas. En abril de 2016, la NASA reveló que la Tierra tiene una «miniluna» llamada 2016 HO₃, con una órbita similar alrededor del Sol, a una distancia de unos 14,5 millones de km. «Como 2016 HO₃ gira alrededor de nuestro planeta, pero jamás se aventura demasiado lejos en nuestro viaje conjunto alrededor del Sol, nos referimos a ella como un cuasi satélite terrestre», ha declarado Paul Chodas, del Center for Near-Earth Objects (NEO) Studies. Si quieres saber más acerca de las lunas, sigue leyendo...

▼ La Tierra (1)

La Luna tarda 27 días en orbitar la Tierra y el mismo tiempo en girar una vez sobre sí misma. Por lo tanto, desde la Tierra se ve siempre la misma cara de la Luna y la otra (la cara oscura) queda detrás. A este fenómeno se le llama «acoplamiento de marea». No obstante, ambas caras de la Luna reciben la luz del Sol.

▼ Marte (2)

Fobos y Deimos, las dos lunas marcianas, llevan el nombre de los hijos de Ares, el dios de la guerra en la mitología griega (conocido como Marte en la mitología romana). El astrónomo estadounidense Asaph Hall las descubrió en 1877.

▼ Mercurio (0)

▼ Venus (0)

Características de las lunas

 Roca: Las lunas suelen ser sólidas y rocosas. Es muy probable que la mayoría hayan evolucionado a partir de discos de polvo y de gas.

 Atmósfera: Varias lunas, como algunas de las de Júpiter y de Saturno, cuentan con delgadas capas atmosféricas.

 Actividad volcánica: Antiguos flujos de lava han dejado cicatrices en nuestra Luna, mientras que Ío, la luna de Júpiter, presenta gran actividad volcánica (ver pág. 20).

 Anillos: La sonda *Cassini-Huygens* encontró evidencias que sugieren que Rea, la segunda luna más grande de Saturno, podría tener anillos propios.

La Luna tiene una atmósfera insignificante, por lo que cuando rota y entra y sale de la luz solar, su superficie se calienta y se enfría drásticamente. Su temperatura fluctúa entre los -156 °C y los 121 °C.

La luna más grande en relación con su planeta

Nuestra Luna, con un diámetro de 3.474 km, tiene 0,27 veces el diámetro de la Tierra. Este satélite natural es el mayor de los tres que contiene el sistema solar interior y el único mundo distinto a la Tierra que han visitado los seres humanos. Según la teoría científica que impera en la actualidad, la Luna se formó hace 4.600 millones de años a partir de los escombros que provocó el choque de un planeta del tamaño de Marte contra la Tierra. La gravedad agregó los trozos de material y se creó la Luna.

La luna más grande del sistema solar

Ganímedes, una de las lunas de Júpiter, tiene un diámetro de aproximadamente 5.262,4 km y su peso duplica con creces el de nuestra Luna. También es el **cuerpo más grande del sistema solar sin una atmósfera sustancial**.

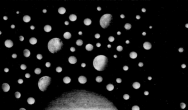

▼ Júpiter (69)
Las cuatro lunas más grandes de Júpiter (Ío, Calixto, Ganímedes y Europa) reciben el nombre de «satélites galileanos», porque Galileo Galilei las descubrió en 1610.

▼ Saturno (62)
Los característicos anillos que rodean a Saturno son, en parte, resultado del efecto gravitacional de algunas de sus lunas, conocidas como «satélites pastores».

▼ Urano (27)
La mayoría de los satélites de Urano llevan el nombre de personajes de obras de Shakespeare. Oberón y Titania son los más grandes y se descubrieron en 1787.

▼ Neptuno (14)
En 1949 el astrónomo Gerard Kuiper descubrió Nereida, la tercera luna más grande de Saturno, pero no vio a Proteo, que estaba muy cerca de Neptuno y era demasiado oscura como para apreciarla con su telescopio.

60 AÑOS DE LA NASA

La NASA celebró su sexagésimo aniversario en 2018, y en 2019 se cumplen 50 años de la primera misión tripulada a la Luna. En estas páginas, conmemoramos ambos hitos con un repaso a los logros más destacados de la agencia espacial.

Mission Control
Situada en el Centro Espacial Lyndon B. Johnson, en Houston, Texas, EE.UU., esta famosa sala es el centro de coordinación y comunicación de los vuelos espaciales de la NASA. También conocida como FCR-1, comenzó a funcionar en 1965.

El emblema de la NASA
Cariñosamente conocido como la «albóndiga», el emblema de la NASA fue diseñado por James Modarelli en 1959 y visualmente hace referencia a los objetivos de la organización. Dentro del planeta azul redondo puede verse un campo de estrellas, la flecha roja hace referencia a la aeronáutica, y la elipsis orbital alrededor del nombre alude a los viajes espaciales.

En la década de 1950, la «carrera espacial» entre las agencias espaciales de EE.UU. y de la Unión Soviética aceleró la investigación y el desarrollo tecnológico en ambos países. El 4 de octubre de 1957, la Unión Soviética lanzó el primer satélite artificial, el *Sputnik 1*. En respuesta, el 1 de octubre de 1958, el presidente de EE.UU. y el Congreso de EE.UU. pusieron en marcha la National Aeronautics and Space Administration (NASA) con «la misión de investigar los problemas asociados al vuelo dentro y fuera de la atmósfera terrestre, así como otros propósitos».

El 12 de abril de 1961, se produjo un nuevo golpe de efecto soviético con el **primer vuelo tripulado al espacio**, protagonizado por el cosmonauta Yuri Alekseyevich Gagarin a bordo del *Vostok 1*. El siguiente mes, Alan B. Shepard se convirtió en el primer estadounidense en viajar al espacio y completó el **vuelo espacial tripulado más corto** (15 min y 28 s). El 25 de mayo de 1961, el presidente John F. Kennedy proporcionó a la NASA un nuevo impulso al declarar: «Creo que esta nación debería comprometerse en lograr el objetivo, antes de que termine esta década, de llevar un hombre a la Luna y devolverlo de forma segura a la Tierra». En 1962 John H. Glenn Jr. se convirtió en el primer astronauta estadounidense en orbitar la Tierra, y el 3 de junio de 1965, Edward H. White Jr. realizó el primer paseo espacial de un astronauta estadounidense. Finalmente, en julio de 1969, la NASA hizo realidad el desafío que había planteado Kennedy, cuando Armstrong y Aldrin caminaron sobre la superficie lunar.

Tras el sexto y último alunizaje del *Apolo* en 1972, el programa había costado 25.400 millones de $, pero quedaba mucho por hacer. La NASA lanzó las sondas *Pioneer 10* y *11* en 1972 y 1973, respectivamente, en misión exploratoria a Júpiter y Saturno, y en 1977 las dos sondas *Voyager*

Skylab
Lanzada el 14 de mayo de 1973, la estación espacial de la NASA *Skylab* (abajo) albergó la **sala más grande en el espacio**. El área de trabajo de esta construcción cilíndrica tenía un volumen presurizado de 238,3 m³, 173 de los cuales eran accesibles para los miembros de la tripulación.

Los últimos reclutas de la NASA posan para un *selfi*
El proceso de reclutamiento para el Astronaut Group 22 comenzó en diciembre de 2015. La NASA recibió la **mayor cantidad de solicitudes en un proceso de selección de astronautas**: 18.300. Tras una rigurosa selección, se eligieron tan sólo a 12 personas (en la imagen) el 7 de junio de 2017.

partieron hacia los cuatro planetas exteriores gigantes: Júpiter, Saturno, Urano y Neptuno. Ambas siguen en contacto con la NASA, por lo que son las **naves espaciales interplanetarias de propulsión nuclear más duraderas**. El 12 de abril de 1981, se lanzó la primera misión de un transbordador espacial (STS-1); la séptima misión, el 18 de junio de 1983, convirtió a Sally K. Ride en la primera astronauta estadounidense en el espacio.

Hoy en día, los vuelos tripulados al espacio vuelven a ocupar un lugar destacado en la agenda. La NASA planea que su nave espacial *Orion* regrese a la Luna y probar tecnologías que permitan alcanzar puntos más lejanos del sistema solar, y viajar durante más tiempo. El vehículo de exploración espacial de la Nasa *Sojourner* (el **primer rover en Marte**) recorrió la superficie marciana en 1997, pero ahora la agencia espera enviar misiones tripuladas a Marte en la década de 2030. Habrá que permanecer atentos a lo que depare el futuro.

NASA: CRONOLOGÍA

◄ 1969: La velocidad más alta alcanzada por los humanos
En el módulo de mando del *Apolo 10* viajaban Thomas Patten Stafford, Eugene Andrew Cernan y John Watts Young (todos de EE.UU.). El 26 de mayo de 1969, alcanzó una velocidad de 39.937 km/h durante su vuelo de regreso a la Tierra.

▲ 1976: El primer vehículo en aterrizar con éxito en Marte
El 20 de julio de 1976, la *Viking 1* aterrizó en el planeta rojo a las 11:53 UTC (Tiempo Universal Coordinado). Estaba equipada con cámaras, instrumentos científicos y un brazo robótico. El módulo de descenso de la Unión Soviética *Mars 3* había llegado el 2 de diciembre de 1971, pero poco después se perdió la comunicación.

1977: El primer lanzamiento de una sonda espacial más allá del sistema solar
El 5 de septiembre y el 20 de agosto se lanzaron la *Voyager 1* y 2, respectivamente. Hacia el 25 de agosto de 2012, la *Voyager 1* entró en el espacio interestelar.

La *Voyager 1* realizó las **primeras observaciones del sistema de anillos de Júpiter** (5 de marzo de 1979), y la *Voyager 2* grabó el **primer sobrevuelo de Urano** (24 de enero de 1986) **y Neptuno** (25 de agosto de 1989).

EL UNIVERSO

Los astronautas de la misión Apolo 11. De izquierda a derecha: el comandante Neil Alden Armstrong, el piloto del módulo de mando Michael Collins y el piloto del módulo lunar Buzz Aldrin (Edwin Eugene Aldrin Jr.).

La primera misión tripulada a la Luna

El 20 de julio de 1969, a las 22:56 y 15 s EDT (hora del este de Norteamérica), los astronautas de la NASA Neil Armstrong y Buzz Aldrin (ambos de EE.UU.) se convirtieron en las primeras personas en pisar la Luna. Pasaron unas dos horas y media en su superficie, mientras que su compañero, Michael Collins (EE.UU.), la orbitaba en el módulo de mando. Esta fotografía de Aldrin de pie cerca del módulo lunar *Eagle* fue tomada por Armstrong, que aparece reflejado en la visera de Aldrin.

El cohete Saturno V llevó a Aldrin, Armstrong y Collins en su histórico vuelo a la Luna en 1969. En total, se lanzaron 13 Saturno V entre 1967 y 1973. Para saber más sobre esta extraordinaria nave espacial, ver las págs. 78-79.

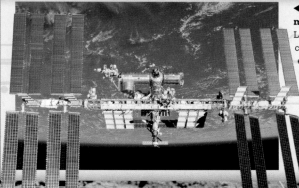

◀ 1981: La primera nave espacial reutilizable

El transbordador espacial *Columbia* hizo su vuelo inaugural el 12 de abril de 1981. Tras 135 misiones hasta 2011, los cinco transbordadores han tenido muchas funciones, como el transporte de astronautas y suministros. Su aportación fue crucial durante los 10 años de construcción **del satélite artificial más grande**, la *Estación Espacial Internacional* (ISS).

◀ 1998: La estación espacial más grande

La ISS empezó a construirse cuando su primer componente, el módulo *Zarya*, fue lanzado en noviembre de 1998. Mide unos 109 m de largo y pesa 419.455 kg. El volumen interno presurizado es de 916 m³, similar al de un Boeing 747, pero menos de la mitad de ese espacio es habitable.

OBJETOS PRÓXIMOS A LA TIERRA

El mayor impacto sobre la Tierra

En la actualidad, la mayoría de astrónomos creen que, hace unos 4.500 millones de años, un planeta del tamaño de Marte chocó contra la Tierra, que se había formado hacía poco. Algunos de los escombros que produjo el cataclismo empezaron a orbitar alrededor de la Tierra, se agregaron debido a su propia gravedad y formaron la Luna.

El **mayor cráter de impacto sobre la Tierra** es el cráter de Vredefort, cerca de Johannesburgo, en Sudáfrica, con un diámetro de 300 km. El cráter, actualmente muy erosionado, se formó hace unos 2.000 millones de años, cuando un asteroide o un cometa colisionaron contra la Tierra.

El cometa con el período orbital más corto

El cometa de Encke tiene un período orbital de 1.198 días (3,28 años). Es el primer cometa periódico que se descubrió después del cometa Halley y se detectó por primera vez en 1786. Johann Franz Encke calculó su órbita en 1819.

La coma más grande observada

La coma o cabellera (nube que rodea el núcleo en la cabeza de un cometa) que rodeó el Gran Cometa de 1811 tenía un diámetro de unos 2 millones de km.

El cometa más grande

(2060) Chiron tiene un diámetro de 182 km. Fue descubierto el 1 de noviembre de 1977 y, al principio, hubo quien afirmó que se trataba del décimo planeta del sistema solar. Este cometa gigante, que también está clasificado como un centauro y como un planeta enano, no se acerca a más de 1.273 km del Sol.

El cometa que más se ha aproximado a la Tierra

El 12 de junio de 1999, el diminuto cometa P/1999 J6 pasó a 0,012 unidades astronómicas (1.795.169 km) de la Tierra. Esta distancia es tan sólo 4,7 veces más lejos de lo que está la Luna.

El objeto más oscuro del sistema solar

El objeto menos reflectante del sistema solar del que se tiene constancia es el núcleo del cometa Borrelly, que fue captado por la sonda espacial *Deep Space 1* el 22 de septiembre de 2001. Está cubierto por una capa de polvo oscuro, por lo que refleja menos del 3 % de la luz que recibe.

La cola de cometa más larga registrada

La cola del cometa Hyakutake midió más de 570 millones de km (más del triple de la distancia entre la Tierra y el Sol). El cometa fue descubierto por Geraint Jones, del Imperial College London, R.U., el 13 de septiembre de 1999 a partir de los datos recogidos por la sonda *Ulises* de la AEE/NASA.

El planeta con más asteroides troyanos

Los asteroides troyanos orbitan alrededor del Sol siguiendo la misma órbita que un planeta. A 9 de noviembre de 2017, se habían descubierto unos 6.703 asteroides troyanos en la órbita de Júpiter. Neptuno tiene 17, Marte nueve y la Tierra y Urano, uno cada uno.

Mayor impacto registrado en el sistema solar

Entre el 16 y el 22 de julio de 1994, más de 20 fragmentos del cometa Shoemaker-Levy 9 colisionaron contra Júpiter. El fragmento «G» produjo el mayor impacto: explotó con una energía de aproximadamente 6 millones de megatones de TNT (unas 1.000 veces el arsenal nuclear de toda la Tierra). David Levy y Carolyn y Eugene Shoemaker (abajo) descubrieron el cometa en marzo de 1993.

El Gran Cometa más reciente

Descubierto por Robert McNaught (Australia, n. en el R.U.) en 2006, el cometa McNaught (o C/2006 P1) alcanzó su luminosidad máxima el 12 de enero de 2007 y su cola llegó a los 35° de largo sobre el cielo. Los Grandes Cometas son muy luminosos en el cielo nocturno. Algunos ejemplos destacados son los Grandes Cometas de 1577 y de 1811 (ver izquierda) y el cometa Halley.

La observación más distante de un cometa

El 3 de septiembre de 2003, los astrónomos del Observatorio Europeo Austral del cerro Paranal, en Atacama, Chile, difundieron una imagen que mostraba el cometa Halley a 4.200 millones de km de distancia del Sol. La imagen muestra a Halley como un puntito borroso con una luminosidad de magnitud 28,2, casi mil millones de veces más tenue que los objetos más tenues visibles a simple vista. El cometa, descubierto por Edmond Halley en 1705, fue el **primer cometa que se supo que era periódico**.

El meteorito más grande

En 1920 se encontró en Hoba West, cerca de Grootfontein, Namibia, un bloque que medía 2,7 m de largo y 2,4 m de ancho, con un peso estimado de unas 59 toneladas. El meteorito, compuesto sobre todo por hierro, es notable por lo inusualmente planas que son sus dos superficies mayores. Fue declarado monumento nacional en 1955 para protegerlo de los cazatesoros que se llevaban fragmentos (ver imagen secundaria).

ASTEROIDES ASOMBROSOS

◄ El asteroide más brillante

4Vesta fue descubierto el 29 de marzo de 1807 y es el único asteroide visible a simple vista. Esto es debido a una combinación de la luminosidad de su superficie, de su tamaño (576 km de diámetro) y al hecho de que llega a acercarse a la Tierra hasta a unos 177 millones de km.

El primer asteroide próximo a la Tierra descubierto

En 1898 los astrónomos Carl Gustav Witt (Alemania) y Auguste Charlois (Francia) descubrieron de forma independiente el asteroide 433 Eros. Su peculiar órbita lo aproximó a la Tierra más que cualquier otro asteroide o planeta, por lo que fue designado como un asteroide próximo a la Tierra.

◄ El mayor asteroide de metal

Ubicado en el cinturón de asteroides principal que orbita alrededor del Sol, 16 Psyche mide unos 279 km × 232 km × 189 km. Las observaciones con radar indican que se compone de hierro en un 90 %. En enero de 2017, la NASA aprobó una misión a este cuerpo celeste, posible candidato para una futura explotación minera.

Cuatro tipos de órbitas de asteroide

Asteroides Amor
Asteroides próximos a la Tierra con órbitas exteriores a la Tierra pero interiores a Marte. Llevan el nombre del asteroide 1221 Amor.

Asteroides Apolo
Asteroides próximos a la Tierra cuyo semieje mayor es mayor que el de la Tierra. Llevan el nombre del asteroide 1862 Apolo.

Asteroides Atón
Asteroides próximos a la Tierra cuyo semieje mayor es menor que el de la Tierra. Llevan el nombre del asteroide 2062 Atón.

Asteroides Atira
Asteroides próximos a la Tierra cuya órbita está totalmente contenida en la órbita terrestre. Llevan el nombre del asteroide 163693 Atira.

La lluvia de meteoros más rápida

Las Leónidas son una lluvia de meteoros que se produce cada año entre el 15 y el 20 de noviembre. Penetran en la atmósfera terrestre a unos 71 km por segundo y empiezan a brillar a una altitud de unos 155 km. Las Leónidas deben su elevada velocidad a que el movimiento del flujo de meteoros original (del cometa 55P/Tempel-Tuttle) es casi directamente opuesto al movimiento orbital de la Tierra alrededor del Sol. Esto conduce a una colisión casi frontal entre la Tierra y las diminutas partículas.

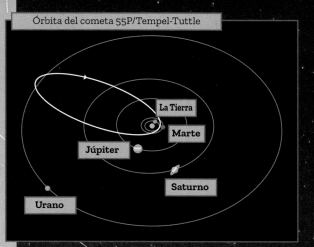

Órbita del cometa 55P/Tempel-Tuttle

La Tierra · Marte · Júpiter · Saturno · Urano

Las Leónidas fueron bautizadas el 12 de noviembre de 1833, después de la espectacular lluvia sobre el hemisferio occidental. Estimaciones actuales apuntan que cayeron hasta 240.000 meteoros en tan sólo 9 horas.

La mayor concentración de asteroides

El principal cinturón de asteroides está entre las órbitas de Marte y de Júpiter y contiene entre 700.000 y 1,7 millones de asteroides con un diámetro mínimo de 1 km. La masa total del cinturón equivale a sólo el 4 por ciento de la Luna, y los cuatro asteroides más grandes representan la mitad de la misma.

◀ El primer asteroide con luna

En 1993 y en ruta hacia Júpiter, la sonda *Galileo* llevó a cabo un vuelo de reconocimiento del asteroide Ida (izquierda). El 17 de febrero de 1994, el análisis de las imágenes resultantes reveló que Ida, de 53,6 km de longitud en su eje más largo, cuenta con su propio satélite natural (abajo). Dáctilo orbita alrededor de Ida una vez cada 20 horas y tiene unas dimensiones de 1,6 × 1,4 × 1,2 km.

El asteroide con más colas

El 10 de septiembre de 2013, el telescopio espacial *Hubble* detectó un extraño asteroide con seis colas diferenciadas, como las de un cometa. El P/2013 P5 es un cuerpo rocoso de unos 480 m de diámetro y, probablemente, debe sus colas a la presión de la radiación solar, que ha aumentado el giro del asteroide hasta causar que su propia rotación le haga perder masa.

RECOPILATORIO

El primer asteroide interestelar

El 19 de octubre de 2017, el astrónomo Robert Weryk (Canadá) detectó un objeto inusual con el telescopio Pan-STARRS del Haleakala Observatory de Hawái, EE.UU. Mide unos 400 m de largo por 40 de ancho. Llamado 'Oumuamua, se cree que es un asteroide alargado. Se originó fuera del sistema solar, que abandonará de nuevo dentro de unos 20.000 años.

Los objetos más magnéticos del universo

Las magnetoestrellas son estrellas de neutrones que poseen unos campos magnéticos de potencia colosal, de hasta 100.000 millones de teslas. Como comparación, el campo magnético de la Tierra es de unos 50 microteslas. En teoría, una magnetoestrella de unos 20 km de diámetro debería poder borrar los datos de una tarjeta de crédito desde una distancia equivalente a la mitad de la que nos separa de la Luna.

El agujero negro más próximo a la Tierra

El agujero negro más próximo a nuestro planea es A0620-00,

El primer púlsar enano blanco

El 23 de enero de 2017, un equipo de la Universidad de Warwick (R.U.) reveló que el sistema estelar binario AR Scorpii, a 380 años luz de la Tierra, se compone de los restos de una enana blanca (el púlsar) y una estrella fría en una órbita próxima. La enana blanca da un giro completo cada 2 minutos y lanza un brillante rayo de energía mientras gira, como si fuera un faro gigantesco.

El sonido estelar más antiguo

En junio de 2016, un equipo de científicos de la Universidad de Birmingham (R.U.) anunció que habían medido oscilaciones acústicas de 13.000 millones de años de antigüedad procedentes del cúmulo de estrellas M4 de la Vía Láctea. Aplicaron una técnica llamada «astrosismología» para analizar los datos recopilados por la misión Kepler/K2 de la NASA, lo que les permitió medir las oscilaciones y registrar las frecuencias de sonido graves en el interior de la estrella que las causa. Los científicos estaban escuchando el sonido que las estrellas habían emitido en sus hornos nucleares «sólo» 800.000 años después del Big Bang.

Se cree que, cuando aconteció el Big Bang, el universo era infinitamente caliente (la **temperatura más elevada de la historia**), además de infinitamente pequeño y denso.

La supernova más duradera

En septiembre de 2014, astrónomos descubrieron una explosión estelar, o supernova, en una galaxia enana a unos 509 millones de años luz. Se esperaba que la supernova, llamada iPTF14hls, se apagara al cabo de unos 100 días. Sin embargo, varios meses después, se volvió más brillante. Los astrónomos estudiaron los datos de archivo y descubrieron que iPTF14hls también había explotado en 1954, pero había logrado sobrevivir. En diciembre de 2017, la supernova seguía activa después de más de tres años. Es posible que este acontecimiento único sea la primera observación de una supernova de inestabilidad

de pares» (en la que explotan las capas externas de la estrella, pero el núcleo se conserva) teórica.

El sistema planetario más grande (por número de planetas)

El 14 de diciembre de 2017, la NASA y Google anunciaron que el observatorio espacial Kepler había descubierto el planeta Kepler-90i orbitando la estrella Kepler-90, a unos 2.545 años luz de la Tierra. Este nuevo planeta se unía a otros siete mundos que se sabe que orbitan esta estrella. Kepler-90 y nuestro sistema solar tiene ocho planetas conocidos cada uno, más que cualquier otro sistema planetario.

De los 3.700 planetas conocidos, no hay ninguno en un sistema planetario tan grande como nuestro sistema solar que, con unas 100.000 UA (15 billones de km) de ancho, es el **sistema planetario de mayor diámetro**.

El agujero negro supermasivo más lejano

El 6 de diciembre de 2017, un equipo de astrónomos reveló que había descubierto un agujero negro unos 800 millones de veces más grande que el Sol en el centro de una galaxia con un corrimiento al rojo de 7,5. Este valor significa que el cuásar emitió la luz que vemos ahora «sólo» 690 millones de años después del Big Bang. Aún se desconoce cómo se pudo formar algo tan grande y tan pronto después de la formación del universo.

un sistema binario que contiene una estrella de tipo K de masa reducida (una enana naranja) y un agujero negro estelar. El sistema está a unos 3.000 años luz de distancia, en la constelación de Monoceros.

La galaxia más próxima a la Vía Láctea

La galaxia enana Can Mayor se descubrió en 2003 y está a un promedio de «sólo» 42.000 años luz del centro de nuestra galaxia. Detectarla fue complicado, porque está detrás del plano de nuestra galaxia espiral,

La primera observación de una fusión de estrellas de neutrones

El 17 de agosto de 2017, los científicos del Laser Interferometer Gravitational-Wave Observatory (LIGO), en EE.UU., y del interferómetro Virgo, en Europa, detectaron ondas gravitacionales a unos 130 millones de años luz de distancia. Tras estas ondulaciones del espacio-tiempo, hubo un estallido de rayos gamma. Se cree que las ondas se generaron cuando dos estrellas de neutrones giraron en espiral hasta colisionar y producir el estallido de rayos gamma. Este evento se ha designado como GW170817.

El sonido más lejano registrado desde la Tierra

En mayo de 2013, la sonda espacial *Voyager 1* de la NASA (el **objeto fabricado por el hombre más remoto**) registró sonidos en regiones del espacio interestelar con gran densidad de gas y plasma ionizados. Aunque el espacio carece de una atmósfera con oxígeno, sí que contiene gas y plasma, que pueden vibrar a frecuencias audibles. Cuando la *Voyager 1* grabó y reprodujo estas vibraciones en el Control de Misión, adoptaron la forma de un tono que se volvía más agudo a medida que la densidad del plasma aumentaba. El Control de Misión oyó estos sonidos dos veces: la primera entre octubre y noviembre de 2012, y la segunda entre abril y mayo de 2013, cuando la sonda estaba a 19.000 millones de km del Sol.

El planeta más grande en relación con su estrella progenitora

El 31 de octubre de 2017, se detectó un planeta que orbita la estrella NGTS-1, a unos 600 años luz. La estrella es una enana roja con un diámetro aproximado de la mitad del Sol. Por su parte, el planeta NGTS-1b es un tipo de planeta extrasolar conocido como «Júpiter caliente». Con un radio aproximado a una tercera parte del de Júpiter, este gigante gaseoso completa la órbita alrededor de su estrella en sólo 2,6 días, debido a su proximidad.

La estrella progenitora que ha devorado más planetas

El 12 de octubre de 2017, un equipo de astrónomos de la Universidad de Princeton (EE.UU.) anunció que había descubierto las extrañas propiedades de las estrellas binarias HD 240430 y HD 240429. Una, llamada Kronos, contiene cantidades elevadas de silicio, magnesio, hierro, aluminio y otros metales, concentradas en la atmósfera externa de la estrella. Esto sugiere que Kronos ha devorado a unos 15 planetas rocosos del tamaño de la Tierra que la orbitaban.

vista desde la Tierra. Su forma indica que está en proceso de fragmentarse y de ser absorbida por la gravedad de la Vía Láctea.

El cohete orbital más pequeño

SS-520 tan sólo tiene 9,54 m de altura, 52 cm de diámetro y una masa de 2.600 kg. Este cohete diminuto se lanzó a las 14:03 (hora estándar japonesa) del 13 de febrero de 2018 desde el Uchinoura Space Center que la agencia espacial japonesa tiene en la prefectura de Kagoshima, en Japón. Transportaba un satélite CubeSat llamado *TRICOM-1R* que pesaba 3 kg y que fue rebautizado como *Tasuki* cuando alcanzó la órbita baja terrestre. Según los informes, *SS-520* alcanzó la órbita 4 min y 30 s después del despegue.

El propulsor de iones más potente

En julio y agosto de 2017, científicos del Glenn Research Center de la NASA, en Cleveland, Ohio, y de la Universidad de Michigan (ambos en EE.UU.) probaron el propulsor X3 Hall. Este sistema acelera un chorro de átomos ionizados (con carga eléctrica) en un motor y genera un impulso. En las pruebas, el X3 alcanzó una potencia de 102 kW y produjo un impulso de 5,4 N. Los propulsores de iones tienen una eficiencia de combustible muy superior a la de los cohetes químicos, por lo que ofrecen un mayor potencial para el viaje espacial de larga distancia.

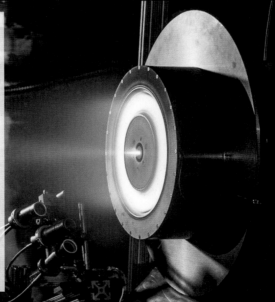

El primer objeto transneptuniano con anillo

El 11 de octubre de 2017, un equipo internacional de astrónomos reveló el descubrimiento de un anillo que rodeaba el planeta enano Haumea. Habían previsto que Haumea ocultaría una estrella pasando por delante de ella el 21 de enero de 2017. Doce telescopios de diez observatorios europeos apuntaron al evento para afinar los datos sobre el tamaño y la forma del planeta enano. Las observaciones detectaron un anillo alrededor de este objeto pequeño y lejano. Haumea está unas 50 veces más lejos del Sol que la Tierra y tarda 284 años en completar una órbita. Tiene forma de pelota de rugby, con un eje longitudinal de unos 2.320 km.

La nube de hidrógeno primordial más grande

LAB-1, descubierto el año 2000, es un tipo de objeto astronómico conocido como mancha Lyman-Alpha. LAB-1 mide unos 300.000 años luz de diámetro, está a unos 11.500 años luz de la Tierra y es una nube de gas hidrógeno que aún no se ha transformado en galaxias. La mancha está brillando, probablemente por la luz que emiten las galaxias que ya se hayan formado en su interior. Debido a su distancia, vemos a LAB-1 tal y como era cuando el universo sólo tenía un 15 por ciento de su edad actual.

La mayor cueva lunar

El 18 de octubre de 2017, la Agencia Espacial Japonesa (JAXA) informó de que su sonda *SELENE* (o *Kaguya*), que orbita la Luna, había descubierto una gran cueva bajo la superficie lunar en la región de las Colinas de Marius. Con una entrada (ver derecha) de unos 50 m de ancho, la cueva desciende hasta unos 50 m bajo la superficie. El radar lunar de *SELENE* reveló que la entrada da paso a una cavidad más grande de unos 50 km de longitud y 100 m de anchura. En el futuro, se podría usar para construir una base lunar habitada.

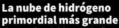

Los penachos de hielo eruptivos más grandes

En 2005 la sonda *Cassini* de la NASA /AEE registró erupciones de agua helada en la superficie de Encélado (una de las lunas de Saturno) que se alzaban a más de 505 km hacia el espacio. En febrero de 2017, Ted Stryk (EE.UU.) anunció que había procesado una imagen que la *Voyager 1* había tomado a su paso por Saturno, el 13 de noviembre de 1980, y que parecía mostrar evidencias aún más tempranas de este fenómeno.

LA TORRE EIFFEL

Este famoso edificio, uno de los más emblemáticos del planeta, se alza en el horizonte de París, la capital francesa. Construida por la empresa de Gustave Eiffel para la Exposición Universal de 1889, su diseño en cuadrícula de hierro forjado y su altura sin precedentes hacían de la Torre Eiffel un prodigio de la ingeniería. Cuando se inauguró en marzo de 1889, era la construcción más alta creada jamás por el ser humano, récord que ostentaría durante más de 40 años.

Las excavaciones del terreno empezaron el 28 de enero de 1887. Cada una de sus 18.038 partes metálicas se fabricó y calibró en la fábrica de Gustave Eiffel a las afueras de París, antes de ser transportadas al lugar de la construcción, en el Campo de Marte. La Torre Eiffel se completó en poco más de dos años y se terminó en marzo de 1889. Importantes artistas y escritores pusieron el grito en el cielo ante una construcción tan colosal (con sus 300 m, es la **construcción de hierro más alta**) que, decían, estropearía la ciudad. Sin embargo, hoy atrae a nada menos que 7 millones de visitantes al año y se estima que unos 300 millones de personas la han visitado a lo largo del tiempo.

LA EXPOSICIÓN UNIVERSAL

El diseño de esta «Dama de hierro» fue seleccionado entre más de 100 propuestas presentadas a un concurso para construir un arco de entrada para la Exposición Universal de 1889, celebrada en París. La muestra tuvo lugar en el centenario del asalto de la Bastilla, inicio de la Revolución francesa.

Una antena permite a la torre realizar transmisiones de radio.

Originalmente, la torre tenía una capa de 60 toneladas de pintura marrón rojizo.

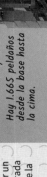

Hay 1.665 peldaños desde la base hasta la cima.

La torre pesa unas 10.100 toneladas.

UNA HABITACIÓN EN LA CUMBRE

Cerca de la cumbre de la torre, a 276 m de altura, se encuentra un mirador que ofrece vistas panorámicas sobre París. Gustave Eiffel instaló allí su despacho, donde recibió a visitantes como el inventor estadounidense Thomas Edison.

ESBOZOS ORIGINALES

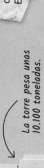

Aunque lleve su nombre, en realidad no fue Gustave Eiffel (arriba, izquierda) quien diseñó la torre. Fue Maurice Koechlin (arriba, derecha), un ingeniero industrial que trabajaba para la empresa de Eiffel, quien, junto con Émile Nouguier, tuvo la idea de dibujar una construcción elevada, semejante a una torre de alta tensión, sobre cuatro columnas con entramado de vigas reticuladas. Los esbozos originales de Koechlin aparecen a la izquierda: a la derecha de la torre se ve la comparativa de tamaños con otras construcciones famosas, como la catedral de Notre Dame y la Estatua de la Libertad (ver págs. 10-11). Eiffel y Koechlin también habían colaborado juntos en este emblemático monumento de EE.UU., inaugurado tres años antes que la Torre Eiffel.

CIFRAS DE RÉCORD

Cuando el 31 de marzo de 1889 se remató su obra, la Torre Eiffel de París se convirtió en la **construcción más alta realizada por el ser humano.** Medía 300 m, y en la década de 1950 se le añadió una antena de televisión de 24 m, aunque normalmente ésta no se cuenta como parte de la estructura. Siguió siendo la construcción más alta hasta 1930, cuando se finalizó el edificio Chrysler, con 319 m, en la ciudad de Nueva York, EE.UU.

Los pilares de la base están alineados con los cuatro puntos cardinales.

¿SABÍAS QUE...?

En su interior se instalaron restaurantes, bares y tiendas en vista de la gran cantidad de visitantes. El periódico *Le Figaro* puso una imprenta en el segundo piso, donde imprimía una edición diaria llamada *Le Figaro de la Tour*. Los visitantes podían pedir que se incluyera su nombre en el periódico para demostrar que habían estado allí.

ASCENSORES

Los ascensores hidráulicos con caja de cristal empezaron a funcionar el 26 de mayo de 1889, tan sólo unos días después de que la Torre Eiffel se abriera al público. Se impulsaban desde abajo en vez de ser tirados desde arriba. Hoy todavía funcionan dos de los ascensores originales, lo que da fe de la resistencia de su diseño. En total, recorren más de 103.000 km al año, dos veces y media la vuelta alrededor del mundo.

PLANETA TIERRA

Esta imagen fue captada por el satélite *Terra*, que la NASA lanzó el 18 de diciembre de 1999. Monitoriza la Tierra y aporta datos para hacer el seguimiento de su cambiante clima. Esta misión, conocida como Sistema de Observación de la Tierra, incluye varios satélites, con *Terra* como buque insignia.

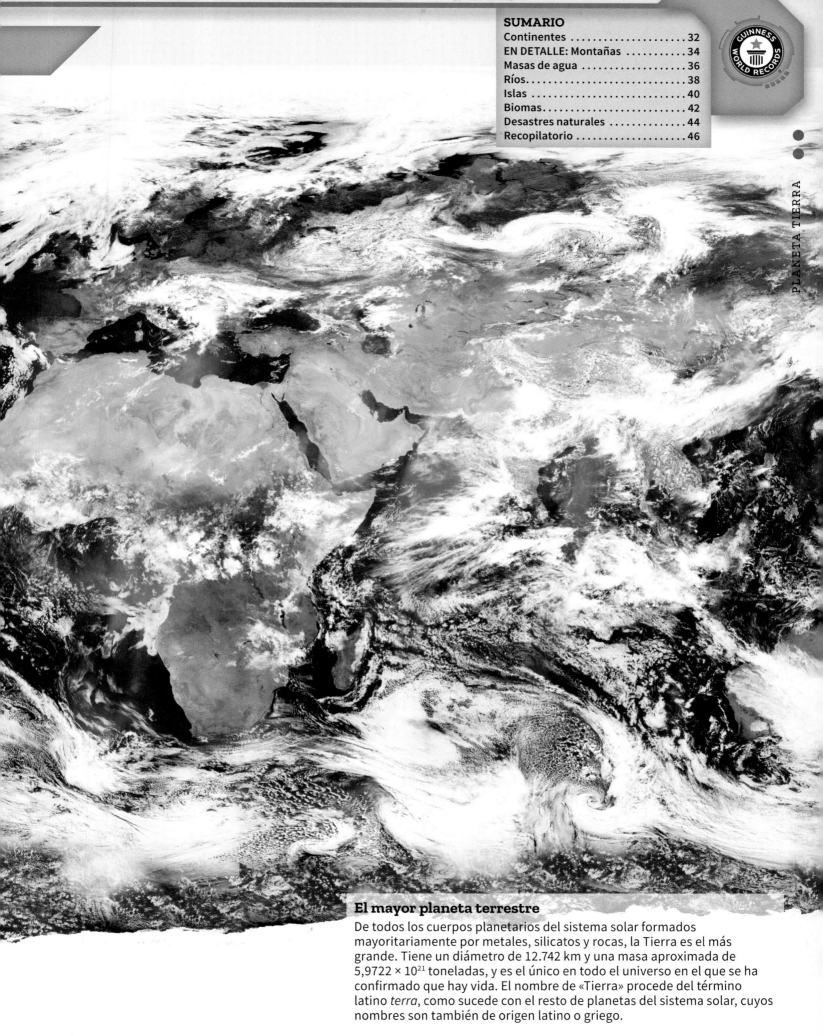

PLANETA TIERRA

El mayor planeta terrestre

De todos los cuerpos planetarios del sistema solar formados mayoritariamente por metales, silicatos y rocas, la Tierra es el más grande. Tiene un diámetro de 12.742 km y una masa aproximada de $5,9722 \times 10^{21}$ toneladas, y es el único en todo el universo en el que se ha confirmado que hay vida. El nombre de «Tierra» procede del término latino *terra*, como sucede con el resto de planetas del sistema solar, cuyos nombres son también de origen latino o griego.

CONTINENTES

El primer continente

Las evidencias geológicas sugieren que hubo una única masa continental en la Tierra desde hace unos 3.600 millones de años hasta hace 2.800 millones de años. Conocido como Vaalbará, este continente era más pequeño que cualquiera de los actuales. Los cratones de Kaapvaal y Pilbara, en el sur de África y el noroeste de Australia, son vestigios supervivientes de Vaalbará.

El continente habitado durante más tiempo

Durante mucho tiempo, se pensó que los *Homo sapiens*, los humanos modernos, aparecieron en el este de África hace unos 200.000 años. Sin embargo, en 2017 se encontraron en Jebel Irhoud, Marruecos, restos óseos de un rostro y una mandíbula humanos datados en hace unos 315.000 años. Esto significa que el *Homo sapiens* ya habitaba África unos 100.000 años antes de lo que se suponía.

El continente con más países

África alberga 54 estados soberanos reconocidos internacionalmente. El más reciente, Sudán del Sur, logró la independencia el 9 de julio de 2011. El territorio en disputa de Sáhara Occidental es miembro de la Unión Africana, pero a fecha de 2018 no era un estado reconocido por Naciones Unidas.

La Antártida es el **continente que alberga menos países**, con ninguna población nativa ni ningún país reconocido por debajo de la latitud 60° S. Aunque varios países han reclamado partes de su territorio, con el Tratado Antártico de 1959 se estipuló la preservación del continente para la investigación científica pacífica que además excluye cualquier actividad militar.

El continente más pequeño

La anchura de Australia de oeste a este es de unos 4.042 km, y su área, de 7.617.930 km². Es, al mismo tiempo, el continente más pequeño y el sexto país más grande, detrás de Rusia, Canadá, China, EE.UU. y Brasil.

La masa terrestre continental más plana

La altitud media de Australia, sin incluir sus islas periféricas, es de poco más de 330 m por encima del nivel del mar. Es la única gran masa de tierra de nuestro planeta sin una gran cadena montañosa. Su punto más alto es la cumbre del monte Kosciuszko, a 2.228 m sobre el nivel del mar.

La mayor diferencia de población estacional

En el transcurso de un año, la población de la Antártida se multiplica por cinco: alrededor de 1.000 habitantes en invierno y unos 5.000 en verano. Esto se debe a que la gran mayoría de los científicos que trabajan en las bases instaladas en el continente sólo viven allí en verano y evitan los duros inviernos antárticos.

La corteza más gruesa

La corteza terrestre es la capa más fría, sólida y externa de la litosfera. En el Himalaya chino, esta corteza tiene un grosor de entre 40 y 75 km.

Los **puntos más delgados de la corteza** miden sólo 6 km de grosor y se encuentran en el océano Pacífico.

El continente más elevado

Según British Antarctic Survey, la Antártida, excluyendo sus plataformas de hielo, tiene una altitud media de 2.194 m por encima del geoide OSU91A, un modelo geopotencial parecido al nivel del mar. Su punto más alto es la cumbre del macizo de Vinson, a 4.897 m sobre el nivel del mar.

El continente más grande

Asia cubre un área de 44.579.000 km², por los 30.221.532 km² de África. Alberga 49 estados soberanos reconocidos internacionalmente y tiene una población de más de 4.400 millones de personas, cifra que lo convierte en el **continente más poblado** (ver arriba a la derecha).

El continente sumergido más extenso

Nueva Zelanda es sólo la parte más elevada del continente de Zelandia. Con un área total de unos 4.900.000 km², alrededor del 94 % de éste está bajo el agua y forma un mar poco profundo alrededor de la costa de Nueva Zelanda. En 2017 los geólogos afirmaron que Zelandia cumplía los criterios para ser considerado un auténtico continente.

La masa de tierra más grande

Los continentes de África y Eurasia forman una masa de tierra continua con una superficie total de 84.980.532 km², que se conoce como Afro-Eurasia y en ocasiones como Viejo Mundo. En esta extensión de tierra vive aproximadamente el 85 % de la población mundial.

EL MUNDO EN MOVIMIENTO

Es fácil pensar en los continentes como masas de tierra vastas y estáticas, pero debajo de nuestros pies el mundo está en continuo cambio. La capa externa y rígida de la Tierra, conocida como litosfera, se divide en grandes placas tectónicas que llevan millones de años moviéndose lentamente. Este proceso da forma y remodela el mundo tal y como lo conocemos.

LAS PLACAS TECTÓNICAS MÁS GRANDES

Nombre	Área
Placa del Pacífico	103.300.000 km²
Placa Norteamericana	75.900.000 km²
Placa Euroasiática	67.800.000 km²
Placa Africana	61.300.000 km²
Placa Antártica	60.900.000 km²

Fuente: WorldAtlas.com, según constaba el 9 de noviembre de 2017.

▶ La masa terrestre más rápida

Debido a las corrientes de convección en el manto terrestre, las placas continentales están en movimiento. Donde los bordes de estas placas se topan, una se desliza debajo de la otra y se origina una zona de subducción. La microplaca de Tonga, centrada cerca de Samoa, actualmente se mueve bajo el océano Pacífico a un ritmo de 24 cm al año.

El **continente más grande y poblado** de la Tierra es Asia (ver página anterior). Acoge a casi dos tercios de la población mundial.

El continente más grande de todos los tiempos

Hace 299-273 millones de años, todos los continentes formaban un único «supercontinente», Pangea (que significa «todas las tierras» en griego). Pangea comenzó a fragmentarse lentamente hace unos 200 millones de años debido a la tectónica de placas, hasta convertirse en el mundo tal como hoy lo conocemos. La existencia de Pangea se hace evidente cuando se comprueba cómo encajan las costas de África y Sudamérica.

Una proyección por ordenador muestra la Tierra dentro de 250 millones de años con un nuevo supercontinente, Pangea Última, que encierra el océano Índico en su interior.

La ruptura de Pangea comenzó en el período Jurásico inferior, hace unos 200 millones de años. Con la deriva continental surgió el océano Atlántico, y tras él, el mundo que hoy conocemos.

Se cree que la **primera hipótesis de la deriva continental** fue formulada por el cartógrafo flamenco Abraham Ortelius (1527-1598), que planteó que África y Sudamérica estuvieron unidas en el pasado. La teoría sólo sería aceptada en círculos académicos en la segunda mitad del siglo XX.

La placa continental más lenta

La placa Euroasiática engloba la mayor parte del continente euroasiático y se extiende al oeste hasta la dorsal Mesoatlántica. Se mueve unos 2,1 cm por año. La divergencia entre las placas Euroasiática y Norteamericana es la causa de la actividad volcánica en Islandia, como la dramática erupción del Eyjafjallajökull en 2010.

▶ La zona de colisión continental más grande

Hace alrededor de 40-50 millones de años, el subcontinente indio empezó a colisionar con el continente euroasiático, un fenómeno que sigue en curso en una zona de aproximadamente 2.900 km de largo y que ocasionó el surgimiento de las montañas del Himalaya. Tras la ruptura de Pangea (ver arriba), el subcontinente indio formó parte del supercontinente meridional de Gondwana antes de separarse de la costa este del África moderna y moverse hacia el norte por el mar de Tetis. Tras eso, colisionó con el supercontinente de Laurasia, lo que dio origen a los Himalayas.

La placa tectónica más grande

La placa del Pacífico tiene un área aproximada de 103.000.000 km². Según mediciones realizadas alrededor de las islas Hawái, se mueve gradualmente en dirección noroeste con respecto a Norteamérica unos 7 cm por año. Esto es más de tres veces la velocidad de la placa Euroasiática, la **placa continental más lenta** (ver izquierda).

MONTAÑAS

Majestuosas, las montañas ofrecen algunas de las vistas más impresionantes del mundo natural. Medir las montañas más altas de la Tierra no es tarea fácil, y hay más intentos de coronar el Everest de lo que cabría imaginar...

Una confusión muy común es considerar que el Everest es la montaña más alta del mundo. Con sus 8.848 m, es en realidad su **«punto más alto»** (ver derecha), lo que significa que su cumbre es el punto terrestre a más altura sobre el nivel del mar. Así es como suelen describirse las alturas de las montañas: desde el nivel del mar hasta su pico. Si comenzaras a escalar el Everest al nivel del mar, tendrías que recorrer una distancia vertical de casi 8,8 km. Y por cierto, la **primera persona en escalar el Everest desde el nivel del mar** fue Tim Macartney-Snape (Australia), que necesitó tres meses para llegar a su cima tras partir de la bahía de Bengala en 1990.

El Everest, sin embargo, se eleva sobre la meseta Tibetana (que, junto con las famosas cadenas montañosas de la región, se originó cuando la placa tectónica de la India chocó contra la placa tectónica Euroasiática, un proceso que comenzó hace unos 50 millones de años.). Esto significa que el ascenso hasta su cima por la ruta sur (la más habitual) comienza en el campamento base a una altitud de 5.364 m. Por esa vía, «sólo» es necesario escalar los últimos 3.648 m, lo que, por supuesto, no llega a ser una hazaña como las de nuestros aventureros de las págs. 122-23.

El Mauna Kea, un volcán de la isla de Hawái, EE.UU., se eleva hasta 4.205 m sobre el nivel del mar, pero su base se encuentra por debajo (figura 1). Si se mide desde la base submarina de la montaña hasta su cima, el resultado son unos majestuosos 10.205 m. El Everest, en comparación,

El glaciar a más altura

El glaciar Khumbu, en Nepal, comienza, y a la vez es alimentado, en la cuenca glaciar del Cwm Occidental, un valle de hielo entre los picos del Everest y los de la cresta Lhotse-Nuptse. La cabeza del glaciar está situada a una altitud de unos 7.600 m sobre el nivel del mar, y se extiende a lo largo de 17 km al oeste y sur antes de finalizar su recorrido.

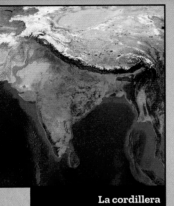

La cordillera más grande de la Tierra

El sistema de los Himalayas, que separa el subcontinente indio de la meseta Tibetana, alberga 96 de los 109 picos del mundo de más de 24.000 pies (7.315 m) y 10 de los 14 picos de más de 8.000 m. Recibe su nombre del término sánscrito *himālaya*, que significa literalmente «morada de la nieve».

Figura 1:
Más alto frente a mayor altura

Everest (4.148 m)

Denali (5.500 m)

Altura de la base del Everest 4.700 m

8.848 m

Altura de la base del Denali 594 m

6.190 m

4.205 m

Nivel del mar 0 m

Mauna Kea (10.205 m)

Base (submarina) del Mauna Kea -6.000 m

Figura 2:
Altura geocéntrica

Chimborazo

Everest

6.382,3 km

6.384,4 km

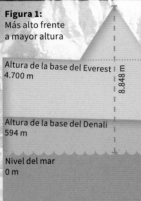

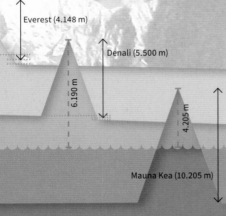

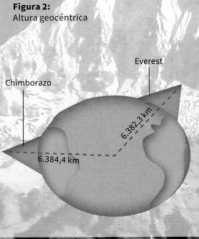

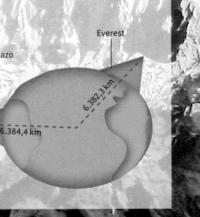

CUMBRES MUY SINGULARES

La montaña ártica más alta

El monte Gunnbjørn, en la cordillera Watkins de Groenlandia, es la montaña más alta al norte del círculo polar ártico. Su cumbre se eleva hasta los 3.694 m sobre el nivel del mar. Es un tipo de montaña conocida como «nunatak»: un pico rocoso que sobresale de un glaciar o de un campo de hielo. Su cumbre fue coronada por primera vez el 16 de agosto de 1935.

◄ La montaña más alta

El Mauna Kea («montaña blanca»), en las islas Hawái, EE.UU., mide 10.205 m desde su base submarina en la depresión de Hawái hasta su cumbre. De esta altura total, 4.205 m se encuentran sobre el nivel del mar, lo que convierte al Mauna Kea en la montaña más alta del mundo, pero no en su punto más alto (ver arriba).

La montaña tabular más alta

El monte Roraima, en la frontera entre Brasil y Venezuela, es una meseta de piedra arenisca de 2.810 m de altura. Las duras condiciones del entorno hacen que alrededor de un tercio de sus plantas sean endémicas. Se cree que el Roraima fue fuente de inspiración de la novela de sir Arthur Conan Doyle *El mundo perdido*.

tiene una «altura» de 4.148 m cuando se mide desde la altura media de su base (4.200 m en el lado nepalí, 5.200 m en el tibetano), lo que convierte al Mauna Kea en la **montaña «más alta»** del mundo.

El Denali, denominado anteriormente monte McKinley, en Alaska, también supera al Everest cuando se mide desde su base. Se eleva 6.190 m sobre el nivel del mar, pero se asienta sobre una llanura inclinada que le da un altura media desde la base hasta la cima de 5.500 m.

Finalmente, para complicar aún más las cosas, ¿qué sucede cuando se tiene en cuenta la forma de la Tierra? La cima nevada del Chimborazo, en Ecuador, tan sólo un grado al sur del ecuador, alcanza los 6.268 m sobre el nivel del mar. Esta altura no es particularmente elevada, ni tan siquiera es el pico más alto de los Andes, pero el planeta no es perfectamente esférico, y el radio de la Tierra en Ecuador es mayor que su radio en la latitud del Everest (figura 2). Esto significa que el Chimborazo es el **pico montañoso más alejado del centro de la Tierra**; en concreto, éste se encuentra a 6.384,4 km del centro de la Tierra, 2.168 m más alejado que el pico del Everest, a 6.382,3 km.

Identificar a los poseedores de récords puede ser todo un desafío, sobre todo cuando hay que tratar con aspirantes milenarios como las montañas. Pero más allá de cuestiones semánticas, el Everest se enorgullece de ser el punto más alto de la Tierra.

La montaña que crece más rápido

El Nanga Parbat, en Pakistán, crece a un ritmo de 7 mm al año. Forma parte de la meseta del Himalaya, que se formó cuando la India comenzó a colisionar con la placa continental Euroasiática hace entre 40 y 50 millones de años (ver pág. 33). Aunque los Himalayas continúan elevándose (ver izquierda), esto se ve a menudo contrarrestado por la erosión causada por los ciclos de congelación y descongelación, los seísmos y las avalanchas.

En 1998 se descubrió la mandíbula fosilizada de una ballena en las estribaciones del Himalaya. El *Himalayacetus* habitó el mar de Tetis, un antiguo mar que desapareció cuando el subcontinente indio colisionó con la placa Euroasiática, lo que dio origen al sistema de los Himalayas.

El punto más alto de la Tierra

El monte Everest, en la frontera entre Tíbet y Nepal, se eleva hasta los 8.848 m sobre el nivel del mar, lo que significa que se trata del punto más alto del mundo. Conocida inicialmente como Peak XV, la montaña recibió su nombre actual en 1865 en honor a Sir George Everest (1790-1866), antiguo topógrafo general de la India británica. La altura oficial del Everest se fijó en 1955. En 2017, el gobierno nepalí anunció una nueva iniciativa para medir la montaña con receptores GPS.

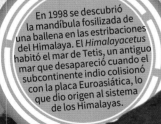

◀ La montaña más alta sin escalar

Con 7.570 m de altura, el Kangkar Pünzum, en Bután, es la 40.ª montaña más alta del mundo. En la década de 1980 se dieron algunos intentos fallidos de coronarlo, pero en 1994 se prohibió parcialmente la práctica del alpinismo en Bután. Desde 2003, la escalada está prohibida por motivos religiosos.

▲ La caída vertical más grande

La cara oeste del pico de granito del monte Thor, ubicado en la isla de Baffin, en el territorio canadiense de Nunavut, tiene una caída vertical de 1.250 m. El ángulo medio de esta cara es de 105° y, como era de esperar, es muy popular entre los escaladores.

La cara más alta de una montaña submarina

El monte Pico, en las Azores (Portugal) se sumerge 6.096 m por debajo de la superficie del mar hasta el fondo del océano. La cumbre de la montaña se encuentra a 2.350 m de altura, lo que supone un total de 8.446 m desde la base hasta la cima, apenas una fracción más baja que el Everest (ver arriba).

MASAS DE AGUA

El punto más profundo del mar

El abismo de Challenger, situado bajo el océano Pacífico a 300 km al suroeste de Guam, es el punto más profundo de los océanos de la Tierra. Según estudios recientes, el fondo del abismo de Challenger está 10.994 m por debajo del nivel del mar.

En el abismo de Challenger fue el lugar elegido para la **inmersión tripulada a mayor profundidad en un océano**, que protagonizaron el oceanógrafo suizo Jacques Piccard y el teniente de la marina estadounidense Don Walsh el 23 de enero de 1960 a bordo del batiscafo *Trieste*. Los dos exploradores alcanzaron el fondo oceánico en una zona del abismo situada a 10.911 m bajo el nivel del mar.

El fiordo más largo

El fiordo Nordvest, al este de Groenlandia, se adentra 313 km en el continente desde el mar. Los fiordos son golfos estrechos y profundos originados por la erosión de los glaciares.

El lago más profundo

El lago Baikal es un lago de agua dulce que ocupa una fosa tectónica al sureste de Siberia. Tiene una longitud de 636 km y una anchura media de tan sólo 48 km. En 1974 el Servicio Hidrográfico de la Flota del Pacífico de la Armada Soviética estimó en 1.637 m la profundidad de la grieta de Oljón, el punto más profundo del lago.

Esta extraordinaria profundidad convierte al lago Baikal en el **mayor lago de agua dulce en volumen**, ya que contiene unos 23.000 km³ de agua, aunque tan sólo ocupa la séptima posición por superficie.

La mayor zona de aguas tranquilas

El mar de los Sargazos, que ocupa una superficie de unos 6,2 millones de km² en el centro del Atlántico Norte, es la mayor extensión de aguas tranquilas. Está delimitado por un sistema de corrientes oceánicas llamado el giro del Atlántico Norte y debe su nombre a las algas que cubren su superficie.

El homólogo del mar de los Sargazos en el centro del giro del Pacífico Norte posee el dudoso honor de ser la **mayor «isla de basura»** oceánica. Esta región de aguas tranquilas, algo más grande que el estado de Texas, contiene unos 5,114 kg de plástico por km² de agua marina.

El lugar más llano de la Tierra

Las llanuras abisales son extensas zonas llanas o de pendiente muy suave que se hallan en las regiones más profundas de los océanos. Ocupan alrededor de un 40 % del fondo oceánico. Son tan llanas por la acumulación de capas de sedimentos, que en algunos puntos alcanzan un grosor de 5 km; es decir, la variación vertical en 2,78 km² de lecho marino es inferior a 1,5 m.

El agujero azul más profundo

Los agujeros azules son unas enormes simas submarinas creadas por la lenta erosión del lecho de roca caliza. El agujero azul más profundo es el Agujero del Dragón, situado frente a las islas Paracelso, en el mar del Sur de China. Un estudio llevado a cabo en 2016 por el Instituto de Investigación para la Protección de Corales Sansha Ship Course (China) estimó su profundidad en 300,89 m. Esto supone que podría caber sumergida prácticamente toda la Torre Eiffel.

El equipo de investigación usó un pequeño vehículo teledirigido VideoRay (imagen de arriba) equipado con un sensor para confirmar los resultados.

El lago más grande

La masa de agua más grande rodeada totalmente por tierra es el mar Caspio, en Asia Central. Ocupa una superficie de 371.000 km² y alcanza los 1.199 km en su punto más largo de norte a sur.

Hay quien sostiene, sin embargo, que esta masa de agua salada no es un lago, sino un mar. En este caso, el título recaería en el **mayor lago de agua dulce**: el lago Superior, en la frontera de EE.UU. con Canadá, con una superficie de 82.414 km².

El mar menos profundo

El mar de Azov, situado al norte del mar Negro y rodeado casi totalmente por tierra, tiene una profundidad máxima de 14 m, y una profundidad media de tan sólo 7 m. El *Harmony of the Seas*, el **barco de pasajeros más grande del mundo**, encallaría si se adentrara en el mar de Azov, ya que su casco desciende unos 9,3 m por debajo de la línea de flotación.

El océano más grande

El océano Pacífico cubre unos 152,8 millones de km² de la superficie terrestre, lo que supone alrededor de la mitad de los océanos del mundo en cuanto a superficie. A causa del movimiento de la corteza terrestre, el Pacífico reduce su tamaño (de 2 a 3 cm al año), y en un futuro lejano podría ceder este título al Atlántico, cuya superficie aumenta poco a poco.

Con una extensión de unos 13,9 millones de km², el Ártico es el **océano más pequeño**. Su profundidad media es de 3.657 m, por lo que es también el **océano menos profundo**.

LAGOS DESTACADOS

El mayor lago creado por una explosión nuclear

El 15 de enero de 1965, la Unión Soviética hizo detonar una bomba nuclear de 140 kilotones en el cauce del río Chagan, en la región nororiental de la actual Kazajistán. Los desechos resultantes formaron un embalse conocido actualmente como el lago Chagan. Sus 100.000 m³ de agua son considerablemente radiactivos.

◀ El lago más salado

El lago Gaet'ale, en la depresión del Danakil, Etiopía, tiene una salinidad del 43,30 %, casi el doble que la del mar Muerto y más de doce veces la salinidad media de los océanos de la Tierra (3,5 %). El **lago menos salado** es el mar Báltico. En algunas bahías, sus aguas presentan una salinidad del 0,6-0,8 %, mientras que cerca del mar del Norte llega al 3,3 %.

El lago volcánico más grande

En el lago Toba, en la isla indonesia de Sumatra, tuvo lugar una erupción supervolcánica hace unos 75.000 años que llevó a la humanidad al borde de la extinción. El cráter que resultó de la erupción formó, tras llenarse de agua, el lago Toba, con una extensión de 100 × 30 km, y una profundidad máxima de 505 m.

El lago más contaminado

Entre 1951 y mediados de la década de 1970, el lago Karachai, en el óblast de Chelyabinsk, Rusia, se usó como vertedero de residuos nucleares. En 1968 una sequía descubrió en el lecho del lago una capa de lodos tóxicos de 3,4 m de grosor, lo que expuso a miles de personas a un nocivo polvo radiactivo. El lago se recubrió con hormigón, pero la zona todavía es peligrosa.

*Fuente: Administración Nacional Oceánica y Atmosférica

Pacífico 161.760.000 km² 44,7%

Atlántico 85.133.000 km² 23,5%

Índico 70.560.000 km² 19,5%

Austral 21.960.000 km² 6,1%

Ártico 15.558.000 km² 4,3%

La mayor masa de agua dulce

El casquete polar antártico no es ni un mar ni un lago, pero sigue siendo una masa de agua. Contiene aproximadamente 26,92 millones de km³ de agua dulce, alrededor de un 70 % de toda el agua dulce del mundo. Esta masa de agua tiene, a su vez, otra masa de agua debajo: el lago Vostok, que es el **mayor lago subglacial**. El lago está situado a unos 3.700-4.200 m bajo la capa de hielo de la Antártida Oriental, ocupa un área de 15.000 km² y su profundidad mínima es de 100 m.

Icebergs gigantes

En julio de 2017, un iceberg de unos 5.800 km² se desprendió de la plataforma de hielo antártico Larsen C (arriba). No obstante, no es el **mayor iceberg del que se tiene constancia**. El récord lo ostenta el célebre B-15, un iceberg de 11.000 km² que se separó de la barrera de hielo de Ross en marzo de 2000.

El rompehielos estadounidense *Glacier* divisó un iceberg en el océano Austral de una superficie aproximada de 31.000 km² en 1956. De confirmarse, habría sido el mayor iceberg de la historia, pero entonces no había satélites para ratificar su tamaño.

El mayor lago efímero

Los lagos efímeros son masas de agua que se forman a raíz de precipitaciones muy intensas en zonas áridas. El más grande es el lago Eyre, en Australia, una llanura salada que se inunda en contadas ocasiones. En 1974 unas lluvias torrenciales monzónicas formaron un mar interior de hasta 6 m de profundidad y una superficie de unos 8.020 km².

◀ El mayor lago desértico

El lago Turkana, situado en un extremo del desierto de Chalbi, en el Gran Valle del Rift, Kenia, tiene una superficie de 6.405 km² y una profundidad media de 30,2 m. Recibe agua de los ríos Omo, Turkwel y Kerio, aunque su afluencia está amenazada por proyectos hidroeléctricos. El lago Turkana no tiene ninguna salida natural, así que sólo pierde agua por medio de la evaporación.

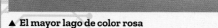

▲ El mayor lago de color rosa

El lago Retba, más conocido como el «lago Rosa», es una laguna poco profunda con una extensión de 1,5 × 5 km localizada cerca de Dakar, Senegal. Su tono rosa intenso es debido al microorganismo *Dunaliella salina*, que prolifera en sus aguas tan saladas.

RÍOS

La mayor cuenca hidrográfica

Una cuenca hidrográfica o de drenaje es una zona drenada por un río y su red de afluentes. No es ninguna sorpresa que el **río más caudaloso del mundo**, el Amazonas (derecha), alimente la mayor cuenca hidrográfica, cuya superficie es de 7.045.000 km^2 y se extiende por Brasil, Perú, Bolivia, Colombia, Ecuador, Guyana, Surinam y Venezuela.

El delta más grande

Un delta es un terreno aluvial en forma de abanico surcado por canales, islas y marismas que se origina en la desembocadura de algunos ríos. El mayor delta del mundo es el que forman los caudalosos ríos Ganges y Brahmaputra, en Bangladés. Ocupa una superficie de 75.000 km^2 y se extiende desde el este de Bangladés hasta Bengala Occidental, en la India.

En cambio, en las zonas con gran amplitud de marea, los ríos caudalosos forman estuarios en lugar de deltas cuando se unen con el mar. Son tramos de río de agua salobre sujetos a la influencia de las mareas. El **estuario más largo** es el del Obi, al norte de Rusia, con 885 km de largo y unos 80 km de ancho.

El mayor río subglacial

Estudios por satélite de los lagos situados bajo el hielo antártico revelaron la existencia de inmensos ríos en su base. Una corriente de 1,8 km^3 de agua, alrededor de tres cuartas partes del régimen de descarga del río Támesis (R.U.), podría explicar los cambios en la elevación de la superficie helada que la cubre. Estos estudios fueron llevados a cabo por el University College de Londres y la Universidad de Bristol, ambas de R.U.

El río a menor altitud

El río Jordán nace a unos 430 m bajo el nivel del mar. Es la única fuente de agua destacada que desemboca en el mar Muerto, la **masa de agua a menor altitud de la superficie terrestre**. El mar Muerto es lo que se conoce como una cuenca endorreica, ya que carece de salida fluvial hacia el océano. A causa del clima tan cálido, las aguas recibidas por el Jordán se evaporan antes de que el lago se desborde.

El río más largo con su cuenca hidrográfica en un único país

Con 6.300 km de longitud, el río Chāng Jiāng (o Yangtsé) es el tercer río más largo del mundo y el más largo de Asia. Lo que resulta insólito en un río tan largo es que todo su recorrido y cuenca hidrográfica queden circunscritos a un país: China.

El segundo río más largo de China, el Huang He (el «río Amarillo») también protagoniza un récord, aunque por razones muy distintas. En septiembre de 1887, rebasó sus diques y causó la muerte de unas 900.000 personas, la **mayor cifra de víctimas mortales provocadas por una inundación** y también la **mayor cifra de víctimas mortales por una catástrofe natural**.

El río más contaminado (actualidad)

El río Citarum, que discurre entre las zonas industriales del este de Yakarta, Indonesia, es el más contaminado del mundo. Según unos estudios realizados en 2013, el río contiene 1.000 veces más plomo de lo que se considera tolerable, así como materia fecal, residuos domésticos y varias sustancias químicas.

El río a mayor altitud

El Yarlung Tsangpo nace a unos 6.020 m sobre el nivel del mar, al pie del glaciar Angsi, en el Tíbet, China. Es el río con caudal continuo que se origina a mayor altitud. Fluye hacia el este, a través de la meseta tibetana, y desciende a 3.000 m antes de adentrarse en la India, donde recibe el nombre de Brahmaputra.

El río más profundo

El río Congo, que recorre 4.700 km por el África central, es el segundo mayor río en caudal (ver arriba a la derecha). En algunos tramos ha excavado un canal de 220 m de profundidad, el doble de profundidad del Amazonas en su punto más hondo.

El mayor río (en caudal)

El río Amazonas vierte una media de 200.000 m^3 en el océano Atlántico cada segundo, lo suficiente como para llenar el lago Ginebra en unos cinco días. Esta cifra supera los 340.000 m^3 por segundo en plena inundación. El Amazonas es 60 veces más caudaloso que el Nilo.

El Amazonas se abastece de la **mayor cuenca hidrográfica del mundo** (ver a la izquierda). Cuando no se desborda, los tramos principales del río (no las zonas de marea, donde un estuario o delta puede ser mucho más ancho) pueden medir hasta 11 km de ancho, lo que lo convierte también en el **río más ancho del mundo**.

En 1931 se volvió a desbordar y es probable que causara más víctimas mortales, pero no existen datos fiables al respecto. En el siglo xx, sin embargo, este río tan temido (conocido como «el pesar de China») ha sido desviado tantas veces por los sistemas de irrigación que posee el dudoso honor de ser el **mayor río en quedarse seco**. Durante varios meses al año, su cauce se ve obstruido por el limo a su paso por la provincia de Henan, a unos 400 km antes de llegar al mar.

El río subterráneo más largo

En marzo de 2007, los espeleobuceadores Stephen Bogaerts (R.U.) y Robbie Schmittner (Alemania) anunciaron que dos meses antes habían descubierto un río de 153 km bajo la península de Yucatán, México. Aunque sólo 10 km separan su nacimiento de su desembocadura, el río logra alcanzar tal longitud gracias a todos los meandros y recodos que forma.

La contaminación del Citarum se debe sobre todo a la industria textil de su entorno, que usa productos químicos nocivos y metales pesados en sus procesos.

CATARATAS MARAVILLOSAS

Las más grande por su caída en vertical

Las cataratas Victoria (también conocidas como Mosi-oa-Tunya) no son ni las más altas ni las más anchas del mundo (derecha), pero sí las más grandes. El ancho río Zambeze forma un conjunto de cañones zigzagueantes debajo de ellas. Las cataratas miden 1.708 m de ancho y 108 m de alto, y crean una cortina de agua con una superficie de 184.400 m^2.

◀ El mayor volumen anual

Las cataratas de Inga, un conjunto de rápidos y cascadas en el río Congo (ver arriba a la izquierda), están situadas a unos 280 km río abajo de Kinshasa, en la República Democrática del Congo. La World Waterfall Database calcula que cada segundo unos 25.768 m^3 de agua se precipitan por las cataratas de Inga. La caída única más grande tiene un desnivel de 21 m.

Las mayores cataratas de todos los tiempos

Durante la última glaciación, que alcanzó su apogeo hace unos 22.000 años, una represa de hielo bloqueó el curso del río Clark Fork en lo que ahora es Montana, EE.UU. Esto provocó el nacimiento del lago glacial Missoula, con unos 2.000 km^3 de agua.

El aumento reiterado de las temperaturas causó el deshielo del dique natural, lo que provocó a su vez que unas colosales paredes de agua se derrumbaran y fluyeran a 100 km/h por lo que hoy es Washington y Oregón. El lago se secó en 48 horas. En su camino hasta el Pacífico, estos torrentes se precipitaron por unas cascadas gigantes, de 115 m de alto y 5,6 km de ancho. Actualmente sus vestigios se conocen como Dry Falls, y aún se aprecian en la región seca y acanalada de los Scablands, al oeste de Seattle.

Nilo 6.695 km

Amazonas 6.400 km

Yangtsé 6.300 km

Existe una notable polémica sobre cuál es el río más largo del mundo. Algunos expertos consideran que es el Amazonas, con 6.992 km.

El río más largo

Medido desde su delta, en Egipto, hasta la cabecera de su afluente más lejano, en Burundi, el Nilo tiene una longitud de alrededor de 6.695 km. Esto equivale a la distancia aproximada en línea recta de Nueva York, EE.UU., a Helsinki, Finlandia. El Nilo atraviesa 11 países en el África nororiental (Tanzania, Uganda, Ruanda, Burundi, la República Democrática del Congo, Kenia, Etiopía, Eritrea, Sudán del Sur y Egipto), antes de desaguar en el Mediterráneo. A pesar de su longitud y enorme cuenca hidrográfica, el caudal del Nilo es tan sólo un 1,5 % del del Amazonas (ver en la página anterior).

El Nilo (resaltado en rojo) tiene dos afluentes principales, el Nilo Azul (en azul) que nace en el lago Tana, Etiopía, y el Nilo Blanco (en amarillo), más largo, que nace en el lago Victoria, en el África central.

◄ Las más anchas

Con una anchura media total de 10.783 m, las cataratas de Khône, en el río Mekong, Laos, son unas ocho veces más anchas que las famosas cataratas del Niágara, en la frontera de EE.UU con Canadá. Comprenden un conjunto de rápidos y saltos de agua (de los cuales el más alto alcanza los 21 m) que serpentean entre un archipiélago de islotes y afloramientos rocosos.

Las más altas (varias caídas)

La cascada Tugela está cerca del nacimiento del río Tugela, en el Parque Nacional de Royal Natal, Sudáfrica. Salva 948 m de desnivel en cinco saltos de agua desde una alta meseta de los montes Drakensberg. Su nombre procede de la palabra zulú *thukela*, que significa «asombroso», en referencia a la súbita caída del río Tugela desde una enorme escarpa.

◄ Las más altas (caída única)

Casi todas las fuentes consideran el Salto del Ángel (conocido como Kerepakupai Merú), al este de Venezuela, la cascada continua más alta del mundo. Según un estudio de 1949, tiene un desnivel de 979 m, de los cuales 807 m son de caída continua desde un tepuy (formación rocosa de cima plana) llamado Auyán-tepuy. Es la **cascada de caída única más larga** (izquierda).

ISLAS

La isla continental más grande

Australia sigue generando controversia acerca de si se debería clasificar como un continente o como una isla (ver pág. 32). En realidad, es la isla continental más grande del mundo y es única en su definición, ya que es independiente de otras placas tectónicas y posee sus propias especies de flora y de fauna. La superficie total de Australia es de 7.617.930 km², lo que triplica con creces la de Groenlandia, la **isla más grande** (ver abajo a la derecha).

La isla de arena más grande

La isla Fraser se extiende 120 km frente a la costa del estado de Queensland (Australia) y tiene una superficie total de 1.840 km². Se compone de colosales depósitos de arena que alcanzan hasta los 240 m sobre el nivel del mar.

La isla deshabitada más grande

La isla Devon forma parte del archipiélago Ártico Canadiense y está al norte de la isla de Baffin (la quinta isla más grande del mundo). Tiene un área de unos 55.247 km² y una tercera parte de su superficie está cubierta de hielo. El resto es fundamentalmente tierra yerma, con barrancos erosionados por el hielo y lagos de deshielo.

La isla más antigua

Madagascar, en el océano Índico, se separó del subcontinente indio y se convirtió en una isla hace entre 80 y 100 millones de años. Con una superficie de 587.041 km², es la cuarta isla más grande del mundo.

El atolón de coral elevado más grande

Un atolón elevado es una isla que se forma como un atolón coralino normal y que luego asciende debido a fuerzas tectónicas. El más grande del planeta es la isla Lifou, que forma parte de Nueva Caledonia, en el sudoeste del océano Pacífico. Mide 1.207 km² y, en 2004, contaba con unos 9.000 habitantes, por lo que es la más poblada de las islas de la Lealtad.

El atolón con más islas

El atolón Huvadhu, en las Maldivas, océano Índico, abarca un área de unos 2.900 km² y contiene unas 255 islas dentro de sus límites.

La isla de barrera más grande

Las islas de barrera se forman por la acción de las olas y de las corrientes y son estrechas y paralelas a la costa de tierra firme. La isla del Padre, en el golfo de México frente a la costa del estado de Texas (EE.UU.), tiene unos 182 km de longitud.

La isla lacustre a mayor altitud

La isla Ometepe se encuentra dentro del lago Nicaragua, en Nicaragua, y está formada por dos volcanes: el Maderas y el Concepción. El Concepción es el más elevado de los dos y alcanza los 1.610 m sobre el nivel del mar, por lo que es la isla lacustre a mayor altitud del planeta.

La isla habitada más remota

Tristán de Acuña («A» en el mapa, abajo) está a 2.435 km al sudoeste de la isla de Santa Helena, en el Atlántico Sur. En 1961 la actividad volcánica obligó a evacuar a los habitantes de Tristán, pero 198 de ellos regresaron en noviembre de 1963. La isla tiene una superficie de 98 km².

La isla más remota

La isla Bouvet («B», arriba), en el Atlántico Sur, fue descubierta el 1 de enero de 1739 por el explorador Jean-Baptiste Lozier. Es un territorio deshabitado que depende de Noruega y se halla a unos 2.600 km del lugar habitado más próximo: Tristán de Acuña.

El archipiélago con más islas

El mar del Archipiélago está en el mar Báltico, en aguas territoriales finlandesas, y contiene unas 40.000 islas. Incluye las islas Åland, una región finlandesa autónoma donde se habla sueco. El archipiélago sigue emergiendo del agua, en un proceso conocido como «rebote postglacial» tras el último período glacial.

La isla a menor altitud

Situada en el lago Afrera (Etiopía), la isla Afrera Deset está a 103 m por debajo del nivel del mar.

El **lago a menor altitud en una isla al nivel del mar** es el lago Enriquillo, que está a unos 46 m por debajo del nivel del mar en un valle de fractura en el sur de la República Dominicana.

Las **islas a mayor altitud** se hallan en el lago Orba Co (Tíbet), que está a 5.209 m sobre el nivel del mar.

La isla más grande

Dejando a un lado a Australia (ver arriba a la izquierda), Groenlandia es la isla más grande del mundo, con una superficie de unos 2.175.600 km². La mayor parte de la isla está al norte del círculo ártico, bajo un casquete de hielo que alcanza los 3 km de grosor. La costa está moldeada por cientos de fiordos glaciares.

ISLAS LACUSTRES DENTRO DE ISLAS LACUSTRES

Las islas lacustres se pueden formar de varias maneras: por acumulación de sedimentos, por terremotos, por actividad volcánica o por erosión de la costa. Sin embargo, cuando las islas lacustres contienen lagos que, a su vez, contienen islas, las cosas se complican más. Echa un vistazo a la mareante lista de los lagos más grandes y de las islas que contienen. (Los diagramas no están a escala.)

La isla más grande

Groenlandia (ver arriba a la derecha) tiene una superficie de 2.175.600 km², más de tres veces el estado de Texas. En 2017 tenía unos 56.000 habitantes, que la colocaron en el puesto 207 de 233 países.

El lago más grande

El mar Caspio, en la frontera entre el sureste de Europa y el continente asiático, es el cuerpo de agua endorreico más grande del mundo. Tiene una costa total de 7.000 km y una superficie de 371.000 km².

La isla lacustre más grande

La isla Manitoulin está en la parte canadiense del lago Hurón y tiene una superficie de 2.766 km². Es la 174.ª isla más grande del mundo, con cuatro grandes ríos y 108 lagos de agua dulce, algunos de los cuales contienen sus propias islas.

El lago más grande en una isla

El lago Nettilling es un lago de agua dulce de la isla de Baffin, en el territorio Nunavut de Canadá, con una extensión de 5.542 km². Está congelado durante gran parte del año y alberga focas anilladas y tres especies de peces.

Las cinco islas más grandes
1. Groenlandia: 2.175.600 km²
2. Nueva Guinea: 785.753 km²
3. Borneo: 748.168 km²
4. Madagascar: 587.041 km²
5. Isla de Baffin: 503.944 km²

Oculto en las tierras altas de Islandia, el lago Langisjór no se descubrió oficialmente hasta finales del siglo XIX. Tiene 20 km de longitud y tan sólo 2 km de anchura, de ahí su nombre, que significa «mar largo».

La isla volcánica más grande

Islandia, con una superficie de 103.000 km², se formó hace unos 70 millones de años como consecuencia de erupciones volcánicas en la dorsal Mesoatlántica, una línea de fractura bajo el océano Atlántico Norte donde se unen las placas tectónicas Euroasiática y Norteamericana. La lava fundida ascendió a la superficie y se enfrió (recreación en la imagen pequeña) formando tierra firme. Islandia contiene 35 volcanes activos. Dos de los más temidos son el Hekla y el Katla, conocidos como las «Hermanas airadas».

La isla más reciente

Surtsey, frente a la costa sur de Islandia, se formó tras emerger el 14 de noviembre de 1963, a partir de una erupción volcánica producida bajo el nivel de mar. En 1967 Surtsey había alcanzado los 2,7 km², aunque ahora está disminuyendo gradualmente debido a la erosión.

La isla más grande en un lago de una isla

La isla de Samosir, situada en el lago Toba, Sumatra (Indonesia) tiene una superficie de 630 km². Es una isla volcánica que se formó cuando un supervolcán entró en erupción hace unos 75.000 años.

El lago más grande en una isla de un lago

El lago Manitou tiene una superficie de 106 km² y está en la isla de Manitoulin (Canadá), la **isla lacustre más grande** (ver izquierda). A su vez, el lago Manitou contiene varias islas.

La isla más grande en un lago en una isla de un lago

La isla Treasure (o Mindemoya) tiene una longitud de 1,4 km y una superficie de 0,4 km². Está en el lago Mindemoya, en la isla de Manitoulin, en el lago Hurón (Canadá).

El lago más grande en una isla en un lago de una isla

Un lago sin nombre y con una extensión de 1,5 km² se halla en una isla sin nombre en el lago Nettilling de la isla de Baffin, en el norte de Canadá. El lago Nettilling es el onceavo lago más grande de Canadá.

La isla más grande en un lago en una isla en un lago de una isla

Un pequeño islote de 0,016 km² reposa sobre un lago en una isla que hay en un lago más grande en la isla Victoria de Canadá. El tamaño y que realmente se trata de una isla fue confirmado mediante imágenes por satélite.

BIOMAS

El bioma más grande

La zona pelágica se extiende en el océano abierto, lejos de la costa y del lecho marino, y tiene un volumen de 1.300 millones de km^3. En este inmenso bioma habitan muchos de los animales más grandes del planeta, entre los que se encuentran las ballenas y los calamares gigantes.

El bioma alpino más grande

La estepa alpina tibetana ocupa una superficie de 875.000 km^2. Los biomas alpinos empiezan a unos 3.048 m de altitud y se extienden hasta la línea de nieve. Debido a su clima extremo, en ella no viven animales de sangre fría. Las plantas tienden a crecer cerca de la superficie para protegerse del viento y del frío.

El desierto más grande

Con unos 50 mm de precipitaciones anuales, la Antártida encaja con la definición geográfica de «desierto» (ver abajo a la derecha). El continente polar tiene una superficie de 14 millones de km^2.

El **desierto cálido más grande** es el Sáhara, al norte de África, cuya superficie es de 9,1 millones de km^2 y su extensión de este a oeste, de 5.150 km.

El bioma de bosque templado caducifolio más grande

Los bosques templados caducifolios pierden las hojas cada año y reciben una media de entre 76 y 152 cm de precipitaciones anuales. El mayor de estos bosques se extiende unos 3.057 km al norte de la costa del Pacífico de América del Norte, desde la bahía de San Francisco hasta la isla de Kodiak, en el golfo de Alaska. Su superficie total es de unos 17.873.700 km^2.

El país con una mayor extensión de manglares

Según un informe de los científicos estadounidenses Stuart Hamilton y Daniel Casey, Indonesia es el país que cuenta con la mayor extensión de manglares. A partir del análisis de bases de datos sobre ecosistemas, calcularon que, en 2014, en Indonesia había 42.278 km^2 de manglar, un 25,79 % del total del planeta.

El bioma más reciente

La tundra ártica se formó hace sólo unos 10.000 años. Es una región ventosa y sin árboles que rodea el polo Norte a lo largo de las costas septentrionales de Rusia y Canadá, y también de zonas de Groenlandia. Es el hábitat de 48 especies de animales, entre ellas, el oso polar, el zorro, el lobo, roedores y el caribú.

El bioma marino más profundo

La zona hadal o del Hades ocupa fosas oceánicas y empieza a unos 6.000 m de profundidad. Se caracteriza por la ausencia de luz solar y unas presiones de hasta 986,9 atmósferas (1,01 toneladas por cm^2). La mayoría de los animales que viven a tal profundidad son bioluminiscentes, es decir, son capaces de emitir luz.

El invernadero más grande

El Proyecto Edén (ver arriba a la derecha), cerca de St. Austell, en Cornualles, R.U., está formado por dos biomas abovedados gigantes. El bioma tropical húmedo tiene una superficie de 25.390 m^2 y un volumen total de 415.730 m^3, mientras que el bioma templado cálido tiene una superficie total de 6.540 m^2 y un volumen de 85.620 m^3.

El respiradero frío más profundo

Descubiertos en 1983 en el golfo de México, los respiraderos fríos son un bioma del fondo oceánico por donde se filtran líquidos ricos en metano y sulfuro procedentes del lecho marino. El respiradero frío más profundo que se conoce, a 7.434 m de profundidad, está situado en la fosa de Japón, frente a la costa de este país, en el océano Pacífico.

El bioma terrestre más antiguo

Las selvas pluviales que hay actualmente en la Tierra se originaron hace al menos un millón de años. La última glaciación, que finalizó hace unos 10.000 años, cubrió de hielo gran parte de los bosques del planeta, pero dejó intactos los bosques ecuatoriales.

En la taiga viven, entre otros animales, alces, ciervos, osos, glotones, conejos, ardillas y unas 32.000 especies de insectos.

El bioma terrestre más grande

La taiga (palabra que significa «bosque» en ruso) es un bosque boreal de coníferas con una superficie de 16,6 millones de km^2. Rodea el territorio situado al sur de la tundra ártica, y ocupa inmensas franjas de América del Norte, Rusia y Asia. La taiga representa alrededor de un tercio de la superficie forestal del planeta y es más grande que cualquier otra gran región de desierto, tundra o pradera.

BIOMAS

El término «bioma» designa una comunidad de plantas y animales caracterizada por sus adaptaciones a un determinado entorno. Los biomas terrestres se definen por la temperatura y la cantidad de precipitaciones, mientras que los acuáticos se dividen en biomas de agua dulce y biomas marinos. Los científicos establecen muchas subdivisiones; éstas son algunas de las más comunes.

▲ **Biomas marinos**
El **bioma más grande** (ver arriba) ocupa un 70 % de la superficie terrestre, e incluye estuarios, arrecifes coralinos y océanos.

▲ **Biomas de agua dulce**
Masas de agua con muy poca sal, como ríos, lagos, lagunas y arroyos. Representan un 20 % de la superficie terrestre.

▲ **Praderas templadas**
Llanuras y lomas donde crecen los pastos, las hierbas y las flores, como las praderas de EE.UU. y las pampas argentinas.

▲ **Sabanas**
Praderas con estaciones muy húmedas y muy secas (demasiado secas para que haya bosques). Están cerca del ecuador.

El Proyecto Edén

Plantas: 135.000 de 4.500 especies.

Temperatura: 18-35 °C en los biomas tropicales húmedos.

Visitantes: 1 millón de personas visitaron el proyecto en 2016.

1.000.000

Altura: El bioma tropical mide de alto como 11 autobuses de dos pisos, y de largo, como 24.

GUINNESS WORLD RECORDS

El bioma con la mayor biodiversidad

Según las estimaciones más precisas, entre un 50 y un 75 % de todas las especies vivas de la Tierra se concentran en las selvas pluviales, que ocupan alrededor de entre el 6 y el 7 % de la superficie terrestre.

La **selva pluvial tropical más grande** es el Amazonas, que se extiende por nueve países de América del Sur y tiene una superficie de entre unos 6,24 y 6,56 millones de km². La selva pluvial representa más del 80 % del bioma amazónico y alberga una extraordinaria variedad de especies de animales (ver abajo).

La biodiversidad de los biomas terrestres se debe básicamente a distintas especies de microbios. Los biomas oceánicos albergan menos especies, aunque un número mucho mayor de distintos filos animales, por lo que son más diversos en este sentido.

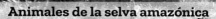

Animales de la selva amazónica

Mamíferos
En la selva amazónica viven muchas especies de monos, como los aulladores, los monos araña, los titíes y los capuchinos.

Aves
El arasarí crespo (*Pteroglossus beauharnaesii*) vive en la región suroccidental de la cuenca amazónica.

Anfibios
La rana de casco común (*Osteocephalus taurinus*) vive en los árboles y estanques de la cuenca amazónica.

Reptiles
La tortuga taricaya (*Podocnemis unifilis*) se puede ver en los afluentes del río Amazonas.

Insectos
El grillo de matorral (*Panacanthus cuspidatus*) es un insecto depredador originario de la cuenca del Amazonas.

▲ **Bosques templados**
Regiones boscosas de clima húmedo y cuatro estaciones diferenciadas. Están formadas por grandes árboles caducifolios.

▲ **Tundra**
Escasas precipitaciones, bajas temperaturas, suelo con pocos nutrientes y estaciones de crecimiento cortas.

▲ **Selvas pluviales**
Zonas tropicales que ocupan el 6-7 % del planeta), aunque albergan la mayor parte de su flora y fauna. Producen un 40 % del oxígeno.

▲ **Taiga/bosque boreal**
Extensas zonas forestales de clima frío. Son el hábitat de coníferas, pinos y otros árboles de hojas aciculares.

▲ **Desiertos**
Se definen por precipitaciones inferiores a 250 mm, no por la temperatura (ver arriba a la izda.). Superficie terrestre: 10 %.

DESASTRES NATURALES

El terremoto más potente

El terremoto acontecido en Chile el 22 de mayo de 1960 registró un 9,5 en la escala de magnitud de momento (M_w). Provocó más de 2.000 víctimas mortales en el país y dejó sin hogar a cerca de dos millones de personas. El consiguiente tsunami (ola gigante) causó estragos y unas 200 muertes en Hawái, Japón y la costa occidental de EE.UU.

El lago más mortífero

El lago responsable de más muertes sin ahogamiento es el Nyos, en Camerún, África central. La noche del 21 de agosto de 1986, una gran liberación natural de dióxido de carbono mató a entre 1.600 y 1.800 personas, así como innumerables animales.

EL MAYOR NÚMERO DE MUERTES CAUSADAS POR...

El impacto de un rayo (directo)

El 23 de diciembre de 1975, un rayo mató a 21 personas en una cabaña del área tribal de Manica, en el este de Rodesia, actual Zimbabue. La Organización Meteorológica Mundial (OMM) confirmó el mortífero récord en mayo de 2017.

La OMM confirmó también las 469 víctimas del 2 de noviembre de 1994 como el **mayor número de muertes causadas por el impacto de un rayo (indirecto)**. Durante una tormenta eléctrica sobre Dronka, Egipto, un relámpago incendió tres vagones cisterna que transportaban aeronaves y combustible diésel. La línea de ferrocarril por la que circulaban se desplomó sobre un torrente, que transportó el combustible en llamas hasta la ciudad.

La **mayor cantidad de muertes por el impacto de un rayo durante un vuelo** es de 91 personas, que fallecieron cuando el vuelo 508 de la aerolínea peruana LANSA se estrelló tras ser alcanzado en el bosque pluvial de la Amazonia, el 24 de diciembre de 1971.

Una granizada

En mayo de 2017, un comité de la OMM hizo pública su investigación en profundidad de los registros de mortandad documentados para ciclones tropicales, tornados, impactos de rayo directos e indirectos y granizadas. Según dicho informe, una granizada caída cerca de Moradabad, en Uttar Pradesh, India, mató a 246 personas el 30 de abril de 1888.

Un tornado

El 26 de abril de 1989, un tornado barrió dos localidades del distrito de Manikganj, en Bangladés. Según la OMM, el violento fenómeno, con un rastro de cerca de 1,6 km de amplitud, hirió a más de 12.000 personas, causó unos 1.300 fallecidos y dejó a 80.000 personas sin hogar.

La mayor cantidad de muertes por terremoto de la época moderna

A las 4:54 de la tarde (horario del este de Norteamérica) del 12 de enero de 2010, tuvo lugar un terremoto de 7 M_w con epicentro a 25 km al oeste de Puerto Príncipe, capital de Haití. Cálculos oficiales del gobierno haitiano extraídos un año después del desastre establecieron en 316.000 el número de víctimas mortales causadas por el seísmo, aunque otras estimaciones lo sitúan en torno a las 100.000. El desastre dejó cerca de 1,3 millones de personas desplazadas y 97.294 casas destruidas.

La mayor cantidad de muertes causadas por un tsunami

El 26 de diciembre de 2004, un terremoto con un valor de 9 M_w tuvo lugar bajo el océano Índico, frente a la costa de Indonesia. El tsunami que derivó del terremoto inundó las costas de nueve países alrededor del Índico. A 20 de enero de 2005, la cifra de fallecidos alcanzaba, como mínimo, las 226.000 personas.

Una ventisca

Entre el 3 y el 9 de febrero de 1972, una ventisca dejó partes del Irán rural bajo una capa de nieve de 3 m, tras cuatro años de sequía. Se calcula que fallecieron unas 4.000 personas.

Una erupción volcánica

La erupción del volcán Tambora en Sumbawa, Indonesia (por entonces Indias Orientales Neerlandesas) acontecida entre el 5 y el 10 de abril de 1815 causó al menos 71.000 fallecidos.

Un ciclón tropical

Un estudio de mayo de 2017 de la OMM confirmó que el ciclón de Bangladés (por entonces Pakistán Oriental), también llamado ciclón Bhola, había causado unas 300.000 víctimas mortales. El mayor número de fallecidos se produjo durante una gran tormenta que asoló las islas y llanuras de marea de las costas de la bahía de Bengala. El ciclón tuvo lugar entre el 12 y el 13 de noviembre de 1970.

Un terremoto (de todos los tiempos)

Se calcula que el seísmo que castigó las provincias chinas de Shaanxi, Shanxi y Henan el 2 de febrero de 1556 causó 830.000 fallecidos.

El ciclón tropical más costoso

En términos de daños materiales (no ajustados a la inflación), los ciclones más costosos son los huracanes Harvey y Katrina. El primero (imagen principal) impactó en tierra el 26 de agosto de 2017 y se desplazó por el centro de Texas, donde causó importantes inundaciones. Un informe de la Administración Nacional Oceánica y Atmosférica (NOAA) del 23 de enero de 2018 establece en 125.000 millones de $ las pérdidas aseguradas, a finales de 2017.

El Katrina (recuadro) tocó tierra el 29 de agosto de 2005. Vientos de 280 km/h asolaron Mississippi, Luisiana y, sobre todo, Alabama. La NOAA evaluó los daños causados en unos 125.000 millones de $. Sin embargo, si se ajusta esta cifra en función de la subida de los precios de EE.UU., alcanza los 161.300 millones de $, lo que convierte al Katrina en el **ciclón tropical más costoso (ajustado a la inflación)**.

LOS COSTES DE UN DESASTRE NATURAL

▲ Los mayores costes causados por una tormenta de hielo
La tormenta de hielo que asoló Norteamérica en 1998 dejó caer unos 12,7 cm de lluvia helada sobre buena parte de Quebec, Ontario (Canadá), y el norte de Nueva Inglaterra (EE.UU.). Se estima que causó daños por valor de más de 4.400 millones de $.

▶ El año con más pérdidas económicas por desastres naturales
Según un informe de *The Economist* del 31 de marzo de 2012, el año en el que los desastres naturales causaron más pérdidas económicas fue 2011: 362.000 millones de $. El episodio más devastador fue el terremoto del 11 de marzo en Tōhoku, reconocido como el **desastre natural aislado más costoso de todos los tiempos** (ver la pág. siguiente). Dos terceras partes de los fallecidos en estos sucesos de 2011 se debieron al seísmo japonés. 2005 es el segundo año en el que los desastres naturales causaron más pérdidas económicas (225.000 millones de $).

En la imagen de la derecha, una niña somalí carga con una garrafa de agua en el campamento para personas desplazadas de Halabokhad, en Galkayo, Somalia, el 20 de julio de 2011, cuando la sequía del este de África desencadenó una hambruna y el desplazamiento de la población.

Haití 5,52 **Fiyi** 5,12 **Ecuador** 4,19 **República Popular Democrática de Corea** 2,42 **Zimbabue** 1,72

A 2016 (el último año con datos disponibles), Haití había sufrido la **mayor cantidad de muertes causadas por desastres naturales por cada 100.000 habitantes.*** La lista de los cinco primeros países es la siguiente:

*Fuente: *Crónica estadística anual de desastres. Cifras y tendencias*, del Centro de Investigación sobre la Epidemiología de los Desastres (CRED).

Con un valor de 9,2 M_w, el seísmo de Tōhoku sigue siendo el terremoto más potente que ha azotado Japón y el cuarto más potente desde que existen registros modernos, iniciados en 1900.

El desastre natural más costoso

Según estimaciones de *The Economist*, el terremoto y el consiguiente tsunami que afectó el 11 de marzo de 2011 a la costa del Pacífico de Tōhoku, en Japón, causó al país unas pérdidas económicas de 210.000 millones de $. De esta suma, sólo 35.000 millones de $ estaban asegurados.

◄ *La persona que aparece en primer plano se aleja de lo que había sido su casa, destruida por el tsunami que azotó Kesennuma, en la prefectura de Miyagi, en el norte de Japón (a unos 400 km al norte de Tokio).*

▶ *Habitantes de la ciudad de Natori, en la prefectura de Miyagi, atraviesan en bicicleta el desolado paisaje que dejó el seísmo. Esta fotografía se hizo nueve días después de la catástrofe.*

Los mayores costes causados por un incendio

El incendio que siguió al terremoto de San Francisco, en California, EE.UU., el 18 de abril de 1906, tuvo un coste estimado de 350 millones de dólares, el equivalente a unos 9.220 millones de dólares en la actualidad. El devastador seísmo registró 7,8 M_w y arrasó cerca del 80 % de la ciudad. Fallecieron unas 3.000 personas.

◄ Los mayores costes causados por una granizada

En julio de 1984, cayó sobre Múnich, Alemania, una intensa granizada que hizo estragos en unas 70.000 casas, destruyó árboles, edificios y vehículos, con un coste para las aseguradoras de 500 millones de $. Incluidas las pérdidas derivadas de daños a propiedades públicas sin asegurar, el coste fue de 1.000 millones de dólares.

Los mayores costes causados por una tormenta de nieve

La monumental nevada que atravesó toda la costa este de EE.UU entre el 11 y el 14 de marzo de 1993 provocó daños por valor de 5.500 millones de dólares. La tormenta, que causó 300 fallecidos, fue descrita por un meteorólogo como «una tormenta con corazón de ventisca y alma de huracán».

RECOPILATORIO

La mayor reserva de oro natural

Los océanos del mundo contienen unos 20 millones de toneladas de oro, lo que equivale a diez veces el producto interior bruto (PIB) mundial a 2017. Sin embargo, la concentración de oro en el agua de mar es tan sólo de alrededor de 13 milmillonésimas de gramo/litro. No existen medios para extraer el oro del agua de mar de forma rentable, por lo que permanecerá en esta reserva natural a menos que la ciencia encuentre una solución.

La mayor extinción de arrecife coralino

En 1998 el aumento de la temperatura de los océanos hizo que un 16% de los arrecifes de coral se blanquease y muriera. Los corales afectados por el blanqueo expulsan sus algas simbióticas hasta que sólo quedan las formas pétreas del coral en sí. El fenómeno del Niño (1998) podría haber sido el causante debido al calentamiento de algunas zonas del Pacífico.

El mayor monocristal de la Tierra

El núcleo interno de nuestro planeta es una esfera de unos 2.442 km compuesta en su mayor parte por hierro. Está a una temperatura de entre 5.000 y 6.000 °C y es más sólido que líquido, debido a las enormes presiones del interior de la Tierra. Actualmente, muchos geólogos consideran que esta bola gigante de hierro es en realidad un monocristal, producto de las diferencias en el comportamiento de ondas sísmicas que lo han atravesado en distintas direcciones. Mide unas tres cuartas partes el tamaño de la Luna, y su masa es de cerca de 100 trillones (1×10^{20}) de toneladas.

El sistema de cuevas más largo

La cueva del Mamut (arriba), en Kentucky, EE.UU., es una red de cuevas interconectadas de piedra caliza, de la que están explorados unos 640 km. Tardó unos 25 millones de años en formarse debido a la erosión causada por el río Verde y sus afluentes.

En enero de 2018, unos buzos confirmaron que los sistemas Sac Actun (de 264 km) y Dos Ojos (de 84 km), en la península mexicana de Yucatán, están conectados por un canal hasta entonces inexplorado. Este complejo de cuevas subterráneas (arriba) tiene una longitud total de 347 km, por lo que es el **sistema de cuevas subterráneas explorado más largo**. Lleva el nombre del más largo de los dos sistemas.

El año más cálido registrado

En general, 2016 fue el año más cálido registrado hasta la fecha con un acenso de 0,83 °C más que la media del período entre 1961 y 1990, que es el que marca la referencia según la Organización Meteorológica Mundial. Dicha institución lo comunicó el 18 de enero de 2017.

La mayor temperatura registrada en la Tierra

El 13 de septiembre de 2012, la OMM anunció que el récord entonces vigente de la temperatura más elevada (58° C en El Azizia, Libia) no era válido, pues se habían realizado unas lecturas erróneas. Esta afirmación se hizo exactamente 90 años después de que se estableciera el récord. Hoy en día, la temperatura más alta oficial es de 56,7 °C, registrada el 10 de julio de 1913 en Greenland Ranch, en el Valle de la Muerte, California, EE.UU.

El 21 de julio de 1983, durante el invierno del hemisferio sur, la temperatura en Vostok, una estación de investigación rusa en la Antártida, descendió hasta los -89,2 °C, unos 54 °C menos que la media de la estación. Se trata de la **temperatura más baja registrada en la Tierra de todos los tiempos**.

Nada menos que cuatro son los arcoíris que se avistaron al mismo tiempo durante las observaciones, en las que se tomaron 3.520 fotografías verificadas.

El arcoíris de mayor duración

El 30 de noviembre de 2017, miembros del departamento de Ciencias Atmosféricas de la Universidad de la Cultura China (Taiwán) observaron un arcoíris sobre Yangmingshan, en Taipéi, China, de forma continuada durante 8 h y 58 min. Se cree que la causa de este fenómeno fue la llegada de un viento de la estación de los monzones cargado de agua del mar.

Los cristales de celestina que cubren las paredes de esta cueva miden hasta 46 cm y pesan hasta 136 kg.

más discreto ocurrido hace unos 90 millones de años. Otras dos mesetas del suroeste del Pacífico (Manihiki y Hikurangi, hoy separadas de la Ontong Java por cuencas oceánicas posteriores) tienen una edad y una composición semejantes, por lo que se cree que se formaron como una sola meseta de lava, denominada Ontong Java-Manihiki-Hikurangi. Cubría el 1% de la superficie de la Tierra y consistía en 80 millones de km³ de magma de basalto.

El mayor tornado registrado

Un tornado de un diámetro de 4,18 km se midió mediante un radar Doppler el 31 de mayo de 2013. Lo hizo el Servicio Nacional de Meteorología de EE.UU. en El Reno, Oklahoma, EE.UU.

Las precipitaciones más intensas

Obtener una medición precisa de períodos breves de precipitaciones puede resultar complicado. Dicho esto, en general se considera que los 38,1 mm de agua que cayeron en sólo un minuto en Basse-Terre, Guadalupe, en el Caribe, el 26 de noviembre de 1970 constituyen la lluvia más intensa jamás registrada.

La mayor cantidad de lluvia en 48 horas

Del 15 al 16 de junio de 1995, Cherrapunji, en la India, recibió 2.493 mm de lluvia en un período de dos días (arriba), tal y como verificó la OMM. Cherrapunji es una localidad del estado de Meghalaya, en el noreste de la India, situada a 1.313 m de altitud, lo que contribuye a que experimente un índice muy elevado de precipitaciones anuales. Aun así, ésta es, con diferencia, la cifra más alta registrada para un período de 48 horas de todos los tiempos.

Del 24 al 27 de febrero de 2007, el Cráter Commerson, en la isla de Reunión (arriba), recibió unas precipitaciones de 4.986 mm: ¡casi la misma altura que una jirafa adulta! Este volumen se registró en cuatro días y constituye la **mayor precipitación en 96 horas**, según fue verificado por la OMM.

La erupción volcánica continuada más larga

El volcán Estrómboli, frente a la costa del mar Tirreno, en Italia, lleva experimentando erupciones volcánicas continuadas desde al menos el siglo VII a.C., cuando los colonos griegos registraron su actividad. Los leves pero regulares estallidos del Estrómboli (expulsa gas y lava normalmente cada hora) le han granjeado el apodo de Faro del Mediterráneo.

La mayor meseta de lava oceánica

Durante ciertos períodos de la historia de la Tierra se han producido inmensas cantidades de magma volcánico (roca derretida bajo la superficie), que se ha extendido sobre grandes áreas del planeta. El ser humano nunca ha sido testigo de un acontecimiento como éste, pero existen enormes estancamientos de lava oceánicos que demuestran que así fue. La meseta Ontong Java, en el suroeste del océano Pacífico, se originó hace unos 120 millones de años, y a ello se sumó un fenómeno volcánico

La mayor geoda

La llamada Cueva de Cristal fue descubierta en 1897, cuando los propietarios de las bodegas Heineman Winery, en Put-in-Bay, Ohio, EE.UU., excavaron 12,1 m bajo el suelo de su propiedad para hacer un pozo. La cueva es una geoda (una cavidad tapizada de cristales o minerales) de sulfato de estroncio ($SrSO_4$), también llamado celestina. Esta geoda mide unos 10,7 m en su punto más ancho y unos 3 m de altura.

La mayor erupción efusiva

Cuando de un volcán fluyen ríos de lava (o *pāhoehoe*) en vez de erupcionar violentamente, el fenómeno se denomina «erupción efusiva». El Kīlauea, en la Isla Grande de Hawái (imagen), es un buen ejemplo de este tipo de erupciones, ya que desde 1983 la lava fluye de forma ininterrumpida. No obstante, erupciones efusivas de esta magnitud no son comparables con las ocurridas en tiempos prehistóricos. Se cree que, hace unos 64,8 millones de años, una sola erupción efusiva relacionada con el Trap de Mahabaleshwar-Rajahmundry, en Andhra Pradesh, India, generó 9.300 km² de *pāhoehoe*, es decir, unas 3.000 o 4.000 veces más lava que la producida hasta la fecha por la actual erupción del Kīlauea.

EL WRIGHT FLYER

Aunque el avión «LEGO®-lizado» que ves más abajo es una versión algo simplificada del *Wright Flyer** original, contiene todas sus partes básicas. En 1892 los hermanos Orville y Wilbur Wright abrieron una tienda de bicicletas en Dayton, Ohio. Además de vender bicicletas, las reparaban, por lo que perfeccionaron sus habilidades como mecánicos. También estaban al día de los últimos experimentos con vuelos tripulados, como los del alemán Otto Lilienthal con sus planeadores.

Los hermanos Wright observaron que las aves controlaban el vuelo modificando el ángulo de las alas y eso los inspiró a desarrollar y patentar su «inclinador de alas», que hacía que los bordes posteriores de las alas del avión se inclinaran en direcciones opuestas. A finales de 1902, habían construido un planeador con timón que permitía al piloto controlar el vuelo. Un año después, lanzaron un diseño nuevo con un motor de gasolina y con una cadena de bicicleta con piñones que hacía girar los propulsores: el *Wright Flyer* (o *Flyer I*). El 14 de diciembre de 1903, intentaron el primer vuelo con Wilbur como piloto, pero fracasó. Sin embargo, el 17 de diciembre a las 10:35 de la mañana, en las Kill Devil Hills de Carolina del Norte, Orville consiguió recorrer una distancia de 120 metros en un vuelo que duró 12 segundos. Durante los 90 minutos siguientes, llevaron a cabo tres vuelos de prueba más. En el último, Wilbur mantuvo el planeador en el aire durante 59 segundos, en un vuelo que cubrió 259,7 m.

ELEVADOR

La estructura de dos alas en el morro de la nave controlaba el cabeceo (balanceo hacia arriba y abajo del morro). El piloto podía elevarse (es decir, ganar altura) tirando de la palanca (abajo).

Las alas estaban cubiertas de muselina, para que fueran más lisas y mejorar así la eficiencia aerodinámica.

Usaron cable para radios de ruedas de bicicleta como riostras para reforzar los montantes.

Longitud total del *Wright Flyer*: 6,6 m.

CIFRAS DE RÉCORD

El **primer vuelo a motor** tuvo lugar cerca de las Kill Devil Hills, en Kitty Hawk, Carolina del Norte, EE.UU., a las 10:35 de la mañana del 17 de diciembre de 1903, cuando Orville Wright pilotó el *Flyer I* (o *Wright Flyer*), propulsado por un motor de cuatro cilindros y 9 kW de potencia. Alcanzó una velocidad de vuelo de 48 km/h, una velocidad en tierra de 10,9 km/h y una altitud de entre 2,4 m y 3,6 m durante unos 12 segundos. El *Flyer I*, construido por los hermanos Orville y Wilbur Wright, en la actualidad se exhibe en el National Air and Space Museum de la Institución Smithsonian, en Washington D. C., EE.UU.

PALANCA DE ELEVACIÓN

El piloto iba tendido en un soporte en el ala inferior mirando en la misma dirección del vuelo (ver arriba) y controlaba la altitud del aparato empujando y tirando de una vara de 30,5 cm unida por cables al elevador. Al mover el cuerpo (y, por tanto, el soporte), podía cambiar la posición de las puntas de las alas y del timón. A su vez, esto modificaba la guiñada y el alabeo (ángulos de navegación) y permitía cambiar de dirección.

Las minifiguras y la maqueta del avión no están a escala.

ALAS

El par de alas, de 12,2 m de envergadura, estaban forradas con una doble capa de finísima muselina de algodón. El ala derecha era 10 cm más larga para compensar el peso del motor (a la derecha del piloto), tendido horizontalmente en el lado izquierdo del ala inferior. Los Wright podían inclinar las alas del avión con cables conectados a las puntas exteriores, un primer sistema de control de vuelo al que llamaron «inclinador de alas».

La estructura del avión se construyó con madera de abeto y de fresno.

UN MOTOR Y UNA CADENA DE BICICLETA

Los Wright creyeron adecuado un motor de automóvil para impulsar su avión, así que uno de los empleados de su tienda de bicicletas, Charlie Taylor, construyó un motor de gasolina muy ligero que estaba conectado a los propulsores del *Wright Flyer* (también hechos a mano) mediante una cadena de bicicleta con piñones.

Diseñados y tallados por Wilbur, los propulsores de madera de abeto laminada eran curvos para aumentar el empuje. Además, rotaban en direcciones opuestas para mejorar la estabilidad en el aire.

Superficie total de las alas: 47,4 m².

Varas de 1,8 m entre las alas.

PROPULSORES

Las dos «alas rotantes» de 2,6 m de envergadura se tallaron en madera de abeto laminada y se ensanchaban gradualmente desde 5 cm en el centro a 20,3 cm en la punta. Los propulsores giraban a 350 rpm (revoluciones por minuto) y convertían en empuje un 66 % de la energía mecánica usada para girarlos. Además, giraban en dirección contraria el uno respecto al otro.

¿SABÍAS QUE...?

En 1878 el padre de los jóvenes Orville y Wilbur Wright les regaló una maqueta de helicóptero. Era de papel, bambú y corcho y replicaba un diseño del pionero de la aviación francés Alphonse Pénaud. Una goma elástica hacía girar las hélices del helicóptero. Los hermanos quedaron fascinados por el regalo y sus mecanismos y en ambos prendió la pasión por la aeronáutica.

PLANETA VIVO

El mayor insecto albañil

En el este de Australia se han llegado a medir montículos construidos por termitas (orden de los isópteros) de 6 m de alto y 30,5 m de circunferencia. Estas complejas estructuras contienen desvanes, sótanos, estancias donde cuidan a las crías y huertos de hongos (ver abajo). Cuentan con conductos de ventilación que regulan la temperatura de las cámaras de cría y del palacio real, donde reside la termita reina. Los construyen termitas soldado mezclando su saliva con partículas de arena o arcilla.

Los interiores de los termiteros son complejos, con muchos conductos, una chimenea central y paredes porosas por las que entra el aire. De día, el aire caliente sube por los canales externos y desciende por la chimenea, que lo enfría. Por la noche, el proceso se invierte. Así, el aire circula y mantiene una temperatura confortable.

Los nidos de termitas consisten en muchas galerías separadas por paredes delgadas que proporcionan una zona habitable, refugio contra los depredadores y un lugar para que estos insectos cultiven sus «huertos» fúngicos. Las termitas comen unos hongos que las ayudan a descomponer la madera y las hojas con que se alimentan, así como a obtener sus nutrientes. Los huertos requieren una temperatura constante, proporcionada por complejos sistemas de ventilación.

100 %

PLANTAS

La primera planta terrestre

Las plantas del género *Cooksonia* aparecieron hace unos 425 millones de años, a mediados del Silúrico. Eran unos tallos pequeños y sencillos en forma de «Y», sin hojas, flores ni raíces.

El **primer árbol propiamente dicho** fue el ginkgo (*Ginkgo biloba*) de Zhejiang, China, que apareció hace unos 160 millones de años, durante el Jurásico.

La planta que vive a mayor profundidad

En octubre de 1984, se descubrieron unas algas rojas a 269 m de profundidad frente a la isla de San Salvador, en las Bahamas. Estas plantas habían logrado sobrevivir en un hábitat en el que el océano filtra el 99,9995 % de la luz solar.

La planta menos común

Únicamente se ha hallado un ejemplar de cícada de Wood (*Encephalartos woodii*) en estado silvestre. Esta planta, que se asemeja a una palmera, fue descubierta por John Medley Wood en 1895 en el bosque de Ngoya de KwaZulu-Natal, Sudáfrica. Hace ya mucho tiempo que murió este ejemplar único, y los especímenes existentes, todos clones de la original, se encuentran en jardines botánicos.

La planta con flor más pequeña

Los especímenes del género *Wolffia*, una planta acuática emparentada con la lenteja de agua, miden menos de 1 mm de largo y 0,3 mm de ancho. Producen una flor minúscula que, a su vez, se convierte en el **fruto más pequeño**, de 70 microgramos de peso y 0,25 mm de largo.

La planta más apestosa

El falo amorfo (*Amorphophallus titanum*), también conocido como flor cadáver, desprende un olor extremadamente desagradable, similar al de la carne en estado de descomposición, que puede llegar a percibirse a 0,8 km de distancia.

La misma planta presenta el **bulbo más grande**, un tallo subterráneo que usa como órgano de almacenamiento. Un ejemplar de 153,9 kg es el más pesado que se conoce.

El hongo más grande

Un hongo de miel (*Armillaria ostoyae*) que crece en el bosque nacional de Malheur, en las Montañas Azules, situada al este de Oregón, EE.UU., cubre una superficie de 890 ha, lo que equivale a unos 1.220 campos de fútbol.

Las especies de árbol más altas

Se tiene constancia de ejemplares de secuoyas y de eucaliptus que han alcanzado alturas superiores a los 113 m.

El **árbol vivo más alto** es *Hyperion*, una secuoya roja o de California del Parque Nacional Redwood, California, EE.UU. En 2009 medía 115,85 m.

El árbol más solitario

Una solitaria y centenaria pícea de Sitka (*Picea sitchensis*) crece en la isla de Campbell, Nueva Zelanda, donde la plantó un antiguo gobernador general. Su compañero más próximo está situado a 222 km, en las islas Auckland.

La planta carnívora más grande

El 26 de marzo de 2011, se descubrió un ejemplar gigante de *Nepenthes rajah* de 41 cm de alto en la isla de Borneo. Esta planta carnívora usa su estructura llena de líquido como una trampa para capturar y ahogar insectos, arañas e incluso pequeños vertebrados como ranas y lagartos.

La flor más grande

La *Rafflesia arnoldii* puede alcanzar los 91 cm de ancho y los 11 kg de peso. Originaria del sureste de Asia, esta flor carece de hojas, tallo y raíces. Crece de forma parasitaria en el interior de un tipo de vid tropical, donde sus flores se abren y se desarrollan.

El organismo más pesado

Una colonia clonal de álamos temblones (*Populus tremuloides*) llamada *Pando*, ubicada en los montes Wasatch de Utah, EE.UU., crece a partir de una raíz común y cubre una superficie de 43 ha, equivalente a la de Ciudad del Vaticano, el **país más pequeño**. Los árboles (vistos desde arriba en el recuadro) actúan como un único organismo, y cambian de color a la vez.

La planta floreciente más grande

En 1994 una glicina (*Wisteria sinensis*), que había sido plantada en 1892 en Sierra Madre, California, EE.UU., pesaba 220 toneladas, ocupaba una superficie de 0,4 ha y tenía unas ramas de 152 m de largo. Se calcula que este ejemplar tan pesado producía en torno a 1,5 millones de flores durante sus cinco semanas de floración.

LAS MÁS VELOCES... Y LAS MÁS LENTAS

◄ El árbol que crece más rápido

La paulonia (*Paulownia tomentosa*) puede alcanzar los 6 m durante el primer año y crecer hasta 30 cm en tres semanas. Originaria del centro y el oeste de China, y naturalizada en EE.UU., también produce entre tres y cuatro veces más oxígeno durante la fotosíntesis que cualquier otra especie de árbol.

El árbol que crece más despacio

Un ejemplar de tuya occidental (*Thuja occidentalis*) situado en un acantilado de la región canadiense de los Grandes Lagos no superó los 10,2 cm de altura en 155 años, menos del doble de lo que mide un soporte para pelotas de golf. Además, incrementó su peso en apenas 17 g y su ritmo de crecimiento medio anual fue de 0,11 g de madera.

► La planta que crece más rápido

Se sabe que algunas especies de los 45 géneros de bambú crecen hasta 91 cm al día, una media de 3,7 cm por hora. Excepcionalmente, los tallos de bambú (o cañas) emergen totalmente de la superficie y alcanzan su altura máxima en una sola temporada de crecimiento, que comprende entre tres y cuatro meses.

Fotosíntesis: Para alimentarse, las plantas absorben la energía del Sol mediante un pigmento verde llamado clorofila.

Células: Las células de las plantas tienen un núcleo diferenciado rodeado por una membrana. Se conocen como células eucariotas.

Raíces: La raíz tiene dos funciones primordiales, que son sujetar a la planta y absorber las sales minerales y el agua del suelo.

Azúcares: Las plantas almacenan el alimento que fabrican mediante la fotosíntesis (ver a la izquierda), como azúcares (en la imagen) o almidones.

La peculiaridad de la higuera de Bengala es que crece desde arriba. Sus raíces cuelgan hacia abajo desde las semillas, alojadas en las ramas, y al llegar al suelo, engordan.

El árbol con un perímetro más extenso

Un ejemplar de higuera de Bengala (*Ficus benghalensis*) conocido como Thimmamma Marrimanu tiene un perímetro de 846 m, más de lo que mide de alto el Burj Khalifa, el **edificio más alto**. El árbol, que se estima que tiene más de 550 años y se encuentra en Anantapur, Andhra Pradesh, India, posee su propio templo, donde los devotos pueden rezar por la fertilidad.

En una imagen de satélite, el Thimmamma Marrimanu parece un pequeño bosque en lugar de un único árbol. Es un epífito, ya que crece sobre otros árboles, lo que justifica su otro nombre: «higuera estranguladora».

▲ **La planta marina que crece más rápido**

El sargazo gigante (*Macrocystis pyrifera*), que vive cerca de las costas rocosas del océano Pacífico, crece a una velocidad de 34 cm al día, una media de 1,4 cm cada hora. Se ha constatado que un ejemplar alcanzó una longitud de 60 m. Es también el **alga marina que crece más rápido**.

La planta que florece más despacio

La *Puya raimondii*, también conocida como reina de los Andes, una especie poco común de bromelia gigante descubierta en 1870 en las montañas de Bolivia, produce unas inflorescencias tras alcanzar entre los 80 y 150 años. Es una especie monocárpica porque muere tras desarrollar un tallo enorme o panícula que contiene multitud de flores.

▶ La planta con flor que crece más rápido

En julio de 1978, una *Hesperoyucca whipplei* plantada en Tresco Abbey, en las islas de Scilly, R.U., creció 3,63 m en 14 días, a un ritmo de unos 25,4 cm por día. También conocida como bayoneta española o yuca Quijote, esta planta es originaria del sur de California, EE.UU., y de algunas zonas de México.

MAMÍFEROS (TERRESTRES)

El primer mamífero

En 1991 se descubrió el cráneo parcial de un mamífero llamado *Adelobasileus cromptoni* en unas rocas de 225 millones de años en Nuevo México, EE.UU. Se parecía a las actuales tupayas.

El mamífero terrestre prehistórico más grande

El *Indricotherium* (o *Paraceratherium*) era un rinoceróntido de cuello largo que habitaba en Asia Occidental y Europa hace unos 35 millones de años. Se calcula que medía 11,27 m de longitud (como un autobús de dos pisos de Londres) y 5,41 m de alto hasta la joroba (como dos pisos de altura). Este rinoceróntido no tenía cuernos, pero en la Prehistoria hubo roedores, armadillos e incluso canguros que sí tenían.

El mamífero terrestre con más dientes

El armadillo gigante (*Priodontes maximus*) de Sudamérica acostumbra a tener hasta 100 dientes. Se alimenta principalmente de hormigas y termitas. Aunque la mayoría de mamíferos no regeneran sus dientes, los del ualabí pigmeo de roca, la rata topo plateada y el manatí se reemplazan continuamente.

El mamífero más alto

Una jirafa macho adulta (*Giraffa camelopardalis*) suele medir entre 4,6 y 5,5 m de alto. Habitan en la sabana seca y en las zonas boscosas abiertas del África subsahariana. También es el **mayor rumiante** (mamíferos ungulados que se alimentan de vegetales).

El mamífero terrestre más veloz en distancias cortas

El guepardo (*Acinonyx jubatus*) puede alcanzar los 100 km/h en terreno llano y distancias cortas. Se encuentra principalmente en el este y el sur de África y en algunas partes de Asia, como Irán.

El **mamífero terrestre más veloz** en distancias largas es el berrendo (*Antilocapra americana*). Este ungulado semejante a un antílope vive en Norteamérica y algunas zonas de México, y puede recorrer distancias de 6 km a 56 km/h.

El **mamífero más lento** es el perezoso de garganta pálida (*Bradypus tridactylus*), que habita las zonas tropicales de Sudamérica. Su velocidad media en el suelo es de 1,8-2,4 m por minuto; sin embargo, en los árboles puede llegar a los 4,6 m por minuto.

El mamífero terrestre menos frecuente

Aunque antes se distribuía por todo el sudeste de Asia, la cantidad de rinocerontes de Java (*Rhinoceros sondaicus*) se reduce hoy a unos 60 ejemplares, todos ellos confinados en el Parque Nacional de Ujung Kulon, en Indonesia.

El mamífero con más cuernos

Las ovejas y los carneros de la escasa raza Jacob suelen tener dos o cuatro cuernos, aunque también es corriente que tengan seis. En los de cuatro, un par suele crecer verticalmente (a menudo más de 60 m), mientras que el otro se curva alrededor de las sienes. Esta raza con tanta cornamenta se encuentra en EE.UU. y R.U.

El animal más grande que construye un nido

El gorila occidental macho (*Gorilla gorilla*) mide entre 1,7 y 1,8 m de alto y pesa de 136 a 227 kg. Cada día crea un nuevo nido en el suelo con la vegetación del entorno. Dichos nidos son circulares y tienen un diámetro de hasta 1,5 m, por lo que son los **nidos más grandes construidos por un mamífero**.

El mamífero terrestre con más dientes

(ver columna lateral)

El mamífero con los ojos más grandes

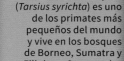

El tarsero filipino (*Tarsius syrichta*) es uno de los primates más pequeños del mundo y vive en los bosques de Borneo, Sumatra y Filipinas. Sus grandes ojos saltones tienen un diámetro de 16 mm, lo que en un ser humano equivaldría a unos ojos del tamaño de un pomelo. La longitud total del tarsero oscila entre los 85 y 160 mm.

El mono más reciente

El orangután de Tapanuli (*Pongo tapanuliensis*) del noroeste de Sumatra, Indonesia, fue calificado oficialmente como una nueva especie el 2 de noviembre de 2017. Fue el último mamífero nombrado por el eminente antropólogo Colin Groves, que falleció poco después.

El 28 de diciembre de 2017, menos de un mes después de la muerte del profesor Groves, se nombró una nueva especie en su honor: el lémur enano de Groves (*Cheirogaleus grovesi*), que es originario del sudeste de Madagascar. A 29 de enero de 2018, era la **especie más reciente de mamífero**.

La mayor área de distribución para un animal terrestre

En un año, el oso polar (*Ursus maritimus*) suele recorrer 30.000 km² (aproximadamente el tamaño de Bélgica) por toda su área de distribución. Según investigaciones del Instituto Polar Noruego publicadas en agosto de 2005, una osa polar nadó 74 km desde Spitsbergen hasta la isla de Edgeøya. El área de distribución es la zona donde los animales acostumbran a comer, dormir y relacionarse.

CONCENTRACIONES DE MAMÍFEROS

▼ La colonia de mamíferos más grande

El perrito de las praderas de cola negra (*Cynomys ludovicianus*) se encuentra en el oeste de EE.UU. y el norte de México. En 1901 se descubrió una colonia de unos 400 millones de ejemplares que cubría alrededor de 61.400 km² (mayor superficie que Croacia).

La mayor concentración de mamíferos grandes

Una manada de osos marinos árticos (*Callorhinus ursinus*) se reproduce sobre todo en dos de las islas Pribilof de Alaska: St. George y St. Paul, que suman 194,5 km². Este grupo alcanzó su pico (unos 2,5 millones de ejemplares) en la década de 1950, pero, debido a la caza, se redujo hasta los actuales poco menos de un millón.

La migración animal terrestre más larga

El caribú de Grant (*Rangifer tarandus granti*) es el animal terrestre migratorio que protagoniza la mayor distancia recorrida. Sus manadas cubren hasta 4.800 km al año, de camino hacia territorios donde pasar el invierno resguardadas. Esta especie se encuentra en Alaska, EE.UU. y Yukón.

La mayor colonia urbana de murciélagos

Según Bat Conservation International, entre 750.000 y 1,5 millones de murciélagos cola de ratón (*Tadarida brasiliensis*) se instalan cada verano bajo el puente del Congreso de Austin, en Texas, EE.UU. Esta colonia de murciélagos vive bajo la plataforma del puente, en los huecos de las estructuras de hormigón que lo componen.

Cerebro: Los cerebros de los mamíferos son mucho más grandes, en proporción al tamaño del cuerpo, que los de otros vertebrados.

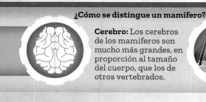

Pelo: Los mamíferos son los únicos animales que tienen pelo, aunque la cobertura (y el período de cobertura) varía.

Leche: Sólo los mamíferos producen leche para sus crías, aunque su composición varía entre las especies.

Temperatura: Casi todos los mamíferos son de sangre caliente y pueden generar su propio calor corporal.

El mamífero terrestre más grande

El elefante africano de sabana adulto (*Loxodonta africana*) suele medir entre 3 y 3,7 m hasta la cruz y pesa entre 4 y 7 toneladas.

El cerebro de un elefante africano macho completamente desarrollado pesa 5,4 kg: es el **cerebro más pesado de todos los mamíferos terrestres**. Sólo los cerebros de las ballenas más grandes lo superan.

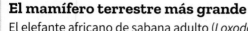

Las orejas de los elefantes africanos son mayores que las de los asiáticos (*Elephas maximus*). Tanto los machos como las hembras pueden desarrollar colmillos, a diferencia de las hembras de elefante asiático. De hecho, los elefantes asiáticos están más relacionados con los extintos mamuts que con los elefantes africanos.

El mamífero más pequeño

El murciélago nariz de cerdo de Kitti (*Craseonycteris thonglongyai*) es menor que un abejorro grande. Tiene una longitud total de entre 29 y 33 mm y una envergadura de entre 130 y 145 mm, y pesa de 1,7 a 2 g. Este diminuto murciélago se encuentra en algunas cuevas de piedra caliza del río Khwae Noi, en Kanchanaburi, el sudoeste de Tailandia, y en Birmania.

100 %

◄ **La concentración más grande de mamíferos**

Cada octubre, entre 5 y 10 millones de murciélagos de la fruta color pajizo (*Eidolon helvum*) confluyen desde toda África en una hectárea de bosques inundados del Parque Nacional Kasanka de Zambia. Durante seis semanas salen de noche a alimentarse de frutos silvestres y, de día, duermen boca abajo en las ramas. Durante el sueño son vulnerables a depredadores como las águilas pescadoras.

▲ **La mayor manada de mamíferos (de todos los tiempos)**

Las manadas de gacela saltarina (*Antidorcas marsupialis*) cruzaban por millones las llanuras del sur de África en el siglo XIX. En 1849 una migración masiva de gacelas saltarinas, o *trekbokke*, tardó tres días en atravesar Beaufort West, en el Cabo Occidental, Sudáfrica.

MAMÍFEROS (ACUÁTICOS Y SEMIACUÁTICOS)

Los colmillos de morsa más largos

Los colmillos de las morsas (*Odobenus rosmarus*, arriba) tienen una longitud media de 50 cm. Sin embargo, en 1997, en Bristol Bay, Alaska, EE.UU., se descubrieron unos colmillos de morsa de un tamaño extraordinario: el de la derecha medía 96,202 cm, y el de la izquierda, exactamente 2,54 cm menos.

Las especies de mamíferos más longevas

En 2007, en una caza de ballenas frente a la costa de Alaska, EE.UU., un grupo de inuits capturaron cuatro ballenas boreales (*Balaena mysticetus*). Una de ellas tenía un arpón explosivo de finales del siglo XIX incrustado bajo la grasa del cuello. El cetáceo medía 15 m, por lo que es probable que tuviera entre 80 y 100 años cuando recibió el impacto. Según los científicos, en 2007 rondaba los 211 años.

La inmersión más profunda de un mamífero

Un grupo de científicos marinos llevaron a cabo un estudio de ocho zifios de Cuvier (*Ziphius cavirostris*) frente a la costa del sur de California, EE.UU, en 2013. Los investigadores hicieron el seguimiento de los cetáceos mediante unas placas conectadas con un satélite. La inmersión más profunda fue de 2.992 m, que equivale a más de nueve veces la altura de la Torre Eiffel.

Durante el mismo seguimiento, uno de los cetáceos logró la **inmersión más prolongada** de un mamífero: 2 h, 17 min y 30 s.

El mamífero acuático más pequeño

La musaraña acuática americana (*Sorex palustris*) mide entre 130 y 170 mm de largo, de los que entre 57 y 89 mm corresponden a la cola. Pesa entre 8 y 18 g y los machos adultos son más grandes que las hembras. Cuando bucea, no puede dejar de nadar, ya que si lo hiciera, al pesar tan poco, subiría a la superficie. Vive en riachuelos y en la orilla de lagos de las cordilleras de algunas zonas de EE.UU. (incluida Alaska) y Canadá.

El pinnípedo más pequeño

En el orden de los pinnípedos se incluyen mamíferos acuáticos carnívoros, como las focas y las morsas. El pinnípedo más pequeño es el oso marino de las Galápagos (*Arctocephalus galapagoensis*). Las hembras adultas tienen una longitud media de 1,2 m y un peso medio de 27 kg. Los machos suelen ser notablemente más grandes, con una longitud media de 1,5 m y un peso aproximado de 64 kg.

El pinnípedo más peligroso

El leopardo marino (*Hydrurga leptonyx*) es la única especie de foca que tiene fama de atacar a humanos sin causa aparente. Se han documentado casos de leopardos marinos que se han lanzado a través de aperturas en el hielo para morder los tobillos de personas o bien perseguirlas.

El pinnípedo más grande

De las 34 especies de pinnípedos (focas), la más grande es el elefante marino del sur (*Mirounga leonina*), que vive en las islas subantárticas. Los machos tienen una longitud media de 5 m, desde el extremo de su hocico en forma de trompa hasta la punta de las aletas extendidas de la cola. Puede alcanzar un contorno de 3,7 m, y su peso oscila entre los 2.000 y los 3.500 kg.

El pelaje más denso

En las zonas más densas, que son los costados y la parte posterior, el pelaje de la nutria marina (*Enhydra lutris*) contiene unos 400.000 pelos por cm². Este mamífero no tiene grasa y se sirve de su pelaje tupido y resistente al agua para retener y generar calor. La mayor parte de la población mundial de nutrias marinas vive frente a la costa de Alaska, EE.UU.

La nutria más grande de todos los tiempos

Los paleontólogos calculan que la nutria gigante *Enhydriodon dikikae* debió de pesar unos 200 kg. Datada del Plioceno, hace entre 5,3 y 2,6 millones de años, se conoce básicamente por los restos fosilizados y fragmentarios de un cráneo que se descubrieron en el valle de Afar, Etiopía.

El mamífero de agua dulce más insólito

Solamente se tiene constancia de un ejemplar de musaraña de Sumatra (*Chimarrogale sumatrana*), el cual fue localizado en muy mal estado en Pagar Alam, al sur de Sumatra, Indonesia. A partir de este hallazgo, la especie fue descrita y catalogada formalmente en 1921. No se tiene constancia de la existencia de otro ejemplar vivo de esta especie.

La migración de un mamífero más larga

La ballena jorobada (*Megaptera novaeangliae*) recorre un total de 16.400 km cada vez que se desplaza desde las regiones del Ártico y el Antártico, frías y abundantes en alimento, hasta las aguas cálidas próximas al ecuador, donde se reproduce.

El animal marino más rápido

El 12 de octubre de 1958, se registró a una orca macho (*Orcinus orca*) en el noreste del Pacífico que nadaba a 55,5 km/h, el equivalente a tres cuartas partes de la velocidad de carrera media de un galgo. Se han registrado velocidades similares en la marsopa de Dall (*Phocoenoides dalli*), pero en distancias cortas.

EL COLOSO AZUL

▶ El mamífero más grande

Si se toma como referencia el volumen, la ballena azul (*Balaenoptera musculus*) es el **animal más grande** con sus aproximadamente 160 toneladas. Los adultos tienen una longitud media de 24 m, aunque un ejemplar enorme que fue capturado en el océano Antártico el 20 de marzo de 1947 pesaba 190 toneladas y tenía una longitud de 27,6 m. Las arterias de una ballena azul son tan anchas que una pelota de básquet podría circular a través de ellas. También posee la **lengua más pesada**, de unas 4 toneladas, lo que equivale al peso de un elefante africano adulto o al de una ballena azul recién nacida.

La pequeña aleta dorsal sirve para identificar la especie.

La aleta caudal impulsa al cetáceo hacia adelante. Las irregularidades de su forma sirven para distinguir a cada ejemplar.

El cuerpo de la ballena es de color azul oscuro cuando está sumergida y se vuelve grisáceo en la superficie.

No todos los mamíferos son terrestres...
Las especies acuáticas y semiacuáticas incluyen
(de izquierda a derecha): manatíes, castores, ballenas,
morsas, nutrias e hipopótamos.

El mamífero de agua dulce más grande

El hipopótamo común (*Hippopotamus amphibius*) suele pesar entre 1.300 y 1.500 kg, aunque algunos ejemplares han alcanzado los 3.630 kg. Los machos adultos aumentan de tamaño y peso durante toda su vida. En cambio, las hembras adultas dejan de crecer en torno a los 25 años. Los hipopótamos viven en ríos, lagos y pantanos en gran parte del África subsahariana, y sólo salen del agua al atardecer para pastar.

El hipopótamo común es el **mamífero que abre más las fauces.** Dado que las articulaciones de sus mandíbulas están en la parte posterior del cráneo, puede separar sus mandíbulas en un ángulo de hasta 150°. La abertura máxima de los maxilares de un humano es de 45°.

La palabra «hipopótamo» proviene del griego antiguo y significa «caballo de río». Estas fornidas criaturas se pasan en el agua 16 horas al día, lo que les ayuda a mantenerse frescas bajo el inclemente sol. A pesar de su peso, son bastante ágiles en tierra, ya que pueden alcanzar en torno a los 30 km/h. Su cuerpo redondeado puede llevarnos a creer que son inofensivos, pero no es así: los hipopótamos matan cada año a varios centenares de personas.

Mediante los dos orificios nasales de la parte superior de la cabeza, aspira aire en la superficie.

Las aletas, de entre 3 y 4 m de largo, son blancas por la parte de abajo.

De la mandíbula superior cuelgan las barbas, compuestas de queratina (una proteína presente en las pezuñas, el pelo y las uñas). La ballena las usa para filtrar el kril, del que se alimenta.

El corazón más grande

La ballena azul tiene un corazón más grande que el de cualquier otra criatura. Puede alcanzar el tamaño de un coche pequeño y superar los 680 kg, que es lo que pesa una vaca lechera. Una persona podría arrastrarse a través de su ancha aorta, que bombea unos 8.520 litros de sangre por minuto (un humano bombea sólo 4,5 litros por minuto).

PÁJAROS

100 %

El colibrí más grande

El colibrí gigante (*Patagona gigas*) es el único miembro de su género y pesa enre 18 y 24 g. Tiene aproximadamente el mismo tamaño que un estornino europeo o un cardenal norteño y su hábitat principal es el extremo occidental de Sudamérica, a ambos lados de los Andes.

El pájaro más pequeño

El macho de colibrí zunzuncito (*Mellisuga helenae*), que vive en Cuba y la Isla de la Juventud, mide 57 mm de largo, poco más que un soporte para pelotas de golf. La mitad corresponde al pico y la cola. Los machos pesan 1,6 g, menos que una naipe de tamaño medio. Las hembras son algo más grandes.

100 %

El primer pájaro

El ave más antigua con registro fósil que se conoce fue reconstruida a partir de dos esqueletos parciales encontrados en Texas, EE.UU., que datan de hace 220 millones de años. Llamada *Protoavis texensis* en 1991, esta criatura del tamaño de un faisán ha levantado una gran controversia al adelantar la edad de las aves en muchos millones de años: el récord anterior estaba en manos del *Archaeopteryx lithographica*, una criatura voladora del tamaño de un cuervo de 153 millones de años de antigüedad cuyos restos se encontraron en Alemania en sedimetos de época jurásica. Queda por ver si se aceptará la existencia de la *Protoavis*; hasta entonces, el *Archaeopteryx* seguirá siendo la primera ave fósil incontrovertible y la **primera ave capaz de volar**.

El pájaro más grande de todos los tiempos

El pájaro elefante o vouron patra (*Aepyornis maximus*) de Madagascar se extinguió hace unos 1.000 años. Este pájaro ratite (no volador) llegó a medir 3-3,3 m de altura y pesar unos 500 kg. Puso los **huevos de ave más grandes de todos los tiempos**, de 33 cm de largo y un volumen de 8,5 l, que es el equivalente a ¡siete huevos de avestruz, 183 huevos de gallina o más de 12.000 huevos de colibrí!

El **ave viviente más grande** es el avestruz de cuello rojo (*Struthio camelus camelus*). Se conocen machos de esta subespecie ratite de hasta 2,74 m de altura y 156,5 kg.

La migración más larga de un pájaro

El charrán ártico (*Sterna paradisaea*) migra más lejos que cualquier otra especie de ave. Cría al norte del círculo polar ártico, vuela al sur de la Antártida para el invierno septentrional y regresa al norte: un viaje de unos 80.467 km.

En contraste, la **migración más corta de un pájaro** es la del gallo de las Rocosas (*Dendragapus obscurus*). En invierno, habita en bosques de coníferas en zonas montañosas. Cuando comienza el anidamiento en primavera, desciende 300 m hasta bosques caducifolios para alimentarse de semillas y hojas frescas.

El pájaro que se mantiene más tiempo en el aire

Tras abandonar su lugar de anidación siendo todavía un ave joven, el charrán sombrío (*Onychoprion fuscatus*) permanece en el aire de 3 a 10 años mientras se desarrolla, tiempo en el que se posa en el agua de vez en cuando antes de volver a tierra firme para reproducirse como adulto.

El pájaro de olor más intenso

Originario de la selva de Colombia, el hoacín (*Opisthocomus hoazin*) es un pájaro de aspecto extraño que ha sido clasificado entre los faisanes, los cucos, los turacos e incluso en un grupo taxonómico propio, y que apesta a estiércol de vaca. Se cree que su olor es debido a su dieta a base de hojas verdes y a un sistema digestivo bovino único entre las aves en el que se da una especie de fermentación en el intestino anterior.

El pájaro más venenoso

El pitohuí con capucha (*Pitohui dichrous*) de Papúa Nueva Guinea es una de las escasísimas aves venenosas. En 1990 los científicos descubrieron que sus plumas y su piel contienen homobatracotoxina, un potente veneno que afecta al sistema nervioso de sus víctimas.

La inmersión a más profundidad de un pájaro

El pájaro capaz de sumergirse a más profundidad es sin duda el pingüino emperador (*Aptenodytes forsteri*): hasta 534 m, récord establecido por un ejemplar de 29 kg en la isla Coulman, en el mar de Ross, Antártida, y medido por el profesor Gerald Kooyman, de la Institución de Oceanografía Scripps (EE.UU.), en noviembre de 1993. Kooyman midió casi 16.000 inmersiones de cinco aves distintas. La más prolongada duró 15,8 min.

Los pelícanos usan su bolsa para drenar el agua antes de engullir el pescado. Además emplean esta bolsa, que tiene una capacidad de hasta 11 l, para agitarla y bajar la temperatura cuando hace mucho calor.

El pico más largo

Con entre 34 y 47 cm, el pico más largo pertenece al pelícano australiano (*Pelecanus conspicillatus*, izquierda). Su punta tiene forma de gancho y su bolsa puede cambiar de color durante el cortejo. El **pico más largo en relación con la longitud total del cuerpo** es el del colibrí picoespada (*Ensifera ensifera*). Mide 10,2 cm, más que la logitud del cuerpo del pájaro si se excluye la cola.

AVES A TODA VELOCIDAD

▶ El pájaro volador más lento

La agachadiza americana (*Scolopax minor*) y la chocha perdiz (*Scolopax rusticola*) han sido cronometradas volando a apenas 8 km/h, sin llegar a detenerse, durante el cortejo de apareamiento.

▼ El pájaro que nada más rápido

El pingüino juanito (*Pygoscelis papua*) alcanza una velocidad máxima de unos 36 km/h. A modo de comparación, cuando Usain Bolt estableció un nuevo **récord mundial de los 100 m lisos** en los JJ.OO. de Pekín 2008, China, su velocidad media fue ligeramente superior a 37 km/h.

▼ El pájaro volador que corre más rápido

El correcaminos grande (*Geococcyx californianus*) es una especie de cuco de vida principalmente terrestre nativo del suroeste de EE.UU. Ha sido cronometrado a 42 km/h cubriendo distancias cortas.

20 cm
El **huevo de pájaro más grande** y el **huevo de pájaro más pequeño en relación con el tamaño del cuerpo** (avestruz).

14 cm
El **huevo de pato más grande** (pato pequinés blanco).

12 cm
El **huevo de pájaro más grande en relación con el tamaño del cuerpo** (kiwi marrón).

100 %

5,3 cm
Tamaño medio de un huevo de gallina.

1 cm
El **huevo de pájaro más pequeño** (colibrí zumbadorcito).

El pájaro volador más pesado

El macho de avutarda kori (*Ardeotis kori*), que vive en el sur y en el este de África, puede pesar hasta 18,1 kg, el mayor peso confirmado de un espécimen, tal como se documentó en 1936. Este ejemplar fue cazado en Sudáfrica por H. T. Glynn, que donó la cabeza y el cuello al Museo Británico de Londres, R.U.

El **ave voladora prehistórica más grande** fue el *Argentavis magnificens*, una criatura parecida a un buitre que vivió hace 6-8 millones de años. Su envergadura superaba los 6 m y pesaba unos 80 kg.

El pájaro que vuela a más altura

El 29 de noviembre de 1973, un buitre de Rüppell (Gyps rueppellii) colisionó con un avión comercial sobre Abiyán, Costa de Marfil, a una altitud de 11.300 m. Se recuperaron suficientes plumas para que el Museo Americano de Historia Natural pudiera identificar a este pájaro de altos vuelos, que raramente es visto volando a más de 6.100 m de altitud.

El ave de rapiña viva más grande
Originario de los Andes y de las costas occidentales de Sudamérica, el cóndor andino (*Vultur gryphus*) alcanza una envergadura de hasta 3,2 m. Los machos, que son más pesados que las hembras, pueden llegar a los 15 kg.

◄ El ave no voladora más rápida en tierra
Gracias a sus potentes patas, el avestruz (*Struthio camelus*) puede alcanzar velocidades de 72 km/h cuando corre. A diferencia de la mayoría de las aves, el avestruz no puede volar.

► El pájaro más rápido en vuelo en horizontal
En 2004 investigadores franceses y británicos informaron que un albatros de cabeza gris (*Thalassarche crisostoma*) con un dispositivo de seguimiento por satélite había sostenido una velocidad horizontal media de 127 km/h durante más de 8 h al volver a su nido en isla Pájaro, Georgias del Sur.

► El pájaro más rápido en vuelo en picado
Se estima que el halcón peregrino (*Falco peregrinus*) puede alcanzar una velocidad terminal de 300 km/h en vuelo en picado, lo que lo convierte en el **animal más rápido**.
En 2005, *Frightful*, un halcón peregrino propiedad de Ken Franklin (EE.UU.), fue cronometrado a 389,46 km/h mientras volaba en picado tras haber sido lanzado desde un avión a una altura de 4,8 km.

REPTILES

El reptil más veloz

La tortuga laúd (*Dermochelys coriacea*) suele nadar a una velocidad comprendida entre 1,8 y 10,08 km/h, aunque puede alcanzar una velocidad punta de 35,28 km/h.

El **reptil terrestre más veloz** es la iguana rayada (*Ctenosaura similis*), muy común en Costa Rica. El récord son los 34,6 km/h alcanzados por un ejemplar. Este dato se obtuvo mediante una serie de experimentos llevados a cabo por el profesor Raymond Huey, de la Universidad de Washington, EE.UU., y miembros de la Universidad de California, Berkeley, EE.UU., que usaron una pista especialmente diseñada para lagartos.

La **serpiente terrestre más veloz** es la mamba negra (*Dendroaspis polylepis*), oriunda del África tropical suroriental. Es capaz de alcanzar los 16-19 km/h en distancias cortas sobre un terreno plano.

El reptil más pequeño

Tres especies distintas comparten este título. Los reptiles más pequeños son los machos adultos de los camaleones enanos *Brookesia minima*, *Brookesia micra* y *Brookesia tuberculata*, endémicos de Madagascar. Su longitud no supera los 14 mm desde el hocico hasta la cloaca, y las hembras son más grandes que los machos.

Los fósiles de reptiles más antiguos

Los acantilados fosilíferos de Joggins, que se extienden a lo largo de 15 km en la bahía de Fundy, Canadá, son la representación más rica y exhaustiva del período geológico del Carbonífero, que data de hace entre 354 y 290 millones de años. Contiene restos fósiles de 148 especies; una de ellas es el *Hylonomus*, que con sus 315 millones de años de antigüedad, es el primer réptil del que se tiene constancia.

El **primer réptil acuático** fue el *Mesosaurus*, que vivió en zonas de agua dulce en lo que hoy es Suráfrica y América del Sur en el Pérmico inferior (hace entre 298 y 272 millones de años). Con una longitud máxima de 2 m, poseía unas largas y estrechas mandíbulas repletas de dientes afilados y una larga cola posiblemente prevista de aletas y pies palmeados.

El **primer réptil planeador** fue el *Coelurosauravus*, que vivió hace unos 255 millones de años en el Pérmico superior (Lopingiano). Medía unos 40 cm de longitud y guardaba cierto parecido a un lagarto. Sin embargo, su cuerpo era alargado y plano, y para planear desplegaba las costillas pectorales recubiertas de piel, o membranas, que poseía a ambos costados.

El reptil con los ojos más grandes

Según cálculos efectuados a partir de estudios de restos fósiles, los paleontólogos creen que el globo ocular de uno de los ictiosauros (o lagartos pez) más grandes que se conocen, el *Temnodontosaurus*, podría haber superado los 300 mm de diámetro. Este reptil vivió en las profundidades oceánicas de Europa (en concreto, en las aguas que rodean las actuales Inglaterra, Francia, Alemania y Bélgica) durante el Jurásico inferior (hace entre 200 y 175 millones de años).

El lagarto más largo

Se han documentado ejemplares de varano cocodrilo (*Varanus salvadorii*) de 4,75 m de longitud, aunque casi un 70 % corresponde a su cola. Originario de Papúa Nueva Guinea, su esperanza de vida es de unos 15 años.

La migración más larga de un reptil

De 2006 a principios de 2008, se siguió vía satélite el viaje de 20.558 km que realizó una tortuga laúd, a la que se acopló un transmisor, desde su punto de anidación en Papúa, Indonesia, hasta su zona de alimentación, frente a la costa del estado de Oregón, EE.UU. Tardó un total de 647 días en completar el viaje.

El eslizón vivo más grande

El eslizón gigante (*Corucia zebrata*), también conocido como eslizón de cola prensil o cola de mono, puede medir hasta 81 cm, aunque más de la mitad de su longitud corresponde a la cola. Esta especie de considerable tamaño vive en algunas islas del archipiélago de las Salomón, y se alimenta de fruta y verdura. Es el único miembro de su género y es arborícola.

El quelonio más grande

Las tortugas acuáticas, los galápagos y las tortugas terrestres pertenecen al grupo de los quelonios. La tortuga laúd posee una longitud media de entre 1,83 y 2,13 m desde la punta del hocico hasta el extremo de la cola, y mide unos 2,13 m entre sus aletas delanteras. Puede alcanzar un peso de 914 kg.

El **quelonio más pequeño** es la tortuga manchada (*Homopus signatus*), con un caparazón de entre 6 y 9,6 cm de largo.

La serpiente más larga

La pitón reticulada (*Python reticulatus*), que habita en el sudeste asiático, Indonesia y las Filipinas, suele superar los 6,25 m de longitud, lo que la convierte también en el **reptil más largo**. El ejemplar más largo del que se tiene constancia midió 10 m (ver pág. 61).

PLUSMARQUISTAS ESCAMOSOS

◀ El lagarto venenoso más grande

En 2009 se descubrió que dos glándulas situadas en la mandíbula inferior del dragón de Komodo (*Varanus komodoensis*) segregan un veneno compuesto por varias proteínas tóxicas. De media, los machos miden unos 2,59 m y pesan entre 79 y 91 kg. Es también el **lagarto más grande**. El título de **lagarto más pequeño** lo comparten los gecos *Sphaerodactylus parthenopion* y *S. ariasae*. Cada uno tiene una longitud media desde el hocico hasta la cloaca de 16 mm.

▼ La serpiente venenosa más larga (especie)

Oriunda de India y del sudeste asiático, la cobra rey (*Ophiophagus hannah*) mide unos 4 m y pesa alrededor de 6,8 kg. El **espécimen más largo de esta serpiente venenosa** que se conoce fue capturado en abril de 1937, cerca de Port Dickson, en Negeri Sembilan, Malasia. Se exhibió en el zoo de Londres, R.U., y en otoño de 1939 había alcanzado una longitud de 5,71 m. Para conocer la **serpiente más larga de todos los tiempos**, ver arriba a la derecha.

Las serpientes más largas

2,75 m: serpiente marina amarilla (*Hydrophis spiralis*); **serpiente marina más larga.**

4 m: cobra rey (*Ophiophagus hannah*); **especie de serpiente venenosa más larga.**

7,67 m: *Medusa*, una pitón reticulada hembra; **serpiente en cautividad más larga.**

10 m: pitón reticulada (*P. reticulatus*) capturada en Célebes, Indonesia, en 1912; **serpiente más larga de todos los tiempos.**

Esta fotografía se tomó en Crocosaurus Cove, Darwin, Australia. Los visitantes, dentro de una estructura conocida con el inquietante nombre de «jaula de la muerte», pueden sumergirse durante 15 min en el tanque de los cocodrilos.

El reptil más pesado

El cocodrilo marino o poroso (*Crocodylus porosus*) vive en las regiones tropicales de toda Asia, como India e Indonesia, y en el Pacífico, incluido Nueva Guinea y el norte de Australia. Los machos pueden llegar a pesar 1.200 kg, casi el equivalente a 20 hombres adultos, pero su peso suele oscilar entre los 408 y 520 kg. Las hembras son mucho más pequeñas.

El mayor cocodrilo en cautividad (vivo)

Cassius, un cocodrilo marino australiano, mide 5,48 m de largo. Actualmente vive en el parque de cocodrilos Marineland Melanesia, en Isla Verde, Australia. Aquí es alimentado por el fundador del parque, George Craig.

▶ El lagarto más venenoso

El monstruo de Gila (*Heloderma suspectum*) vive en el suroeste de EE.UU. y el noroeste de México. A su veneno se le atribuyó un valor LD_{50} de 0,4 mg/kg al ser inyectado por vía intravenosa en ratones, similar a la toxicidad del veneno de la cobra escupidora de Sumatra (*Naja sumatrana*). La dosis letal media, o LD_{50}, es la dosis necesaria para matar al 50 % de los animales de laboratorio. Cuanto más bajo sea el valor LD_{50}, más potente es la toxina. Este lagarto no inyecta el veneno, sino que lo filtra en la herida que causa su mordedura. Por suerte, son pocas las personas que han muerto tras ser atacadas por esta especie, ya que es muy reducida la cantidad de veneno que pasa a través de la mordedura.

La serpiente terrestre más venenosa

El taipán del interior (*Oxyuranus microlepidotus*) vive mayoritariamente en Queensland, Nueva Gales del Sur y Australia del Sur. En un ataque es capaz de inyectar unos 60 mg de veneno, lo suficiente para matar a más de 50 personas adultas de envergadura media, ¡o 220.000 ratones! Tiene un LD_{50} de unos 0,01-0,03 mg/kg.

La serpiente marina más venenosa

Con un LD_{50} de 0,044 mg/kg, la serpiente Dubois (*Aipysurus duboisii*) es una de las serpientes más venenosas del mundo. Suele habitar las aguas poco profundas de los arrecifes coralinos de Papúa Nueva Guinea, Nueva Caledonia y las zonas costeras septentrionales, orientales y occidentales de Australia.

PECES

El pez que vive a mayor profundidad

Una anguila abisal de brosmio (*Abyssobrotula galatheae*) fue capturada a 8.370 m de profundidad en la fosa de Puerto Rico. Cabe señalar que el **punto más profundo del mar** es el abismo de Challenger, que está situado en la fosa de las Marianas, en el océano Pacífico, a 10.994 m bajo el nivel del mar.

En el otro extremo, el **pez que vive a mayor altitud** es la locha del Tíbet, de la familia de los cobítidos, que se encuentra en el Himalaya, a 5.200 m de altitud.

El pez más pequeño

El macho adulto sexualmente maduro del pez abisal *Photocorynus spiniceps* mide 6,2 mm de largo y vive en los océanos Atlántico, Pacífico e Índico, y en el mar de Filipinas. Esta especie de rape se reproduce por parasitismo sexual. El macho muerde a la hembra, de mayor tamaño, en el lomo, el abdomen o los costados, que se convierte así en hermafrodita. Es también el **vertebrado más pequeño**.

El pez más tóxico

Las criaturas venenosas matan inyectando toxinas a sus víctimas. El *Synanceia horrida*, una especie de pez piedra que vive en las aguas tropicales del Índico y del Pacífico, es el pez que posee las glándulas venenosas más grandes. Sólo 25 mg de sus neurotoxinas podrían matar a un humano de 70 kg.

Las criaturas tóxicas transmiten su veneno al ser ingeridas o incluso por contacto. El **pez comestible más venenoso** es el pez globo (*Tetraodon spp.*), que vive en las aguas del mar Rojo y en los océanos Índico y Pacífico. Sus ovarios, huevos, sangre, hígado, intestinos y piel contienen tetrodotoxina. Una dosis de 23,38 mg podría ser mortal para un humano de 70 kg.

El pez más eléctrico

La anguila eléctrica (*Electrophorus electricus*) emite descargas eléctricas desde la cabeza hasta la cola, ya que posee dos pares de órganos eléctricos longitudinales. Puede alcanzar los 1,8 m de largo y vive en ríos de Brasil y las Guayanas. Paraliza a sus presas con descargas de 650 voltios.

El **pez marino eléctrico más potente** es la tremielga negra (*Torpedo nobiliana*), que vive en el Mediterráneo y algunas zonas contiguas del Atlántico oriental. Es capaz de emitir descargas de 220 voltios, que producen 1 kW de electricidad. Como el agua salada conduce mejor la electricidad que el agua dulce, este pez no necesita emitir descargas tan potentes como las de la anguila eléctrica.

El pez con más ojos

El pez espectro de seis ojos (*Bathylychnops exilis*) vive a entre 91 y 914 m de profundidad en el noreste del Pacífico. Esta especie de 45 cm de largo semejante al lucio, además de un par de grandes ojos principales, tiene otros dos más pequeños. Estos glóbulos secundarios, que están orientados hacia abajo y se encuentran en la mitad inferior de sus ojos principales, puede que aumenten su sensibilidad a la luz en la oscuridad. Detrás de los glóbulos secundarios hay un tercer par de ojos, que desvían la luz entrante hacia los ojos principales.

El pez más veloz

En unas pruebas de velocidad realizadas en el Long Key Fishing Camp de Florida, EE.UU., un pez vela del Pacífico (*Istiophorus platypterus*) sacó 91 m de sedal en 3 s, lo que equivale a una velocidad de 109 km/h. El guepardo, el **mamífero terrestre más veloz en distancias cortas**, puede mantener unos 100 km/h.

El pez más lento

Los caballitos de mar tienen un cuerpo muy rígido que les limita su capacidad para nadar. Algunas de las especies más pequeñas, como el caballito de mar enano (*Hippocampus zosterae*), que alcanza una longitud máxima de tan sólo 4,2 cm, es muy poco probable que superen los 0,016 km/h.

Los caballitos de mar no pueden nadar contra corriente. Para no ser arrastrados por ella, se adhieren al coral y a las plantas marinas con sus colas prensiles.

GIGANTES SUBMARINOS

◀ El lucio más grande

El lucio rayado o de aletas rojas (*Esox masquinongy*) es originario de los grandes ríos de Canadá y EE.UU. Este pez de agua dulce puede alcanzar hasta 1,8 m de largo y pesar hasta 32 kg, aunque generalmente su longitud oscila entre 0,71 y 1,22 m y su peso, entre 6,8 y 16,3 kg.

Los celacantos más grandes

Las especies marinas del género prehistórico *Mawsonia* y la especie marina también extinta *Megalocoelacanthus dobiei* podían alcanzar una longitud de 3,5 o 4 m, y los especímenes más grandes eran del tamaño de un rinoceronte. Los peces del género *Mawsonia* vivieron hace más de 100 millones de años y los del género *Megalocoelacanthus*, hace más de 65 millones de años.

El tiburón más grande de todos los tiempos

El megalodón (*Carcharocles megalodon*) medía unos 16 m y tenía una boca de unos 2 m de ancho. Sus dientes serrados de más de 15,2 cm eran el doble de largos que los de su pariente vivo más cercano, el gran tiburón blanco, el **tiburón carnívoro más grande** (ver arriba a la izquierda). Vivió durante el Plioceno y el Mioceno, hace entre 16 y 2,6 millones de años.

El pez más grande de todos los tiempos

Hace unos 165 millones de años, vivió la especie marina extinta *Leedsichthys problematicus*, cuya longitud se cree que alcanzó entre 7,92 y 16,76 m. Gran parte de su esqueleto era cartílago, que no fosilizó. Como no se ha hallado un fósil completo de este pez, no ha sido posible determinar su tamaño exacto. Probablemente se alimentara de plancton.

La familia de peces más extensa:
Los ciprínidos, la familia de las carpas. Incluye más de 2.400 especies, clasificadas en unos 220 géneros.

El pez más fértil:
El pez luna (*Mola mola*). Los ovarios de una hembra contienen 300 millones de huevos, cada uno de ellos de 1,27 mm de longitud.

El pez más abundante:
Los peces luminosos (género *Cyclothone*). Se calcula que hay billones de estos pececitos oceánicos.

El pez más pesado

El esquivo tiburón ballena (*Rhincodon typus*) pesa más que cualquier otro pez y es también el **pez más grande** que se conoce. El espécimen más pesado confirmado se capturó cerca de Karak, Pakistán, el 11 de noviembre de 1949, y alcanzó las 21,5 toneladas. El espécimen documentado científicamente más largo es una hembra encontrada en el mar de Arabia frente a Gujarat, India, el 8 de mayo de 2001, de 18,8 m. Estos gigantes devoradores de plancton prefieren las aguas tropicales y subtropicales.

El tiburón ballena es el **animal con la piel más gruesa**. Su epidermis, de entre 10 y 14 cm de grosor, tiene una textura gomosa y ofrece una protección y un aislamiento perfectos.

El pez óseo más pesado

Se han descubierto ejemplares de pez luna (*Mola mola*) de 2 toneladas de peso y 3 m de largo entre los extremos de sus aletas. Vive en todos los océanos, en climas tropicales y templados. Se alimenta de zooplancton, pequeños peces y algas. Los peces luna y los peces remo (ver abajo) poseen un esqueleto óseo, a diferencia de los peces cartilaginosos, como los tiburones y las rayas.

◄ El pez de agua dulce más grande

El siluro gigante del Mekong (*Pangasionodongigas*), que vive sobre todo en la cuenca del Mekong, en el sureste de Asia, y el tiburón tailandés (*Pangasius sanitwongsei*), natural de la cuenca del río Chao Phraya, Tailandia, alcanzan los 3 m de largo y los 300 kg de peso.

El huevo de pez más grande

Como cabría esperar, el huevo de pez más grande es el del **pez más grande**, el tiburón ballena (*R. typus*). El ejemplar de mayor tamaño del que se tiene constancia medía 30,5 × 14 × 8,9 cm y contenía un embrión vivo de 35 cm de largo, el tamaño de una pelota de fútbol americano. Fue descubierto el 29 de junio de 1953 en el golfo de México por un pescador de arrastre de camarones.

▼ El pez óseo más largo

El pez remo gigante (*Regalecus glesne*), llamado «el rey de los arenques», vive en todos los océanos. Hacia 1885 se capturó un ejemplar de 7,6 m de largo y 272 kg de peso en Pemaquid Point, Maine, EE.UU. Los peces óseos (*Osteichthyes*) comprenden 28.000 especies. El ejemplar de abajo se encontró en 2013 en el sur de California, EE.UU.

MOLUSCOS

La almeja más grande

Natural de los arrecifes de coral de los océanos Índico y Pacífico, el taclobo gigante (*Tridacna gigas*) es el molusco bivalvo más grande. En 1956 se capturó un ejemplar de 115 cm de largo y 333 kg de peso en la isla japonesa de Ishigaki, que fue examinado por los científicos en agosto de 1984.

La sepia más grande

La gran sepia australiana (*Sepia apama*) puede alcanzar 1 m de longitud total con 50 cm de manto. Natural de la costa suroriental de Australia, vive a 100 m de profundidad y su hábitat preferido son los arrecifes de coral rocosos, las praderas marinas y el lecho marino. Puede rebasar los 10,5 kg de peso.

Los primeros cefalópodos

Conocemos los *Ellesmerocerida* a partir de algunos fósiles que datan del Cámbrico superior, hace unos 500 millones de años. Tenían unas pequeñas conchas ligeramente cóncavas con varias cámaras internas separadas por septos. Los cefalópodos son una clase taxonómica de moluscos en la que se incluyen los calamares, pulpos, sepias y formas extintas como los amonites y los belemnites.

El mayor amonite

En 1895 se descubrió parte de una concha fosilizada del amonite *Parapuzosia seppenradensis* en Alemania, con un diámetro de 1,95 m. Se calcula que la concha completa debía de tener unos 2,55 m de diámetro.

El molusco más longevo

Se estima que una almeja de Islandia (*Arctica islandica*) que en 2006 hallaron unos investigadores de la Escuela de Ciencias Oceanográficas de la Universidad de Bangor, R.U., podría alcanzar los 507 años, 100 más de lo que se había calculado en un principio. Para determinar la edad, los esclerocronólogos contaron los anillos que se habían formado en su concha exterior, y luego la confirmaron con el método del carbono 14. La llamaron *Ming*, en honor a la dinastía china que reinaba cuando nació.

El pulpo que vive a mayor profundidad

El pulpo dumbo (*Grimpoteuthis*) vive hasta los 4.865 m de profundidad, cerca del fondo oceánico. Su cuerpo suave y semigelatinoso es capaz de soportar la increíble presión que hay en ese entorno.

La liebre de mar más grande

Se sabe que la liebre de mar *Aplysia vaccaria* puede medir hasta 99 cm de longitud y pesar cerca de 14 kg.

El abulón más grande

La concha del abulón rojo (*Haliotis rufescens*) puede alcanzar los 31 cm de longitud. Su hábitat se extiende desde la Columbia Británica, en Canadá, hasta Baja California, México, y suele vivir en las grietas de las rocas, ricas en algas kelp, que son su sustento.

La especie de calamar más pequeña

Tan sólo se han capturado dos ejemplares de la especie *Parateuthis tunicata*, y fue en una expedición alemana a la Antártida que tuvo lugar entre 1901 y 1903. El ejemplar de mayor tamaño medía 1,27 cm de longitud, contando los tentáculos.

El molusco más venenoso

Los pulpos de anillos azules *Hapalochlaena maculosa* y *H. lunulata*, que viven frente a las costas de Australia y en zonas del sudeste asiático, disponen de una neurotoxina que es letal tan sólo unos minutos después de la mordedura. Se calcula que un solo pulpo de estas especies contiene el veneno suficiente para paralizar a 10 humanos adultos.

El cauri más grande

El cauri *Macrocypraea cervus* puede llegar hasta los 19,05 cm de largo. Esta caracola marina suele vivir en el océano Atlántico tropical, en especial en el mar Caribe. En la edad adulta, la concha de este molusco presenta un color marrón claro con unas motas blancas muy características (ver a la izquierda), parecidas a las de la piel de un cervatillo (de ahí su nombre, *cervus*). Los ejemplares jóvenes carecen de estas motas.

El caracol terrestre más grande

El gasterópodo terrestre más grande que se conoce es el caracol gigante africano (*Achatina achatina*). El ejemplar de mayor tamaño del que se tiene constancia midió 39,3 cm totalmente extendido, pesó 900 g y la longitud de su caparazón fue de 27,3 cm, tal y como se comprobó en diciembre de 1978. Se le llamó *Gee Geronimo* y fue descubierto en junio de 1976 en Sierra Leona por Christopher Hudson, de Hove, East Sussex.

CALAMARES GIGANTES

▶ El calamar colosal más pesado

Un macho adulto de calamar colosal (*Mesonychoteuthis hamiltoni*) de unos 450 kg de peso y 10 m de largo fue capturado por un pescador en el mar de Ross, en la Antártida. Trasladado a Nueva Zelanda para su estudio, la captura se anunció el 22 de febrero de 2007. A pesar de su asombroso tamaño, el calamar colosal, y su pariente más cercano, el calamar gigante, son extrañamente esquivos, por lo que es muy difícil pescarlos vivos o incluso fotografiarlos.

En la parte inferior de cada tentáculo hay cientos de ventosas quitinosas en forma de copa.

Los calamares tienen dos tentáculos que son incluso más largos que sus ocho brazos.

En 1996 se expuso en Wellington un calamar gigante capturado en la costa de Nueva Zelanda. En 2002, siete ejemplares jóvenes se convirtieron en la **primera captura de calamares gigantes vivos** (Nueva Zelanda).

Cada tentáculo se divide en tres partes: el carpo, la mano y el dáctilo.

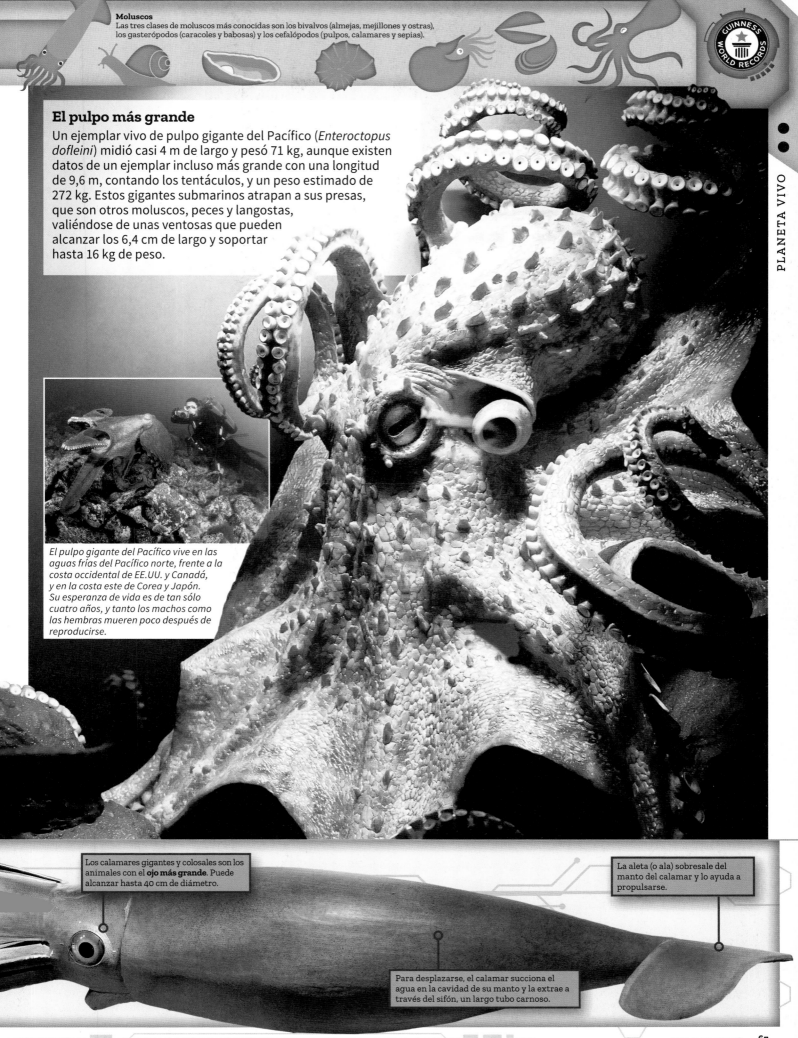

El pulpo más grande

Un ejemplar vivo de pulpo gigante del Pacífico (*Enteroctopus dofleini*) midió casi 4 m de largo y pesó 71 kg, aunque existen datos de un ejemplar incluso más grande con una longitud de 9,6 m, contando los tentáculos, y un peso estimado de 272 kg. Estos gigantes submarinos atrapan a sus presas, que son otros moluscos, peces y langostas, valiéndose de unas ventosas que pueden alcanzar los 6,4 cm de largo y soportar hasta 16 kg de peso.

El pulpo gigante del Pacífico vive en las aguas frías del Pacífico norte, frente a la costa occidental de EE.UU. y Canadá, y en la costa este de Corea y Japón. Su esperanza de vida es de tan sólo cuatro años, y tanto los machos como las hembras mueren poco después de reproducirse.

Los calamares gigantes y colosales son los animales con el **ojo más grande**. Puede alcanzar hasta 40 cm de diámetro.

La aleta (o ala) sobresale del manto del calamar y lo ayuda a propulsarse.

Para desplazarse, el calamar succiona el agua en la cavidad de su manto y la extrae a través del sifón, un largo tubo carnoso.

CRUSTÁCEOS Y MIRIÁPODOS

El animal terrestre más antiguo

Se cree que el fósil de un miriápodo de 1 cm de largo que Mike Newman (R.U.), un conductor de autobuses aficionado a la paleontología, halló cerca de Stonehaven, R.U., tiene unos 428 años millones de años de antigüedad y es el primer vestigio de un ser vivo terrestre. El *Pneumodesmus newmani*, nombre científico que recibió en 2004, poseía espiráculos, unas estructuras situadas en el exterior del cuerpo que le permitían respirar.

El animal más tolerante al calor

Los tardígrados, también llamados osos de agua, son un grupo de minúsculos animales casi indestructibles que sobreviven a temperaturas superiores a 150 °C. Son capaces de detener su metabolismo en entornos extremos. Estos invertebrados de 1 mm de longitud incluso han sobrevivido en el espacio exterior.

El crustáceo que vive a mayor profundidad

En noviembre de 1980, el buque de investigación estadounidense *Thomas Washington* capturó unos anfípodos vivos a 10.500 m de profundidad en el abismo de Challenger, en la fosa de las Marianas, Pacífico occidental. Los anfípodos son animales parecidos al camarón.

El primer crustáceo venenoso que se conoce

El *Xibalbanus tulumensis* es un crustáceo ciego que vive en las cuevas submarinas del Caribe, frente a la península mexicana de Yucatán, y se alimenta de otros crustáceos. Con sus pinzas delanteras inyecta a su presa una toxina, parecida al veneno de la serpiente de cascabel, que destruye los tejidos internos y los convierte en líquido que, posteriormente, el *X. tulumensis* succiona e ingiere.

El crustáceo más peludo

El cangrejo yeti (*Kiwa hirsuta*) vive en las fuentes hidrotermales del lecho marino del Pacífico Sur. Sus largas pinzas y sus cortas patas torácicas están recubiertas de unos sedosos filamentos de color blanquecino llamados sedas. Estas estructuras tan peculiares, similares a vellos, están repletas de bacterias.

Las clases de animales más abundantes

Los copépodos son una subclase de crustáceos que habitan en casi todos los entornos acuáticos. Incluye más de 12.000 especies y constituye, junto con el kril, el zooplancton más abundante, con un billón de ejemplares. La mayor parte de los copépodos son muy pequeños, ya que miden menos de 1 mm de largo.

El crustáceo que nada más rápido

Al cangrejo patexo (*Polybius henslowii*) se le ha cronometrado en cautividad a una velocidad de 1,3 m/s, aunque es probable que pueda nadar aún más rápido en un entorno natural. Los **crustáceos terrestres más rápidos** son los cangrejos fantasma tropicales del género *Ocypode*. Conocidos por sus hábitos nocturnos y su coloración habitualmente clara, se han registrado especímenes desplazándose a velocidades de hasta 4 m/s.

El crustáceo marino más largo

El cangrejo gigante japonés (*Macrocheira kaempferi*) vive frente a la costa suroriental de Japón. Su tamaño medio es de 25,4 × 30,5 cm y la envergadura de sus patas varía entre 2,43 y 2,74 m. Las patas del ejemplar más grande que se ha encontrado alcanzaban los 3,69 m, que equivale aproximadamente a la longitud de un tiburón tigre, y pesaba 18,6 kg.

El primer percebe

La especie fosilizada que muchos paleontólogos consideran el percebe más antiguo que se conoce es el *Priscansermarinus barnetti*. Se calcula que unos ejemplares encontrados en el yacimiento de Burgess Shale, del Cámbrico medio, en la Columbia Británica, Canadá, datan de hace entre 509 y 497 millones de años. Descubierta en 1975, *P. barnetti* era probablemente una especie de percebe con pedúnculo o lepadomorfo.

El **percebe más grande** es el *Balanus nubilus*, con 12,7 cm de alto, dos veces y medio la altura de un soporte para pelotas de golf, y 7 cm de diámetro.

MIRIÁPODOS ASOMBROSOS

◀ La escolopendra más venenosa

La escolopendra china de cabeza roja (*Scolopendra subspinipes mutilans*) es un agresivo depredador que inyecta veneno con su par de patas delanteras. Este veneno contiene la llamada «toxina espeluznante Ssm» y un LD_{50} de 130 mg/kg, que permite al miriápodo matar animales 15 veces más grandes que él.

El animal con mayor número de patas

Los ciempiés no tienen 100 patas ni los miriápodos llegan a las 1.000, aunque éstos poseen más que los primeros. Tienen dos pares por cada segmento del cuerpo, mientras que los ciempiés, sólo un par. Los miriápodos cuentan con unos 300 pares de patas, pero la especie *Illacme plenipes*, de California, EE.UU., tiene 375 pares (750 patas).

▼ El milpiés más grande

La longitud media del milpiés gigante africano (*Archispirostreptus gigas*) es de entre 16 y 28 cm. Sin embargo, el **mayor espécimen de milpiés** que se conoce fue un adulto llamado *Millie*, cuyo dueño era Jim Klinger (EE.UU), que midió 38,7 cm de longitud, con una circunferencia de 6,7 cm y un total de 256 patas.

Crustáceos
La clase de los crustáceos, formada en su mayoría por seres acuáticos, comprende langostas, cangrejos, percebes, camarones y cochinillas.

Miriápodos
Dentro de los miriápodos, en su mayoría terrestres, se incluyen los ciempiés y los milpiés. Como los crustáceos, son artrópodos, caracterizados por un exoesqueleto, pares de apéndices articulados y un cuerpo segmentado.

GUINNESS WORLD RECORDS

PLANETA VIVO

El crustáceo marino más pesado

El bogavante americano o canadiense (*Homarus americanus*) es el crustáceo más pesado de todos los que viven en el mar. El 11 de febrero de 1977, en la costa de Nueva Escocia, Canadá, se capturó un ejemplar de 20,14 kg, que equivale a dos tercios del peso de un dálmata. Medía 1,06 m desde el extremo de la cola en forma de abanico hasta la punta de su pinza más grande.

El **crustáceo más pequeño** (y el **artrópodo más pequeño**) es el *Stygotantulus stocki*, un tantulocárido, o especie parásita. Con sólo 0,094 mm de largo, vive sobre los copépodos harpacticoides (también crustáceos).

El crustáceo terrestre más grande
El cangrejo de los cocoteros o cangrejo ladrón (*Birgus latro*), es, además, el **crustáceo terrestre más pesado** y vive en las islas y atolones tropicales del Índico y del Pacífico. Se tiene constancia de ejemplares de 4,1 kg y con una envergadura de patas de 1 m, aunque su peso medio es de 2,5 kg y su envergadura de patas media, de 91 cm.

El crustáceo de agua dulce más grande
Originario de arroyos de Tasmania, el cangrejo gigante de agua dulce (*Astacopsis gouldi*) puede alcanzar los 80 cm, una altura superior a la de Jyoti Amge, la **mujer viva más baja**, y pesar hasta 5 kg. Este cangrejo de río es también el **invertebrado de agua dulce más grande** que se conoce.

El primer ciempiés anfibio
El *Scolopendra cataracta* fue descrito oficialmente y catalogado en mayo de 2016. Originario del sureste de Asia y con una longitud de 20 cm, esta especie de ciempiés gigante y venenosa fue descubierta en 2001 por el entomólogo George Beccaloni en Tailandia. A diferencia de los demás ciempiés, es capaz de nadar como una anguila ondulando su cuerpo en horizontal.

La clase de miriápodos más numerosa
Los diplópodos engloban a los milpiés, de los que la ciencia ha descrito aproximadamente 12.000 especies. Sin embargo, puede que todavía haya muchas más por descubrir, y se estima que la cifra total de especies de milpiés que existen en el mundo sea de 15.000 a 80.000. Viven en todos los continentes, salvo en la Antártida.

▶ El ciempiés más grande
El ciempiés gigante (*Scolopendra gigantea*), autóctono de América Central y del Sur, mide 26 cm de largo. Conocido también como escolopendra de patas amarillas, cuenta con unas mandíbulas modificadas sobre su cabeza, con las que puede capturar a presas como ratones, lagartos y ranas e inyectarles veneno.

El **ciempiés más pequeño** es el ciempiés enano de Hoffman (*Nannarrup hoffmani*). Mide 10,3 mm y cuenta con 41 pares de patas.

100%

INSECTOS Y ARÁCNIDOS

El insecto más antiguo

El fósil de una parte de la cabeza de un ejemplar de *Rhyniognatha hirsti*, hallado en el yacimiento de Rhynie Chert, en el condado de Aberdeenshire, R.U., data de principios del Devónico, hace aproximadamente 410 millones de años.

El orden taxonómico de insectos más grande

Los coleópteros, el orden taxonómico en el que se incluyen los escarabajos, agrupan alrededor de un 40% de todas las especies de insectos vivas, es decir, entre 350.000 y 400.000 especies. Los escarabajos habitan en casi todo el planeta, excepto en la Antártida, las regiones polares septentrionales y los hábitats marinos.

El arácnido más veloz

Autóctonos de las zonas áridas del norte de África y Oriente Medio, se calcula que los solífugos del género *Solpuga* pueden alcanzar una velocidad punta de 16 km/h. Aunque se les conoce como «arañas camello» o «arañas de sol», los solífugos no son auténticas arañas, ya que tienen el cuerpo dividido en cabeza, tórax y abdomen.

El insecto más pesado

Una serie de escarabajos Goliat machos (familia de los escarabeidos) del África ecuatorial pesaron entre 70 y 100 g, con una longitud de 11 cm desde la punta de los pequeños cuernos frontales hasta el final del abdomen. Las especies de mayor tamaño son *Goliathus regius*, *G. meleagris*, *G. goliatus* (= *G. giganteus*) y *G. druryi*.

El ejemplar de **larva de insecto más pesada** fue una larva adulta de un escarabajo acteon *Megasoma actaeon*, criado en Japón en 2009, que pesó 228 g. ¡Casi lo mismo que una hembra adulta de rata común!

El insecto más pequeño

Los escarabajos provistos de unas alas con aspecto de plumas de la familia de los ptílidos (o *Trichopterygidae*) y de la tribu *Nanosellini* miden 0,25 mm. Algunos de estos insectos diminutos viven dentro de las esporas situadas bajo el sombrero de los hongos de repisa (poliporáceas).

Los **insectos más ligeros** son el piojo hematófago macho (*Enderleinellus zonatus*) y la avispa parásita *Caraphractus cinctus*, que pueden pesar unos escasos 0,005 mg.

El aleteo más rápido en un insecto

El minúsculo mosquito del género *Forcipomyia* es capaz de batir sus alas 62.760 veces por minuto o ¡1.046 veces por segundo! Esto requiere un ciclo de contracción y expansión muscular de 0,00045 s, el **movimiento muscular más rápido** del que se tiene constancia.

El insecto terrestre más rápido

La especie de escarabajo tigre australiano *Cicindela hudsoni* es capaz de correr a una velocidad de 2,5 m/s, más rápido que cualquier otro insecto. Sin embargo, a esta velocidad su vista se resiente, por lo que el escarabajo debe reducir la marcha si quiere ver bien.

El insecto más largo

Según un comunicado difundido en agosto de 2017, el ejemplar más largo del insecto palo *Phryganistria chinensis* medía 640 mm con las patas totalmente extendidas. El ejemplar, criado en el Museo de Insectos de China Occidental, en Chengdu, desbancó de este mismo récord a su madre, que fue encontrada durante una inspección de campo en 2014.

El insecto más destructivo

Originaria de las regiones secas de África, Oriente Medio y Asia occidental, la langosta del desierto (*Schistocerca gregaria*) mide sólo 4,5-6 cm de largo, pero cada día es capaz de ingerir una cantidad de alimento equivalente a su propio peso. En determinadas condiciones climáticas, forman enormes enjambres que devoran casi toda la vegetación que encuentran a su paso.

El uropigio más grande

El vinagrillo o alacrán látigo (*Mastigoproctus giganteus*), del sur de EE.UU. y México, puede alcanzar los 6 cm de largo y los 12,4 g de peso. Los alacranes son arácnidos que arrojan sustancias químicas por las glándulas anales para ahuyentar a sus depredadores.

100%

El insecto acuático con la mayor envergadura alar

Un ejemplar de mosca de dobson gigante (*Acanthacorydalis fruhstorferi*) descubierto el 12 de julio de 2015 en Chengdu, en la provincia de Sichuán, China, tenía una envergadura alar de 21,6 cm. Las moscas de dobson pertenecen a la subclase de insectos alados de los pterigotos. A pesar de las temibles pinzas que poseen los machos, éstas son tan grandes respecto al cuerpo que son extremadamente delicadas. Su principal defensa es un olor fuerte que pueden expeler.

SUPERARAÑAS

◄ El arácnido más pesado

Un ejemplar de tarántula Goliat gigante (*Theraphosa blondi*) de dos años de edad, obtenido por Robert Bustard y criado por Brian Burnett (ambos de R.U.), pesó 170 g, es decir, como tres pelotas de tenis. Esta colosal araña es originaria de las selvas tropicales costeras de Surinam, Guyana, Guayana Francesa, del sur de Venezuela y del norte de Brasil.

La araña más venenosa

Una dosis de tan sólo 0,2 mg/kg de veneno de la araña de Sídney macho (*Atrax robustus*) es letal para los primates, incluso para los humanos. Originaria de Sídney y de sus alrededores en Nueva Gales del Sur, Australia, vive en hábitats húmedos, bajo troncos o follajes, y también en jardines. El veneno de la hembra es mucho menos peligroso.

La araña más fuerte

La araña de trampilla de California (*Bothriocyrtum californicum*) puede ejercer una fuerza 38 veces superior a su propio peso mientras se resiste a que abran su trampilla, una estructura de seda que recubre el acceso a su madriguera subterránea. ¡Es como si un humano intentara mantener una puerta cerrada mientras un pequeño avión a reacción lo tira del otro brazo!

La araña que vive a mayor altitud

En 1924 se encontró una especie de araña saltadora que pertenece a la familia de los saltícidos a una altitud de 6.700 m en el Everest, Nepal. Hasta el año 1975, el arácnido aerodinámico no fue descrito oficialmente, y recibió el nombre de *Euophrys omnisuperstes*, que significa «la que está por encima de todo».

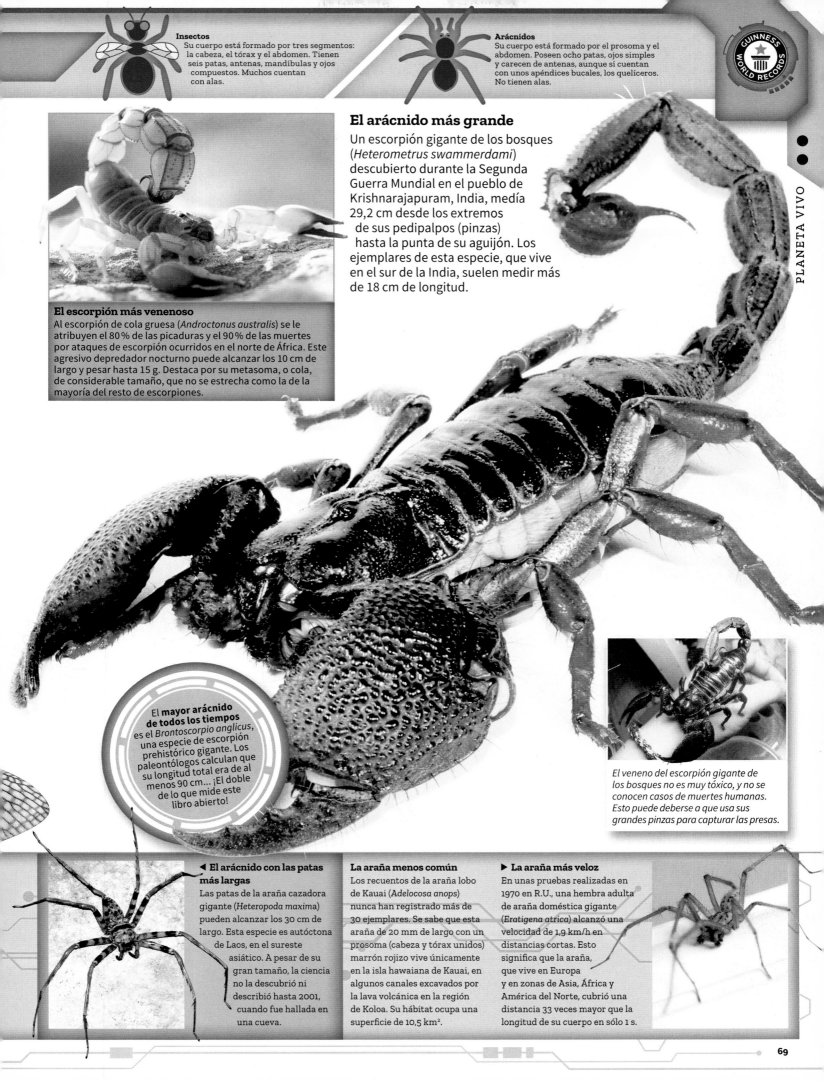

Insectos
Su cuerpo está formado por tres segmentos: la cabeza, el tórax y el abdomen. Tienen seis patas, antenas, mandíbulas y ojos compuestos. Muchos cuentan con alas.

Arácnidos
Su cuerpo está formado por el prosoma y el abdomen. Poseen ocho patas, ojos simples y carecen de antenas, aunque sí cuentan con unos apéndices bucales, los quelíceros. No tienen alas.

El arácnido más grande

Un escorpión gigante de los bosques (*Heterometrus swammerdami*) descubierto durante la Segunda Guerra Mundial en el pueblo de Krishnarajapuram, India, medía 29,2 cm desde los extremos de sus pedipalpos (pinzas) hasta la punta de su aguijón. Los ejemplares de esta especie, que vive en el sur de la India, suelen medir más de 18 cm de longitud.

El escorpión más venenoso

Al escorpión de cola gruesa (*Androctonus australis*) se le atribuyen el 80 % de las picaduras y el 90 % de las muertes por ataques de escorpión ocurridos en el norte de África. Este agresivo depredador nocturno puede alcanzar los 10 cm de largo y pesar hasta 15 g. Destaca por su metasoma, o cola, de considerable tamaño, que no se estrecha como la de la mayoría del resto de escorpiones.

El **mayor arácnido de todos los tiempos** es el *Brontoscorpio anglicus*, una especie de escorpión prehistórico gigante. Los paleontólogos calculan que su longitud total era de al menos 90 cm... ¡El doble de lo que mide este libro abierto!

El veneno del escorpión gigante de los bosques no es muy tóxico, y no se conocen casos de muertes humanas. Esto puede deberse a que usa sus grandes pinzas para capturar las presas.

◄ El arácnido con las patas más largas

Las patas de la araña cazadora gigante (*Heteropoda maxima*) pueden alcanzar los 30 cm de largo. Esta especie es autóctona de Laos, en el sureste asiático. A pesar de su gran tamaño, la ciencia no la descubrió ni describió hasta 2001, cuando fue hallada en una cueva.

La araña menos común

Los recuentos de la araña lobo de Kauai (*Adelocosa anops*) nunca han registrado más de 30 ejemplares. Se sabe que esta araña de 20 mm de largo con un prosoma (cabeza y tórax unidos) marrón rojizo vive únicamente en la isla hawaiana de Kauai, en algunos canales excavados por la lava volcánica en la región de Koloa. Su hábitat ocupa una superficie de 10,5 km².

► La araña más veloz

En unas pruebas realizadas en 1970 en R.U., una hembra adulta de araña doméstica gigante (*Eratigena atrica*) alcanzó una velocidad de 1,9 km/h en distancias cortas. Esto significa que la araña, que vive en Europa y en zonas de Asia, África y América del Norte, cubrió una distancia 33 veces mayor que la longitud de su cuerpo en sólo 1 s.

GUINNESS WORLD RECORDS

MEDUSAS Y ESPONJAS

La medusa más grande

La mayoría de medusas tienen una campana o diámetro corporal que va desde los 2 a los 40 cm, pero algunas especies crecen mucho más. La más grande de todas es la medusa melena de león ártica (*Cyanea capillata arctica*). Una de estas gigantas del Atlántico noroccidental que en 1870 fue arrastrada hasta la bahía de Massachusetts, EE.UU., tenía una campana de 2,28 m de diámetro y tentáculos de hasta 36,5 m de largo.

Las medusas más pequeñas

Hay unas 16 especies de medusas de caja irukandji. En su mayoría, son especies nativas de los mares australianos, en especial del estado de Queensland, pero también pueden encontrarse en otros lugares, como Japón, el estado estadounidense de Florida y ocasionalmente en aguas de Inglaterra. Lucen una campana de 5 mm de ancho y su volumen es de apenas 1 cm³. Las medusas irukandji tienen cuatro tentáculos, cuya longitud puede ser de unos pocos centímetros. A pesar de su pequeño tamaño son extremadamente venenosas, y ocasionalmente su picadura ha resultado fatal para los humanos. A diferencia del resto de medusas, tienen nematocistos (células urticantes) no sólo en sus tentáculos sino también en su campana.

La medusa de caja más grande

Además de ser la medusa más venenosa (ver abajo a la izquierda), la medusa de caja más grande es la avispa de mar (*Chironex fleckeri*). Cuenta con una campana cuboidal (de ahí su nombre común de «caja») con un diámetro de hasta 30 cm y 60 tentáculos que cuando extiende completamente para cazar pueden medir 3 m de largo. Nativa de la aguas de Australia, especialmente de Queensland, la avispa de mar es uno de los animales más venenosos.

La medusa con tallo más grande

Estas criaturas se distinguen por un tallo que emplean para fijarse en una superficie. Con un cáliz (una cavidad con forma de copa) de 10 cm de diámetro y una altura de 3 cm, la *Lucernaria janetae* es la medusa más grande de las integrantes de este grupo (si bien los especímenes preservados encogen). Descubierta por primera vez en 2003, fue descrita formalmente en 2005 y es la única especie de medusa con tallo (o estauromedusa) que se conoce del océano Pacífico, en cuyo fondo marino vive en respiraderos hidrotermales. Recibe su nombre de la Dra. Janet Voight en reconocimiento a la labor de esta bióloga marina estadounidense en el descubrimiento y descripción de nuevas especies de invertebrados de aguas profundas.

El sifonóforo más largo

Los sifonóforos están relacionados con las medusas verdaderas (escifozoos). Algunos, como la carabela portuguesa (*Physalia physalis*), se les parecen mucho y con frecuencia son identificados erróneamente como tales, pero en realidad pertenecen a una clase taxonómica distinta, la de los hidrozoos. La especie más larga es el sifonóforo gigante (*Praya dubia*), que habita en el Atlántico europeo y el golfo de México frente a las costas de EE.UU. Según un estudio realizado en 1987 por el Instituto de Investigación del Acuario de la Bahía de Monterey, en California, se sabe que estas especies bioluminiscentes con forma de serpentina pueden crecer hasta superar los 40 m.

La medusa más venenosa

La llamativa y mortal avispa de mar o medusa de caja (*C. fleckeri*) suele habitar las costas del norte de Australia. Tiene suficiente veneno como para matar a 60 personas, y de media se cobra una vida todos los años. Los síntomas previos a la muerte incluyen vómitos, náuseas, diarrea, escalofríos, sudores y dolores. La imagen de arriba muestra unas cicatrices por picadura de una medusa de caja de la costa de Queensland, Australia.

La medusa más longeva

La medusa inmortal (*Turritopsis dohrnii*) es nativa del mar Mediterráneo y las aguas de Japón. Si un adulto de *T. dohrnii* está amenazado, herido o se encuentra en un entorno inhóspito, simplemente se volverá a transformar en un pólipo y se reproducirá asexualmente, dando paso a una serie de especímenes genéticamente idénticos que podrán madurar hasta llegar a adultos, ciclo que puede repetirse indefinidamente. A pesar de su nombre, esta especie no es una verdadera medusa (escifozoo), sino una hidromedusa (clase de los hidrozoos).

La medusa más rara

La *Crambione cookii*, una enorme medusa rosa que es venenosa, fue vista y dibujada por el científico estadounidense Alfred Gainsborough Mayor en la costa de Cooktown, Queensland, Australia, en 1910. No volvió a tenerse noticia hasta 2013, cuando un espécimen fue detectado y capturado en Sunshine Coast, Queensland.

ESPONJAS SUPERLATIVAS

◄ La esponja más grande

La esponja con forma de tonel *Spheciospongia vesparium* mide hasta 105 cm de alto y 91 cm de diámetro. Se encuentra en el Caribe y en las aguas de Florida, EE.UU.

La **esponja más pequeña** es la vastamente distribuida *Leucosolenia blanca*, que apenas alcanza los 3 mm de altura cuando es completamente adulta.

La especie de esponja más longeva

La *Scolymastra joubini* es un hexactinélido antártico o esponja vítrea. Crece muy lentamente en esta región de aguas extremadamente frías. Se estima que un espécimen de 2 m de altura del mar de Ross tenía una edad de al menos 15.000 años. Su extraordinaria esperanza de vida convierte a la *S. joubini* en uno de los animales más longevos de la tierra.

▼ Los primeros animales constructores de arrecifes

Los arqueociatos eran organismos primitivos con forma de copa parecidos a los corales de cuerno hueco («arqueociato» se traduce como «copa antigua»). Fueron las **primeras esponjas**, o poríferos. Sus arrecifes (conocidos como biohermos) podrían haber alcanzado los 10 m de profundidad. Sus fósiles están datados a principios de la era Tommotiense, hace 525 millones de años.

Medusas
Estas criaturas marinas tienen cuerpos con forma de campana o platillo, a menudo transparente, de los que cuelgan largos tentáculos urticantes.

Esponjas
Las esponjas son invertebrados primitivos con una estructura blanda y porosa, y un esqueleto más duro. Filtran el oxígeno y los nutrientes de las corrientes de agua.

La boca de la medusa melena de león está rodeada por ocho racimos de tentáculos que en ocasiones llegan a superar los 30 m de largo, más que una ballena azul. Cada racimo puede contener más de 150 tentáculos.

La medusa más pesada

Dado que las medusas están compuestas casi en su totalidad de agua y partes blandas, sin corazón, sangre, esqueleto, órganos respiratorios o cerebro, no es fácil precisar cuánto pesan. Sin embargo, por su enorme tamaño corporal, volumen y masa de tentáculos, se estima que la medusa melena del león (*Cyanea capillata*) pesa más de 1 tonelada. La especie se encuentra principalmente en el Atlántico Norte, Pacífico Norte y mar del Norte, y en el sur de Australia.

Con una masa de tentáculos que recuerda la melena de un león, esta enorme medusa es bioluminiscente. Se alimenta de medusas y peces más pequeños, y de zooplancton.

▶ **La esponja más pesada**
En 1909 se encontró una *Hippospongia canaliculata* de 1,83 m de circunferencia en las Bahamas. Inicialmente pesaba entre 36 y 41 kg, que se quedaron en 5,44 kg una vez que se secó y se le retiraron todas las excrecencias. Esta esponja se conserva en el Museo de Historia Natural de Washington D. C., EE.UU.

El sistema arrecifal más grande de todos los tiempos
Hace unos 160 millones de años, durante el Jurásico superior, período de la era Mesozoica, el mar de Tetis albergaba un sistema discontinuo de arrecifes de esponjas vítreas de unos 7.000 km de largo. El océano Tetis se encontraba entre los continentes de Laurasia y Gondwana, antes de la formación de los océanos Atlántico e Índico.

▶ **La primera esponja carnívora**
La *Asbestopluma hypogea* fue descubierta en enero de 1995 en un cueva en aguas poco profundas del mar Mediterráneo, frente a la costa de La Ciotat (Francia). Utiliza estructuras parecidas a zarcillos, que nunca antes se habían visto en esponjas, para atrapar diminutos crustáceos que nadan cerca de ella y arrastrarlos hasta el interior de su cuerpo, donde son digeridos (imagen).

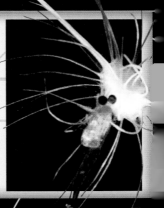

DINOSAURIOS

Vivieron hace millones de años y fueron las criaturas más grandes que han caminado sobre la Tierra. Pero ¿qué tamaño tenían los dinosaurios y cómo podemos saberlo? ¿Qué pueden decir unos restos óseos aislados sobre el tamaño de estos «lagartos terribles»?

El *Diplodocus* tenía la **cola más larga** registrada en el mundo animal. De hasta 14 m de largo, era casi tres veces la longitud de los tradicionales taxis negros londinenses.

Los dinosaurios integraron uno de los grupos animales terrestres más diversos de nuestro planeta. Sus medidas iban desde los 39 cm de largo del *Microraptor zhaoianus*, el **dinosaurio más pequeño**, hasta las 100 toneladas de los titánicos saurópodos (ver derecha): una diferencia de peso de 100.000:1.

Desde que estas bestias prehistóricas fueron identificadas por primera vez (la primera descripción científica de un dinosaurio se realizó en 1824, cuando se encontraron unos restos óseos en Oxfordshire, R.U., que se clasificaron como pertenecientes a un *Megalosaurus bucklandii*), los paleontólogos se han enfrentado al desafío de estimar el tamaño de estas criaturas. Esto es algo factible cuando los restos se conservan más o menos en su totalidad: el *Tyrannosaurus rex* más completo, por ejemplo, es *Sue*, de la que en 1990 se desenterró el 90 % de su esqueleto en Dakota del Sur, EE.UU. Pero muchos dinosaurios, como el **más largo**, el *Amphicoelias* (derecha), tienen que estudiarse a partir de restos incompletos y fragmentarios.

A día de hoy, se han reconocido y nombrado más de 2.000 especies de dinosaurios no avianos, muchas a partir de un solo hueso. En estos casos, los tamaños totales de los dinosaurios sólo pueden estimarse comparando el tamaño de sus huesos con los de especies estrechamente relacionadas de las que existan restos esqueléticos mucho más completos.

Del *Argentinosaurus*, probablemente el **dinosaurio más pesado** (derecha), sólo se conocen un pequeño número de huesos encontrados en Argentina a principios de la década de 1990.

Spinosaurus

El **dinosaurio carnívoro más grande**, y probablemente el **depredador terrestre más grande de todos los tiempos**, fue el *Spinosaurus*. Análisis de fragmentos del cráneo sugieren que esta criatura medía 17 m de longitud y pesaba 9 toneladas.

Tyrannosaurus rex

Es posible que el *T. rex* no fuera el dinosaurio más grande, pero sí exhibía la **mordida más fuerte de un animal terrestre**. Se calcula que la fuerza máxima generada por sus dientes posteriores alcanzaba los 57.000 N, el equivalente al peso de un elefante de tamaño medio.

Diplodocus

Los saurópodos eran dinosaurios herbívoros que aparecieron a finales del Triásico (hace unos 200 millones de años). Entre ellos, se contaban el *Diplodocus* (arriba) y el *Brachiosaurus*. Hay cierta controversia sobre cuál fue el **dinosaurio más largo**, pero el candidato con más opciones es el *Amphicoelias*, cuya longitud se estima en unos 60 m, ¡más que una piscina olímpica!

Una de sus vértebras (hueso del cuello) mide 1,59 m, lo que indica que se trataba de un saurópodo gigante. Para estimar su tamaño total, los paleontólogos la compararon con vértebras de esqueletos de miembros más completos del clado saurópodo, como el *Saltasaurus* y el *Rapetosaurus*. A partir de ahí, el peso final del *Argentinosaurus* se estimó en 100 toneladas.

Este tipo de cálculos pueden ser precisos, pero a veces surgen problemas. Por ejemplo, los restos del *Therizinosaurus*, hallados en Mongolia, presentan unas garras de hasta 91 cm de largo en su borde exterior. Estimar su tamaño corporal total en base a las dimensiones de sus garras daría como resultado una criatura gigantesca. Sin embargo, restos esqueléticos parciales revelaron que sus garras eran desproporcionadamente largas, de hecho son las **garras de dinosaurio más largas** (ver abajo). En consecuencia, los paleontólogos siempre son cautos al evaluar el tamaño real de estas megabestias.

Los dinosaurios no son cosa del pasado. Se siguen haciendo nuevos descubrimientos que modifican nuestra comprensión de estas magníficas criaturas y cómo crecieron hasta alcanzar sus fabulosas dimensiones. Puede que los dinosaurios no avianos murieran hace 65 millones de años, pero nos siguen fascinando e intrigando.

DEFENSAS DE LOS DINOSAURIOS

▼ El dinosaurio armado más grande

Las grandes bestias necesitan grandes defensas. El *Ankylosaurus*, un herbívoro de 2,5 m de ancho (el **dinosaurio más ancho**) estaba cubierto de espinas, tachuelas y placas óseas protectoras, y lucía un gran mazo en el extremo de la cola.

Las espinas de dinosaurio más largas

El *Loricatosaurus*, un herbívoro estegosaurio que vivió en la actual Inglaterra durante el Jurásico medio, tenía espinas en la cola de hasta 1 m de longitud, quizá cubiertas por una vaina córnea que duplicaría la longitud. Estas espinas probablemente tenían una función defensiva, aunque también pudieron servir para atraer o impresionar al sexo opuesto.

▶ Las garras de dinosaurio más largas

El *Therizinosaurus* («lagarto guadaña») tenía unas largas garras cuyo propósito sigue sin estar claro, aunque seguramente tenían una función defensiva. En el caso del *Therizinosaurus cheloniformis*, la curva exterior de sus garras alcanzaba los 91 cm, frente a los «apenas» 20 cm de las del *T. Rex*.

Argentinosaurus

El **animal terrestre más grande de todos los tiempos** fue el dinosaurio saurópodo *Argentinosaurus huinculensis* (en la imagen). Este herbívoro de cuatro patas lucía un enorme cuello y una larga cola, y vivió en el Cretácico superior (hace 97-93,5 millones de años). Algunas estimaciones afirman que podía alcanzar las 124 toneladas, aunque la mayoría de los paleontólogos se decantan por un rango de entre 60 y 90 (unas 10 veces el peso de un elefante africano adulto).

Se estima que el *A. huinculensis* medía 30-40 m de largo desde la punta de la nariz hasta la punta de la cola, alrededor del doble de la longitud de una pista de bolos.

El Naturmuseum Senckenberg, en Alemania, alberga una reconstrucción de un esqueleto de Argentinosaurus. El peso del dinosaurio real fue estimado en 1994 a partir del estudio de sus grandes vértebras, una de las cuales medía 1,59 m de largo.

El cráneo de dinosaurio más grueso

El *Pachycephalosaurus*, un herbívoro de cabeza con cúpula, vivió en el Cretácico superior.

Tenía un cráneo de 65 cm de largo con una cúpula ósea de 20 cm de espesor, mientras que la media oscilaba en torno a los 0,65 cm. Puede que el *Pachycephalosaurus* golpeara con la cabeza en un último intento por disuadir a sus depredadores.

◄ Los cuernos de dinosaurio más largos

El par de cuernos frontales sobre los ojos de los tres géneros de ceratópsidos o dinosaurios con cuernos –los *Triceratops* norteamericanos (derecha), los *Torosaurus* norteamericanos y los *Coahuilaceratops* mexicanos– podían alcanzar hasta 1 m de largo. Probablemente tenían una finalidad defensiva y de cortejo, como las ornamentas de los actuales ciervos.

Los ceratópsidos eran los dinosaurios con el **cráneo más grande**; un *Pentaceratops* expuesto en el Museo Sam Noble de Historia Natural de Norman, Oklahoma, EE.UU., tiene un cráneo que mide 3,2 m de altura, el **cráneo más grande de un dinosaurio** que se conoce.

El dinosaurio más rápido

Si la mejor defensa es salir corriendo, los ornithomimosaurios (imitadores de aves) debieron ser los dinosaurios con más opciones de salvarse. Los más rápidos eran los *Gallimimus* («imitador de la gallina»), de Mongolia, cuyos ligeros cuerpos, largas patas y esbeltos dedos de los pies les permitían sostener por algún tiempo velocidades de entre 40 y 60 km/h.

MASCOTAS

El perro más longevo de todos los tiempos

El perro que más años ha vivido del que se tiene constancia fue un pastor australiano llamado *Bluey*, que murió a los 29 años y 5 meses. Criado por Les Hall, de Rochester, Victoria, Australia, lo adoptaron en 1910 cuando era un cachorro y trabajó como perro pastor durante casi 20 años antes de ser sacrificado el 14 de noviembre de 1939.

El **gato más longevo de todos los tiempos** fue *Creme Puff*, que nació el 3 de agosto de 1967 y falleció el 6 de agosto de 2005, a los 38 años y 3 días. Vivió con su dueña, Jake Perry, en Austin, Texas, EE.UU.

El conejo más longevo de todos los tiempos

El conejo salvaje *Flopsy* fue capturado el 6 de agosto de 1964 y vivió 18 años y 327 días en casa de L. B. Walker, residente de Longford, Tasmania, Australia.

La **cobaya más longeva de todos los tiempos** fue *Snowball*, que vivió con M. A. Wall en Bingham, Nottinghamshire, R.U. *Snowball* murió el 14 de febrero de 1979, a los 14 años, 10 meses y 2 semanas.

El mayor número de galletas que un perro ha aguantado sobre su hocico

El 9 de mayo de 2015, *George*, un husky siberiano híbrido, sostuvo 29 galletas con la ayuda de Dima Yeremenko (R.U.), su adiestrador, en un concurso de retos de *GWR LIVE!* durante el London Pet Show, celebrado en ExCeL, Londres, R.U. *George* fue acogido por la RSPCA, una organización de defensa de los animales.

El túnel humano más largo por el que ha pasado un gato en monopatín

El 9 de febrero de 2017, *Boomer*, un gato de Bengala, pasó en monopatín entre las piernas de 13 personas en Coolangatta, Queensland, Australia. Su dueño, el adiestrador de animales Robert Dollwet (EE.UU./Australia), lo vigilaba muy de cerca.

El **túnel humano más largo por el que ha pasado un perro en monopatín** estaba formado por 33 personas y lo atravesó el bulldog *Dai-chan*, de cinco años, en el plató de *Gyouretsunodekiru Houritsu Soudanjyo*, el 17 de septiembre de 2017 en Chiyoda, Tokio, Japón.

El ronroneo más fuerte emitido por un gato doméstico

El 2 de abril de 2015, *Merlín*, cuya dueña es Tracy Westwood, emitió un ronroneo de 67,8 decibelios en su domicilio de Torquay, Devon, R.U. ¡Casi el mismo ruido de un inodoro al tirar de la cadena!

El **ladrido más fuerte que ha dado un perro** alcanzó los 113,1 decibelios, más que el que hace una moto al acelerar. *Charlie*, un golden retriever, logró este récord en el festival Bark in the Park, el 20 de octubre de 2012 en el Rymill Park de Adelaida, Australia.

Más números de exhibición realizados por un cerdo en un minuto

El 16 de enero de 2018, el minicerdo *Joy* completó 13 números (por ejemplo, sentarse, caminar hacia atrás y tocar una bocina) guiado por su dueño, Dawn Bleeker (EE.UU.), en Newton, Iowa, EE.UU.

El burro más alto

Según se constató el 8 de febrero de 2013, *Romulus*, un burro mamut americano de nueve años, medía 172,7 cm. Sus dueños eran Cara y Phil Yellott, de Red Oak, Texas, EE.UU.

El **burro más bajo** es *KneeHi*, un burro miniatura mediterráneo que el 26 de julio de 2011 medía 64,2 cm hasta la cruz. La medición se realizó en Gainesville, Florida, EE.UU.

El salto más alto que ha dado un perro

El 14 de septiembre de 2017, *Feather*, una perra galga de dos años cuya dueña es Samantha Valle (EE.UU., ver página siguiente), protagonizó un salto de 191,7 cm en Frederick, Maryland, EE.UU. *Feather* batió el record de 172,2 cm, establecido en 2006 por *Cinderella May*, una galga de color gris.

El conejo con el pelaje más largo

Franchesca, una coneja de Angora inglesa cuya dueña es Betty Chu (EE.UU.), lucía un pelaje de 36,5 cm de largo tal y como se comprobó el 17 de agosto de 2014 en Morgan Hill, California, EE.UU. Para obtener esta cifra, se hizo una media con pelos de distintas longitudes del cuerpo de *Franchesca*.

El mayor número de dados apilados sobre la garra de un gato

El 18 de junio de 2017, *Bibi*, un gato doméstico de pelo corto, aguantó una torre de 10 dados sobre una sola garra (en la imagen, con nueve). También puede sostener las 13 cartas de un mismo palo con una pata. Un vídeo de YouTube de *Bibi* en acción contaba con 37.250 visualizaciones a 9 de febrero de 2018. Vive con su dueña, Siew Lian Chui (Malasia), en Puchong, Selangor, Malasia.

El árbol rascador para gatos más alto

Diane Less (EE.UU.), de la protectora Angels for Animals, en Canfield, Ohio, EE.UU., creó un árbol rascador para gatos de 5,93 m de alto, como se verificó el 2 de diciembre de 2017. Usó desatascadores para montar su estructura, inspirada en los saguaros. El árbol tiene 35 ramas y está hecho de tubos de acero, madera contrachapada y césped artificial.

GATOS Y PERROS DE RÉCORD

◀ El perro vivo más alto

Freddy, cuya dueña es Claire Stoneman (R.U.), mide 1,035 m de alto, según se verificó el 13 de septiembre de 2016 en Leigh-on-Sea, Essex, R.U. Craig Glenday, editor jefe de GWR, y la veterinaria Emma Norris necesitaron casi un día entero (y un puñado de sus galletas favoritas con sabor a hígado) para medirlo. El más pequeño de una camada de 13, ya de cachorro ¡destrozó 26 sofás! Su comida favorita es el pollo asado.

◀ El perro vivo más pequeño

Milly es un chihuahua que mide 9,65 cm de alto, según se comprobó el 21 de febrero de 2013. Su dueña es Vanesa Semler, de Dorado, Puerto Rico. Cuando nació, el 1 de diciembre de 2011, *Milly* era tan pequeña que cabía en una cucharilla y debía ser alimentada con leche mediante un gotero. Le encanta que le hagan fotos y a veces saca su lengua diminuta ante la cámara.

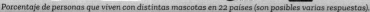

Tenencia de mascotas en el mundo*

33 % perro **23 %** gato **12 %** peces **6 %** pájaro **6 %** otras **43 %** no tienen mascota

Porcentaje de personas que viven con distintas mascotas en 22 países (son posibles varias respuestas).

*Fuente: GfK Global Studies

El perro que ha dado más brincos en un minuto

Geronimo, una hembra de dos años cruce de border collie y kelpie, logró dar 91 saltos con la ayuda de su dueña, Samantha Valle (EE.UU.), el 13 de mayo de 2012. Samantha, artista itinerante residente en Nueva York, adoptó a *Geronimo* de un centro de Missouri. La perra también sabe saltar con dos cuerdas y jugar al disco volador.

La saltarina *Jessica* es capaz de montarse en un caballo y de empujar un carrito de la compra. Junto a un terrier llamado *Jacob*, forman el grupo CrackerJacks.

El mayor número de saltos que han dado un perro y una persona juntos en un minuto (con una cuerda)

El 1 de diciembre de 2016, Rachael Grylls (R.U.) y su Jack Russell terrier *Jessica* saltaron 59 veces la cuerda en 60 s en Lewdown, Devon, R.U. La pareja, que han entrenado juntos desde que Jessica nació, suelen participar en espectáculos con animales. Estuvieron entrenando durante 15 min diarios con la esperanza de superar el récord, que era de 58. Cuando lo batieron por un solo salto, *Jessica* obtuvo como recompensa «salchichas y muchos abrazos».

▶ El gato doméstico vivo más bajo

Lilieput es una gata de raza Munchkin que mide 13,34 cm del suelo a los hombros, tal y como se comprobó el 19 de julio de 2013. Era una gata callejera hasta que la encontró y adoptó Christel Young, de Napa, California, EE.UU. En agosto de 2014, sobrevivió al terremoto que sacudió el sur de Napa.

El perro más largo de todos los tiempos

En septiembre de 1987, *Aicama Zorba de La-Susa*, un viejo mastín inglés cuyo dueño era Chris Eraclides, de Londres, R.U., medía 254,4 cm desde el hocico hasta la cola. Conocido como *Zorba*, medía 94 cm hasta el hombro, y en noviembre de 1989 alcanzó un peso máximo de 155,5 kg, ¡aproximadamente lo que pesan cinco dálmatas!

▶ El gato doméstico más largo de todos los tiempos

Mymains Stewart Gilligan, un gato de raza Maine Coon conocido como *Stewie*, medía 123 cm de largo, según se comprobó el 28 de agosto de 2010. *Stewie*, cuyos dueños eran Robin Hendrickson y Eric Brandsness (EE.UU), se empleaba para hacer terapia con ancianos. Murió en enero de 2013.

RECOPILATORIO

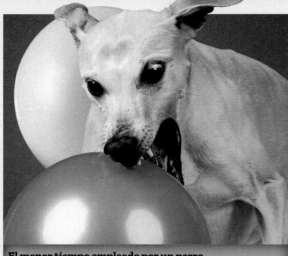

El menor tiempo empleado por un perro en reventar 100 globos

El 9 de abril de 2017, *Loughren Christmas Star*, alias de *Toby*, reventó 100 globos con sus dientes y garras en 28,22 s en Calgary, Alberta, Canadá. Este whippet, propiedad de Christie Springs (Canadá), celebró su noveno aniversario con un nuevo título GWR.

El babuino moderno más antiguo

Un equipo de investigadores del Evolutionary Studies Institute de la Universidad de Wits encontró un cráneo parcial fosilizado de un espécimen de babuino de hace 2,02-2,36 millones de años, en Malapa, cerca de Johannesburgo, Sudáfrica. Se creyó que pertenecía a la actual especie conocida como hamadríade o

papión sagrado (*Papio hamadryas*). La investigación se publicó formalmente en agosto de 2015.

El orden de insectos más reciente

Descrito y nombrado formalmente en 2017, el orden Aethiocarenodea contiene una única especie, extinta hace mucho tiempo: *Aethiocarenus burmanicus*. Ésta se conoce por un diminuto espécimen de hace casi 100 millones de años incrustado en una muestra de ámbar hallada en el Valle de Hukawng, Birmania. Su inusual cabeza triangular, que recuerda a la de E.T., se inserta en el tórax por el vértice opuesto al lado más largo, en lugar de estar unida al cuello.

El ejemplo más temprano de cuidado de la cría

El cuidado de la cría consiste en que un animal procure por el bienestar de su descendencia en vez de dejar que se valgan por sí mismos. En 2015 se descubrieron cinco especímenes de hembra de un pariente arcaico de los camarones y otros crustáceos, el *Waptia fieldensis*, en el yacimiento de fósiles de Burgess Shale, Canadá. En cada uno se encontraron nidadas de 24 huevos, introducidos en su caparazón. Éstos contenían embriones y eran relativamente grandes, de 2 mm como mínimo, más

El taliáceo más grande

Un miembro de la clase Thaliacea de filtradores que flotan libremente, el pyrosoma (*Pyrostremma spinosum*), es en realidad una colonia compuesta por miles de pequeños organismos individuales, lo zooides. Éstos conviven como un «superorganismo», un tubo hueco que puede medir entre 20 y 30 m de longitud y más de 1 m de ancho.

El manatí en cautividad más longevo (de todos los tiempos)

Nacido el 21 de julio de 1948, el manatí *Snooty* se convirtió en la atracción principal del Museo del Sur de Florida, en Bradenton, Florida, EE.UU. *Baby Snoots*, trasladado allí en 1949, llegó a saludar a más de un millón de visitantes y en 1979 fue nombrado mascota oficial del condado de Manatee. Falleció el 23 de julio de 2017, a los 69 años y 2 días.

o menos una cuadragésima parte de la longitud de la madre (80 mm). Se trata de un ejemplo de selección K, un tipo específico de estrategia de reproducción en la que un animal sólo produce un pequeño número de crías pero las cuida durante un largo período de tiempo. Los *Waptia fieldensis*, que existieron hace aproximadamente 508 millones de años, durante el Cámbrico medio, son los primeros progenitores cuidadores de los que se tiene constancia.

El murciélago más carnívoro

El depredador *Necromantis adhicaster*, una gran especie prehistórica conocida a partir de restos fósiles obtenidos en las fosforitas de Quercy, Francia, se remonta aproximadamente a hace 40 millones de años. Presentaba unas muelas carniceras inéditas entre los murciélagos de cualquier época: sus dientes superiores e inferiores emparejados estaban modificados para que los bordes, agrandados y a menudo autoafilados, encajaran de manera que pudiera cortar la carne con facilidad. Sólo los mamíferos realmente carnívoros poseen este tipo de molares. Actualmente se desconoce si este animal mataba y devoraba presas vivas o si sólo se alimentaba de cadáveres.

La mayor población de camellos en libertad

Australia cuenta con la mayor población de camellos en libertad que, en 2013, rondaba los 300.000 ejemplares, con un crecimiento alrededor del 10 % anual. Son descendientes de camellos importados como medio de transporte para el desierto desde la década de 1840 hasta principios de la de 1900. Después, o fueron liberados o escaparon.

Un tigre siberiano puede pasar días sin ingerir nada, por lo que es capaz de comer unos 45 kg de carne de una sentada (¡medio canguro!).

El carnívoro felino más grande

El tigre siberiano macho (*Panthera tigris altaica*) mide 3,15 m desde la nariz hasta la cola y entre 99 y 107 cm hasta la cruz, y pesa unos 256 kg. Este carnívoro gigante, que vaga por los bosques de abedules del este de Rusia y por zonas de China y Corea del Norte, come ciervos, alces, jabalíes ¡e incluso osos! Actualmente, existen más de 550 ejemplares (una aumento considerable tras los apenas 20-30 que quedaban en la década de 1930).

El gusano tricládido más grande

Un espécimen adulto de gusano plano (*Rimacephalus arecepta*) puede medir 60 cm de longitud. Originario del lago Baikal, en Rusia (con 1.637 m, el **lago más profundo**), este gusano se alimenta de peces muertos y moribundos que encuentra en las aguas heladas.

El ave del paraíso más larga

Los especímenes de macho adulto del pico corvo negro (*Epimachus fastosus*) miden hasta 110 cm de longitud. Esta ave, originaria de los bosques de la isla de Nueva Guinea, es una de las diferentes especies íntimamente emparentadas de pico corvo. Como la mayoría de aves del paraíso, la hembra adulta es menor que el macho y su plumaje es menos vistoso.

El animal más mortífero

Por la cantidad de muertes humanas (entre 725.000 y 1 millón al año) causadas por las enfermedades que transmiten, los mosquitos *Anopheles* son de largo los animales más letales de la Tierra. Estos insectos son vectores (portadores/transmisores) de varios parásitos, que nos transmiten al alimentarse de nuestra sangre. El más peligroso de dichos parásitos pertenece al género *Plasmodium* y causa paludismo.

La mariposa cola de golondrina más rara

La rosa de Sri Lanka (*Pachliopta* o *Atrophaneura jophon*) es la única especie de mariposa cola de golondrina clasificada «en peligro crítico de extinción» por la UICN. Su comprometida situación se debe a la destrucción de su hábitat, y aunque actualmente no se ha confirmado su número exacto de especímenes, todavía existe en las selvas tropicales de la región montañosa central del sudoeste de Sri Lanka.

La grulla más rara

Existen unos 3.000 ejemplares de grulla siberiana (*Leucogeranus leucogeranus*), clasificada «en peligro crítico de extinción» por la UICN. Quedan dos poblaciones: una en la tundra ártica de Rusia oriental, y la otra en la tundra ártica de Rusia occidental (de la que sólo sobreviven unas 10). En invierno la población del este emigra a China y la del oeste, a Irán.

El equinodermo más pequeño

Un ejemplar del filo de los equinodermos de los invertebrados marinos, el pepino de mar o holoturia (*Psammothuria ganapatii*), mide como máximo 4 mm de largo. Es tan pequeño que vive entre granos de arena en la costa de Waltair de la India. Hasta mayo de 1968, no fue descrito por la ciencia. Es tan diferente de otras especies de pepinos de mar, que constituye un género propio.

El perro con la lengua más larga (actual)

Mochi, una hembra de san Bernardo que vive en Sioux Falls, Dakota del Sur, EE.UU., tiene una lengua de 18,58 cm de largo, medida el 25 de agosto de 2016. Fue rescatada por sus propietarios, Carla y Craig Rickert (EE.UU.), cuando tenía dos años. La lengua de *Mochi* se midió en una clínica veterinaria bajo anestesia odontológica.

Wild Things

Sumérgete en *Wild Things* de GWR y rastrea la fauna más extraña y maravillosa de los libros de los récords: desde murciélagos chupasangre hasta ranas temibles o los «verdaderos» angry birds…

En 2015 April Gould concursó en el programa de televisión *American Ninja Warrior*. Fue apodada la *Susurradora de cabras*.

El menor tiempo empleado por una cabra en pasar sobre un puente humano

El 30 de junio de 2017, la cabra *Ninja* recorrió en 9,40 s las espaldas de 25 personas que formaban un puente humano, en Gilbert, Arizona, EE.UU. *Ninja* vive con su propietaria, April Gould (EE.UU.), una exesquiadora acuática que cría cabras y las entrena como acróbatas para sus clases de «yoga cabra».

EL SATURNO V

Si se hubiera producido algún fallo durante el lanzamiento, el sistema de escape habría desprendido el módulo de mando y servicio (ubicado justo debajo) para mantenerlo a salvo.

La **segunda fase** es por cinco motores R que usaban hidróge líquidos como comb El objetivo era que la nave hasta c terrestre.

En julio de 1969, los seres humanos pisaron la Luna por primera vez, como parte de la misión *Apolo 11* de la NASA. El *Apolo 11* fue impulsado por el cohete *Saturno V*, que resultó tan exitoso que se usó ese mismo diseño para todas las misiones *Apolo* que siguieron, la última de las cuales (*Apolo 17*) tuvo lugar en diciembre de 1972. El *Saturno V* se empleó también en el lanzamiento de *Skylab*, la primera estación espacial estadounidense, en 1973.

La **tercera fase** tenía un cohete que debía poner al *Apolo* en la órbita terrestre. Luego, volvía a ponerse en marcha y propulsaba la nave hasta una velocidad de escape de unos 10,4 km/s en dirección a la Luna.

El *Saturno V* es el **cohete más grande**: medía 110,6 m de altura (casi como la catedral de San Pablo de Londres, R.U.) y pesaba 2.965 toneladas con los depósitos de combustible llenos. Tenía una fuerza de despegue de 33.803 kN y podía enviar unos 118.000 kg a órbita terrestre baja en unos 12 minutos (la **mayor capacidad de carga de un cohete de toda la historia**). Lo desarrolló un equipo liderado por el ingeniero alemán Wernher von Braun, que también había diseñado el cohete *Júpiter-C*, encargado de poner en órbita el primer satélite espacial estadounidense en 1958. Aunque los trabajos se iniciaron en 1961, el primer *Saturno V* no se lanzó hasta el 9 de noviembre de 1967 con la misión *Apolo 4*. Hoy en día, el coste del proyecto sería de unos 73.000 millones de dólares.

1 **2** **3** **4** **5** **6** **7**

1. APOLO 11, DE LA TIERRA A LA LUNA

1. El despegue tiene lugar el 16 de julio de 1963 a las 9:32 EDT (horario del este de Norteamérica).

2. El *Saturno V* tiene tres secciones, o «fases», principales. Unos 2 min y 41 s tras el despegue y a una altitud de 67 km, los motores se apagan y la fase uno se desprende. Los motores de la segunda fase se ponen en marcha a los 2 min y 44 s. Unos 33 s más tarde, el sistema de escape que corona el cohete es desechado.

3. Hacia los 9 min, se desprende la segunda fase y el motor J-2 de la tercera fase se pone en marcha. Se apaga a los 11 min y 39 s del inicio de la misión, cuando la nave ya está en la órbita terrestre, pero se vuelve a encender hacia las 2 h y 44 min, para propulsar la nave fuera de la órbita en dirección a la Luna.

4-6. Tras unas 4 h y 17 min de vuelo, el módulo de mando y servicio *Columbia* se separa de la tercera fase, gira 180°, se acopla al módulo lunar *Eagle* y lo separa de la tercera fase.

7. Unas 100 h y 12 min tras el inicio de la misión, el módulo lunar se separa del *Columbia*, entra en la órbita lunar y desciende hasta la superficie de la Luna, donde aterriza el 20 de julio de 1969 a las 16:17 EDT.

2. SOBRE LA LUNA

El módulo lunar comprende dos secciones. La fase superior, de
«ascenso», alberga a la tripulación en un compartimento presurizado
y distintos motores controlan su movimiento. La fase inferior, de
«descenso», tiene un motor central y contiene material para explorar
la superficie lunar. La fase inferior permanece en la Luna cuando los
astronautas despegan en la fase de «ascenso», que se acopla de nuevo
al módulo *Columbia* de mando y servicio en la órbita lunar.

CIFRAS DE RÉCORD

La primera fase del *Saturno V* estaba
propulsada por cinco motores
Rocketdyne F-1, los **motores de
cámara única y con propelente
líquido más potentes**. Cada
uno tenía una fuerza de empuje
de 6.770 kN. Esta primera fase
duró unos 2 min y 30 s y necesitó
770.000 litros de queroseno y
1.204.000 litros de oxígeno líquido.
Para ponerlo en perspectiva, se
necesitan 3.272 litros de combustible
para hacer despegar
un Boeing-747.

El emblema de la NASA para
la misión *Apolo 11* contenía
un águila calva (el ave
nacional estadounidense)
y una rama de olivo como
símbolo de las intenciones
pacíficas de la misión.

La **primera fase**
se desechó cuando los
motores F-1 se apagaron
a una altitud de 67 km.

3. LA VUELTA A CASA

1. Mientras el astronauta Michael Collins permanece en el *Columbia*, sus colegas
Buzz Aldrin y Neil Armstrong realizan experimentos sobre la superficie lunar.
2. El *Eagle* despega de la Luna a las 124 h y 22 min del inicio de la misión.
3-4. Casi 4 h más tarde, se acopla al *Columbia*, al que pasan Aldrin y
Armstrong. El *Eagle* es desechado unas 2 h después.
5. Antes de entrar en la atmósfera terrestre, el módulo de comando
Columbia se desprende del módulo de servicio (que transporta el oxígeno,
agua y electricidad para el módulo de comando, además del motor que lo ha
propulsado hacia y desde la Luna).
6-7: El módulo de comando entra en la atmósfera de la Tierra.
Se abren los paracaídas y cae en el océano Pacífico sobre las
00:50 EDT del 24 de julio de 1969.

Cinco motores Rocketdyne F-1
(ver «Cifras de récord»).

1 **2** **3** **4** **5** **6** **7**

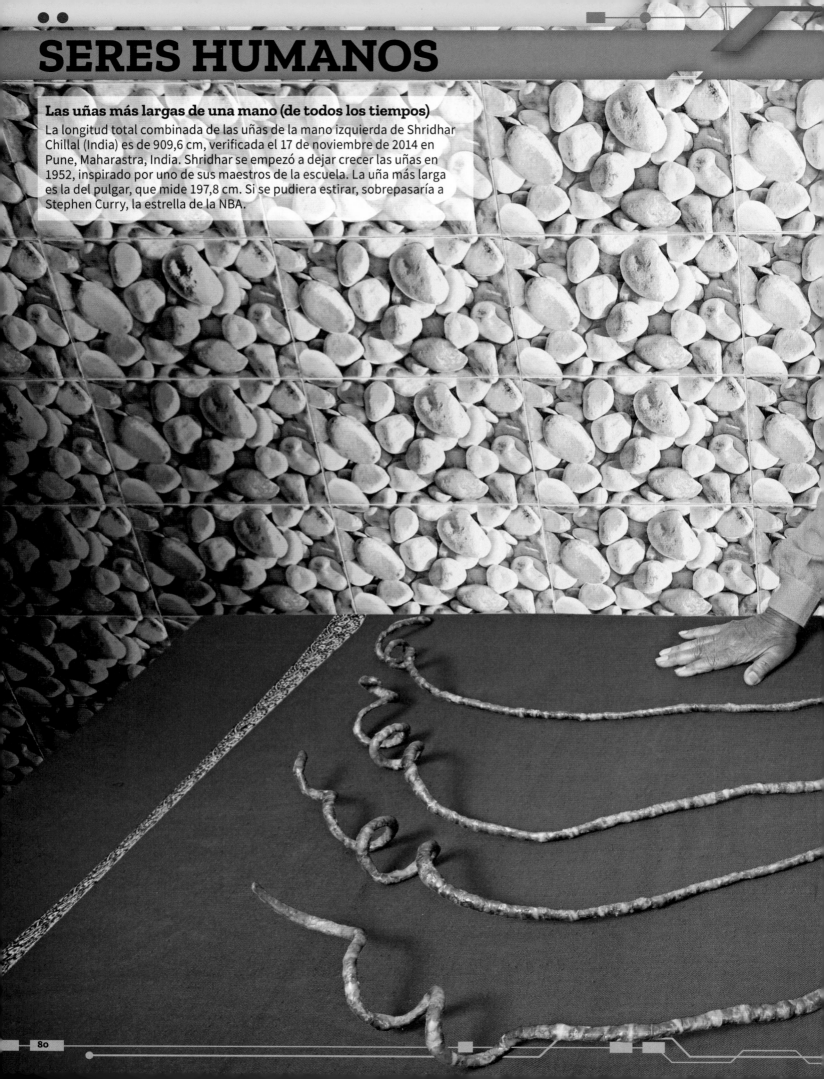

Las uñas más largas de una mano (de todos los tiempos)

La longitud total combinada de las uñas de la mano izquierda de Shridhar Chillal (India) es de 909,6 cm, verificada el 17 de noviembre de 2014 en Pune, Maharastra, India. Shridhar se empezó a dejar crecer las uñas en 1952, inspirado por uno de sus maestros de la escuela. La uña más larga es la del pulgar, que mide 197,8 cm. Si se pudiera estirar, sobrepasaría a Stephen Curry, la estrella de la NBA.

GUINNESS WORLD RECORDS

Las uñas de Shridhar se van debilitando con el tiempo, por lo que medirlas con precisión es un proceso muy delicado. Los jueces del GWR determinaron la longitud de las uñas con un cordel y luego midieron el cordel con un metro convencional.

LOS MÁS PESADOS

La historia de los humanos más pesados es a veces turbulenta y trágica, pero también puede ser alentadora. Estas personas se enfrentan a una lucha constante, tanto por su volumen extremo y sus cinturas enormes, como por los graves problemas de salud que su peso les acarrea.

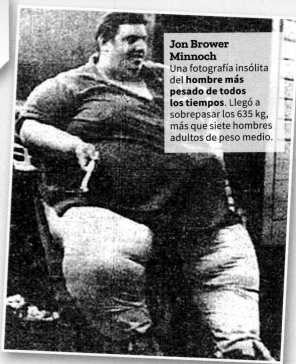

Jon Brower Minnoch
Una fotografía insólita del **hombre más pesado de todos los tiempos**. Llegó a sobrepasar los 635 kg, más que siete hombres adultos de peso medio.

N o hay mucha competencia en la categoría del humano más pesado. Son pocas las personas que desean dar a conocer su obesidad mórbida, aunque de vez en cuando sale a la luz la historia de alguien que pide ayuda porque su vida corre peligro debido a su alarmante estado de salud. Es el caso del hombre que hoy en día se considera el **ser humano más pesado** del planeta: Juan Pedro Franco Salas, de la ciudad de Aguascalientes, en el centro de México. En noviembre de 2016, fue noticia en todo el mundo cuando fue hospitalizado para recibir un tratamiento que debía salvarle la vida. Aunque su peso solía ser de unos 500 kg, superó todos los récords al llegar a los 594,8 kg.

Antes que Juan Pedro, el hombre más pesado fue el también mexicano Manuel *Meme* Uribe Garza, de Monterrey, que en enero de 2006 alcanzó los 560 kg, un peso superior al de seis hombres de peso medio. *Meme* hizo una aparición en televisión para solicitar ayuda y logró bajar hasta los 381 kg siguiendo el consejo de dietistas profesionales. En mayo de 2014, Manuel fue hospitalizado por una arritmia cardíaca e insuficiencia hepática y murió tres semanas después, a los 48 años.

Otro caso destacado reciente es el de Michael Hebranko (EE.UU., 1953-2013), que padeció obesidad mórbida durante toda su vida y que en 1999 alcanzó su peso máximo: 499 kg. Se tuvo que derrumbar una pared de su casa para poder trasladarlo al hospital y se empleó una eslinga para ballenas para tumbarlo en la cama. Por otro lado, T. J. Albert Jackson (EE.UU., 1941-1988) llegó a los 404 kg. *Fat Albert*, como era conocido, tenía una anchura de pecho de 305 cm, una cintura de 294 cm y un contorno de cuello de 75 cm.

El **hombre más pesado de todos los tiempos** fue Jon Brower Minnoch (EE.UU.), que sufrió obesidad desde la niñez. En septiembre de 1976, medía 185 cm y pesaba 442 kg. Sin embargo, tan sólo dos años después, en marzo de 1978, ingresó en el Hospital Universitario de Seattle, EE.UU., donde el doctor Robert Schwartz, especialista en endocrinología, calculó que rebasaba los 635 kg.

Su peso era debido, en parte, a la acumulación de agua provocada por una insuficiencia cardíaca congestiva. Para trasladar a Jon al hospital, se precisaron doce bomberos y una camilla improvisada para llevarlo desde su casa hasta un ferri. Cuando llegó al hospital, con un edema generalizado e insuficiencia cardíaca y respiratoria, se le acomodó en dos camas sujetas una con otra. Se necesitaron 13 personas para recostarlo de lado.

Tras casi dos años a base de una dieta de 1.200 calorías diarias, Jon fue dado de alta con 216 kg. En octubre de 1981, no obstante, tuvo que ingresar de nuevo tras haber engordado más de 89 kg. Cuando murió, el 10 de septiembre de 1983, el **ser humano más pesado de todos los tiempos** pesaba más de 362 kg.

Robert Earl Hughes
Este gigante estadounidense ostenta la **mayor medida de contorno de pecho**: 3,15 m. Murió en 1958.

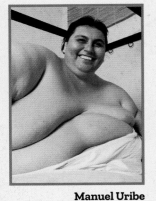

Manuel Uribe
Con un peso máximo de 560 kg, este mexicano fue el **hombre más pesado** desde 2006 hasta su muerte, en 2014.

Billy y Benny McCrary
Los **gemelos más pesados**: en noviembre de 1978, Billy pesaba 337 kg y Benny, 328 kg.

Billy y Benny McCrary (EE.UU.), los gemelos McGuire, fue un dúo de luchadores profesionales. Tenían una cintura de 2,13 m de ancho. Billy murió en 1979 en un accidente de moto, y Benny en 2001, por una insuficiencia cardíaca.

MAYORES ÍNDICES DE OBESIDAD (PAÍSES INDUSTRIALIZADOS)

PAÍS	CONTINENTE	PORCENTAJE
EE.UU.	Norteamérica	38,2
México	Norteamérica	32,4
Nueva Zelanda	Australia	30,7
Hungría	Europa	30
Australia	Australia	27,9

Fuente: informe Obesity Update 2017 de la OCDE.

MUJERES FUERA DE LO COMÚN

▶ **La mujer viva más pesada**
Pauline Potter (EE.UU.) pesaba 293,6 kg según se constató en julio de 2012 en Sacramento, California, EE.UU. Asocia sus problemas de peso a la escasez de comida que sufrió en su infancia. Tras un baipás gástrico, Pauline adelgazó casi 68 kg, pero aún sigue luchando contra su exceso de peso.

La mujer más pesada en dar a luz
Donna Simpson, de Nueva Jersey, EE.UU., pesaba 241 kg cuando tuvo a su hija Jacqueline en febrero de 2007. El parto tuvo lugar en el hospital de Akron, Ohio, EE.UU., y fue asistido por un equipo de 30 profesionales médicos. Jacqueline pesó 3,8 kg al nacer, una sesentava parte del peso de su madre.

Los cuatrillizos que pesaron más al nacer de todos los tiempos
El 7 de febrero de 1989, Tina Saunders (R.U.) dio a luz a dos niñas y a dos niños que pesaron un total de 10,4 kg en el hospital de St. Peter en Chertsey, Surrey, R.U.

El 18 de noviembre de 1914, Mary McDermott (R.U.) dio a luz a los **trillizos que pesaron más al nacer de todos los tiempos**, con un total de 10,9 kg.

El mayor índice de obesidad femenina
Según la Organización Mundial de la Salud, el 63,3 % de la población femenina de Nauru es clínicamente obesa. Le sigue las islas Cook, con el 59,2 %, y Palau, con el 58,8 %. Las islas Marshall y Tuvalu completan la nómina de los cinco primeros países, con el 57,3 % y el 56,2 %, respectivamente.

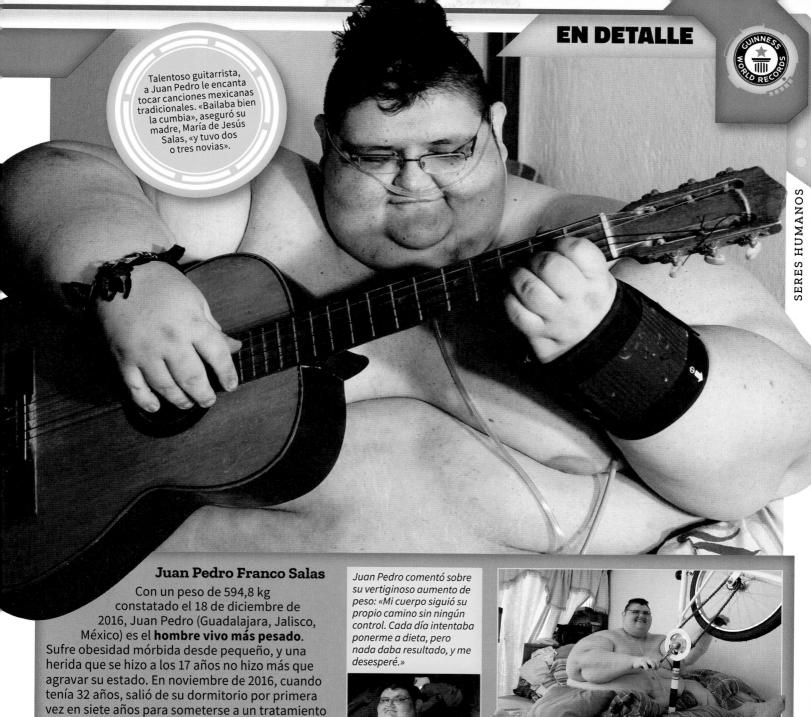

SERES HUMANOS

Talentoso guitarrista, a Juan Pedro le encanta tocar canciones mexicanas tradicionales. «Bailaba bien la cumbia», aseguró su madre, María de Jesús Salas, «y tuvo dos o tres novias».

Juan Pedro Franco Salas

Con un peso de 594,8 kg constatado el 18 de diciembre de 2016, Juan Pedro (Guadalajara, Jalisco, México) es el **hombre vivo más pesado**. Sufre obesidad mórbida desde pequeño, y una herida que se hizo a los 17 años no hizo más que agravar su estado. En noviembre de 2016, cuando tenía 32 años, salió de su dormitorio por primera vez en siete años para someterse a un tratamiento hospitalario que debía salvarle la vida. Se le diagnosticó diabetes tipo 2, disfunción tiroidea, hipertensión y edema pulmonar.

En mayo de 2017, Juan Pedro ya había perdido 170 kg (el peso de dos canguros) y se le pudo practicar un baipás gástrico, con la esperanza de que la operación le ayudara a perder la mitad de su peso.

Juan Pedro comentó sobre su vertiginoso aumento de peso: «Mi cuerpo siguió su propio camino sin ningún control. Cada día intentaba ponerme a dieta, pero nada daba resultado, y me desesperé.»

Tras su baipás gástrico, Juan Pedro ha cambiado los hábitos alimentarios y ha iniciado una nueva rutina de ejercicios. Ya ha perdido un tercio de su peso y, ayudado por un equipo de 30 profesionales de la salud, espera perder aún más: ¡hasta 120 kg!

La participante más pesada de Ms. Olympia

Nicole Bass (EE.UU.) pesaba 92,5 kg cuando participó en este concurso internacional de culturismo en 1997. Bass fue una culturista y luchadora profesional que destacó en la WWF (ahora WWE) a finales de la década de 1990. Además, con sus 188 cm, también fue la concursante más alta de Ms. Olympia. Murió en febrero de 2017.

◄ La mujer más pesada de todos los tiempos

Se cree que en enero de 1987, Rosalie Bradford (EE.UU.) alcanzó su peso máximo: 544 kg. En agosto de ese mismo año, tuvo que ser ingresada de urgencia en el hospital por una insuficiencia cardíaca congestiva. Gracias a la combinación de una dieta muy controlada y ejercicios varios, como dar palmadas, logró adelgazar hasta los 128 kg que pesaba en febrero de 1994. Retomó los estudios superiores y viajó por EE.UU. para impartir charlas motivacionales en seminarios para adelgazar. A pesar de su éxito para controlar su peso, fue un problema que perduró durante toda su vida. Finalmente, el 29 de noviembre de 2006, murió a los 63 años por unas complicaciones asociadas a su obesidad.

La deportista más pesada

El 15 de diciembre de 2011, la luchadora de sumo Sharran Alexander (R.U.) pesaba 203,2 kg. Se inició en este deporte a los 40 años, cuando participó en el campeonato mundial de sumo tras haber ganado un *reality show* en 2006. Sharran siguió compitiendo por todo el mundo; ganó cuatro medallas de oro y logró el grado de segundo Kyū.

EL TAMAÑO IMPORTA

El adolescente más alto de todos los tiempos

A los 17 años, Robert Wadlow (EE.UU., 1918-1940) ya medía 245 cm. En la página 85 encontrarás más información sobre este hombre extraordinario.

La **adolescente más alta de todos los tiempos** es Anna Haining Swan (Canadá, 1846-1888), quien alcanzó una estatua máxima de 241,3 cm cuando tenía 17 años. El 17 de junio de 1871, Anna se casó con Martin van Buren Bates, que medía 236,22 cm (ver también la pág. 90).

El adolescente con las manos más grandes

La mano derecha de Mathu-Andrew Budge (R.U., nacido el 28 de diciembre de 2001) mide 22,5 cm desde la muñeca hasta la punta del dedo corazón, mientras que su mano izquierda mide 22,2 cm. La medición se realizó el 13 de febrero de 2018 en Londres, R.U., cuando tenía 16 años y 47 días.

Mathu-Andrew es también el **adolescente con los pies más grandes (hombres)**. Su pie izquierdo mide 32,95 cm de largo, y el derecho, 32,85 cm. Calza un 53,5.

LOS MÁS BAJOS

El hombre más bajo de todos los tiempos

El 26 de febrero de 2012, Chandra Bahadur Dangi (Nepal, 1939-2015) medía 54,6 cm de altura, tal y como se constató en Lainchaur, Katmandú, Nepal. A su vez, Chandra pesó 14,5 kg y aseguró tener 72 años.

La mujer más baja de todos los tiempos

Pauline Musters (Países Bajos, conocida como la *Princesa Pauline*) nació el 26 de febrero de 1876 y midió unos 30 cm al nacer. Murió de una neumonía meningocócica en la ciudad de Nueva York, EE.UU., el 1 de marzo de 1895. La autopsia reveló que medía exactamente 61 cm.

El matrimonio más alto

Sun Mingming y su esposa Xu Yan (ambos de China) miden 236,17 cm y 187,3 cm, respectivamente. El 14 de noviembre de 2013 fueron medidos en Pekín, China, y su estatura combinada era de 423,47 cm. Se casaron en Pekín el 4 de agosto de ese mismo año.

El matrimonio más bajo

Paulo Gabriel da Silva Barros y Katyucia Lie Hoshino (ambos de Brasil), que se casaron el 17 de septiembre de 2016, tienen una estatura combinada de 181,41 cm. Paulo mide 90,28 cm y Katyucia, 91,13 cm, tal como se verificó el 3 de noviembre de 2016 en Itapeya, São Paulo, Brasil.

Las personas más bajas

Jyoti Amge (India, arriba a la izquierda) medía 62,8 cm cuando se tomó su estatura el 16 de diciembre de 2011 en Nagpur, India, lo que la convirtió en la **mujer viva más baja**.

El **hombre vivo más bajo** es Khagendra Thapa Magar (Nepal, arriba a la derecha), que mide 67,08 cm, tal como se confirmó el 14 de octubre de 2010 en el Fewa City Hospital de Pokhara, Nepal.

Madge Bester (Sudáfrica) mide tan sólo 65 cm, lo que la convierte en la **mujer viva sin movilidad más baja**. Padece osteogénesis imperfecta, o enfermedad de los huesos de cristal, y vive confinada en una silla de ruedas.

El **hombre vivo sin movilidad más bajo** es Junrey Balawing (Filipinas, izquierda), que mide 59,93 cm. Esta medición se realizó el 12 de junio de 2011 en el Sindangan Health Centre de Zamboanga del Norte, Filipinas.

Los gemelos más bajos de todos los tiempos

Béla y Matyus Matina (1903-1935 aprox.), de Budapest, Hungría, que más tarde se nacionalizaron estadounidenses, medían 76 cm cada uno. Aparecieron en *El mago de Oz* (EE.UU., 1939), donde interpretaron a Mike e Ike Rogers.

Las piernas más largas (mujeres)

Las piernas de la rusa Ekaterina Lisina miden 132,8 cm (pierna izquierda) y 132,2 cm (pierna derecha), desde el talón hasta la parte superior de la cadera. Esta longitud supera en más del doble la estatura de la **mujer más baja de todos los tiempos** (ver arriba a la izquierda). La medición se realizó el 13 de junio de 2017 en Penza, Rusia.

Ekaterina, con 205,16 cm de altura, es también la **modelo profesional más alta**, tal y como se constató el 20 de julio de 2017 en Labinsk, Rusia.

CUESTIÓN DE ALTURA

◀ El doble más bajo

Kiran Shah (R.U.) medía 126,3 cm el 20 de octubre de 2003. Ha trabajado desde 1976 en muchas películas que han sido éxitos de taquilla. Fue el doble de escala (para los planos largos de las escenas de acción) de Elijah Wood en la trilogía de *El Señor de los Anillos* (Nueva Zelanda/EE.UU., 2001-2003) y ha trabajado en tres de las recientes películas de *Star Wars*.

El espía más bajo

El espía más bajo del que se tiene constancia fue Richebourg (Francia, 1768-1858), quien, ya de adulto, medía 58 cm. La aristocracia lo contrató como agente secreto durante la Revolución francesa (1789-1799) para hacer de mensajero en París disfrazado de bebé. Una cómplice que hacía de enfermera lo sostenía bien arropado en sus brazos.

◀ El atleta más alto de los Juegos Paralímpicos (hombres)

Morteza Mehrzad Selakjani (Irán), que mide 246 cm, compitió como jugador de voleibol sentado en los Juegos Paralímpicos de Río de Janeiro 2016, Brasil, del 7 al 18 de septiembre. Padece acromegalia, una enfermedad causada por hiperactividad de la glándula pituitaria. Uno de los síntomas es el aumento de tamaño de las manos, pies y facciones.

Las nacionalidades más bajas
Según una encuesta publicada el 26 de julio de 2016 en el periódico *eLife*, las **mujeres más bajas** eran las de Guatemala, con una estatura media de 149,4 cm. Los **hombres más bajos** eran los de Timor Oriental, cuya estatura media era algo menos de 160 cm.

Altura media: 166 cm

Las nacionalidades más altas
En la misma fecha, *eLife* anunció que los **hombres más altos** eran los de los Países Bajos, cuya estatura media rebasaba los 182,5 cm. Las **mujeres más altas** eran las de Letonia, con una estatura media de más de 168 cm.

El hombre vivo más alto

Sultan Kösen (Turquía) medía 251 cm a fecha del 8 de febrero de 2011, según se verificó en Ankara, Turquía. El 26 de octubre de 2013 se hizo realidad su sueño: se casó con Merve Dibo, de 175 cm de estatura, en Mardin, Turquía.

También es la **persona viva con las manos más grandes**. Cada una de ellas mide 28,5 cm desde la muñeca hasta la punta del dedo corazón (según una medición del 8 de febrero de 2011).

La mujer viva más alta

Siddiqa Parveen (India) medía al menos 222,2 cm en diciembre de 2012. Su delicada salud, que le impide mantenerse en pie, es la causa por lo que ha sido imposible determinar su estatura exacta. De todas formas, el doctor Debashih Saha, del Fortis Hospital de Kolkata, India, que tomó sus medidas, calculó que su estatura mínima debería rondar los 233 cm.

El hombre más alto de todos los tiempos

Robert Pershing Waldlow (EE.UU., 1918-1940) medía 272 cm el 27 de julio de 1940. Sigue siendo el hombre más alto registrado por la historia médica, tal y como demuestran numerosas pruebas irrefutables.

La **mujer más alta de todos los tiempos**, Zeng Jinlian (China, 1964-1982), medía 246,3 cm cuando murió (13 de febrero de 1982).

*El 26 de enero de 2018, los visitantes del complejo de la gran pirámide de Giza, en El Cairo, Egipto, tuvieron la grata sorpresa de poder conocer al **hombre vivo más alto** y a la **mujer viva más baja**. La pareja de récord había sido invitada oficialmente por el Egyptian Tourism Promotion Board para visitar algunos de los lugares históricos más emblemáticos del país.*

Sultan es 76 cm más alto que Merve, aunque el **matrimonio con más diferencia de estatura** son Fabien y Natalie Pretou, de Francia: 94,5 cm.

◄ **El humorista más bajo**
Imaan Hadchiti (Líbano/Australia), que mide 102,5 cm, es un asiduo de la comedia en Australia y en R.U. desde 2015. Imaan y su hermana Rima son las únicas personas que se sabe que padecen el síndrome de Rima (una baja estatura pero con proporciones consideradas normales). Empezó su carrera a los 15 años al ganar el concurso para comediantes Class Clown en Australia.

El bailarín de ballet más alto
Fabrice Calmels (Francia) medía 199,73 cm, como se comprobó el 25 de septiembre de 2014 en Chicago, Illinois, EE.UU. Empezó a hacer ballet a los 3 años, y a los 11 ingresó en la Escuela de Ballet de la Ópera de París. En 2002 Fabrice entró en el Joffrey Ballet de Chicago y, al cabo de dos años, ya era uno de sus bailarines principales. Hoy en día sigue en la misma compañía.

◄ **El astronauta más alto**
Los astronautas estadounidenses retirados James Wetherbee (a la derecha, en la imagen) y James van Hoften miden cada uno 193 cm. Sin embargo, los astronautas crecen un poco cuando están en órbita. Aunque en la Tierra midieran lo mismo, Wetherbee (cuya misión más larga duró casi 14 días) debió de superar en el espacio a van Hoften (cuya misión más larga duró 6 días).

CUERPOS MODIFICADOS

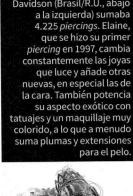

Más *piercings* en la lengua

Francesco Vacca (EE.UU.) tiene 20 piercings en la lengua, tal como pudo comprobarse en Invisibleself, un estudio de *piercing* y joyería ubicado en Lyndhurst, Nueva Jersey, EE.UU., el 5 de enero de 2017.

A 17 de febrero de 2012, Axel Rosales (Argentina) ostentaba el récord de **más *piercings* en la cara**, con 280.

El cuello más largo

La extensión máxima conocida de un cuello humano es de 40 cm. Esta práctica, que se realiza mediante la colocación sucesiva de aros de cobre, es común entre las mujeres de la tribu padaung, del pueblo karen de Myanmar, donde está considerada un signo de belleza. Con el tiempo, los cuellos se vuelven tan largos y débiles que no pueden soportar las cabezas de las mujeres sin la ayuda de los aros.

Los lóbulos de oreja más largos (estirados)

Monte Pierce (EE.UU.) puede estirarse los lóbulos de las orejas hasta alcanzar una longitud de 12,7 cm en el izquierdo y 11,43 cm en el derecho. En reposo, miden 2,54 cm.

Monte también ostenta el récord de **lanzamiento a más distancia de una moneda con la oreja**, establecido después de disparar una moneda estadounidense de diez centavos a 3,55 m de distancia en el plató de *Lo Show dei Record* en Madrid, España, el 16 de febrero de 2008.

La cintura más estrecha (actualidad)

Cathie Jung (EE.UU.) tiene una cintura que, encorsetada, mide 38,1 cm y sin corsé 53,34 cm. La fascinación de Cathie por la moda victoriana la llevó, con 38 años, a empezar a usar un cinturón de 15,24 cm de ancho para reducir gradualmente su cintura, que entonces medía 66 cm. Nunca ha recurrido a la cirugía para reducir su tamaño.

Más expansores en la cara

Joel Miggler (Alemania) tenía 11 expansores (joyas huecas con forma de tubo) en su cara, como pudo verificarse en Küssaberg, Alemania, el 27 de noviembre de 2014. Sus tamaños van desde los 3 mm hasta los 34 mm, aunque Joel planea aumentarlos aún más.

LOS PRIMEROS...

Antena implantada

En 2004 el artista nacido en Inglaterra Neil Harbisson se implantó una antena en la parte posterior del cráneo. Neil nació con una rara forma de daltonismo y no puede percibir ningún color excepto el blanco y el negro. La antena dispone de una cámara en su extremo que cuelga frente a los ojos de Harbisson y convierte el color, en forma de ondas de luz, en ondas sonoras que percibe como notas musicales. El espectro que ahora puede escuchar va desde notas bajas (rojo oscuro) hasta notas altas (morado). Harbisson usa este «ojo cíborg» en todo momento, e incluso aparece con él en la fotografía de su pasaporte, lo que lo convierte en el **primer cíborg oficialmente reconocido**.

Implantes de imanes sellados en los dedos

En 2005 Steve Haworth (EE.UU.) llevó a cabo el primer implante de imanes sellados en colaboración con el artista especializado

El hombre más tatuado

El artista de circo Lucky Diamond Rich (Australia, nacido en Nueva Zelanda) ha pasado más de 1.000 horas tatuándose y presume de haber cubierto con tatuajes más del 200% de su piel. Lucky tapó una primera capa de tatuajes de colores con otra de tinta negra sobre la que ahora añade tatuajes de color blanco.

en modificaciones corporales Jesse Jarrell y con Todd Huffman, estudiante de posgrado de la Universidad Estatal de Arizona. El implante, un imán de neodimio recubierto de oro y silicona para sellarlo y aislarlo del resto del cuerpo, fue colocado bajo la piel de uno de los dedos de Huffman. Un diseño similar es ahora una de las modificaciones tecnológicas del cuerpo más populares. Permite levantar con el dedo pequeños objetos metálicos, y también puede vibrar en presencia de campos magnéticos invisibles.

Más modificaciones corporales (matrimonio)

A 7 de julio de 2014, Victor Hugo Peralta (Uruguay) y su esposa Gabriela Peralta (Argentina) sumaban 84 modificaciones corporales, según se verificó en el plató de *Lo Show dei Record*, en Milán, Italia. Juntos suman 50 piercings, ocho microdérmicos, 14 implantes corporales, cinco implantes dentales, cuatro expansores de orejas, dos pernos de oreja y una lengua bífida.

TATUAJES INCREÍBLES

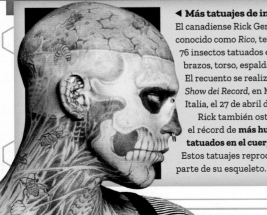

◀ Más tatuajes de insectos

El canadiense Rick Genest, conocido como *Rico*, tenía 76 insectos tatuados en sus brazos, torso, espalda y cabeza. El recuento se realizó en *Lo Show dei Record*, en Milán, Italia, el 27 de abril de 2011.

Rick también ostenta el récord de **más huesos tatuados en el cuerpo** (139). Estos tatuajes reproducen parte de su esqueleto.

Más tatuajes de calaveras

Charles *Chuck* Helmke (EE.UU.) tiene 376 calaveras tatuadas por todo el cuerpo. Las imágenes pueden aparecer en primer plano o como fondo y entre sombras. Helmke, que con una cobertura del 97,5 % es el **anciano más tatuado**, es la pareja de toda la vida de Charlotte Guttenberg, que también ostenta varios títulos GWR (ver derecha).

▶ Más tatuajes del mismo nombre

Mark Evans (R.U.) lleva el nombre de «Lucy» tatuado 267 veces en su piel, según se verificó el 25 de enero de 2017 en Wrexham, R.U. Dos tatuadores tardaron una hora en realizar una nueva versión del nombre en su espalda para celebrar el cumpleaños de su hija Lucy. Este intento de récord pretendía recaudar fondos para el hospital que asistía a Lucy en ese momento.

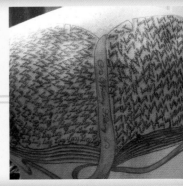

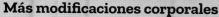

¿Qué es un cuerpo modificado?

Tatuajes: Antigua forma de decoración del cuerpo en la que unos motivos se plasman en la piel por medio de tinta inyectada.

Implantes: Inserciones debajo de la piel (por ejemplo, unos cuernos). Los transdérmicos se colocan tanto por encima como por debajo de la piel.

Piercings: Adornos insertados en el cuerpo. Los pendientes, los aros nasales y los *piercings* labiales son sólo el principio...

Divisiones: También conocidas como «bifurcaciones», consiste en dividir la lengua desde la punta hasta la base para darle un aspecto bífido.

Más modificaciones corporales

Rolf Buchholz (Alemania) tiene 516 modificaciones corporales, según se verificó el 16 de diciembre de 2012 en Dortmund, Alemania. Cuenta con un total de 481 *piercings*, 37 de los cuales se encuentran en sus cejas y 111 alrededor de su boca, dos implantes subdérmicos con forma de cuernos, una lengua bífida y cinco implantes magnéticos en las yemas de los dedos de su mano derecha. También tiene tatuada aproximadamente el 90 % de su piel. Rolf, que ejerce de asesor informático, lleva casi 20 años modificando su cuerpo. Se hizo su primer *piercing* y su primer tatuaje el mismo día, con 40 años.

Rolf se presentó a la sesión de fotos de GWR con un aspecto físico muy cambiado. En los últimos dos años ha corrido cuatro maratones y ha perdido alrededor de un tercio de su peso corporal.

Más modificaciones corporales (mujeres)
María José Cristerna (México) suma un total de 49 modificaciones corporales. Éstas incluyen una cobertura significativa de su cuerpo con tatuajes; una serie de implantes transdérmicos en su frente (incluidos unos cuernos de titanio), pecho y brazos; y múltiples perforaciones en sus cejas, labios, nariz, lengua, lóbulos de las orejas, ombligo y pezones. Esta exabogada es propietaria de un estudio de tatuajes y madre de cuatro hijos.

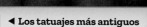
◄ Los tatuajes más antiguos
Los restos de un hombre momificado, bautizado como Ötzi, se descubrieron en 1991 en los Alpes italianos y tienen 61 tatuajes en varias partes del cuerpo. Se realizaron mediante cortes en la piel sobre los que se frotó polvo de carbón. Se cree que Ötzi murió hace unos 5.300 años. Probablemente fue asesinado por una punta de flecha encontrada en su espalda.

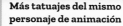
Más tatuajes del mismo personaje de animación
Lee Weir (Nueva Zelanda) tiene 41 tatuajes de Homer Simpson en su brazo izquierdo, tal como se comprobó en Auckland, Nueva Zelanda, el 5 de junio de 2014. Fan de *Los Simpson*, sus tatuajes incluyen al icónico personaje disfrazado de elefante, como bufón saltarín saliendo de una caja, como personificación de la muerte, como Hulk y como un dónut.

► La mujer más tatuada
Charlotte Guttenberg (EE.UU.) tiene tatuado el 98,75 % de su cuerpo, tal como pudo comprobarse en Melbourne, Florida, EE.UU., el 7 de noviembre de 2017. En esa fecha, Charlotte también ostentaba los récords de la **anciana más tatuada** y el de la **persona con más plumas tatuadas** (216). Sólo las palmas de sus manos, sus dedos y algunas partes de la cara están sin tatuar.

LOS MÁS LONGEVOS

La persona viva de más edad (hombres)

A 3 de mayo de 2018, Masazō Nonaka (Japón, nacido el 25 de julio de 1905) tenía 112 años y 282 días. Residente en Ashoro, Hokkaidō, Japón, es uno de los 67.800 japoneses centenarios. Masazō atribuye su longevidad a los baños en aguas termales (su familia es propietaria de un hotel balneario) y a la ingesta de dulces. El récord de la **persona viva de más edad** está pendiente de aprobar. Según el Grupo de Investigación Gerontológica (ver en la tabla de más abajo), la japonesa Chiyo Miyako (n. el 2 de mayo de 1901) tenía 117 años a 3 de mayo de 2018, y era la candidata más firme al cierre de la presente edición.

LA TRAYECTORIA PROFESIONAL MÁS LARGA COMO...

Piloto de carreras

A 29 de octubre de 2017, Alan Baillie (R.U., nacido el 17 de enero de 1937) atesoraba una carrera como piloto de carreras de 55 años y 135 días. El 16 de junio de 1962, participó en su primera carrera con un Austin-Healey en el Nottingham Sports Car Club con motivo del X Festival Anual de Carreras de Motor, celebrado en Silverstone, R.U. Desde entonces no ha dejado de correr.

Dibujante de cómics

Al Jaffee (EE.UU.) atesoraba una carrera 73 años y 3 meses desde que se publicaron sus primeras ilustraciones en *Joker Comics*, en diciembre de 1942, hasta la publicación del número de abril de la revista *MAD*, en abril de 2016.

Mecánico de aviones

A 17 de julio de 2017, Azriel *Al* Blackman (EE.UU., n. en agosto de 1925) había trabajado para American Airlines durante 75 años. En ese momento tenía 91 años y le quedaba un mes para su 92 cumpleaños.

LOS MÁS LONGEVOS...

Locutor de radio (vivo)

El 1 de mayo de 2018, Walter Bingham (Israel, nacido el 5 de enero de 1924) tenía 94 años y 116 días. Presenta dos programas, *Walter's World*, en Israel National News, y *The Walter Bingham File*, en Israel News Talk Radios, ambos retransmitidos desde Jerusalén.

Persona en lanzarse por una tirolina

El 6 de abril de 2018, Jack Reynolds (R.U., nacido el 6 de abril de 1912) celebró su 106 cumpleaños lanzándose por una tirolina de 347 m de largo situada a unos 50 m del suelo. La proeza tuvo lugar en el centro de aventuras Go Ape!, en Grizedale, Cumbria, R.U.

Persona (de todos los tiempos)

Jeanne Louise Calment es la persona más longeva de todos los tiempos, con 122 años y 164 días. Nació el 21 de febrero de 1875 en Arlés, Francia, y murió el 4 de agosto de 1997.

El **hombre más longevo de todos los tiempos** es Jiroemon Kimura (Japón, nacido el 19 de abril de 1897), que murió el 12 de junio de 2013 a los 116 años y 54 días.

La trapecista más longeva

El 1 de julio de 2017, la gimnasta aérea Betty Goedhart (EE.UU., nacida el 25 de octubre de 1932) tenía 84 años y 249 días, tal como se confirmó en San Diego, California, EE.UU. Entrena cuatro veces por semana en Trapeze High, en Escondido. Aunque de niña le encantaba ver a los trapecistas del circo, Betty no se animó a imitarlos hasta los 78 años.

La participante en concursos de bailes de salón más longeva

Tao Porchon-Lynch (Francia, nacida el 13 de agosto de 1918) seguía participando en concursos de bailes de salón a los 98 años y 302 días, como se confirmó el 11 de junio de 2017 en White Plains, Nueva York, EE.UU. Tao ha participado en competiciones de baile desde los 87 años. También es profesora de yoga, una disciplina milenaria que ha practicado durante 70 años.

Tao siempre ha declarado «No tener intención de hacerse mayor», y así lo atestigua su apasionante vida. A parte de bailar, ha sido actriz, modelo, crítica de vino, escritora y activista. ¡Marchó junto con Mahatma Ghandi dos veces!

LAS DIEZ PERSONAS VIVAS DE MÁS EDAD

NOMBRE	LUGAR DE RESIDENCIA	FECHA DE NACIMIENTO	EDAD
Chiyo Miyako (Japón)	Kanagawa, Japón	2 may 1901	117 años y 1 día
Giuseppina Projetto-Frau (Italia)	Florencia, Italia	30 may 1902	115 años y 338 días
Kane Tanaka (Japón)	Fukuoka, Japón	2 ene 1903	115 años y 121 días
Maria-Giuseppa Robucci-Nargiso (Italia)	Apricena, Italia	20 mar 1903	115 años y 44 días
Shimoe Akiyama (Japón)	Aichi, Japón	15 may 1903	114 años y 353 días
Delphine Gibson (EE.UU.)	Pensilvania, EE.UU.	17 ago 1903	114 años y 259 días
Lucile Randon (Francia)	Tolón, Francia	11 feb 1904	114 años y 81 días
Shin Matsushita (Japón)	Miyagi, Japón	30 mar 1904	114 años y 34 días
Tane Yonekura (Japón)	Kagoshima, Japón	2 may 1904	114 años y 1 día
Gabrielle Valentine des Robert (Francia)	Nantes, Francia	4 jun 1904	113 años y 333 días

Fuente: Grupo de Investigación Gerontológica y gerontology.wikia.com, a 3 de mayo de 2018

LOS MÁS LONGEVOS...

◄ Boxeador

Stephen *Steve* Ward (R.U., n. el 12 de agosto de 1956) tenía 60 años y 337 días cuando participó en un combate el 15 de julio de 2017 en Nottinghamshire, R.U. Fue el último enfrentamiento para Steve. Andreas Sidon, de Alemania, lo derrotó en el séptimo asalto de la primera competición para veteranos de peso pesado del WBC, y se retiró poco después.

▲ Piloto de combate en activo

El 1 de agosto de 2017, el capitán de escuadrón Phillip Frawley (Australia, n. el 8 de marzo de 1952) tenía 65 años y 146 días. Es piloto de combate e instructor de vuelo.

◄ Persona que ha cruzado América en bicicleta (mujeres)

El 23 de octubre de 2016, Lynnea C. Salvo (EE.UU.) tenía 67 años y 32 días cuando finalizó su viaje desde Oceanside, California, hasta Bethany Beach, Delaware, EE.UU. Esta profesora jubilada recorrió en bicicleta 5.090,35 km, con temperaturas de hasta 37,78 °C. Su proeza pretendía recaudar fondos para una organización benéfica que ayuda a enfermos mentales.

Supercentenarios por países
A 3 de mayo de 2018, había 37 personas vivas de 112 años o más, según el Grupo de Investigación Gerontológica. Se reparten entre las siguientes nacionalidades:

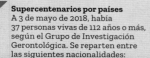

Japón 17	EE.UU. 6	Italia 6	Francia 3	R.U. 2	Canadá 1	Países Bajos 1	Australia 1

El hombre más longevo que ha saltado en paracaídas en tándem

El 14 de mayo de 2017, Bryson William Verdun Hayes (R.U., n. el 6 de abril de 1916) protagonizó un salto en paracaídas desde 4.572 m de altura a los 101 años y 38 días. En la imagen, con traje amarillo, aparece junto al instructor Jason Farrant. El logro tuvo lugar en el aeródromo de Dunkeswell, de Honiton, Devon, R.U. Verdun saltó por primera vez en paracaídas en tándem a los 100 años.

La **mujer más longeva que ha saltado en paracaídas en tándem** fue Estrid Geertsen (Dinamarca, 1 de agosto de 1904-25 de junio de 2012). El 30 de septiembre de 2004, cuando tenía 100 años y 60 días, se lanzó en paracaídas desde una altitud de 4.000 m en Roskilde, Dinamarca.

Verdun es un veterano de la Segunda Guerra Mundial y antiguo miembro del Royal Corps of Signals. Diez miembros de su familia saltaron con él. Recaudaron fondos para la Legión Real Británica.

La persona de más edad en hacer parapente (hombres)

El 22 de julio de 2017, Janusz Orłowski (Polonia, nacido el 14 de enero de 1926) saltó en parapente a los 91 años y 189 días en Brzeska Wola, Polonia. Janusk, conocido como *Praszczur* «Abuelo», voló en solitario durante 12 minutos, a una altitud máxima de 332 m.

▼ **Matrimonio en hacer submarinismo (edad combinada)**

Philip (n. 1 de jul 1931) y Grace Hampton (n. 12 de ago 1931; ambos de EE.UU) sumaban 171 años y 329 días el 4 de julio de 2017 en las Islas Caimán.

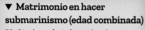

▲ **Piloto de helicóptero en solitario**

El 14 de septiembre de 2017, David Marks (R.U., n. el 5 de agosto de 1930) voló entre Northampton Sywell y Fenland, R.U., a los 87 años y 40 días.

▼ **Submarinista**

El 28 de agosto de 2017, Wallace Raymond Woolley (R.U., n. el 28 de agosto de 1923) completó una inmersión hasta el naufragado *Zenobia* en la bahía de Larnaca, Chipre, a los 94 años.

◄ **Jugador de hockey sobre hielo**

El 20 de julio de 2017, Mark Sertich (EE.UU., n. el 18 de julio de 1921) tenía 96 años y 2 días cuando compitió en el Torneo Mundial de Hockey para Veteranos de Snoopy, celebrado en Santa Rosa, California. A fecha de abril de 2018, seguía patinando sobre hielo cada semana. Mark ha practicado este deporte durante 85 años, pero no se lo tomó realmente en serio hasta los 80 años.

ASUNTOS DE FAMILIA

El bebé más pesado
La mujer gigante Anna Bates (de soltera, Swan, Canadá) llegó a medir 241,3 cm de alto. El 19 de enero de 1879, dio a luz a un niño que pesaba 9,98 kg en su casa de Seville, Ohio, EE.UU. El niño, además, midió 71,12 cm, por lo que es el **bebé de mayor longitud** que se ha registrado de todos los tiempos.

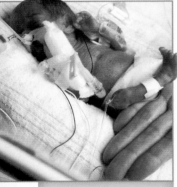

El bebé menos pesado
Rumaisa Rahman pesó 260 g cuando nació prematuramente el 19 de septiembre de 2004 en Maywood, Illinois, EE.UU. El **bebé de menor longitud** fue Nisa Juárez, que midió 24 cm cuando nació prematuramente el 20 de julio de 2002 en Minneapolis, Minnesota, EE.UU.

La mujer de más edad en concebir un bebé de forma natural
El 20 de agosto de 1997, Dawn Brooke (R.U.) dio a luz a un niño en un parto por cesárea a la edad de 59 años. Lo concibió involuntariamente, sin ayuda de tratamientos de fertilidad.

El progenitor adoptivo de más edad
Muriel Banks Clayton (EE.UU., nacida el 22 de julio de 1922) tenía 92 años y 322 días cuando adoptó oficialmente a Mary Banks Smith (EE.UU.) en Dallas, Texas, EE.UU., el 9 de junio de 2015.

Mary tenía 76 años y 96 días en aquel momento, lo que, a su vez, la convirtió en la **persona de más edad en ser adoptada oficialmente**.

La mayor cantidad de generaciones vivas (de todos los tiempos)
El máximo número de generaciones que han estado vivas a la vez de una misma familia es siete. Cuando nació su tatara-tatara-tataranieto el 21 de enero de 1989, Augusta Bunge (EE.UU.) tenía 109 años y 97 días, por lo que fue la **tatara-tatara-tatarabuela más joven**. Por entonces también vivían su hija (de 89 años), su nieta (de 70), su bisnieta (de 52), su tataranieta (de 33) y su tatara-tarataranieta (de 15).

La mayor reunión familiar
El 12 de agosto de 2012, un total de 4.514 miembros de la familia Porteau-Boilev se reunió en Saint-Paul-Mont-Penit, en la Vandea, Francia.

LOS PRIMEROS...

Madre e hija supercentenarias
Un supercentenario es una persona que ha superado los 110 años (ver páginas 88-89). Mary P. Romero Zielke Cota (EE.UU., nacida en 1870) murió en 1982 a la edad de 112 años y 17 días. Su hija, Rosabell Zielke Champion Fenstermaker (EE.UU., nacida en 1893) tuvo una vida casi igual de longeva, pues falleció en 2005 a los 111 años y 344 días.

Hombre casado en dar a luz
Thomas Beatie (EE.UU.) nació mujer pero se inscribió legalmente como hombre en su estado natal de Oregón, EE.UU. En 2002 pasó por el quirófano para cambiar de sexo, pero no se extirpó los órganos reproductores femeninos. Beatie pudo casarse legalmente con Nancy en 2003, quien se había sometido anteriormente a una histerectomía. Por este motivo, cuando la pareja quiso formar una familia, fue Thomas quien, con ayuda de un donante de esperma anónimo, concibió y gestó al bebé. La hija de la pareja, Susan, nació el 29 de junio de 2008.

Siameses en identificarse de género mixto
Lori Lynn y Dori Schappell (EE.UU., nacidas el 18 de septiembre de 1961) fueron hermanas siamesas y, por lo tanto, genéticamente idénticas. Se convirtieron en las primeras siamesas en declararse de género mixto cuando, en 2007, Dori afirmó que era transgénero y se identificaba como un hombre llamado George. Estas gemelas craneópagas tienen los cuerpos separados, pero los cráneos parcialmente fusionados: comparten hueso, vasos sanguíneos vitales y el 30 % del cerebro (el lóbulo frontal y el parietal).

La maratón más rápida completada por un matrimonio
El 9 de abril de 2017, Paul Kipchumba Longyangata y Purity Cherotich Rionoripo (ambos de Kenia) corrieron la maratón de París, Francia, en un tiempo total combinado de 4 h, 27 min y 5 s. Purity, además, logró batir su propio récord. Descubre más información en la sección de maratones (págs. 224-225).

Cirujanos gemelos idénticos en operar a gemelos idénticos
Los doctores Rafael y Robert Méndez (EE.UU.) son gemelos idénticos que realizan operaciones de trasplante en equipo. Rafael extrae el órgano y Robert se lo coloca al nuevo receptor. En enero de 1999, en el Hospital de la Universidad del Sur de California, Los Ángeles, EE.UU., llevaron a cabo un trasplante de riñón entre las gemelas idénticas Anna Cortez y Petra Martínez. Los gemelos idénticos son donantes genéticamente perfectos entre sí, debido a su identidad genética. El único riesgo en tales casos se reduce a la infección.

El índice de fertilidad más elevado (país)
Según cifras del Banco Mundial a enero de 2018, Nigeria se mantiene un año más como el país con el índice de fertilidad más elevado, con una media de 7,3 hijos por cada mujer.

TODO EN UN MISMO DÍA

◄ La mayor cantidad de hermanos nacidos en 29 de febrero
Todos los hijos de Karin y Henry Henriksen (ambos de Noruega): Heidi (n. en 1960), Olav (n. en 1964) y Leif-Martin (n. en 1968), cumplen los años el 29 de febrero, un día que se añade cada cuatro años para ajustar el calendario gregoriano a la órbita terrestre alrededor del Sol.

La mayor cantidad de generaciones nacidas el 29 de febrero
El único caso verificado de una familia con tres generaciones consecutivas nacidas el 29 de febrero es el de los Keogh: Peter Anthony (Irlanda, nacido en 1940), su hijo Peter Eric (R.U., nacido en 1964) y su nieta Bethany Wealth (R.U., nacida en 1996). Se estima que las posibilidades de que esto ocurra son de una entre 3.000 millones.

▲ La mayor cantidad de hermanos nacido el mismo día
El único caso confirmado de una familia en la que cinco hijos cumplen años el mismo día es el de los Cummins. Los cinco hijos de Carolyn y Ralph Cummins (EE.UU.), Catherine (1952), Carol (1953), Charles (1956), Claudia (1961) y Cecilia (1966), nacieron el 20 de febrero.

La madre más prolífica
Valentina Vassilyev (Rusia) tuvo 69 hijos: cuatro tandas de cuatrillizos (16), siete de trillizos (21) y 16 de pares de gemelos (32).

La mayor cantidad de hijos nacidos vivos en un parto

Nadya Suleman (EE.UU.) saltó a los titulares de todo el mundo cuando, el 26 de enero de 2006, dio a luz a seis niños y dos niñas en el Kaiser Permanente Medical Center de Bellflower, California, EE.UU. Los bebés fueron concebidos gracias a un tratamiento de fertilización *in vitro* y nacieron por cesárea. Este parto múltiple fue muy polémico, en parte porque Nadya ya tenía seis hijos pequeños, nacidos también tras un tratamiento *in vitro*.

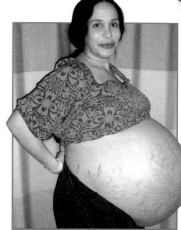

Esta fotografía de Nadya Suleman se hizo cuando estaba embarazada de unas 29 semanas. Dio a luz tan sólo una semana después y sus ocho bebés nacieron nueve semanas antes de tiempo.

Aquí aparece el famoso octeto de Nadya: Noah, Jonah, Jeremiah, Josiah, Isaiah, Makai, Maliyah y Nariyah.

La mayor reunión de personas nacidas en la misma fecha
El Apenheul Primate Park (Países Bajos) reunió a 228 personas nacidas el 4 de julio en un acontecimiento que tuvo lugar en Apeldoorn, Países Bajos, el 4 de julio de 2012. El motivo era celebrar el nacimiento de cinco nuevos gorilas del parque y, además, llamar la atención sobre la crítica situación de las poblaciones de gorilas en libertad.

◄ La mayor cantidad de generaciones nacidas el mismo día
• Mion Masuda (Japón), nacido el 26 de marzo de 2005, celebra su cumpleaños el mismo día que su padre Hiroshi (1963), su abuelo Minao (1933) y su bisabuelo Kanamori (1899). A la izquierda aparece de bebé en los brazos de su padre. En la imagen más grande, aparece Minao con Hiroshi que, a su vez, lleva una foto de su abuelo Knamori.
• Jacob Camren Hildebrandt (EE.UU.), nacida el 23 de agosto de 2001, comparte fecha de cumpleaños con su padre (1966), su abuela (1944) y su bisabuela (1919).
• Maureen Werner (EE.UU.), nacida el 13 de octubre de 1998, comparte fecha de cumpleaños con su madre (1970), su abuelo (1938) y su bisabuela (1912).
• Veera Tuulia Tuijantyär Kivistö (Finlandia) nació el 21 de marzo de 1997, el mismo día que su madre (1967), su abuelo (1940) y su bisabuelo (1903).
• Ralph Bertram Williams (EE.UU.) nació el 4 de julio de 1982 en Carolina del Norte, EE.UU., el mismo día que su padre, su abuelo y su bisabuelo (1876).

RECOPILATORIO

La persona que ha vivido más tiempo con una bala en la cabeza

En octubre de 1917, con 8 años, a William Lawlis Pace (EE.UU., n. el 27 de febrero de 1909) le dispararon por error en Wheeler, Texas, EE.UU. El impacto le causó una desfiguración facial, una pérdida total de capacidad auditiva en el oído derecho y una ceguera parcial en el ojo derecho. Murió el 23 de abril de 2012, por lo que vivió 94 años y al menos 175 días con la bala en su cabeza.

> Mohammed, que es superflexible, mide sólo 1,37 m y pesa unos 29 kg. Para perfeccionar su don natural, cada día hace 3 h de gimnasia en un club deportivo de Gaza.

La persona viva con la nariz más grande

Mehmet Özyürek (Turquía) tiene una nariz que mide 8,8 cm desde el puente hasta la punta, como se comprobó en el plató de *Lo Show dei Record*, en Roma, Italia, el 18 de marzo de 2010.

Más monedas de 25 centavos dentro de la nariz

El 29 de junio de 2012, Thomas Gartin (EE.UU.) se introdujo 14 monedas de 25 centavos en la nariz en el plató de *Guinness World Records Gone Wild!*, en Los Ángeles, California, EE.UU. Según la normativa de GWR, debía permanecer 10 segundos con las monedas dentro de la nariz sin aguantárselas con las manos.

Los ojos más saltones

Kim Goodman (EE.UU.) es capaz de sacar sus globos oculares de las órbitas hasta 12 mm. El récord se registró en Estambul, Turquía, el 2 de noviembre de 2007.

La persona viva con el mayor número de dedos (polidactilia)

Devendra Suthar (India) tiene un total de 28 dedos (14 en las manos y 14 en los pies), como se verificó en Himatnagar, Gujarat, India, el 11 de noviembre de 2014. Es carpintero y debe ir con mucho cuidado para no lastimárselos mientras trabaja.

El objeto más grande que se ha extraído de un cráneo humano

El 15 de agosto de 2013, el constructor Ron Hunt (EE.UU.) perdió el equilibrio mientras trabajaba sobre una escalera de mano y se cayó de cabeza sobre el taladro que estaba utilizando. Los cirujanos del Washoe Medical Center de Nevada, EE.UU., descubrieron que la broca, de 46 cm de largo, había movido su cerebro a un lado en lugar de perforarlo, lo que le salvó la vida.

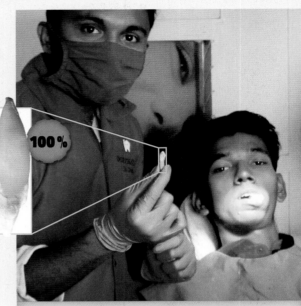

100 %

El diente más largo que se ha extraído a un humano

El 3 de febrero de 2017, el doctor Jaimin Patel extrajo un diente de 3,67 cm de largo, el doble de lo que suelen medir estas piezas dentales, a Urvil Patel (India) en Gujarat, India. La operación duró unos 30 minutos.

Más giros de un hula-hoop en un minuto

El 20 de marzo de 2012, Gregory Sean Dillon (EE.UU.) completó 243 giros de un hula-hoop alrededor de su cuerpo en 60 s en Vivos Fitness, California, EE.UU. Para lograr este récord, usó un aro de aluminio de 91,4 cm de diámetro.

La persona más joven a quien se le ha extraído una muela del juicio

A Matthew Adams (EE.UU., nacido el 19 de noviembre de 1992) le extrajeron las dos muelas del juicio del maxilar inferior por falta de espacio a la edad de 9 años y 339 días. La operación tuvo lugar el 24 de octubre de 2002 en el Midland Oral and Maxillofacial Surgery de Michigan, EE.UU.

La persona más joven en llevar dentadura postiza

El 25 de febrero de 2005, a Daniel Sánchez-Ruiz se le puso una dentadura postiza cuando tenía 3 años y 301 días. Padece un trastorno genético conocido como displasia ectodérmica hipohidrótica, caracterizado por la malformación de los dientes y de otras estructuras ectodérmicas.

La adolescente más peluda

Según la escala de Ferriman-Gallwey, que evalúa la densidad del pelo en nueve zonas del cuerpo desde 0 (escasa)

GUINNESS WORLD RECORDS

CERTIFICATE

The most full body revolutions maintaining a chest stand position in one minute achieved by Mohammed AlSheikh (Palestine) In Amman, Jordan

Más giros corporales completos con el pecho en el suelo en un minuto

El 8 de febrero de 2017, Mohammed al-Sheik completó 38 rotaciones de sus piernas alrededor del torso con el pecho plano sobre el suelo y los brazos extendidos hacia atrás en 60 s. El acontecimiento tuvo lugar en Amán, Jordania. Conocido como el *Niño Araña*, el joven contorsionista había sido el año anterior uno de los tres finalistas del concurso *Arabs Got Talent*.

Los dientes postizos más antiguos

Una serie de hallazgos en tumbas etruscas han revelado que algunas personas ya usaban puentes dentales (arriba) en el 700 a.C., en lo que ahora es la Toscana, Italia. Algunos se colocaban fijos en dientes ya existentes, mientras que otros eran móviles.

Los **dientes postizos más caros vendidos en una subasta** (abajo) fueron los del primer ministro británico Winston Churchill. Se vendieron por 23.700 $ a un postor anónimo el 29 de julio de 2010, en una subasta organizada por Keys Fine Art Auctioneers en Aylsham, Norfolk, R.U.

El bigote más largo (de todos los tiempos)

El 4 de marzo de 2010, Ram Singh Chauhan (India) tenía un bigote de 4,26 m, que es lo que mide de largo un taxi negro londinense, como se constató en el plató de *Lo Show dei Record*, en Roma, Italia.

LA SUPERVIVENCIA MÁS PROLONGADA...

Sin pulso

Julie Mills (R.U.) estuvo a punto de morir a causa de una insuficiencia cardíaca grave y de una miocarditis vírica cuando, el 14 de agosto de 1998, los cardiocirujanos del hospital John Radcliffe de Oxford, R.U., emplearon una bomba de flujo no pulsátil (AB180) para mantenerla con vida a lo largo de una semana. Durante tres días no tuvo pulso. Su corazón se recuperó y se le retiró la bomba. Fue la primera persona en sobrevivir a esta técnica.

La mayor cantidad de veces en tocarse la nariz con la lengua en un minuto

El 12 de junio de 2017, Ashish Peri (India) se tocó la nariz con la punta de la lengua 142 veces en 60 s en Bombay, India.

hasta 4 (cobertura total), el 4 de marzo de 2010, Supatra Sasuphan, apodada Nat (Tailandia, nacida el 5 de agosto de 2000), era la adolescente más peluda. Obtuvo un valor de 4 en cuatro zonas: rostro, cuello, pecho y parte superior de la espalda. En 2018, Nat reveló en los medios sociales que se había enamorado y se había afeitado la cara.

La persona viva con la barba más larga

Sarwan Singh (Canadá) lucía una barba de 2,5 m según se comprobó el 8 de septiembre de 2011, en Surrey, Columbia Británica, Canadá. El 4 de marzo de 2010, su longitud alcanzaba los 2,36 m cuando fue medida en el plató de *Lo Show dei Record*, en Roma, Italia.

El pelo de oreja más largo

Un vello que salía de la oreja de Anthony Victor (India), un director de escuela jubilado, llegó a medir 18,1 cm de largo. Este récord de longitud fue verificado y registrado el 10 de octubre de 2007 en Madurai, Tamil Nadu, India.

Tras un trasplante pulmonar

El 25 de septiembre de 2017, Veronica Dwyer (Irlanda, nacida el 22 de marzo de 1941) había vivido 29 años y 129 días tras someterse a un trasplante pulmonar el 19 de mayo de 1988 en Harefield, Middlesex, R.U.

Tras un trasplante de corazón

Ted Nowakowski (EE.UU., nacido el 23 de noviembre de 1948) murió el 11 de enero de 2018, 34 años y 261 días después de recibir un trasplante de corazón, el 25 de abril de 1983.

Con diabetes

Hazel Davies (Australia, 1902-2002) padeció diabetes tipo 1 durante 81 años (diagnosticada en 1921, a los 19 años). Tuvo que seguir una alimentación muy estricta para controlarla, ya que la insulina aún no se usaba como tratamiento.

La mayor cantidad de pinzas de tender en la cara

El 17 de julio de 2013, Garry Turner (R.U.) se puso 161 pinzas de tender en la cara en el plató de *Rekorlar Dünyası*, en Estambul, Turquía. Garry es la persona con la **piel más elástica** y es capaz de estirarse la piel de la barriga hasta 15,8 cm. Padece el síndrome de Ehlers-Danlos, una enfermedad rara que se caracteriza por una alteración del colágeno, que da firmeza a la piel y determina su elasticidad. Esto provoca, entre otras cosas, una piel flácida y unas articulaciones hiperlaxas.

EL CASTILLO DISNEY

Las elaboradas torrecillas y los tejados azul real del castillo de Cenicienta se han convertido en un símbolo perdurable de la factoría Disney y sus películas de cuentos de hadas. Este castillo, que ideó el artista Herbert Ryman, se encuentra en el corazón del parque temático Magic Kingdom de Florida, EE.UU. Está rodeado por un foso y, de noche, cobra vida con 16 millones de luces de colores y un espectáculo de fuegos artificiales.

El diseño del castillo de Cenicienta se inspiró en la versión animada de Disney y en fortalezas auténticas, como el Alcázar de Segovia, en España, el castillo de Moszna, en Polonia, y el castillo de Neuschwanstein, en Alemania (ver derecha). Gracias a un truco arquitectónico llamado «perspectiva forzada» parece más alto de lo que en verdad es. Las proporciones de sus puertas y ventanas superiores son más pequeñas que las de la parte inferior, por lo que, vistas desde abajo, se crea una ilusión óptica que engaña a la vista y parece que están a una altura aún mayor. Su construcción, finalizada en julio de 1971, requirió unos 18 meses.

CIFRAS DE RÉCORD

El castillo de Cenicienta del Walt Disney Resort, en Florida, EE.UU., mide 57,6 m de altura y es el castillo más alto de un parque temático. Su estructura está hecha de hormigón y fibra de vidrio, y, pese a las apariencias, no tiene ni un solo ladrillo. Es la tercera estructura más alta del complejo, por detrás de la Torre del Terror de la Dimensión Desconocida y la montaña rusa Expedition Everest, ambas de menos de 61 m para no tener que incorporar luces de señalización aérea.

El castillo de Cenicienta es más alto que la Columna de Nelson, en Londres, R.U., y que la inclinada Torre de Pisa, en Italia.

MANSIÓN DE REYES

La residencia real del castillo de Windsor, en Berkshire, R.U., se diseñó con la forma de un paralelogramo entallado de 576 x 164 m. Es el **castillo habitado más grande**. Se construyó a raíz de la invasión normanda de Inglaterra, en el siglo XI, y, desde Enrique I (aprox. 1068-1135), ha sido el hogar de 40 reyes y reinas.

Cada noche se celebra un espectáculo de 18 min en el que se lanzan fuegos artificiales desde el castillo.

UNA FORTALEZA DE CUENTOS DE HADAS

Encaramado en la cima de un peñasco de los Alpes con vistas al pueblo de Hohenschwangau, en Baviera, Alemania, el Castillo de Neuschwanstein parece sacado de las páginas de un libro de cuentos. Su torre norte se eleva 65 m, lo que lo convierte en el **castillo más alto**. Lo mandó construir Luis II de Baviera, quien sufragó su elevado coste y se instaló en él en 1884, antes de que se terminara de construir. Sólo vivió allí 172 días, pues el 13 de junio de 1886 falleció en circunstancias misteriosas.

El castillo cuenta con 27 torres, numeradas del 1 al 29 (las torres 13 y 17 fueron descartadas antes de su construcción).

Las tejas son del mismo tipo de plástico que se usa para las carcasas de los monitores de ordenador.

¿SABÍAS QUE...?

La historia de Cenicienta es un cuento popular clásico. Su versión más famosa es la de los hermanos Grimm, pero existen muchas otras. El ejemplo más antiguo que se conoce es *Ródope*, transcrito por el historiador griego Estrabón en el siglo I a.C. En esta historia, un águila que vuela en lo alto deja caer la sandalia de una chica sobre el regazo de un rey, que parte en busca de la joven.

Gran parte de su exterior es de yeso reforzado con fibra.

LADRILLO A LADRILLO

El castillo Disney de LEGO® consta de 4.080 bloques y mide más de 74 cm de alto, 48 cm de ancho y 31 cm de hondo. El conjunto incluye cinco figuritas: Mickey y Minnie Mouse, el Pato Donald, Daisy y, en su primera aparición en este formato, Campanilla de *Peter Pan*. En el interior del castillo hay elementos que aluden a numerosas películas de Disney, desde la rueca de *La Bella Durmiente* y el espejo mágico de *Blancanieves*, hasta la rosa de *La Bella y la Bestia*.

La velocidad más rápida en un traje con motor a reacción autopropulsado

El inventor Richard Browning (R.U.) alcanzó una velocidad de vuelo de 51,53 km/h con su *Gravity Flight Suit* en Lagoona Park, Reading, condado de Berkshire, R.U., el 7 de noviembre de 2017. Inspirado por las proezas cinematográficas de Tony Stark en *Iron Man*, Browning cumplió su sueño de volar construyendo un exoesqueleto ligero con seis microturbinas impulsadas con gas queroseno, con un empuje total de 1.274 N. El traje, que costó 45.800 €, cuenta también con botas ultraligeras a prueba de mordeduras de serpiente. Una vez en el aire, Browning usa el cuerpo para ajustar la velocidad y la dirección. Para acelerar, aproxima los brazos al cuerpo y saca el pecho.

GRANDES HAZAÑAS

El *Gravity Flight Suit*, bautizado como *Dédalo* en un guiño al inventor de la Antigua Grecia, tiene una velocidad máxima potencial de 450 km/h. Sin embargo, Richard no ha podido comprobarlo, porque al traje le falta algo esencial... un paracaídas.

HAZAÑAS CON LA COMIDA

El mosaico más grande de M&M's (logo)

Mars Incorporated (Bulgaria) creó un mosaico del logo de M&M's de 49,51 m², en Sofía, Bulgaria, tal como se pudo comprobar el 29 de septiembre de 2017. Lo formaban unos 291.500 M&M's y lo construyeron 27 personas, que tardaron 17 h y 30 min.

El mosaico de golosinas más grande

El 16 de abril de 2017, CYE-Ningbo Cultural Square Development (China) presentó un mosaico de 160,22 m² en Ningbo, provincia de Zhejiang, China. La obra, creada por 60 personas, requirió casi 300.000 piruletas, y se necesitaron 11 h para completarla.

La torre de magdalenas más alta

El 23 de septiembre de 2017, Cupcakes of Hope (Sudáfrica) construyó una torre de dulces de 10,77 m de altura en Vereeniging, provincia de Gauteng, Sudáfrica.

La mayor cantidad de barbacoas simultáneas

Yuca Expoeventos (México) reunió a 394 amantes de las barbacoas en la Plaza de la Mexicanidad de Ciudad Juárez, Chihuahua, México, el 19 de agosto de 2017.

La mayor cantidad de flautas servidas en ocho horas

La institución financiera BBVA Bancomer (México) sirvió 12.000 flautas (tacos enrollados) el 9 de octubre de 2017 en Ciudad de México, México. Se necesitaron 396 kg de tortillas, 495 kg de ternera, 165 kg de queso panela, 429 kg de guacamole y 200 litros de nata.

La mayor ración de plov

El 8 de septiembre de 2017, el canal de entretenimiento Milliy TV preparó una ración de plov de 7.360 kg en Tashkent, Uzbekistán. El plov es un plato tradicional de arroz y carne, y suele servirse en un caldero llamado *kazan*.

La mayor cantidad de arándanos introducidos en la boca en un minuto

Dinesh Shivnath Upadhyaya (India) se metió 86 arándanos en la boca en 60 s el 16 de enero de 2018 en Bombay, India. Dinesh posee multitud de GWR relacionados con la comida (ver abajo). Era la cuarta ocasión que batía este récord en particular.

La mayor cantidad de jugo extraído pisando uvas en un minuto

Martina Servaty (Alemania) exprimió 12,76 litros de jugo pisando uvas durante 60 s, en el programa en directo *The F Word* de Gordon Ramsay, en Los Ángeles, California, EE.UU., el 26 de julio de 2017.

La mayor cantidad de jarras transportadas 40 m (hombres)

Michael Sturm (Alemania) llevó 26 jarras que contenían 26 litros de cerveza a lo largo de 40 m en la Brahma Extra São Paulo Oktoberfest de Brasil, el 27 de septiembre de 2017. Logró retener el 98,33 % del peso total, muy por encima del porcentaje mínimo marcado: un 90 %. Lo había intentado con 28 jarras, pero no pudo completar el recorrido.

La sopa más grande de locro de papa

Con 16 años, Paulina Baum (Ecuador) preparó 5.787,84 kg de sopa tradicional ecuatoriana de patata (20.000 raciones) en Quito, Ecuador, el 5 de marzo de 2017.

El cebiche más grande

El 14 de abril de 2017, la Universidad Tecnológica de Manzanillo (México) preparó esta receta de pescado fresco en Manzanillo, Colima, México; pesaba 11.480 kg.

El pastel más grande con forma de pelota

El 3 de septiembre de 2017, el Sheffield Wednesday Football Club (R.U.) hizo un pastel para celebrar su 150.º aniversario en forma de pelota de fútbol que pesaba 285 kg. Lo decoraron con el escudo del club.

La mayor cantidad de salchichas elaboradas en un minuto

El 3 de abril de 2017, Barry John Crowe (Irlanda) elaboró 78 salchichas en 60 s en el plató de *Big Week on the Farm* de RTÉ, en Cavan, Irlanda. Este campeón mundial de la carnicería elabora salchichas desde los 13 años. Cada una debía medir un mínimo de 10,16 cm de largo. Barry rompió el récord anterior de 60 salchichas, establecido en 2016.

EL MENOR TIEMPO EN...

Beber una botella de kétchup

El 7 de septiembre de 2017, Dinesh Shivnath Upadhyaya (India) se bebió una botella de 500 g de kétchup en 25,37 s, en Bombay, India. Este tragón gastronómico (ver arriba y a la derecha) superó el mejor tiempo anterior por más de 4 s.

Pelar y comer un pomelo

El 16 de marzo de 2017, Dinesh (ver izquierda), con muchos récords en su haber, peló y se comió un pomelo en 14,22 s en Bombay, India.

Comer 500 g de mozzarella

El 12 de abril de 2016, Ashrita Furman (EE.UU.) ingirió medio kilo de este queso en 1 min y 34,44 s en Nueva York.

Comer un KitKat (sin manos)

Daniel Dickinson (R.U.) se comió dos barritas de KitKat en 22,52 s en Cumbria, R.U., el 31 de agosto de 2016.

Montar un tronco de Navidad

El 8 de diciembre de 2017, el chef James Martin (R.U.) hizo un tronco de Navidad en 1 m y 17 s en *Saturday Morning with James Martin*.

La pila más alta de...

M&M's: Silvio Sabba (Italia) apiló cuatro M&M's en equilibrio en Rodano, Milán, Italia, el 21 de diciembre de 2016.

Dónuts en un minuto: El 17 de enero de 2018, Steven Ruppel (EE.UU.) apiló 11 dónuts en 60 s en Wausau, Wisconsin, EE.UU.

Macarons: La Vocational School of Visionary Arts de Tokio, Japón, construyó una torre de macarons de 2,07 m de altura entre el 22 y el 23 de agosto de 2014.

El menor tiempo en comer tres huevos en escabeche

El 7 de diciembre de 2017, Kevin *L.A. Beast* Strahle (EE.UU.) engulló tres huevos en escabeche en sólo 21,09 s en Ridgewood, Nueva Jersey, EE.UU. A Kevin, asiduo a competiciones de comida, le parece normal tragarse 12 huevos duros de una tacada, beber un galón de miel cubierto de abejas o comerse 10 cactus. En 2017 devoró un título GWR tras otro (ver abajo y a la derecha, si tienes hambre de más...).

Los desafíos extremos de Kevin habían conseguido, a marzo de 2018, más de 2 millones de suscriptores en su canal de YouTube «skippy62able».

⚠️ Las actividades de estas páginas son exclusivamente para expertos. ¡No lo intentes en casa!

El 3 de mayo de 2017, Kevin logró la **mayor cantidad de chiles bhut jolokia ingeridos en dos minutos** al mascar 121 g de estos pimientos espantosamente picantes.

El 12 de Mayo de 2017, Kevin engulló la **mayor cantidad de dónuts espolvoreados en tres minutos,** *nueve, sin siquiera lamerse los labios.*

El 12 de mayo de 2017, Kevin visitó la oficina de GWR de Nueva York, EE.UU., y estableció el **menor tiempo en beber una botella de jarabe de arce:** 10,84 s.

Kevin luchó para evitar la temida «congelación cerebral» mientras lograba la **mayor cantidad de polos ingeridos en un minuto** (seis), el 7 de diciembre de 2017.

Comer una pizza de 30 cm
Kelvin Medina (Filipinas) se zampó una pizza en 23,62 s en Taguig, Metro Manila, Filipinas, el 12 de abril de 2015.

Comer 500 g de salsa de arándanos
André Ortolf (Alemania) ingirió 500 g de salsa de arándanos en 42,94 s en Augsburgo, Alemania, el 19 de agosto de 2016.

Comer un perrito caliente (sin manos)
El 16 de mayo de 2016, Peter Czerwinski (Canadá) se comió un perrito caliente en 23,12 s sin usar las manos en Nueva York, EE.UU.

Comer un plato de pasta
Michelle Lesco (EE.UU.) devoró un plato de pasta en 26,69 s en Scottsdale, Arizona, EE.UU., el 18 de septiembre de 2017.

Comer todas las chocolatinas de un calendario de adviento
Kevin Strahle (arriba) ingirió todas las chocolatinas navideñas en 87,84 s, el 4 de diciembre de 2017.

COMIDA GIGANTE

LOS MÁS GRANDES...

Galleta rellena de mermelada

Frances Quinn, ganadora del programa de TV *Great British Bake Off* 2013, y Hambleton Bakery (ambos de R.U.) diseñaron y hornearon una galleta gigante rellena de mermelada de 26,76 kg. La «Grand Slammy Dodger», pues tal era su nombre, fue moldeada con forma de raqueta de tenis con motivo del torneo de Wimbledon 2017. Presentada el 14 de julio de 2017, pesaba casi lo mismo que un dálmata.

Bola de masa

Filippo, Andrea y Matteo Bettega, Andrea Nascimbene y Andrea Andrighetti prepararon una bola de masa de 77,1 kg en un evento organizado por Gruppo G.A.R.I. (Italia) en Imer, Trento, Italia, el 10 de junio de 2017. El tradicional *canederlo* o *knödel* italiano contenía harina, perejil, jamón, cebollino y salvia.

Pirámide de bolas de helado

El 28 de enero de 2017, Diplom-Is (Noruega) levantó una pirámide de 23 pisos formada por 5.435 bolas de helado en Strömstad, Suecia. La estructura final pesó 500 kg y alcanzó 1,1 m de altura.

Dulce de leche

El 28 de febrero de 2017, los Cajeteros de Sayula (México) elaboraron una cajeta de Sayula de 1.615,5 kg en Jalisco, México. Los ingredientes del plato, una variante regional del dulce de leche, fueron leche, azúcar, vainilla y harina de arroz, que vertieron en un molde de madera y cocinaron con un soplete.

Chili con carne

El 4 de marzo de 2017, Spirit of Texas Festival, en College Station, Texas, EE.UU., preparó una ración de chili con carne del tamaño de un rinoceronte y 2.177 kg de peso.

Conejo de chocolate

El conejo de chocolate más grande pesó 4.245,5 kg, más de 4.000 veces el peso medio de un conejo doméstico. Fue moldeado por Equipe da Casa do Chocolate en Shopping Uberaba, en Minas Gerais, Brasil, el 25 de febrero de 2017. Este dulce del tamaño de una jirafa medía 4,52 m de altura y se estima que contenía 21,2 millones de calorías.

Cachupa

La cachupa, plato nacional de Cabo Verde, África occidental, es un estofado que suele estar compuesto por carnes cocinadas con maíz, batata, frijoles y repollo. El 9 de julio de 2017, Cavibel SA y Grupo Mirage (ambos de Cabo Verde) cocinaron 6.360 kg de cachupa, el equivalente al peso de un gran elefante africano, en la capital del país, Praia. Ningún elefante formó parte de la receta, se empleó carne de cerdo y de pollo.

La ración más grande de guacamole

Una ración de guacamole de 2.980 kg, más de cuatro veces el peso medio de cuatro vacas lecheras, fue servida por Empacadora de Aguacates Sierra del Tigre (México) en Concepción de Buenos Aires, Jalisco, México, el 3 de septiembre de 2017.

La trufa de chocolate más grande

El 21 de abril de 2017, Sweet Shop USA, de Mount Pleasant, Texas, elaboró una trufa de chocolate gigantesca de 1.074,33 kg. La «Milk Swiss Mint Truffle», de 5,5 millones de calorías, pesaba el equivalente a ¡12 hombres adultos!

La tarta francesa de fresas más larga

El 14 de mayo de 2017, cinco pasteleros profesionales prepararon un *fraisier pâtissier* de 32,24 m de largo durante el Festival de la Fresa de Beaulieu-sur-Dordogne, Francia. El dulce, de aproximadamente la misma longitud que una ballena azul, estaba compuesto por varias capas de masa pastelera, crema pastelera y fresas.

La samosa más grande

El 22 de agosto de 2017, Muslim Aid preparó una samosa de 153,1 kg en Londres, R.U. Esta empanadilla triangular (y vegetariana) medía 1,4 m por su lado más largo y pesaba más que dos mujeres adultas de tamaño medio. Fue preparada como parte de las celebraciones de Eid 2017 para concienciar sobre la pobreza y el hambre en el mundo.

LOS MÁS CAROS...

*Precio alcanzado en subasta

◄ Perrito caliente

El perrito caliente «Juuni Ban» se podía adquirir en Tokyo Dog, en Seattle, Washington, EE.UU., por 169 $ (a 23 de febrero de 2014). Por ese dinero, se obtenía un bratwurst con queso ahumado, cebollas teriyaki con mantequilla, setas maitake, carne de ternera wagyu, fuagrás, virutas de trufa negra y caviar.

Ración de tarta de bodas*

El 27 de febrero de 1998, un pedazo de la tarta de la boda del duque y la duquesa de Windsor de 1937 se vendió en la sala de Sotheby's en Nueva York, EE.UU., por 29.900 $ a Benjamin y Amanda Yin, de San Francisco, EE.UU. Cuando se les preguntó si iban a exponer la tarta, los compradores respondieron: «¡Seguro que no nos la comeremos! Representa el epítome de un gran romance».

Botella de vino imperial*

Una botella de Cheval-Blanc francés de 1947 fue vendida en la sala Christie's de Ginebra, Suiza, por 307.805 $ el 16 de noviembre de 2010. Las botellas imperiales contienen el equivalente a ocho botellas estándar de 75 cl.

La **copa de vino más cara** cuesta 1.453,07 $, cantidad pagada por Robert Denby (R.U.) por la primera copa de Beaujolais Nouveau de 1993.

Botella de whisky*

El 23 de enero de 2014, se vendió en la sala de Sotheby's en Hong Kong, China, un botella de Macallan M Decanter bautizada como «Constantine» por 628.000 $. Con 6 l de capacidad y 70 cm de altura, pertenecía a una edición imperial de cuatro botellas con los nombres de otros tantos emperadores romanos. El whisky para el M Decanter es creación de Bob Dalgarno, de The Macallan.

El kebab más largo, hecho de carne y verduras, fue preparado por el personal de ArcelorMittal en Newcastle, Sudáfrica, el 17 de octubre de 2008. Midió 2,04 km.

El rollo de sushi más largo midió 2,84 km y fue preparado por 400 voluntarios para el Festival Tamana Otawara de Kumamoto, Japón, el 20 de noviembre de 2016.

La ristra de salchichas más larga alcanzó los 3,54 km de longitud y fue preparada por Worstenfeesten (Bélgica) en Kerkhofstraat, Vlimmeren, Bélgica, el 15 de agosto de 2013.

Esta asombrosa pizza se per파ró en el circuito Auto Club de California. Después del evento, las porciones sobrantes fueron donadas a bancos de comida y asociaciones benéficas.

La pizza más larga

El 10 de junio de 2017, Pizzaovens.com, Venice Bakery, Orlando Foods, AT-PAC, Sysco, TFX NonStick!, Capstone Scaffold Services, Scaffold Works, SoCalGas, Tony Gemignani, Giulio Adriani, John Arena (todos de EE.UU.) e Italforni (Italia) prepararon una enorme pizza margarita de 1,93 km de longitud en Fontana, California, EE.UU. Se necesitaron ocho horas para cocinarla: la masa cruda y su aderezo pasaron por tres hornos industriales por medio de una cinta transportadora.

Más de 100 personas necesitaron 54 h para preparar la pizza y cubrirla con unos 2.267 kg de salsa de tomate.

A continuación, añadieron 1.769 kg de queso y la pizza recorrió 2.133 m en cinta transportadora por los tres hornos utilizados para cocinarla.

▶ Sándwich

El «Quintessential Grilled Cheese» se vende por 214 $ en Serendipity 3, Nueva York, EE.UU. El queso usado en este bocadillo tostado está hecho con leche de vaca podolica, que se alimenta en la Italia meridional de plantas aromáticas como hinojo, regaliz, enebro, laurel y fresas salvajes. Sólo hay unas 25.000 vacas de esta especie.

HAZLO TÚ MISMO

1. Hornea pan con champán Dom Pérignon y copos de oro comestibles de 23 quilates.
2. Corta dos rebanadas y cúbrelas con mantequilla de trufa. Añade queso caciocavallo, tuesta el pan hasta que quede dorado y cubre sus bordes con más copos de oro.
3. Sírvelo con salsa de langosta, crema de leche y aceite de trufa.

Mangos*

Los mangos más caros costaron 1.284 $... ¡cada uno! Los adquirió Sam Coco (Australia) cuando compró una bandeja de 16 mangos Top End por 20.544 $ durante la subasta con fines benéficos Brisbane Produce Markets, celebrada en Australia el 12 de octubre de 2001. Los mangos fueron donados al Brisbane Mater Children's Hospital.

Hamburguesa

Desde el 2 de julio de 2011, el precio máximo alcanzado por una hamburguesa disponible comercialmente, según lo fijado en el menú de un restaurante, es 5.000 $. Esta hamburguesa se puede comprar en Juicys Outlaw Grill, en Corvallis, Oregón, EE.UU. Pesa 352,44 kg y es necesario encargarla con 48 horas de antelación.

COLECCIONES

Ya sean yoyós, señuelos de pesca, billetes de autobús o bolígrafos, una vez te pica el gusanillo del coleccionismo es difícil parar. Los titulares de los siguientes récords han dedicado tiempo, esfuerzo y dinero para formar las colecciones más increíbles. ¿Qué te gustaría coleccionar?

Las últimas colecciones dignas de un récord

Figuras publicitarias: 8.917
Michael Pollack (EE.UU.)

Botellas de brandi: 1.057
Manuel Bru Vicente (España)

Ordenadores (una marca): 250
Wang Zhaoyu (China)

Trompetillas (abajo): 359
Myk Briggs (R.U.)

Señuelos de pesca: 3.563
Will *Spike* Yocum (EE.UU.)

Planchas: 30.071
Ion Chirescu (Rumanía)

Rompecabezas: 1.047
Luiza Figueiredo (Brasil)

Bálsamos labiales: 730
Bailey Leigh Sheppard (R.U.)

Libros en miniatura: 3.137
Sathar Adhoor (India)

Coches en miniatura: 37.777
Nabil Karam (Líbano)

Trenes en miniatura: 2.956
Bernd Schumacher (EE.UU.)

Vasos de papel: 736
V Sankaranarayanan (India)

Postales: 15.089
Marina Noutsou (Grecia)

Bolas de nieve: 4.059
Wendy Suen (China)

Corbatas: 21.321
Irene Sparks (Nueva Zelanda)

Soldados de juguete: 1.020
Jonathan Perry Waters (EE.UU.)

Las colecciones es una de las categorías de GWR más populares y reconocibles. Pueden ser divertidas, como la **colección más grande de artículos relacionados con las bananas**, compuesta por 17.000 artículos reunidos por Ken Bannister (EE.UU.), propietario del International Banana Club Museum. Pueden ser maravillosamente excéntricas, como la **colección más grande de letreros de «no molestar»**, formada por 11.570 artículos reunidos por Rainer Weichert (Alemania). Incluso pueden ser algo macabras, como la **mayor colección de dientes humanos**, nada menos que 2.000.744, acumulados por un monje italiano llamado Giovanni Battista Orsenigo (1837-1904).

Casi cualquier objeto se puede coleccionar, pero sentir pasión por lo que se colecciona sirve de ayuda. Tal vez por eso, las colecciones relacionadas con animales son tan populares, aunque pocas personas pueden competir con la **mayor colección de artículos relacionados con los ratones y las ratas**, un asombroso conjunto de 47.398 objetos propiedad de Christa Behmenburg (Alemania). Al pie de esta página puedes encontrar otros ejemplos destacados.

Los aficionados al deporte y los programas de televisión también pueden acumular verdaderos tesoros, como la **colección más grande de artículos relacionados con el deporte**: 40.669 artículos reunidos por Philippos Stavrou Platini (Chipre). Ningún tipo de artículo es demasiado humilde o pequeño para una colección: Ed Brassard (EE.UU.) está detrás de la **colección más grande de cajas de cerillas**, con 3.159.119 piezas. También destaca la **colección más grande de artículos relacionados con el espionaje**, con más de 7.000 objetos propiedad del experto en historia militar y de los servicios de inteligencia Keith Melton (EE.UU.). ¡Es tan secreta que ni tan siquiera podemos revelar su ubicación!

La colección más grande de artículos sobre payasos
F. M. Kahn (Alemania) lleva coleccionando artículos relacionados con los payasos desde 1989. A 11 de abril de 2017, había reunido 4.348 piezas en Hoogvliet, Países Bajos. Cuenta con su propio museo del payaso, que incluye figuritas de cómicos hechas con cristal de Murano, porcelana y oro de 24 quilates.

Si tienes una colección que crees que podría ser reconocida con un título GWR, los siguientes consejos pueden ayudarte a conseguirlo:
- Proporciona un inventario claro de todos tus artículos en una hoja de cálculo o un libro de registro, junto con fotografías que prueben la existencia de cada uno de los objetos.
- Graba un vídeo de la colección en presencia de dos testigos. Ambos testigos deberán presentar una declaración firmada que confirme la veracidad de lo que han visto.
- Recuerda que los récords se basan en el número de artículos individuales distintos que componen la colección: los duplicados no se tienen en cuenta. Si los artículos están emparejados, como pendientes o gemelos, se contabilizará el número de parejas.
- También necesitarás una carta de presentación, en la que puedes incluir una breve historia de tu colección. Cuéntanos cómo la empezaste y por qué.

Para conocer todo sobre las colecciones y el resto de récords, visita **guinnessworldrecords.com**. ¡Buena suerte!

La colección más grande de juguetes de Sylvanian Families
Jacc Batch (R.U.) posee 3.489 artículos relacionados con este popular mundo de juguetes de animales del bosque, en Kettering, Northamptonshire, R.U., según se comprobó el 19 de mayo de 2017. Jacc, profesor de baile, comenzó su colección a los 7 años con un muñeco del hermano erizo.

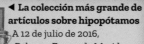

¡REUNIÓN DE ANIMALES!

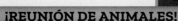

◄ La colección más grande de artículos sobre hipopótamos
A 12 de julio de 2016, Rebecca Fusco, de Meriden, Connecticut, EE.UU., poseía una colección de objetos relacionados con los hipopótamos compuesta por 604 artículos. Rebecca comenzó a coleccionarlos hace casi 20 años. Tiene desde figuritas y juguetes, hasta muñecas rusas y saleros y pimenteros.

La colección más grande de artículos sobre ranas
Sheila Crown (R.U.) comenzó a coleccionar artículos relacionados con las ranas en 1979. Su colección ha ido creciendo hasta llegar a los 10.502 objetos, por lo que Sheila ha tenido que mudarse a una casa más grande. El 12 de mayo de 2002, las ranas fueron expuestas en el museo FrogsGalore de Marlborough, Wiltshire, R.U.

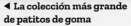

◄ La colección más grande de patitos de goma
A 10 de abril de 2011, Charlotte Lee (EE.UU.) poseía 5.631 patitos de goma distintos, que expone en vitrinas en una sala de su casa especial para la colección. Charlotte es profesora asociada de la Universidad de Washington y ha dado charlas sobre «El coleccionismo de patos de goma y el camino a la sabiduría».

El set de LEGO favorito de Frank es una batcueva basada en la serie clásica de televisión de la década de 1960 *Batman*. Frank siente predilección por sus personajes y vehículos icónicos.

La colección más grande de sets de LEGO®

Frank Smoes (Australia) y su familia han estado reuniendo y construyendo sets de LEGO® desde 1980. El 9 de mayo de 2017, en Melbourne, Victoria, Australia, se comprobó que su colección privada de juegos de bloques de plástico interconectables ascendía a 3.837 sets. La colección de Frank contiene al menos 1,2 millones de bloques y piezas individuales, e incluye más de 8.000 figuras de LEGO.

◀ **La colección más grande de artículos sobre pingüinos**

A 14 de marzo de 2011, Birgit Berends (Alemania) había reunido una colección de 11.062 objetos distintos relacionados con los pingüinos, en Cuxhaven, Alemania. Birgit comenzó a coleccionarlos con 18 años, inspirada en la serie de dibujos *Pingu*. Además de peluches, Birgit posee libros sobre pingüinos, tazas, carteles, corbatas, toallas e ¡incluso ropa interior!

▶ **La colección más grande de artículos sobre ovejas**

A 19 de febrero de 2017, Alessia Citti (Italia) había reunido 1.822 artículos relacionados con las ovejas en Ciampino, Roma, Italia. Su madre le regaló su primera oveja de juguete cuando sólo tenía 6 meses. Alessia guarda la mayor parte de su colección en su habitación, a la que llama «templo sagrado de las ovejas» (*Il Vittoriale delle Pecore*).

TALENTOS PECULIARES

La mayor distancia haciendo el baile del limbo en patines

G. Devisri Prasad (India) patinó 184 m, pasando por debajo de barras colocadas a 25,4 cm de altura, en el Ramakrishna Housing de Amaravati, Andhra Pradesh, India, el 31 de agosto de 2017.

La mayor distancia recorrida bajo el agua tras tomar aire una sola vez (mujeres)

El 27 de octubre de 2017, Marina Kazankova (Italia) cubrió 69,4 m bajo el agua tras haber tomado aire una sola vez, en un tanque lleno de peces en Dubái, EAU. Kazankova, profesional del buceo libre y actriz, protagonizó en 2015 un videoclip grabado totalmente bajo el agua, en una sola toma y en tiempo real.

El menor tiempo en hacer un barco de origami con la boca

Gao Guangli (China) sólo tardó 3 min y 34 s en hacer un barco con una hoja de papel doblándola con la boca. Logró esta proeza en Jining, provincia de Shandong, China, el 2 de diciembre de 2017. Guangli estuvo enfermo de polio cuando era pequeño, y quiso batir este récord para demostrar que aun así puede lograr muchas cosas.

El menor tiempo en meter 20 monedas en una hucha de un cerdito con unos palillos

El 8 noviembre de 2017, Rocco Mercurio (Italia) introdujo 20 monedas en una hucha de un cerdito con unos palillos. Tan sólo tardó 38,94 s y el acto se celebró en Villa San Giovanni, Calabria, Italia.

La **mayor cantidad de granos de café movidos en un minuto con unos palillos** es de 48, logro que estableció Silvio Sabba (Italia) el 10 de agosto de 2017 en Rodano, Lombardía, Italia.

El mayor tiempo haciendo girar una pelota de baloncesto sobre un cepillo de dientes

El 25 de diciembre de 2017, Sandeep Singh Kaila (India) hizo girar una pelota de baloncesto sobre un cepillo de dientes durante 60,50 s en la Columbia Británica, Canadá.

La mayor cantidad de nueces partidas con la mano en un minuto

Prabhakar Reddy (India) partió 251 nueces en 60 s con su mano derecha, en Andhra Pradesh, India, el 5 de enero de 2018.

Más dominadas consecutivas con los dedos meñiques

El 27 de noviembre de 2017, Tazio Gavioli (Italia) completó 23 dominadas seguidas usando sólo sus meñiques en Carpi, Módena, Italia. Tazio empezó a entrenarse cuando su gata Kali perdió una pezuña: entonces aprendió a trepar con un solo brazo por «solidaridad».

Los 50 m más veloces patinando con las manos

Mirko Hanssen (Alemania) recorrió una distancia de 50 m patinando con las manos en 8,55 s en Bocholt, Renania del Norte-Westfalia, Alemania, el 16 de noviembre de 2017. Mirko utilizó unos patines K2 Mach 100 para lograr el récord de velocidad, que se calculó mediante sensores de luz.

La mayor cantidad de bolas encestadas saltando en motocicleta en un minuto (equipo)

El 5 de septiembre de 2017, el equipo BoldogFMX (R.U.) encestó 10 bolas en 60 s en una canasta a 6 m de altura tras realizar una serie de saltos de rampa. La proeza se llevó a cabo durante el programa de la CBBC *Officially Amazing* en York, North Yorkshire, R.U. Los intrépidos pilotos fueron Arran Powley, Samson Eaton y Dan Whitby.

Más vueltas de un bō alrededor del cuerpo sobre una sola pierna en un minuto

Chloé Bruce (R.U.) dio 51 vueltas a un bō (una vara empleada en artes marciales japonesas) alrededor de su cuerpo en 60 s, sosteniéndose en una pierna. Lo realizó en el programa de la CBBC *Officialy Amazing*, en Bracknell, Berkshire, R.U., el 9 de septiembre de 2017. Experta en artes marciales, Chloé ha trabajado como doble para grandes producciones como *Star Wars VII: El despertar de la Fuerza* (EE.UU., 2015).

La velocidad más rápida de un *snowboarder* remolcado por un vehículo

Jamie Barrow (R.U.) alcanzó los 149,65 km/h remolcado por un Maserati Levante en St. Moritz, Suiza, el 19 de febrero de 2018, y batió su propio récord de 99,84 km/h, establecido en 2016 (imagen inferior). Una lesión en la espalda obligó a Jamie a retirarse del equipo británico de snowboard en 2013, pero está claro que eso no le quitó las ganas de batir récords.

La **velocidad más rápida de un esquiador remolcado por un vehículo** es de 189,07 km/h, lograda por Graham Bell con un Jaguar Land Rover (ambos de R.U.) en Arjeplog, Suecia, el 7 de marzo de 2017.

SALTOS DE ALEGRÍA

◀ **Los 100 m más rápidos sobre una pelota saltarina (mujeres)**
Ali Spagnola (EE.UU.) recorrió 100 m sobre una pelota saltarina en sólo 38,22 s en el estadio Drake de la Universidad de California, en Los Ángeles, California, EE.UU., el 9 de marzo de 2017.

Ashrita Furman (EE.UU.) tiene el récord general de los **100 m más rápidos sobre una pelota saltarina** (30,3 s), logrado el 16 de noviembre de 2004.

El salto que supera la altura corporal por mayor diferencia
Franklin Jacobs (EE.UU.) superó en 59 cm su estatura con un salto de 2,32 m realizado en Nueva York, EE.UU., el 27 de enero de 1978.

El salto que supera la altura corporal por mayor diferencia (mujeres) lo consiguió Yolanda Henry (EE.UU.), con 2 m (32 cm por encima de su estatura). La proeza la llevó a cabo en Sevilla, España, el 30 de mayo de 1990.

▶ **El menor tiempo en realizar 15 saltos de conejo sobre obstáculos en una bicicleta de trial**
Joe Oakley (R.U.) tardó 13,88 s en saltar 15 obstáculos en los Urban Games de Newcastle, R.U., el 19 de agosto de 2012.

Además logró el récord del **menor tiempo en completar un circuito sobre bidones en una bicicleta de trial** (10,63 s). en Wollaton Hall, Nottingham, R.U., el 12 de junio de 2014.

Malabarismos extremos...

Malabares con la mayor cantidad de bolas de bolos: Milan Roskopf (Eslovaquia) mantuvo en el aire tres bolas de bolos, de 4,53 kg, durante 28,69 s en la maratón de juegos malabares de Praga, República Checa, el 19 de noviembre de 2011.

Más veces en colocarse un sombrero en la cabeza haciendo malabarismos en un minuto: El 7 de julio de 2015, Marcos Ruiz Ceballos (España) se colocó en 71 ocasiones uno de los tres sombreros con los que hacía malabarismos durante 60 s.

Malabares con la mayor cantidad de peso total: el 17 de julio de 2013, Denys Ilchenko (Ucrania) hizo malabares con tres neumáticos de un peso total de 26,98 kg en el plató de *Officially Amazing* de Nairn, R.U.

Josh completó la **mayor cantidad de capturas de hacha haciendo malabares** (604), en Art Factory, el 3 de noviembre de 2017.

Ese mismo día, Josh consiguió el **mayor tiempo haciendo malabares con cinco balones de fútbol**, con un tiempo de 1 min y 15,02 s.

Malabares con la mayor cantidad de espadas de samurái

Josh Horton (EE.UU.) mantuvo cuatro espadas de samurái girando a la vez en el aire en los estudios Art Factory de Paterson, Nueva Jersey, EE.UU., el 3 de noviembre de 2017. La grabación de su exitosa tentativa se incluyó en la serie *Chronicles of a Record Breaker* de la cadena Whistle Sports. A la izquierda encontrarás otros cinco récords de Josh.

En total, Josh ha obtenido nueve medallas de oro de la Federación Mundial de Malabares y de la Asociación Internacional de Malabaristas.

La **mayor cantidad de rollos de papel higiénico en equilibrio sobre la cabeza en 30 s** es 12, marca que logró en Malibú, California, EE.UU., el 16 de mayo de 2017.

El 17 de noviembre de 2017, Josh estableció la **mayor duración con una guitarra en equilibrio sobre la frente** (7 min y 3,9 s), en Dallas, Texas, EE.UU.

Josh logró hacer malabares con la **mayor cantidad de antorchas sobre una tabla de equilibrio** (5), en Art Factory, el 3 de noviembre de 2017.

Las actividades de estas páginas son exclusivamente para expertos. **¡No lo intentes en casa!**

▼ El salto invertido más largo (parkour)

Ryan Luney (R.U.) realizó un impresionante salto invertido de 4,06 m en el Carrickfergus Gym & Trampoline Club, en el condado de Antrim, R.U., el 22 de junio de 2016.

El **mayor salto entre dos objetos (parkour)** es de 4 m: lo logró Toby Segar (R.U.), el 15 de agosto de 2014.

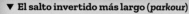

El mate a mayor distancia tras saltar hacia adelante de un trampolín

En esta proeza, un individuo intenta hacer pasar una pelota de baloncesto por un aro tras realizar un salto frontal desde un trampolín. Kerim Daghistani (Hungría) hizo un mate de 8,1 m desde un trampolín (medido desde el centro del trampolín hasta el tablero) en Budapest, Hungría, el 4 de noviembre de 2017.

▶ El salto sin carrerilla más alto

El 13 de mayo de 2016, el canadiense Evan Ungar dio un salto sin carrerilla de 1,616 m en Oakville, Ontario, Canadá. Batió el récord en One Health Clubs, con 100 personas animándole.

Un año más tarde, Evan estableció también el **salto sin carrerilla y a una pierna más alto**: 1,346 m, en Mississauga, Ontario, Canadá.

PARTICIPACIÓN MULTITUDINARIA

La mayor concentración de personas disfrazadas de Peter Pan

«El niño que no quería crecer» inspiró la Cancer Research UK Relay for Life, celebrada en Kirriemuir, R.U., el 12 de agosto de 2017. En total, 534 corredores disfrazados de Peter Pan se unieron a la carrera en la localidad natal de J. M. Barrie, creador del famoso personaje literario.

Más personas aullando como lobos

El 1 de julio de 2017, con motivo del 150 aniversario de la fundación de Canadá, el Great Wolf Lodge (Canadá) reunió a 803 personas en las cataratas del Niágara, Ontario, para aullar como lobos.

El encuentro más multitudinario de personas con el mismo nombre

No hicieron falta las presentaciones en esta fiesta celebrada en Kupres, Bosnia-Herzegovina, el 30 de julio de 2017: las 2.325 personas que asistieron se llamaban Ivan. El evento fue organizado por Kupreški kosci (Bosnia-Herzegovina).

El **encuentro más multitudinario de personas con el mismo apellido** congregó a 1.488 Gallagher en Letterkenny, Irlanda, el 9 de septiembre de 2007, batiendo los 1.224 Jones de Gales.

Más personas vestidas con ropa tradicional rumana

El 14 de mayo de 2017, 9.643 personas vestidas con trajes rumanos históricos se reunieron en Năsăud, Rumanía, en un acto de la comunidad de Bistriţa-Năsăud (Rumanía) con motivo del Día Nacional del Traje Tradicional, que pretende preservar los valores culturales del país y, en especial, los trajes tradicionales, la música y la danza.

La danza folclórica peruana más multitudinaria

El 24 de junio de 2017, se reunieron 3.170 personas que formaban parejas para interpretar la pandilla moyobambina, una danza tradicional de la región de San Martín, en el norte de Perú. El récord formó parte de las celebraciones de San Juan, cuando los lugareños se reúnen en Moyobamba, Perú, para darse un chapuzón en unas piscinas termales naturales, una costumbre conocida como el «baño bendito».

Más personas danzando con espadas

Suena peligroso, pero la danza con espadas es una forma de arte tradicional en muchas culturas y en varias regiones de la India. El 29 de julio de 2017, Vijayalakshmi Bhoopathi (India) organizó una danza con espadas con 798 estudiantes de la Academia Mayuri de Artes Escénicas en Chennai, Tamil Nadu, India.

La clase de yoga más multitudinaria

El 21 de junio de 2017, Día Internacional del Yoga, 55.506 yoguis se reunieron para practicar el bienestar físico y espiritual en Mysuru, Karnataka, India. La sesión fue organizada por la administración del distrito de Mysuru (India).

La lección de críquet más multitudinaria (en un único lugar)

Chance to Shine (R.U.), un entidad benéfica relacionada con el deporte, reunió a 580 personas en una lección de críquet en Lord's Cricket Ground, Londres, R.U., el 17 de julio de 2017. La dirigió Charlotte Edwards, excapitana de la selección femenina de Inglaterra y embajadora de Chance to Shine, y contó con la ayuda de 25 entrenadores de críquet.

Más personas desfilando por una pasarela de moda

El 4 de julio de 2015, 3.651 modelos y miembros del público se subieron a una pasarela de 40 m de largo en Pier Head, Liverpool, R.U. El evento fue organizado por Culture Liverpool en asociación con very.co.uk (ambos de R.U.) y se prolongó durante 3 h y 50 min.

Wally tiene muchos nombres distintos en el mundo, como Waldo en EE.UU., Willy en Noruega, Charlie en Francia y Văn-lang en Vietnam.

La mayor concentración de personas disfrazadas de Wally

¿Dónde está Wally? No fue muy difícil encontrar al icónico personaje del libro con su jersey rojo a rayas en el parque temático Huis Ten Bosch de Sasebo, Nagasaki, Japón, el 8 de octubre de 2017: ¡había 4.626! Era la tercera vez que el parque de atracciones intentaba batir este récord.

LA IMAGEN HUMANA MÁS GRANDE DE...

Una letra

¡Dadnos una «C»! El 15 de agosto de 2017, la Universidad de California, Berkeley (EE.UU.) formó una colosal letra «C» con 7.194 estudiantes en el estadio California Memorial. Se batía así el récord establecido sólo unos meses antes por la Universidad de Tennessee, que, sorpresa, formó una «T» gigante con 4.223 personas.

Una boca

La Escuela Dental de la Universidad de Glasgow, en Escocia, R.U., tuvo que provocar algunas sonrisas el 9 de junio de 2017, cuando 756 estudiantes y otros habitantes del área de Glasgow formaron una boca gigante ataviados con ponchos rojos o blancos para recrear labios y dientes. El objetivo era promover la buena higiene oral.

▼ Una bicicleta

Para incentivar que «la próxima generación opte por una forma de transporte activa», Auckland Transport (Nueva Zelanda) reunió el 9 de junio de 2017 a 1.799 personas para dar forma a una bicicleta en la escuela de secundaria Glen Eden de Auckland, Nueva Zelanda.

Una flor

El 10 de septiembre de 2017, Country Garden Crape Myrtle Real Estate (China) reunió a 2.567 personas que formaron una enorme flor humana de color rojo en el exterior del centro de arte y cultura de Shaoyang, Hunan, China. La nueva marca superó el récord anterior establecido el 15 de julio de 2017 en California, EE.UU.: una flor de loto formada por 162 personas.

Para exaltar el folclore local, el 20 de agosto de 2017, la Cámara Municipal de Ponte da Barca, Portugal, organizó la **danza tradicional portuguesa más multitudinaria**, con 661 bailarines.

El 11 de abril de 2017, la Andhra Pradesh Social Welfare Residential Educational Institutions Society (India) organizó la **danza kuchipudi más multitudinaria**, con 7.002 bailarines.

El 9 de septiembre de 2017, en honor a los espíritus de antepasados difuntos, 2.872 personas participaron en la **danza bon más multitudinaria**. El evento fue organizado por el festival Kawachi Ondo de Yao (Japón) y se celebró en Yao, Osaka, Japón.

La primera tirada de *Harry Potter y la piedra filosofal* fue de 500 ejemplares (26 de junio de 1997). En contraste, la tirada inicial de *Harry Potter y el legado maldito* en 2016 llegó a los 4,5 millones de copias, ¡sólo en EE.UU.!

La mayor concentración de personas disfrazadas de Harry Potter

El 10 de noviembre de 2017 fue un día fascinante para 823 estudiantes de la escuela Wembley, en Perth, Australia. Lograron un nuevo récord al reunir la mayor cantidad de personas con el icónico uniforme escolar de Harry Potter y la cicatriz con forma de rayo. La estudiante Charlotte Raston (centro) tuvo esta idea mágica.

La mayor concentración de disfraces de girasol

Para promover las actividades al aire libre, 889 personas disfrazadas de girasoles se reunieron en Guangzhou, Guangdong, China, el 4 de noviembre de 2017.

La mayor concentración de personas disfrazadas de *emojis* (múltiples lugares)

El 15 de julio de 2017, Sony Pictures convenció a 531 personas para que dieran rienda suelta a sus emociones en cinco países diferentes con motivo del lanzamiento de *Emoji: la película*.

▶ Una cámara

El 17 de junio de 2017, en conmemoración del centenario del fabricante de cámaras Nikon, NITAL (Italia) —su distribuidor oficial en este país— reunió a 1.454 personas para formar una cámara. Los participantes, vestidos de negro, gris, rojo o blanco, se congregaron en el exterior del castillo de Stupinigi, cerca Turín, en el norte de Italia.

Una hoja de arce

Gamania Digital Entertainment (Taiwán) reunió a 1.559 personas para dar forma a una enorme hoja de arce en un jornada sobre la diversión en familia de la EXPO Domo, en Taipéi, República de China, el 25 de junio de 2017. Aunque este árbol suele asociarse con Canadá, el diseño de la hoja gigante se eligió en honor al éxito de ventas del juego de rol en línea de Gamania *MapleStory*.

▼ Una motocicleta

El 30 de julio de 2017, 1.325 participantes recrearon una Yamaha Exciter para celebrar el millón de unidades vendidas. Durante este evento, organizado por Yamaha Motor Vietnam, también se realizó el **logo de una marca de motocicletas más grande**, con 554 motos.

DEL REVÉS

El viaje más largo caminando de espaldas
Hasta la fecha, el mayor exponente del pedestrismo inverso es Plennie L. Wingo (EE.UU.). Entre el 15 de abril de 1931 y el 24 de octubre 1932, Plennie realizó un viaje transcontinental de 12.875 km entre Santa Mónica, California (EE.UU.) y Estambul (Turquía). Plennie, que usaba unas gafas especiales con espejos retrovisores que le ayudaban a ver por dónde pasaba, financió su viaje vendiendo postales de él mismo.

La distancia más larga caminando de espaldas en 24 horas
Anthony Thornton (EE.UU.) caminó 153,52 km de espaldas entre el 31 de diciembre de 1988 y el 1 de enero de 1989 en Minneapolis, Minnesota, EE.UU. Promedió una velocidad de 6,4 km/h.

La distancia marcha atrás en coche más larga
Brian *Cub* Keene y James *Wilbur* Wright (ambos de EE.UU.) recorrieron 14.534 km marcha atrás al volante de un Chevrolet Blazer durante 37 días, entre el 1 de agosto y el 6 de septiembre de 1984. Pasaron por 15 estados de EE.UU. y diferentes zonas de Canadá.

La milla marcha atrás en coche más rápida
El 1 de julio de 2012, Terry Grant (R.U.) recorrió una milla (1.6 km) marcha atrás en 1 min y 37,02 s durante el Festival de la Velocidad de Goodwood, en West Sussex, R.U. Terry condujo un Nissan Leaf eléctrico por un camino cuesta arriba a una velocidad media de 88 km/h.

La milla más rápida corriendo de espaldas
El 23 de noviembre 2015, Aaron Yoder (EE.UU.) corrió una milla de espaldas en 5 min y 54,25 s en Lindsborg, Kansas, EE.UU. Aaron entrenó durante ocho semanas, en las que corrió de espaldas 45 minutos diarios.
El 25 de julio de 1991, Ferdie Ato Adoboe (Ghana) estableció los 100 m más rápidos corriendo de espaldas (hombres) con una marca de 13,6 s conseguida en Northampton, Massachusetts, EE.UU.

Los 50 m más rápidos dando saltos mortales hacia atrás
El 31 de agosto de 1995, Vitaly Scherbo (Bielorrusia) recorrió 50 m dando saltos mortales hacia atrás en 10,22 s en el centro de convenciones Makuhari Messe de Chiba, Japón.

Más volteretas hacia atrás en un minuto
El 16 de abril de 2012, Jack Leonard Riley (Australia) completó 56 volteretas hacia atrás en 60 s en Calwell, Australia.

El salto más largo hacia atrás en estático
El 22 de febrero de 2002, Jan Hempel (Alemania) saltó hacia atrás 2,01 m en Múnich, Alemania, para *Guinness-Die Show der Rekorde*.

El balón encestado a más distancia lanzado de espaldas
El 3 de noviembre de 2014, Thunder Law, de los Harlem Globetrotters (ambos de EE.UU.), encestó una pelota de baloncesto lanzándola de espaldas desde 25 m de distancia en el US Airways Center de Phoenix, Arizona, EE.UU.

Más saltos mortales hacia atrás consecutivos con un pogo saltarín
El 7 de octubre de 2017, Henry Cabelus (EE.UU.) realizó 20 saltos mortales hacia atrás consecutivos con un pogo saltarín durante el descanso de un partido de fútbol americano de los Oregon Ducks, en Eugene, Oregón, EE.UU.

Más saltos mortales hacia atrás escupiendo fuego en un minuto
El 23 de junio de 2017, Ryan Luney (R.U.) realizó 14 saltos mortales hacia atrás escupiendo fuego en 60 s en Antrim, R.U. Se decidió a intentarlo después de ver a Steve-O hacerlo en el canal de Youtube «The Slow Mo Guys».

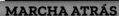

El salto mortal hacia atrás más largo cayendo dentro de unos pantalones
El 5 de septiembre de 2016, el acróbata autodidacta Raymond Butler (EE.UU.) dio un salto mortal hacia atrás de 2,59 m hasta ponerse unos pantalones, en el plató de *The Today Show*, en Nueva York, EE.UU. Raymond ya había logrado este mismo récord en 2013, pero le fue arrebatado tan sólo tres meses después.

Más libros copiados de atrás hacia delante
A 10 de abril de 2017, Michele Santelia (Italia) había reescrito 76 libros de atrás hacia delante en Campobasso, Italia. Cada uno de los libros fue copiado en su idioma original usando un ordenador y cuatro teclados en blanco, y sin mirar la pantalla. El trabajo más reciente de Michele, *Los vedas indios de atrás hacia delante*, fue escrito con los caracteres antiguos del alfabeto sánscrito. Está compuesto por 1.153 páginas, 9.277 párrafos, 20.924 líneas, 107.216 palabras y 635.995 caracteres.

El palíndromo más largo
Un palíndromo es una palabra que se lee igual de izquierda a derecha que de derecha a izquierda. El más largo que se conoce tiene 19 letras y es «Saippuakivikauppias», término finlandés para designar a un comerciante de lejía.

Más saltos mortales hacia atrás consecutivos (con una mano)
El 4 de marzo de 2017, Zama Mofokeng (Sudáfrica) realizó 34 saltos mortales hacia atrás consecutivos apoyándose en una mano en Tembisa, Gauteng, Sudáfrica. Zama, que batió el récord para animar a los niños del lugar a practicar gimnasia, entrena desde los 10 años y, antes de llegar a dominar toda una serie de técnicas acrobáticas, tuvo que recuperarse de una grave lesión en una mano.

El salto mortal hacia atrás más largo es de 4,26 m y lo realizó Lukas Steiner (Austria) en el plató de *Lo Show dei Record* en Milán, Italia, el 28 de abril de 2011.

MARCHA ATRÁS

◄ La distancia más larga conduciendo de espaldas una motocicleta
El 7 de octubre de 2014, Dipayan Choudhury (India) recorrió 202 km sentado de espaldas en una motocicleta en Jabalpur, India. Sargento del Cuerpo de Transmisiones del ejército indio, también forma parte del equipo de motoristas «Dare Devils». Dipayan triplicó con creces la distancia del récord anterior.

La distancia más larga recorrida hacia atrás en monociclo
El 24 de junio de 1999, Steve Gordon (EE.UU.) recorrió 109,4 km hacia atrás en monociclo en la Universidad de Southwest Missouri State, en Springfield, EE.UU.
La **distancia más larga recorrida en monociclo sobre una hilera de botellas** es de 8,5 m, récord logrado por Chen Zhong Qin (China) el 7 de enero de 2015.

◄ La distancia más larga recorrida hacia atrás en bicicleta
Del 7 al 8 de octubre de 2013, Andrew Hellinga (Australia) se sentó en el manillar de una bicicleta y recorrió de espaldas 337,6 km en Norwell, Queensland, Australia. Además de recaudar fondos con fines benéficos, batió el récord de la **distancia más larga recorrida hacia atrás en bicicleta en 24 horas**.

El récord de la **maratón hacia atrás en patines en línea más rápida** es de 1 h, 39 min y 59 s, establecido por Tomasz Kwiecień (Polonia) en Varsovia, Polonia, el 22 de septiembre de 2013.

El récord de la **maratón hacia atrás haciendo malabares (tres objetos) más rápida** es de 5 h, 51 min y 25 s, establecido por Joe Salter (EE.UU.) durante la maratón Quad Cities de Moline, Illinois, EE.UU., el 22 de septiembre de 2013.

El récord de la **maratón más rápida corriendo de espaldas (hombres)** es de 3 h, 43 min y 39 s, establecido por Xu Zhenjun (China) durante la maratón internacional de Pekín, China, el 17 de octubre de 2004.

El descenso más rápido esquiando de espaldas (mujeres)

El 27 de marzo de 2017, la esquiadora de estilo libre Emilie Cruz (Francia) alcanzó una velocidad de 107,143 km/h esquiando de espaldas en la estación francesa de Les Carroz, en le Grand Massif. Para este récord, que todavía no se había establecido en categoría femenina, Emilie se inspiró en Elias Ambüehl (Suiza), que el 27 de febrero de 2017 protagonizó el **descenso más rápido esquiando de espaldas (hombres)**: 131,23 km/h.

Emilie se clasificó en 2012 para el Campeonato Mundial Júnior de Esquí de Estilo Libre de la FIS, donde terminó quinta en la prueba de slopestyle.

Emilie Cruz es profesora de esquí y vive en un pueblo a los pies de una estación alpina. Comenzó a esquiar con 2 años y medio, y con 14 se inició en la disciplina de estilo libre, en la que los competidores realizan giros y volteretas en el aire.

La mayor distancia conduciendo marcha atrás en 24 horas

Del 13 al 14 de junio de 1999, John y Brian Smith (ambos de EE.UU.) recorrieron 1.369,95 km marcha atrás en el circuito I-94 de SauK Center, Minnesota, EE.UU.

La **mayor distancia recorrida marcha atrás en un tractor con remolque** es 20,16 km, lograda por Patrick Shalvey (Irlanda) el 29 de marzo de 2017 en Cavan, Irlanda.

▼ El salto con rampa más largo marcha atrás en coche

El 13 de febrero de 2014, el expatinador profesional y poseedor de múltiples GWR Rob Dyrdek (EE.UU.) celebró la serie final del programa de la MTV *Rob Dyrdek's Fantasy* con un salto con rampa marcha atrás de 27,2 m en Valencia, California, EE.UU. Conducía un Chevrolet Sonic RS Turbo de 2014.

La mayor distancia recorrida marcha atrás en un camión articulado (equipo)

El 3 de octubre de 2009, un equipo de 11 miembros condujo 109,76 km con un semirremolque (camión articulado) de 19 m en Cessnock, Nueva Gales del Sur, Australia.

La **mayor distancia recorrida marcha atrás en un camión articulado (individual)** es de 64 km. Lo logró Marco Hellgrewe (Alemania) el 22 de septiembre de 2008.

¡BATALLAS!

La batalla con espray de serpentinas más multitudinaria

El 20 de febrero de 2012, el Funatorium Explorium del Centro CE de Ottawa, Ontario, Canadá, organizó un combate con espray de serpentina en el que participaron 629 personas.

El 18 de febrero de 2013 y en el mismo lugar, el Funatorium también organizó la **pelea de bolas de papel más multitudinaria**, descrita como una «pelea de bolas de nieve bajo techo». Participaron 282 personas.

La pelea de almohadas más multitudinaria

El 21 de julio de 2015, el fabricante de ropa de cama MyPillow (EE.UU.) organizó una mullida pelea entre 6.261 pugilistas armados con almohadas. La pelea tuvo lugar durante un partido de béisbol de los St Paul Saints en el estadio CHS Field de Minnesota, EE.UU., y fue presentada por el actor Stephen Baldwin, que también participó.

La **competición de pelea de almohadas más duradera** fue la World Pillow Fight Championships, que se celebró anualmente en Kenwood, California, EE.UU., entre 1964 y 2006. Aproximadamente unos 100 luchadores peleaban con almohadas mojadas mientras estaban sentados a horcajadas sobre un poste de acero colocado sobre un arroyo lleno de barro. La competición fue recuperada el 4 de julio de 2014, y hay prevista una nueva edición para 2018.

La batalla de bolas de nieve más multitudinaria

El 31 de enero de 2016, en la ciudad de Saskatoon, Saskatchewan, Canadá, 7.681 personas se enfrentaron en una batalla de bolas de nieve. El evento sirvió para despedir al equipo de Canadá, que iba a competir en el Campeonato del Mundo Yukigassen («batalla de nieve»), una competición profesional de bolas de nieve que se celebra anualmente en Hokkaido, Japón.

La batalla con tartas de espuma de afeitar más multitudinaria

El 18 de junio de 2016, 1.180 personas entablaron una batalla con tartas de espuma de afeitar en el Another Fine Fest (Ulverston, Cumbria, R.U.), que conmemora el nacimiento de Stan Laurel, integrante del dúo El Gordo y el Flaco (ver abajo a la izquierda).

La batalla con pistolas de juguete más multitudinaria

La Jared's Epic NERF Battle se celebró en el AT&T Stadium de Arlington, Texas, EE.UU., el 12 de marzo de 2016. En total, participaron 2.289 tiradores de primera que recaudaron fondos para la Rebuild Rowlett Foundation for Long Term Relief, que ayuda a las víctimas de un tornado devastador. Los participantes también fueron animados a dejar allí sus pistolas de agua NERF para que pudieran ser donadas al Buckner Children's Home (EE.UU.).

La pelea con globos de agua más multitudinaria

El 26 de agosto de 2011, la Christian Student Fellowship de la Universidad de Kentucky, en Lexington, EE.UU., organizó una pelea con globos de agua en la que participaron 8.957 personas. En total, se lanzaron 175.141 globos durante la contienda.

La **mayor cantidad de dianas con globos de agua en un minuto** es 42, récord establecido por Ashrita Furman (víctima) y Bipin Larkin (ambos de EE.UU.) en Jamaica, Nueva York, EE.UU., el 21 de septiembre de 2016.

El combate de supervivencia con armas láser más multitudinario

El combate de supervivencia con armas láser más multitudinario contó con 307 participantes, cifra lograda por ECombat (R.U.) en el NEC de Birmingham, R.U., el 6 de abril de 2013, durante *The Gadget Show LIVE*. El combate se prolongó durante dos horas y el último participante en pie fue Marcus van Wiml.

La mayor cantidad de pasteles de crema lanzados en una secuencia de una película

En una escena de la película cómica muda *La batalla del siglo* (EE.UU., 1927), protagonizada por El Gordo y el Flaco, se lanzaron 3.000 pasteles de crema. El productor, Hal Roach, compró toda la producción de un día de Los Angeles Pie Company (ver también arriba a la derecha).

Debido a la creciente preocupación por el desperdicio de alimentos, Guinness World Records ya no acepta solicitudes de récord para el lanzamiento de tartas de crema.

La batalla con pistolas de agua más multitudinaria

Dos equipos (3.875 tiradores en total) de la Universidad de California, Irvine, EE.UU., se enfrentaron en el campus durante 12 minutos con pistolas de agua el 24 de septiembre de 2013 en un evento organizado por NLA Sports (EE.UU.). A la derecha, la batalla con pistolas de juguete más multitudinaria.

El combate con robots más grandes

El verano de 2015, el colectivo estadounidense de aficionados a la robótica MegaBots retó a Suidobashi Heavy Industry, Japón, a un combate ¡con robots mechas gigantes! La batalla se emitió el 17 de octubre de 2017. *Kuratas*, el robot de Suidobashi, que con sus 4 m de altura es el **robot mecha más grande controlado con un teléfono inteligente**, se enfrentó a *Eagle Prime*, de 4,8 m de altura. Este cataclísmico choque de 16,78 toneladas terminó con *Eagle Prime* tumbando a *Kuratas*.

MÁS CAMPEONATOS DEL MUNDO DISPARATADOS

◄ Lucha con los dedos de los pies

Alan Nasty Nash (R.U., izquierda) logró el récord de **más victorias en el Campeonato Mundial de lucha con los dedos de los pies (hombres)** tras hacerse con el trofeo por 14.ª vez el 19 de agosto de 2017 en Fenny Bentley, Derbyshire, R.U. El mayor número de victorias de una mujer son las cuatro de Karen Davies (R.U.) entre 1999 y 2002.

◄ Redneck Games

En 1996 el DJ radiofónico Mac Davis, de la emisora Y96 East Dublin, Georgia, EE.UU., impulsó los **primeros Redneck Games** como una alternativa divertida a los JJ.OO. Este evento anual con fines benéficos cuenta con disciplinas como las herraduras redneck (lanzamiento del asiento del inodoro, izquierda) o el lanzamiento en plancha a fosos de barro.

Lanzamiento de teléfono

El Campeonato del Mundo de Lanzamiento de Teléfono Móvil se fundó en 2000 en Savonlinna, Finlandia. La **mayor distancia alcanzada en un lanzamiento de teléfono móvil** es 110,42 m, el largo de un campo de fútbol. El lanzador de jabalina Dries Feremans (Bélgica) logró esta marca en los campeonatos celebrados en Kessel-Lo, Bélgica, el 27 de agosto de 2014.

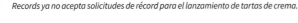

Los españoles se divierten lanzando... ¡merengue! Durante las fiestas de Vilanova i la Geltrú, en Barcelona, se celebra una pelea de un día de duración conocida como «la merengada».

 En Italia, en la ciudad de Ivrea, se organiza anualmente la batalla de las naranjas. Este combate de tres días enfrenta a nueve equipos de *aranceri* (lanzadores de naranjas).

Las naranja no es la única fruta que se emplea en una batalla. La habitualmente tranquila ciudad de Binissalem, en Mallorca, España, acoge un festival anual de lanzamiento de uva.

 GUINNESS WORLD RECORDS

Aunque parezca extraño, la principal industria de Buñol no es el tomate, sino ¡el hormigón! Los tomates ni siquiera abundan en la zona. Afortunadamente, sus habitantes descartaron lanzarse hormigón.

La mayor batalla anual con comida

El último miércoles de agosto, la ciudad de Buñol, cerca de Valencia, España, celebra su festival anual del tomate, La Tomatina. Se desconocen sus orígenes, pero cada año decenas de miles de participantes se reúnen para arrojarse tomates los unos a los otros. Se estima que en 2012, en la cima de popularidad del evento y la última vez que la asistencia fue gratuita, 40.000 personas se acercaron a este pequeño pueblo para participar en la fiesta y arrojarse al menos 40 toneladas de tomates.

Los tomates se transportan en camiones a Buñol, a menudo desde lugares tan lejanos como Extremadura, a 550 km al oeste. Los turistas pagan una cantidad extra por subirse a los camiones y tirar los primeros tomates.

Por las calles de Buñol fluyen ríos de pulpa de tomate durante La Tomatina. No obstante, el ácido de la fruta ayuda a limpiar el pavimento. Después de pasar la manguera, las calles quedan relucientes.

Esnórquel en ciénaga
La **cifra más alta de participantes en un Campeonato Mundial de esnórquel en ciénaga** es 200 (31 de agosto de 2009 en la turbera de Waen Rhydd en Llanwrtyd Wells, Powys, R.U.). Los participantes tienen que cubrir dos distancias de unos 55 m por trincheras llenas agua en una turbera, y deben usar tubos de respiración y aletas.

▶ **Acarreo de esposa**
A pesar de su nombre, en el acarreo de esposa cualquier hombre puede llevar a cualquier mujer que lo desee, siempre y cuando ésta pese más de 49 kg y tenga al menos 17 años. Los Campeonatos Mundiales se celebran anualmente en Sonkajärvi, Finlandia, desde 1992. El **mayor número de victorias en el Campeonato**

Mundial de Acarreo de Esposa es seis, logradas por Taisto Miettinen y su «esposa» Kristiina Haapanen (ambos de Finlandia, derecha) entre 2009 y 2013, y en 2017.

Puntapiés en las espinillas
Celebrados por primera vez en Inglaterra en 1612, los Robert Dover's Cotswold Olimpicks albergan desde 1636 la **competición más longeva de puntapiés en las espinillas**. Los competidores modernos visten batas blancas como las de los pastores y pueden usar paja para protegerse las piernas.

SLACKLINE

INTERNATIONAL SLACKLINE ASSOCIATION

La International Slackline Association (ISA) pretende fomentar y apoyar la práctica del *slackline* en todas sus modalidades, tanto la enfocada al ocio como al deporte de competición. Asimismo, la ISA busca aumentar la seguridad en todas las variantes de *slackline* mediante la educación y el control activo de los riesgos. Todos los récords incluidos en esta sección han sido aprobados por la ISA, a excepción de los que aparecen en el apartado «Habilidades en equilibrio» al final de esta página.

Los 100 m más rápidos sobre una *slackline*
El 12 de junio de 2016, el francés Lucas Milliard recorrió 100 m sobre una *slackline* en 1 min y 59,73 s en un evento organizado por Hailuogou National Glacier Forest Park, en Luding, provicia de Sichuan, China.

Los 200 m más rápidos sobre una *slackline*
El 17 de julio de 2017, Daniel Ivan Laruelle (Bélgica) recorrió 200 m sobre una *slackline* en tan sólo 4 min y 17 s en el punto escénico de Shenxianju, en Taizhou, provincia de Zhejiang, China. Para la consecución de este récord compitió cara a cara con Lucas Milliard (4 min y 26 s) y Alexander Helmut Schulz (4 min y 36 s).

El primer *buttflip* triple sobre una *slackline*
El primer *buttflip* triple (un *flip* frontal triple que el ejecutante empieza y termina sentado) oficial de todos los tiempos lo realizó el gimnasta francés convertido en *slackliner* Louis Boniface en abril de 2017.

El recorrido urbano más largo con arnés sobre una *highline* (hombres)
El 9 de diciembre de 2017, Nathan Paulin (Francia) cruzó los 670 m que separan la Torre Eiffel y la plaza del Trocadero, en París, Francia, por una *highline* de 2,5 cm de ancho tendida a 60 m de altura.

El recorrido más largo sin arnés sobre una *highline* (hombres)
El 19 de septiembre de 2017, Friedi Kühne (Alemania) caminó sin arnés de seguridad por una *highline* de 110 m de largo tendida a unos 200 m de altura en Verdon Gorge, Francia. Batía así su propio récord de 72 m establecido en Hunlen Falls, Columbia Británica, Canadá.

El **recorrido más largo sin arnés sobre una *highline* (mujeres)** es de 28 m, récord establecido por Faith Dickey (EE.UU.) en septiembre de 2012 a 25 m de altura en Ostrov, República Checa.

El recorrido más largo con arnés sobre una *highline* (mujeres)
El 13 de noviembre de 2017, Mia Noblet (Canadá) batió su propio récord mundial después de recorrer 493 m sobre una *highline* tendida a 120 m de altura entre Castleton Tower y las formaciones rocosas Rectory, en Castle Valley, Utah, EE.UU.

El recorrido más largo con arnés sobre una *waterline* (hombres)
El 29 de abril de 2017, el equipo formado por Samuel Volery (Suiza), Lukas Irmler (Alemania) y Tijmen van Dieren (Países Bajos) recorrió 750 m sobre una *waterline* tendida a 35 m de altura sobre el Kalterer See (lago de Caldaro) en Tirol del Sur, Italia.

El recorrido más largo sin arnés sobre una *longline* (hombres)
El 9 de mayo de 2015, Alexander Schulz (Alemania) recorrió 610 m sobre una *longline* entre dos dunas en los desiertos de Mongolia Interior, China. La cuerda se combó hasta un máximo de 30 m durante el épico paseo de Schulz.

El **recorrido más largo sin arnés sobre una *longline* (mujeres)** es de 230 m, récord establecido por Laetitia Gonnon (Suiza/Francia), el 28 de septiembre de 2014 en un campo de Lausana, Suiza.

Los 1.662 m cubiertos por el equipo Sangle Dessus-Dessous (SDD) son también el **recorrido más largo sobre una *slackline* de todos los tiempos.**

El recorrido más largo sin arnés sobre una *waterline* (hombres)
El 13 de julio de 2013, Mich Kemeter (Austria) recorrió 250 m sin arnés de seguridad sobre una *slackline* tendida sobre el Grüner See (lago Verde), en Tragöss, Austria. Mich mantuvo los brazos extendidos durante todo el recorrido, que duró 20 min. Mejoraba así su propio récord de 222 m establecido el año anterior en el mismo lugar.

El recorrido más largo con arnés sobre una *highline* (hombres)
El 9 de junio de 2017, Pablo Signoret (imagen de la izquierda) y Nathan Paulin (imagen de la derecha, ambos de Francia), integrantes del equipo de *slackline* SDD, caminaron 1.662 m por una cuerda tendida a 340 m de altura en el valle del Cirque de Navacelles, en las montañas del Macizo Central, Francia. Al día siguiente, otro integrante del equipo, Lucas Milliard (Francia, imagen principal), también completó el recorrido y lo hizo con el mejor tiempo: 1 h y 6 min. Un cuarto miembro del equipo SDD, Antony Newton, intentó la hazaña el mismo día pero cayó cuando sólo le quedaban 152 m para llegar al final.

HABILIDADES EN EQUILIBRIO (VERIFICADAS POR GWR)

◄ Mayor distancia recorrida sobre una *slackline* haciendo malabares con tres objetos
El 4 de octubre de 2014, Lyle Bennett (Sudáfrica) recorrió 33,35 m mientras hacía malabares con tres bolas en la granja Wild Clover, en Stellenbosch, Sudáfrica. Lyle multiplicó casi por cuatro la distancia del récord anterior en una exhibición de 4 min y 2 s.

Mayor distancia recorrida en monociclo sobre una *slackline*
El 9 de septiembre de 2013, Lutz Eichholz (Alemania) recorrió 15,66 m en monociclo sobre una *slackline* en el plató del *Guinness World Records Special* de la CCTV, en Pekín, China.

Eichholz también ostenta el récord de **más saltos de 180° (switches) en un monociclo en un minuto** (26), logrado en Cannes, Francia, el 18 de junio de 2016.

◄ Mayor distancia recorrida en bicicleta sobre una *slackline*
El 11 de mayo de 2014, Vittorio Brumotti (Italia) recorrió 10,05 m en bicicleta sobre una *slackline* que se encontraba tendida a 1,05 m de altura sobre el suelo en Parco Leonardo, Fiumicino, Roma, Italia. Tan sólo necesitó 20 segundos para completar su hazaña.

Slackline: Tira de fibra sintética de 2,5 cm de ancho que se tiende entre unos puntos de anclaje y se emplea para realizar ejercicios de equilibrio.

Highline: Una *slackline* situada a gran altura, desde donde una caída sin medidas de protección podría causar graves lesiones o la muerte.

Longline: Una *slackline* larga que todavía permite caer al suelo con seguridad.

Waterline: Una *slackline* tendida sobre una masa de agua, generalmente no a gran altura.

La *highline* a más altura (hombres)

El 28 de febrero de 2014, Andy *Sketchy* Lewis (EE.UU.) caminó por una *highline* tendida a 1.219 m de altura entre dos globos de aire caliente que flotaban sobre el desierto de Mojave, en Nevada, EE.UU. Tras completar con éxito la hazaña, el atrevido Lewis saltó en paracaídas desde uno de los globos.

En 1999 Stephan Siegrist apareció en *Eiger Live*, un programa de la televisión suiza retransmitido en directo de 30 horas de duración que cubrió el exitoso intento de un equipo de escaladores de coronar el Eiger por su cara norte.

La *highline* a más altura con arnés (hombres)

El 29 de junio de 2016, Stephan Siegrist (Suiza) recorrió 21 m sobre una *highline* en el monte Kilimanjaro, en Tanzania, a una altitud de 5.700 m. El bajo contenido de oxígeno en el aire a tanta altura hizo más difícil evitar los mareos y mantener el equilibrio, y una inesperada nevada contribuyó a endurecer todavía más la situación.

Más *side surfs* en una *slackline* en un minuto

El 28 de agosto de 2011, la leyenda del *slackline* Andy Lewis (EE.UU., ver arriba) realizó 143 *side surfs* sobre una *slackline* en 60 segundos en la cascada Diaoshuilou del lago Jingpo, ciudad de Mudanjiang, China. Los *side surfs* se realizan balanceando la *slackline* de lado a lado a gran velocidad, en un movimiento que recuerda al del surfista montando una ola.

◄ Más tiempo dando toques a un balón de fútbol sobre una *slackline*

El 14 de enero de 2016, el malabarista John Farnworth (R.U.) estuvo danto toques a un balón de fútbol sobre una *slackline* durante 29,82 s en Preston, Lancashire, R.U. Farnworth ostenta numerosos títulos GWR gracias a sus habilidades malabares con el balón.

Más rebotes sentado a horcajadas sobre una *slackline* en un minuto

El 9 de diciembre de 2012, Lukas Irmler (Alemania) realizó 29 rebotes sentado a horcajadas sobre una *slackline* en 60 s en el plató del *Guinness World Records Special* de la CCTV en Pekín, China. El equilibrista comienza de pie sobre la cuerda, se deja caer sobre su trasero y vuelve a ponerse de pie.

HAZAÑAS EXTREMAS

El mayor número de cuchillos lanzados alrededor de un objetivo humano en un minuto

El 26 de diciembre de 2007, el *Gran Throwdini* (nombre artístico del Dr. David R. Adamovich, EE.UU.) lanzó 102 cuchillos, de 35,5 cm de largo cada uno, alrededor de Tina Nagy (EE.UU.) en 60 s, en Freeport, Nueva York, EE.UU.

El mayor número de clavos introducidos en la nariz en 30 s

El 16 de julio de 2015, Burnaby Q. Orbax (Canadá), la mitad del dúo Monsters of Schlock, se metió 15 clavos en la nariz en medio minuto en Saint John, Nuevo Brunswick, Canadá.

Al día siguiente, Orbax consiguió el récord del **mayor peso levantado con unos ganchos en los antebrazos**: 45,18 kg.

El menor tiempo en quitarse una camisa de fuerza colgado de un globo aerostático

El 22 de julio de 2017, Super Ning (China) se deshizo de una camisa de fuerza en 53,70 s, suspendido de un globo aerostático a 30 m de altura en Weihai, provincia de Shandong, China.

Más tiempo tumbado sobre una cama de clavos

El récord de tiempo tumbado sobre una cama de clavos (de 15,2 cm de largo) separados por 5 cm es de 300 horas. Lo logró Ken Owen (R.U.) del 3 al 14 de mayo de 1986. ¡Su período más largo sin interrupciones duró 132 h 30 min!

La mayor cantidad de bloques de hormigón que se ha roto sobre una persona en una cama de clavos (hombres)

El 12 de febrero de 2012, el maestro del kung-fu Neal Hardy (Australia) permaneció estirado en una cama de clavos con 15 bloques de hormigón (774,99 kg) sobre el pecho mientras una persona los rompía con una maza. El acontecimiento tuvo lugar en Petrie Plaza, Camberra, Australia.

La mayor cantidad de clavos clavados con la cabeza en un minuto

El 3 de julio de 2012, el luchador y forzudo John Ferraro (EE.UU.) clavó 13 clavos en una tabla de madera utilizando su cabeza como martillo en 60 s. La proeza se llevó a cabo en el plató de *Guinness World Records Gone Wild!* en Los Ángeles, California, EE.UU. Las resonancias magnéticas indican que el cráneo de Ferraro es casi dos veces y media más grueso que la media.

La mayor cantidad de manzanas sostenidas con la boca que se han cortado con una motosierra en un minuto

El 19 de abril de 2017, Chayne Hultgren (Australia), más conocido como *The Space Cowboy*, empleó 60 s en cortar con una motosierra 21 manzanas que sostenía con la boca en Sídney, Nueva Gales del Sur, Australia.

El 10 de mayo de 2017, Chayne logró el récord de **mayor número de capturas de malabares consecutivas de una motosierra por debajo de la pierna** (14).

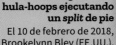

La mayor cantidad de hula-hoops girando simultáneamente con distintas partes del cuerpo

El 24 de mayo de 2017, Dunja Kuhn (Alemania) hizo girar 59 hula-hoops con distintas partes del cuerpo en Londres, R.U. Realizó tres tentativas en el mismo día, retransmitidas en directo por GWR en *Facebook Live*.

El mayor tiempo haciendo girar seis hula-hoops ejecutando un *split* de pie

El 10 de febrero de 2018, Brookelynn Bley (EE.UU.), conocida como la *Reina de los aros*, hizo girar seis hula-hoops con su cuerpo mientras ejecutaba un *split* de pie durante 1 min y 30 s, toda una proeza de resistencia con los aros.

Los 10 m de puntillas más veloces sobre una cuerda floja

El 16 de agosto de 2017, Olga Henry (Rusia/EE.UU.) recorrió 10 m de puntillas sobre una cuerda floja en 2 min y 33,71 s en el Carlson Park de Culver City, California, EE.UU. La cuerda tenía un grosor de 5,08 m y estaba situada a más de 1 m del suelo.

La mayor distancia recorrida por una bala de cañón humana

El 13 de marzo de 2018, el *Hombre bala*, alias de David Smith Jr. (EE.UU.), voló 59,43 m tras ser disparado desde un cañón en un acto promocional para el lanzamiento del juego de Xbox *Sea of Thieves*, en el estadio Raymond James de Tampa, Florida, EE.UU.

El 8 de julio de 2013, también batió la **mayor altura alcanzada por una bala de cañón humana** (26 m) en California, EE.UU.

El balón de fútbol controlado con los pies durante más tiempo sobre el techo de un coche en marcha

El 15 de noviembre de 2014, el futbolista de estilo libre Ash Randall (R.U.) controló con gran habilidad un balón con los pies estando tumbado en el techo de un coche en marcha durante 93 s. Lo hizo en el aeropuerto de Cardiff, R.U. Durante el intento, Ash tuvo que hacer frente a los vientos laterales y a rampas en las piernas mientras el vehículo circulaba a más de 16 km/h.

ESTO NO ES UN PALO

◄ Menos saltos con un pogo saltarín en 1 minuto

El 11 de julio de 2016, Henry Cabelus (EE.UU.) logró saltar sólo 38 veces en 60 s en Nueva York, EE.UU., por lo que batió, por un salto menos, el récord anterior de Biff Hutchison. Para reducir al mínimo el número de saltos, los saltadores de pogo saltarín deben alcanzar la máxima altura sin quedarse parados ni bajarse de él.

► La milla más rápida con un pogo saltarín

El 24 de junio de 2017, Drew McQuiston (EE.UU.) cubrió una milla montado en un pogo saltarín en 7 min 40 s en una pista de atletismo de Pittsburgh, Pensilvania, EE.UU. No se apeó ni una sola vez durante la carrera de cuatro vueltas. Durante la prueba se pusieron las canciones «Jump Around» de House of Pain y «Jump» de Van Halen.

El mayor peso muerto levantado en una competición Strongman

El 9 de julio de 2016, Eddie Hall (R.U.), conocido como la *Bestia*, logró levantar 500 kg, el peso aproximado de un oso polar macho adulto, en la categoría de peso muerto en el Campeonato Mundial de Peso Muerto celebrado en Leeds. Eddie había fijado un nuevo récord de 465 kg ese mismo día, pero destrozó esa marca y se convirtió en el primer humano en levantar media tonelada. Se desplomó poco después, ya que le reventaron algunos vasos sanguíneos de la cabeza debido a este esfuerzo sobrehumano.

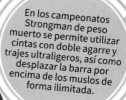

En los campeonatos Strongman de peso muerto se permite utilizar cintas con doble agarre y trajes ultraligeros, así como desplazar la barra por encima de los muslos de forma ilimitada.

Para prepararse antes de una competición, Eddie come muy «a lo bestia». Cada día consume 12.500 calorías a base de filetes, pastel de queso y batidos de proteínas.

Las actividades de estas páginas son exclusivamente para expertos. **¡No lo intentes en casa!**

▶ **La milla más rápida con un pogo saltarín haciendo malabares con tres pelotas**

El 26 de septiembre de 2007, Ashrita Furman (EE.UU.) recorrió una milla con un pogo saltarín haciendo malabares con tres pelotas en 23 min y 28 s, en la ciudad de Nueva York, EE.UU. El 28 de enero de 2010, Ashrita recorrió la **mayor distancia haciendo malabares montado en un pogo saltarín**: 6,44 km. Fue en la isla de Pascua, Chile.

El mayor salto dado con un pogo saltarín

El 5 de noviembre de 2017, Dmitry Arsenyev (Rusia), de veintidós años, superó una barra situada a 3,378 m del suelo saltando con un pogo saltarín en Wilkinsburg, Pensilvania, EE.UU.

En el mismo día, Michael Mena (EE.UU.) dio la **voltereta hacia delante a mayor altura con un pogo saltarín** (3,086 m), también en Wilkinsburg.

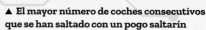

▲ **El mayor número de coches consecutivos que se han saltado con un pogo saltarín**

El 6 de junio de 2017, Dalton Smith (EE.UU.) saltó tres coches Nissan (Japón) consecutivos en el tejado de un aparcamiento en Croydon, Gran Londres, R.U. Smith culminó su hazaña desmontando del pogo con un salto mortal.

RESISTENCIA

El 10 de julio de 2015, Tatum Braun (EE.UU) se mantuvo sobre una tabla de equilibrio durante 7 h, 25 m y 30,86 s en Charlotte, Vermont, EE.UU. Lo lleva en los genes: su madre, Cricket Braun, logró este mismo récord en 2005.

La maratón más larga de un videojuego de danza
Carrie Swidecki (EE.UU.) completó una sesión de 138 h y 34 s de *Just Dance 2015* (Ubisoft, 2014) en Otto's Videogames & More! en Bakersfield, California, EE.UU, del 11 de julio al 17 de julio de 2015. Fue retrasmitida en directo en Twitch y recaudó 7.305 $ para la ONG ExtraLife4Kids.

MÁS TIEMPO...

Retransmitiendo un programa de radio en directo bajo el agua (sin apoyo)
El 13 de mayo de 2017, el presentador neozelandés Stu Tolan emitió un programa de radio bajo el agua durante 5 h, 24 m y 25 s para 104.8 Channel 4. Descendió hasta una profundidad de 3 m en el acuario Atlantis Ambassador Lagoon, de 11 millones de litros de capacidad, en el hotel Pal de Dubái, Emiratos Árabes Unidos. Durante la tentativa, un equipo de seis submarinistas tuvo que cambiar las bombonas de oxígeno de Stu 11 veces.

En pie sobre una pelota suiza
El 18 de septiembre de 2015, Garrett Lam (EE.UU) se mantuvo en pie sobre una pelota suiza durante 5 h, 25 m y 36,98 s en Boston, Massachusetts, EE.UU.

En caída libre *indoor*
Stef Millet y Manu Sarrazin (ambos de Francia) lograron conjuntamente una caída libre de 7 h, 15 m y 18 s en el túnel de viento Windoor de Ampuriabrava, España, el 7 de julio de 2017. Superaron el anterior récord, logrado el año anterior, en más de 15 minutos.

Manteniendo una pelota de fútbol sobre la cabeza
El 27 de enero de 2017, Arash Ahmadi Tikafani (Irán) mantuvo una pelota de fútbol en equilibrio sobre su cabeza durante 8 h, 42 m y 12 s en Bandar Abbas, Hormozgán, Irán.

Manteniéndose en pie sin moverse
Om Prakash Singh (India) se mantuvo absolutamente inmóvil (a excepción del parpadeo involuntario) durante 20 h, 10 m y 6 s en Allahabad, India, entre el 13 y el 14 de agosto de 1997. Lo hizo mientras se recuperaba de la varicela, por lo que los médicos le recomendaron no continuar.

Saltando en cama elástica por equipos
Los ocho miembros del equipo Autism Together (R.U.) estuvieron saltando en una cama elástica durante 25 h en Birkenhead, área metropolitana de Wirral, R.U., entre el 2 y el 3 de abril de 2017. El octeto, que hizo turnos de 20 minutos, inició la sesión el día mundial del autismo para concienciar acerca de la enfermedad.

Saltando a la comba
Joey Motsay (EE.UU.) saltó a la comba durante 33 h y 20 min en Positive Stress Workout, Greensboro, Carolina del Norte, EE.UU., entre el 4 y el 5 de diciembre de 2009. Consiguió recaudar 38.000 $ para Smile Train, una ONG que opera gratuitamente de labio y paladar leporino a niños de todo el mundo.

Jugando a fútbol sala
Del 30 de junio al 2 de julio de 2017, la Lee Knight Foundation (R.U.) completó una maratón ininterrumpida de 50 horas de fútbol sala en Birkenhead, R.U. Los fondos recaudados se destinaron a adaptar para discapacitados las instalaciones de los equipos participantes.

Manteniendo un paraguas en equilibrio con un dedo
Himanshu Gupta (India) mantuvo un paraguas en equilibrio sobre el dedo medio de su mano derecha durante un total de 2 h, 22 min y 22 s en Bangalore, India, el 7 de octubre de 2017.

Maratón más larga en una montaña rusa
Richard Rodriguez (EE.UU.) estuvo viajando en las montañas rusas Pepsi Max Big One y Big Dipper, de Pleasure Beach en Blackpool, Lancashire, R.U., durante 405 h y 40 m, entre el 27 de julio y el 13 de agosto de 2007. Durante esos 17 días, sólo pudo descansar cinco minutos entre viaje y viaje para comer algo, ducharse o cambiarse de ropa.

Maratón más larga en un auto de choque
Del 10 al 11 de agosto de 2016, Manuela Benus y Jan Spekker (ambos de Alemania) realizaron una maratón de 28 horas conduciendo autos de choque durante el festival Hamburger Dom de Hamburgo, Alemania. La cadena de televisión RTL Nord, donde trabajan Manuela y Jan, conmemoró su 28.º aniversario con esta maratón de 28 horas.

MARATONES MUSICALES

Sitar
Del 26 al 27 de noviembre de 2011, Renuka Punwani (India) tocó el sitar durante 25 horas ininterrumpidas en la Pancham Academy of Indian Music de Ahmedabad, Gujarat, India. Renuka era entonces una joven de 76 años de edad. Además, acompañó a otros miembros de la escuela en sus maratones musicales.

▼ Piano
Del 11 al 17 de octubre de 2015, Mrityunjay Sharma (India) tocó el teclado durante 127 h, 8 m y 38 s en un recital en Delhi, India. Optó por un teclado profesional Korg Pa300 y dedicó su logro a Sachin Tendulkar, un jugador de críquet indio que también ha batido numerosos récords.

Guitarra
David Browne (Irlanda) tocó la guitarra durante 114 h, 6 m y 30 s en el pub Temple Bar de Dublín, Irlanda, entre el 12 y el 17 de julio de 2011. David pudo descansar 30 s entre las canciones, y durante 40 min después de 8 h, tiempo que aprovechaba para dormir, asearse, cambiarse de ropa y comer un tentempié de proteínas.

Ukulele
Del 26 al 27 de noviembre de 2016, Robin Evans (R.U.) completó una maratón de ukelele de 30 h y 2 m de duración en la tienda de música Duke of Uke de Londres, R.U. Robin disponía de una lista con 129 canciones que incluía a Rick Astley, The Bangles y Justin Bieber, y que interpretó seis veces seguidas. Sólo pudo descansar 30 s entre canción y canción.

Tiempo controlando una pelota de fútbol
21 h y 1 m
Abraham Muñoz
(México)

Tiempo dando toques a una pelota de pimpón con una pala
5 h, 2 m y 37 s
Aryan Raj
(India)

Tiempo dando toques a una pelota de tenis con una raqueta
4 h y 30 m
Aswin Sridhar
(India)

Tiempo dando toques a una pelota de golf con un palo
1 h, 37 m y 58 s
Brad Weston
(EE.UU.)

GUINNESS WORLD RECORDS

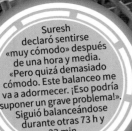

Suresh declaró sentirse «muy cómodo» después de una hora y media. «Pero quizá demasiado cómodo. Este balanceo me va a adormecer. ¡Eso podría suponer un grave problema!». Siguió balanceándose durante otras 73 h y 33 min.

Más tiempo balanceándose en una mecedora

Suresh Joachim (Canada, n. en Sri Lanka) se balanceó sin interrupción en una mecedora durante 75 h y 3 m del 24 al 27 de agosto de 2005 en la Hilton Garden Inn de Mississauga, Ontario, Canadá. Para mantenerse despierto, tocó la guitarra, leyó sobre golf y habló con su familia, que permaneció en la sala durante todo ese tiempo. Más abajo encontrarás otras dos de sus hazañas.

Más tiempo en equilibrio sobre un pie
Suresh se mantuvo en equilibrio sobre un pie 76 h y 40 m en Colombo, Sri Lanka, del 22 al 25 de mayo de 1997.

Distancia más larga recorrida a gatas
Entre el 18 y el 19 de mayo de 2001, Suresh recorrió 56,62 km a gatas, con al menos una rodilla en contacto con el suelo en todo momento. Completó más de 2.500 vueltas a un circuito de 20,1 m alrededor del Queen Victoria Building en Sídney, Australia.

◄ Violín
Nikolay Madoyan (Armenia) tocó el violín durante 33 h, 2 m y 41 s sin interrupción (excepto descansos de 30 s entre cada pieza) en la Komitas Chamber Music House de Ereván, Armenia, del 11 al 12 de febrero de 2017. El repertorio incluyó obras de Bach, Beethoven, Mozart y Paganini.

Acordeón
Entre el 4 y el 5 de agosto de 2017, Cory Pesaturo (EE.UU.) estuvo tocando el acordeón ininterrumpidamente durante 32 h, 14 m y 52 s en el Optik Neuroth, Graz, Austria. La actuación de Cory incluyó obras como el canon en re mayor de Pachelbel, además de canciones tecno, como *Sandstorm*, de Darude.

◄ Gaita
Del 12 al 13 de agosto de 2015, Rikki Evans (R.U.) completó una maratoniana sesión de gaita de 26 h, 5 m y 32 s en el National Piping Centre de Glasgow, R.U. Rikki aprovechó el acontecimiento para recaudar dinero para varias ONG, como CLAN Cancer Support, Cash for Kids o el Gordon Duncan Memorial Trust.

VIAJES ÉPICOS

El primer viaje a pie desde John O'Groats hasta Land's End del que se tiene constancia

En 1871 los hermanos John y Robert Naylor (ambos de R.U.) cruzaron R.U. desde John O'Groats hasta Land's End. Al desviarse varias veces del camino para hacer turismo, terminaron recorriendo 2.208 km en dos meses, más del doble de la distancia en línea recta entre ambos puntos.

Primera circunnavegación a pie

La primera persona con fama de haber dado la vuelta al mundo a pie es George Matthew Schilling (EE.UU.), que habría realizado su viaje entre 1897 y 1904. Sin embargo, la primera circunnavegación a pie verificada la realizó David Kunst (EE.UU.), que recorrió 23.250 km a través de los cuatro continentes entre el 20 de junio de 1970 y el 5 de octubre de 1974.

El viaje más largo en bicicleta (en solitario)

El profesor itinerante Walter Stolle (República Checa) recorrió 646.960 km en bicicleta a lo largo de 159 países y 18 años: del 24 de enero de 1959 al 12 de diciembre de 1976. En ese tiempo, le sustrajeron cinco bicicletas, otras seis se rompieron y sufrió 1.000 pinchazos. Le robaron más de 200 veces y fue corneado por una gacela en África, pero, según afirmó, nunca cayó enfermo.

La primera persona en navegar alrededor del mundo (en solitario y sin escalas)

Robin Knox-Johnston (R.U.) circunnavegó el globo en solitario en su velero *Suhaili* entre el 14 de junio de 1968 y el 22 de abril de 1969. Participante de la regata Sunday Times Golden Globe Race, fue el único competidor que alcanzó la línea de llegada en Falmouth, Cornwall, R.U.

Primera circunnavegación circumpolar por superficie

El 29 de agosto de 1982, sir Ranulph Fiennes y Charles Burton (ambos de R.U.), integrantes de la expedición Trans-Globe, llegaron a Greenwich, en Londres, R.U., después de un viaje de tres años y unos 56.300 km. Partieron de Greenwich el 2 de septiembre de 1979, cruzaron el polo Sur el 15 de diciembre de 1980 y el polo Norte el 10 de abril de 1982.

La circunnavegación más rápida con vuelos regulares (seis continentes)

Michael Quandt (Alemania), editor de viajes del periódico *Bild am Sonntag*, voló alrededor del mundo en 66 h y 31 min del 6 al 8 de julio de 2004. Tomando sólo vuelos regulares, voló de Singapur a Australia, EE.UU., Venezuela, R.U., Egipto y Malasia antes de regresar a Singapur.

La circunnavegación más rápida en coche

El récord de **primer hombre y primera mujer en circunnavegar la Tierra en coche** con mayor rapidez cruzando seis continentes según las reglas vigentes en 1989 y 1991, con una distancia recorrida superior a la longitud del Ecuador (40.075 km), lo ostentan Saloo Choudhury y su esposa Neena Choudhury (ambos de la India). El viaje duró 69 días, 19 h y 5 min, desde el 9 de septiembre al 17 de noviembre de 1989. La pareja, que conducía un Hindustan «Contessa Classic» de 1989, empezó y terminó su viaje en Delhi, India.

El viaje más largo en moto de agua (*jetski*)
Los sudafricanos Marinus du Plessis (arriba) y Adriaan Marais sobrevivieron a mares agitados, problemas mecánicos y al intento de abordaje de un león marino para completar una odisea en moto de agua de 95 días y 17.266,69 km. Partiendo de Anchorage, Alaska, EE.UU., siguieron la costa oeste de Norteamérica hasta llegar a Ciudad de Panamá, Panamá, el 19 de septiembre de 2006.

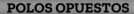

El viaje en taxi más largo
Entre el 17 de febrero de 2011 y el 11 de mayo de 2012, Leigh Purnell, Paul Archer y Johno Ellison (todos de R.U.) viajaron 69.716,12 km alrededor del mundo en un taxi londinense LTI Fairway FX4 de 1992 llamado *Hannah*. El coste de la carrera según el taxímetro, y sin incluir la propina, fue de 127.530 $.

La circunnavegación en embarcación a vela y en solitario más rápida
Francois Gabart (Francia) dio la vuelta al mundo en solitario con su trimarán de 30,48 m de eslora *MACIF* en 42 días, 16 h, 40 min y 35 s, un viaje épico que finalizó el 17 de diciembre de 2017.
Entre el 13 y el 14 de noviembre de 2017, estableció el récord de **distancia más larga navegada en 24 horas en solitario**: 850,68 millas náuticas (1.575,45 km) en el Atlántico Sur. El World Sailing Speed Record Council ratificó ambos récords.

El viaje más largo en silla de ruedas
Del 21 de marzo de 1985 al 22 de mayo de 1987, Rick Hansen (Canadá) se abrió paso a través de cuatro continentes y 34 países en un viaje épico de 40.075,16 km. Hansen, que perdió la movilidad de cintura para abajo en 1973 como consecuencia de un accidente automovilístico, empezó y terminó su periplo en Vancouver, Columbia Británica, Canadá.

POLOS OPUESTOS

La primera persona en llegar al polo Sur

Una expedición de cinco exploradores noruegos liderados por Roald Amundsen llegó al polo Sur el 14 de diciembre de 1911. Resistieron 53 días de marcha con trineos remolcados por perros desde la bahía de las Ballenas.
Tori Murden y Shirley Metz (ambas de EE.UU.) fueron las **primeras mujeres en llegar al polo Sur por tierra** (17 de enero de 1989).

▶ El primer viaje por tierra al polo Norte verificable

A las 3 de la tarde del 19 de abril de 1968, Ralph Plaisted (EE.UU.) y sus tres compañeros de expedición llegaron al polo Norte después de un viaje de 42 días en motos de nieve. Otros exploradores afirmaron haberlo hecho antes, algo que no ha podido demostrarse.

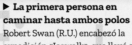

▶ La primera persona en caminar hasta ambos polos

Robert Swan (R.U.) encabezó la expedición «Icewalk», que llevó a ocho hombres al polo Norte el 14 de mayo de 1989. Antes había liderado la expedición «Tras los pasos de Scott», que, junto a dos compañeros, llegó al polo Sur en enero de 1986.
La **primera persona en visitar ambos polos** fue el Dr. Albert Crary (EE.UU.), aventura que completó el 12 de febrero de 1961.

El viaje más largo...

Caminando con las manos: 1.400 km, récord de Johann Hurlinger (Austria), que hizo un recorrido de 55 días desde Viena a París en 1900.

Sobre zancos: 4.840 km, récord de Joe Bowen (EE.UU.), que viajó desde Los Ángeles, California, EE.UU., hasta Bowen, Kentucky, EE.UU., en 1980.

En monopatín: 12.159 km, récord de Rob Thomson (Nueva Zelada), que viajó desde Leysin, Suiza, a Shanghái, China, en 2007-08.

Empujando una carretilla: Unos 14.500 km, récord de Bob Hanley (Australia), a través de Australia entre abril de 1975 y mayo de 1978.

La circunnavegación más rápida en bicicleta

Entre el 2 de julio y el 18 de septiembre de 2017, Mark Beaumont (R.U.) dio la vuelta al mundo en bicicleta en 78 días, 14 h y 40 min, con inicio y final en el Arco del Triunfo de París, Francia. Tras haber logrado este mismo récord en 2008, completó su «Desafío vuelta al mundo en 80 días» antes de la fecha prevista y mejoró la marca del anterior poseedor del récord en más de 40 días. Entre el 2 y el 31 de julio, cubrió 11.315,29 km, la **mayor distancia recorrida en bicicleta en un mes (hombres).**

Mark Beaumont no es un recién llegado al ciclismo de resistencia. En 2015 realizó el **viaje más rápido en bicicleta desde El Cairo hasta Ciudad del Cabo (hombres):** 41 días, 10 horas y 22 min.

El periplo de Beaumont de 28.968 km lo llevó por un total de 16 países, y terminó en un «esprint final» desde Lisboa, Portugal, hasta su punto de partida en París, Francia.

La circunnavegación más rápida en bicicleta (mujeres)

Paola Gianotti (Italia) dio la vuelta al mundo en bicicleta en 144 días entre el 8 de marzo y el 30 de noviembre de 2014. Empezó y terminó su maratoniano viaje de 29.595 km en Turín, Italia. Durante su aventura, tuvo que hacer frente a 32 pinchazos, una vértebra fracturada, una inundación, un terremoto, un tsunami y 16 ataques de perros callejeros.

▶ La primera persona en alcanzar a pie y en solitario ambos polos (sin asistencia y sin ayuda)

En 1995 Marek Kamiński (EE.UU., nacido es Polonia) llegó esquiando hasta ambos polos sin ayuda externa. El 23 de mayo, alcanzó el polo Norte desde cabo Columbia después de 70 días y 770 km de viaje. El 27 de diciembre, alcanzó el polo Sur desde la isla Berkner después de 53 días y 1.300 km.

Las primeras mujeres en llegar a ambos polos

Catherine Hartley y Fiona Thornewill (ambas de R.U.) alcanzaron el polo Norte geográfico el 5 de mayo de 2001 tras partir de la isla de Ward Hunt, Territorios del Noroeste, Canadá, el 11 de marzo. El 4 de enero de 2000, ambas mujeres habían llegado esquiando al polo Sur en un viaje que iniciaron en la ensenada de Hércules.

▶ La primera expedición invernal al polo Norte

Matvey Shparo y Boris Smolin (de izquierda a derecha, ambos de Rusia) comenzaron su expedición invernal el 22 de diciembre de 2007, y llegaron al polo Norte el 14 de marzo de 2008. Viajaron envueltos en una total oscuridad, acarreando cada uno un trineo de 160 kg y con la única luz de sus linternas frontales.

Escalado el Everest: 4.834 (a 15 de marzo de 2018)

Cruzado a remo un océano: 885 (a 16 de febrero de 2018)

Alcanzado un polo: Polo Norte: 247 Polo Sur: 399 (a enero de 2017)

Logrado los tres objetivos: 2: Maxime Chaya (Líbano) y Fedor Konyukhov (Rusia)

> Habituado a los ambientes extremos, Parazynski también buceó en el lago que hay en el cráter del volcán Licancabur, en Bolivia, y descendió al interior del volcán Masaya, en Nicaragua.

Oficial médico del Programa Antártico de EE.UU., Parazynski visitó el polo Sur, donde posó para una «foto de Atlas»; es decir, con el mundo sobre sus hombros.

El primer astronauta en escalar el Everest

El 20 de mayo de 2009, el astronauta de la NASA Scott Parazynski (EE.UU.) alcanzó la cumbre del Everest, y se convirtió en la primera persona en viajar al espacio y escalar el **punto más alto de la Tierra**. Pasó más de 1.381 h en el espacio entre 1994 y 2007 y participó en cinco vuelos espaciales. Parazynski llevó una roca lunar al Everest que la tripulación del *Apolo 11* había recogido y cogió otra de la cima; ambas rocas se conservan en la *Estación Espacial Internacional*.

Primer Desafío de los Tres Polos: del polo Norte a tierra firme

Johan Ernst Nilson (Suecia) coronó el Everest en mayo de 2007 y a continuación empezó su periplo polar. El 6 de mayo de 2011 se trasladó al polo Norte, y caminó 775 km durante 48 días sin asistencia antes de llegar a tierra firme el 22 de junio. Nilson logró llegar a pie hasta el polo Sur el 19 de enero de 2012.

▶ La mujer en completar el Desafío de los Tres Polos en menos tiempo

Cecilie Skog (Noruega) completó el Desafío de los Tres Polos en 1 año y 336 días. Alcanzó la cima del Everest el 23 de mayo de 2004, llegó al polo Sur el 27 de diciembre de 2005 y al polo Norte el 24 de abril de 2006. A 11 de diciembre de 2017, sigue siendo una de las dos únicas mujeres que han completado tal desafío.

▶ El hombre en completar el Desafío de los Tres Polos en menos tiempo

Adrian Hayes (R.U.) sólo necesitó 1 año y 217 días para completar este exigente reto. Coronó el Everest el 25 de mayo de 2006, llegó al polo Norte el 25 de abril de 2007 desde la isla de Ward Hunt, Canadá, y alcanzó el polo Sur el 28 de diciembre de 2007 desde la ensenada de Hércules.

MONTAÑISMO

La primera ascensión al Everest

El 29 de mayo de 1953, a las 11:30 de la mañana, Edmund Percival Hillary (Nueva Zelanda) y Tenzing Norgay (India/Tíbet) se convertían en las primeras personas en alcanzar la cima del Everest (8.848 m), en la frontera entre Nepal y China. Su expedición fue liderada por el coronel (más tarde general de brigada honorario) Henry Cecil John Hunt (R.U.).

El 16 de mayo de 1975, Junko Tabei (Japón) se convirtió en la **primera mujer en alcanzar la cima del Everest**. También fue la **primera mujer en escalar las Siete Cumbres**, hazaña que consumó el 28 de julio de 1992 tras coronar el Elbrus (5.642 m), con lo que completaba las listas Carstensz y Kosciuszko (ver página siguiente).

El 8 de mayo de 1978, Reinhold Messner (Italia) y Peter Habeler (Austria) protagonizaron el **primer ascenso al Everest sin oxígeno suplementario**. Para algunos alpinistas puristas, ésta supuso la primera ascensión «verdadera» del Everest, ya que superar los efectos de la altitud (por la baja concentración de oxígeno) es parte del desafío para alcanzar las cumbres más altas.

La primera ascensión al K2

El 31 de julio de 1954, Achille Compagnoni y Lino Lacedelli (ambos de Italia) llegaron a la cima del K2 (8.611 m), la segunda montaña más alta de la Tierra, que se encuentra en la cordillera del Karakórum, en la frontera entre Pakistán y China. El 23 de junio de 1986, Wanda Rutkiewicz (Polonia) se convirtió en la **primera mujer en alcanzar la cima del K2**.

La primera ascensión al Annapurna I

El 3 de junio de 1950, Maurice Herzog y Louis Lachenal (ambos de Francia) coronaron el Annapurna I (8.091 m), en Nepal.

El Annapurna I es la **montaña cuya escalada se ha cobrado más víctimas mortales**. A 31 de enero de 2018, sólo 251 personas habían alcanzado su cima de un total de 261 ascensiones y 69 personas habían muerto en sus laderas, 11 de ellas durante el descenso. Por cada tres escaladores que logran coronarlo y descender sanos y salvos, uno muere en el intento.

La ascensión más rápida al Eiger por la cara norte en solitario

El 16 de noviembre de 2015, Ueli Steck (Suiza) ascendió el Eiger, en los Alpes berneses (Suiza), por la ruta Heckmair en la cara norte, en 2 horas, 22 min y 50 s. En 2006, ya había establecido un récord de velocidad al escalar su pared vertical de 1.800 m de altura en 3 h y 54 min.

La ascensión más rápida a El Capitán

El 21 de octubre de 2017, Brad Gobright y Jim Reynolds (ambos de EE.UU.) completaron la ruta «Nose» de El Capitán, de 883 m de altura, en California, EE.UU., en 2 h, 19 min y 44 s. Mejoraban así el récord anterior, establecido en 2012 por Alex Honnold y Hans Florine, considerado en su momento «imbatible», por poco menos de 4 min.

El primer matrimonio en escalar todos los ochomiles

Nives Meroi y Romano Benet (ambos de Italia) escalaron todas las montañas de más de 8.000 m entre el 20 de julio de 1998, cuando coronaron el Nanga Parbat (8.125 m, Pakistán), y el 11 de mayo de 2017, al llegar a la cima del Annapurna I, en Nepal. La pareja siempre realiza sus escaladas junta, sin porteadores en altura ni oxígeno suplementario.

El ascenso más rápido al Everest y al K2 sin oxígeno suplementario

Karl Unterkircher (Italia) coronó el Everest el 24 de mayo de 2004 y el K2 el 26 de julio de 2004, con sólo 63 días de diferencia entre ambas ascensiones.

El **ascenso más rápido al Everest y al K2 sin oxígeno suplementario de una mujer** lo realizó en 92 días Alison Hargreaves (R.U.). Llegó a la cima del Everest el 13 de mayo de 1995 y a la del K2, el 13 de agosto de 1995. Lamentablemente, perdió la vida durante el descenso del K2.

El ascenso de las tres montañas más altas sin oxígeno suplementario en el menor intervalo de tiempo

Silvio Mondinelli (Italia) coronó el Everest el 23 de mayo de 2001; el Kangchenjunga (8.586 m), entre Nepal y la India, el 20 de mayo de 2003; y el K2 el 26 de julio de 2004. En total, necesitó 3 años y 64 días.

Gerlinde Kaltenbrunner (Austria) fue la **primera mujer en ascender las tres montañas más altas sin oxígeno suplementario**, y **en el menor intervalo de tiempo**. Coronó el Kangchenjunga el 14 de mayo de 2006, el Everest el 24 de mayo de 2010 y el K2 en 23 de agosto de 2011. Necesitó 5 años y 101 días.

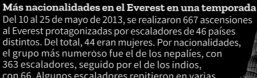

Más nacionalidades en el Everest en una temporada

Del 10 al 25 de mayo de 2013, se realizaron 667 ascensiones al Everest protagonizadas por escaladores de 46 países distintos. Del total, 44 eran mujeres. Por nacionalidades, el grupo más numeroso fue el de los nepalíes, con 363 escaladores, seguido por el de los indios, con 66. Algunos escaladores repitieron en varias ascensiones. Esta cifra también supone la **mayor cantidad de ascensiones al Everest en un año**.

LA PERSONA DE MÁS EDAD EN ESCALAR...

◄ Un ochomil sin oxígeno suplementario

El récord incuestionable lo ostenta Carlos Soria (España, n. el 5 de febrero de 1939), que coronó el Manaslu (8.163 m) el 1 de octubre de 2010, con 71 años y 238 días. Boris Korshunov (Rusia, n. el 31 de agosto de 1935) declaró haber escalado el Cho Oyu (8.188 m) el 2 de octubre de 2007, con 72 años y 32 días, pero algunos alpinistas lo ponen en duda.

Las Siete Cumbres (lista Carstensz)

Werner Berger (Sudáfrica/Canadá, n. el 16 de julio de 1937) completó la lista Carstensz de las Siete Cumbres el 21 de noviembre de 2013, cuando llegó a la cima de la Pirámide de Carstensz con 76 años y 128 días. Unos seis años y medio antes, el 22 de mayo de 2007, con 69 años y 310 días, Berger había completado también la lista Kosciuszko con la ascensión al Everest.

► El Everest (mujeres)

El 19 de mayo de 2012, tras toda una noche escalando, la japonesa Tamae Watanabe (n. el 21 de noviembre de 1938) coronó el Everest por segunda vez en su vida a la edad de 73 años y 180 días. Watanabe recuperó así un récord que ya había ostentado una década antes, cuando llegó por primera vez a la cima de la **montaña más alta del mundo** con 63 años.

La zona de la muerte
Por encima de los 7.500 m de altura, el nivel de oxígeno es de un tercio respecto al nivel del mar. La pérdida de apetito y los mareos son algunos de los síntomas que ocasiona.

Congelación: El bajo nivel de oxígeno y el frío extremo hacen que los vasos sanguíneos de la piel se contraigan. Las extremidades del cuerpo se congelan a gran velocidad.

Edema pulmonar: Los pulmones comienzan a fallar debido a una acumulación de fluidos. Como resultado, los escaladores pueden llegar a ahogarse.

Edema cerebral: A gran altitud, aumenta el volumen de sangre en el cerebro y éste se hincha, lo que provoca alucinaciones y alteraciones del comportamiento.

Las Siete Cumbres son las montañas más altas de cada continente. Hay dos versiones. La lista Kosciuszko incluye el monte Kosciuszko (2.228 m), en Australia. La lista Carstensz reemplaza este último por la más desafiante Pirámide de Carstensz, también conocida como monte Jaya (4.884 m), en Nueva Guinea.

La primera persona ciega en escalar el Everest

Erik Weihenmayer (EE.UU.) nació con retinosquisis, una enfermedad ocular que lo dejó ciego a los 13 años. No obstante, el 25 de mayo de 2001 coronó el Everest y se convirtió en la primera y, hasta ahora, única persona invidente que lo ha conseguido. Es también la **primera persona ciega en escalar las Siete Cumbres (lista Carstensz)**, hazaña que completó con el ascenso al Everest el 26 de agosto de 2008.

Más ascensiones al Everest de una mujer

El 13 de mayo de 2017, Lakpa Sherpa (Nepal) alcanzó la cumbre del Everest por octava vez, más que cualquier otra escaladora. Culminó su primera ascensión por la cara sur el 18 de mayo de 2000, mientras que la octava llegó por la cara norte. Todas sus ascensiones fueron realizadas durante la temporada de escalada de primavera.

Más ascensiones al Everest

El 27 de mayo de 2017, Kami Rita I (también conocido como *Topke*, izquierda) coronó el Everest por vigésima primera vez en su carrera. Igualaba así el récord de Apa Sherpa (n. el 20 de enero de 1960), que llegó a la cima del Everest por 21.ª vez el 11 de mayo de 2011, y Phurba Tashi Sherpa (n. el 24 de mayo de mayo de 1971), que hizo lo propio el 23 de mayo de 2013. Los tres son nepalíes.

▶ El Everest

Yuichiro Miura (Japón, n. en 1932) llegó a la cima del Everest el 23 de mayo de 2013, con 80 años y 223 días. Fue la tercera vez que Miura establecía este récord: ya había sido el hombre de más edad en coronar el Everest en 2003 y 2008. Comprensiblemente, la escalada le pasó factura: «¡Tres veces es suficiente!», declaró después de su aventura de 2013.

Las Siete Cumbres (lista Kosciuszko)

El 29 de diciembre de 2003, el escalador español Ramón Blanco (n. el 30 de abril de 1933) coronó el Kosciuszko, en Australia, con 70 años y 243 días.

La **mujer de más edad en escalar las Siete Cumbres (lista Kosciuszko)** es Carol Masheter (EE.UU., n. el 10 de octubre de 1946, derecha), que lo logró el 17 de marzo de 2012, con 65 años y 159 días.

▶ Las Siete Cumbres (lista Carstensz, mujeres)

Carol Masheter completó el ascenso a las Siete Cumbres con la Pirámide de Carstensz el 12 de julio de 2012, con 65 años 276 días. El 17 de marzo de 2012, ya había completado la lista Kosciuszko (ver a la izquierda). Carol, ¡a la que le dan miedo las alturas!, es una entusiasta defensora de lo que ella llama «envejecimiento óptimo» gracias a la actividad física regular.

RECOPILATORIO

Más botes consecutivos con un pogo saltarín sin usar las manos

El 21 de mayo de 2017, en Bangor, R.U., Oliver Galbraith (R.U.) botó 4.530 veces con un pogo saltarín manteniéndose en equilibrio sólo con la ayuda de sus piernas y sus pies. Necesitó 38 minutos.

Más fichas de casino amontonadas en una sola pila

El 9 de noviembre de 2017, en Mishmar HaShiv'a, Israel, Saar Kessel (Israel) empleó una sola mano para combinar de forma alterna dos columnas de fichas de casino de diferentes colores en una sola pila de 20 fichas de alto.

Más canastas desde media pista en una hora

El 11 de octubre de 2017, en Nueva York, EE.UU., los jugadores de los Harlem Globetrotters Buckets Blakes, Hammer Harrison, Thunder Law, Bull Bullard y Spider Sharpless (todos de EE.UU.) lograron 348 canastas desde medio campo en 60 minutos.

La persona más joven en cruzar a remo un océano
Oliver Crane (EE.UU., nacido el 19 de julio de 1998) tenía 19 años y 148 días cuando inició el desafío Talisker Whisky Atlantic Challenge en la embarcación SS4. Su viaje, realizado entre el 14 de diciembre de 2017 y el 28 de enero de 2018, duró 44 días, 16 h y 9 min y lo llevó desde La Gomera, Islas Canarias, España, hasta Antigua, en el Caribe. En la tabla de abajo pueden verse otros récords establecidos durante esta agotadora carrera.

Más tiempo conteniendo la respiración

El 28 de febrero de 2016, el español Aleix Segura Vendrell contuvo la respiración 24 min y 3,45 s en Barcelona, España. Aleix se dedica profesionalmente al buceo libre.

El récord de **más tiempo conteniendo la respiración bajo el agua (mujeres)** es de 18 min y 32,59 s, establecido por Karoline Mariechen Meyer (Brasil) en Florianópolis, Brasil, el 10 de julio de 2009. Karoline, que también se dedica profesionalmente al buceo, entrenó cuatro meses e inhaló oxígeno durante 24 minutos antes de acometer este récord.

TALISKER WHISKY ATLANTIC CHALLENGE

Récord	Fecha/Tiempo	Nombres
El primer equipo femenino en realizar una travesía oceánica a remo	13 feb 2018	Dianne Carrington, Sharon Magrath y Elaine Theaker (todas de R.U.)
El equipo femenino de edad media más elevada en cruzar el océano Atlántico a remo	57 años y 40 días	(todas de R.U.)
Las primeras hermanas en cruzar un océano a remo	19 ene 2018	Camilla y Cornelia Bull (ambas de Noruega)
La travesía del Atlántico de este a oeste más rápida en una embarcación a remo abierta y en solitario	30 días, 7 h y 49 min	Mark Slats (Países Bajos)
La travesía del Atlántico de este a oeste más rápida de una pareja	37 días, 8 h y 8 min	Jon Armstrong y Jordan Beecher (ambos de R.U.)
La travesía del Atlántico de este a oeste más rápida de un equipo femenino de cuatro en una embarcación abierta	34 días, 13 h y 13 min	Amber Li Xiaobing, Sarah Meng Yajie, Cloris Chen Yuli, Tina Liang Mintian (todas de China)
El equipo femenino de edad media más baja en realizar una travesía oceánica	22 años y 236 días	
La mujer de más edad en realizar una travesía oceánica	61 años y 349 días	Dianne Carrington (R.U.)

La persona de más edad en cruzar a nado el canal de la Mancha

El 6 de septiembre de 2014, con 73 años y 177 días, Otto Thaning (Sudáfrica, n. el 13 de marzo de 1941) nadó desde la playa de Shakespeare, en Dover, R.U., hasta la bahía de Wissant, cerca de Calais, Francia. Necesitó 12 horas y 52 min para completar el recorrido.

La **mujer de más edad en cruzar a nado el canal de la Mancha** es Pat Gallant-Charette (EE.UU., n. el 2 de febrero de 1951). El 17 de junio de 2017, a los 66 años y 135 días, cruzó desde Inglaterra a Francia en 17 h y 55 min.

Sally Anne Minty-Gravett (R.U., n. el 16 de julio de 1957) es la **persona de más edad en cruzar ida y vuelta el canal de la Mancha**. El 30 de agosto de 2016, con 59 años y 45 días, nadó de Dover a Calais y regresó al punto de partida en 36 h y 26 min.

Los 100 m más rápidos con botas de esquí (mujeres)

El 2 de junio de 2016, Emma Kirk-Odunubi (R.U.) tan sólo necesitó 16,86 s para correr 100 m calzada con un par de botas de esquí. La prueba se celebró en la pista de Barn Elms, en Barnes, Gran Londres, R.U. Cada bota pesaba alrededor de 1,16 kg. El mismo día y en el mismo lugar, Max Willcocks (R.U.) estableció el récord absoluto de los **100 m más rápidos con botas de esquí**: 14,09 s.

Más *blunt to fakies (ollie blunts)* en una hora

El 17 de enero de 2011, Kyle Decot (EE.UU.) realizó 849 *blunt to fakies* en una tabla de *skate* en 60 minutos en The Flow Skatepark, Columbus, Ohio, EE.UU.

Skateboarding a más altitud

El 29 de agosto de 2017, Aleks Stocki (Australia) hizo skateboarding a 5.355 m de altitud en Leh, una ciudad en el estado de Jammu y Cachemira, India.

Más tiempo haciendo girar un plato con un dedo
El 18 de diciembre de 2016, Himanshu Gupta (India) mantuvo un plato girando en su dedo durante 1 h, 10 min y 39 s en Bangalore, India. Himanshu también usó sus habilidades revolucionarias para lograr un nuevo título GWR, el de **más tiempo haciendo girar un balón suizo con un dedo (usando una mano)**: 5 min y 38 s, en Bangalore, el 12 de septiembre de 2016.

La cadena de clips más larga (individual)

Ben Mooney (R.U.) ensambló una cadena de clips de 1.997,9 m de longitud, tal como pudo comprobarse en Belfast, R.U., el 8 de abril de 2017. La cadena estaba formada por unos 66.000 clips y era tan larga que tuvo que ser medida en el aparcamiento de la escuela de Ben. Su hazaña estaba patrocinada: recaudó alrededor de 497 dólares para la residencia de enfermos de cáncer Marie Curie de la ciudad.

La persona de más edad en competir en el reto de los Siete Mares

El 3 de agosto de 2017, Antonio Argüelles Díaz-González (México, nacido el 15 de abril de 1959) completó el reto de natación en aguas abiertas de los Siete Mares a la edad de 58 años y 110 días. Entre otras pruebas, los participantes tienen que cruzar a nado el canal del Norte, entre Irlanda y Escocia. El reto de los Siete Mares es el equivalente en natación al desafío de las Siete Cumbres (más información en la pág. 122).

El tonel más largo en coche

El 11 de julio de 2017, Terry Grant (R.U.) realizó un tonel aéreo (rotación del vehículo alrededor de su eje longitudinal) de 15,3 m de longitud en un Jaguar E-PACE en Londres, R.U.

El hoyo de golf más rápido (equipo de cuatro)

El 4 de enero de 2018, Tom Lovelady, Lanto Griffin, Stephan Jaeger y Andrew Yun (todos de EE.UU.) completaron un hoyo de golf en 27,875 s en el Palm Desert Resort Country Club, California, EE.UU.

Más espadas tragadas simultáneamente (hombres)

El 10 de septiembre de 2017, Franz Huber (Alemania) introdujo 28 espadas en su garganta al mismo tiempo en Eggenfelden, Alemania. Las hojas medías 51,3 cm de largo y 1,2 cm de ancho.

Franz ostenta varios récords relacionados con su garganta, incluido el de la **espada con una mayor curvatura tragada**: 133°, en Burghausen, Alemania, el 9 de enero de 2017 (ver a la derecha). También es titular de los récords de **más flexiones tragando espadas** (20) y el de **más espadas tragadas y retorcidas** (15), ambos logrados el 9 de septiembre de 2017.

Más tiempo en equilibrio sobre una escalera de 6 m

El 7 de enero de 2016, Uzeyer Novruzov (Rusia) se mantuvo en equilibrio en lo alto de una escalera de mano de 6 m de altura durante 7 min y 15 s en el plató de *CCTV – Guinness World Records Special*, en Pekín, China.

Más dígitos binarios memorizados en 30 minutos

El sistema numérico binario se basa en dos dígitos: 0 y 1. En el Campeonato de Memoria de Shenzhen, China, del 6 al 8 de diciembre 2017, Enkhshur Narmandakh (Mongolia) memorizó una secuencia de 5.445 dígitos.

El récord de **más decimales del número pi memorizados** es 70.000, establecido por Rajveer Meena (India) en la VIT University de Vellore, India, el 21 de marzo de 2015. Tardó casi 10 h en recitarlos.

Más giros sobre la cabeza en un minuto (hombres)

El 6 de mayo de 2012, el artista del Cirque du Soleil Youssef El Toufali (Bélgica) completó 137 rotaciones en 60 s apoyado sobre su cabeza en Las Vegas, Nevada, EE.UU.

El récord de **más giros sobre la cabeza en un minuto (mujeres)** es de 101, establecido por *B-girl Roxy* (Roxanne Milliner, R.U.), en el plató de *Officially Amazing*, en Edimburgo, R.U., el 18 de julio de 2013.

El avión más pesado arrastrado por una persona

El 17 de septiembre de 2009, Kevin Fast (Canadá) arrastró 8,8 m un CC-177 Globemaster III de 188,83 toneladas en la base de las fuerzas aéreas canadienses de Trenton, Ontario, Canadá.

Franz se hizo con su primer título GWR en 2015, el de **más espadas tragadas y retorcidas**. Desde entonces ha batido su propio récord añadiendo dos espadas más (ver abajo).

La inmersión en aguas poco profundas cubiertas de llamas desde más altura

El *profesor Splash*, alias de Darren Taylor (EE.UU.), saltó el 21 de junio de 2014 desde 8 m a una piscina con agua de 25,4 cm de profundidad cubierta de llamas. Tuvo lugar en el especial de la NBC *Show Stopping Sunday* celebrado en Universal Studios, Los Ángeles, California, EE.UU.

El salto vertical más alto en una bicicleta BMX

El 20 de marzo de 2001, Mat Hoffman (EE.UU.) saltó 8,07 m con una bicicleta BMX desde una rampa de un cuarto de circunferencia situada a 7,31 m de altura, en Oklahoma City, Oklahoma, EE.UU.

El salto mortal hacia atrás más largo en una BMX

El 3 de agosto de 2005, Mike Escamilla (EE.UU.) realizó un salto mortal hacia atrás de 18,94 m de longitud desde una mega rampa durante los X Games 11 celebrados en Los Ángeles, California, EE.UU.

Más tiempo con una motosierra en equilibrio sobre el mentón

El 4 de octubre de 2017, el malabarista y titular de múltiples títulos GWR David Rush (EE.UU.) mantuvo una motosierra en equilibrio sobre el mentón 10 min y 0,78 s durante la Cradlepoint Block Party celebrada en Boise, Idaho, EE.UU.

Al día siguiente, David estableció el récord de **más tiempo con una motosierra en equilibrio sobre la frente**: 5 min y 1 s.

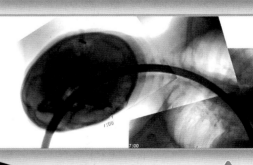

Por favor, ¡no intentes en casa los dos récords de arriba!

CONOCE A LOS ARTÍFICES

El archivo de GWR está repleto de titulares de récords que encarnan el espíritu de la «Cultura *maker*»: inventores, artistas, aficionados y bricomaníacos que hay detrás de algunas creaciones de gran tamaño o superveloces. En este capítulo especial, el inventor, ingeniero y estrella de la televisión británico Edd China selecciona algunos de sus proyectos favoritos...

La primera parte de mi proyecto consistió en quitar el motor diésel original de una camioneta de helados Whitby Morrison...

... y reemplazarlo por este motor eléctrico. ¡Mucho más respetuoso con el medio ambiente!

Piensa rápido. Piensa en grande. ¡Piensa lo impensable!

Éste es mi punto de partida cada vez que me embarco en un nuevo proyecto. Me apasiona crear cosas que provoquen que las personas se giren al pasar, inventos que parecen salir directamente de un sueño o de un cómic. De hecho, aquí puedes ver mi último proyecto: una camioneta de helados con motor diésel que estoy convirtiendo en eléctrica para hacerla más respetuosa con el medio ambiente. También la he estado poniendo a prueba en la pista de Bruntingthorpe; me encanta batir récords, y se me ha metido en la cabeza lograr el de la **camioneta de helados eléctrica más rápida**. He tenido mucho éxito en el pasado (encontrarás mis récords actuales y anteriores abajo), pero ¡sigo necesitando que me desees suerte!

INSPÍRATE

En este capítulo, conocerás a otros 10 inventores y diseñadores que comparten mi pasión por los récords. Estos creadores combinan imaginación viva, habilidades prácticas y perseverancia para crear objetos únicos y extraordinarios.

Con sus inventos a escala inimaginable, la pasión que vuelcan en sus diseños es un ejemplo para todos nosotros. Estoy seguro de que en algún momento alguien les dijo que sus fantásticas ideas no se podían llevar a cabo. Puede que ellos mismos dudaran, pero siguieron esforzándose hasta lograrlo y ganarse un lugar en las páginas del *Guinness World Records*. ¡Espero que estos proyectos te inspiren muy pronto tu propio récord!

Edd

La pasión por la ingeniería que tengo desde que era joven me ha empujado a convertirme en inventor. También soy copresentador del programa de Discovery Channel *Joyas sobre ruedas*.

LOS INVENTOS DE EDD

La **oficina más rápida**: alcanza una velocidad máxima de 140 km/h.

Conduje mi cobertizo de jardín modificado ¡a 94 km/h!

Craig Glenday, de GWR, y yo relajados en una cama que alcanza los 111 km/h.

A bordo de mi «sofá informal» a 140 km/h.

Comida rápida... al estilo del *Guinness World Records*

Aquí estoy en el aeródromo de Bruntingthor, en Leicestershire, R.U., donde pongo a prueba mis inventos de récord. He estado recorriendo esta pista de 3,2 km con mi nueva furgoneta de helados eléctrica. Es un proyecto desafiante, pero espero que en verano de 2018 ya sea lo bastante rápida como para lograr el récord de la **furgoneta de helados eléctrica más rápida**. Puedes seguir mi progreso en **www.guinnessworldrecords.com/makers**, donde también encontrarás una galería de imágenes y vídeos de otros récords que seguro que te inspirarán para convertirte tú también en un creador. ¡Que te diviertas!

EDD'S *Electric* ICES

Mi próximo desafío es conectar la máquina de helados «Whippy» al motor eléctrico.

Marek Turowski alcanzó una velocidad de 148 km/h en mi sofá superveloz.

Mi camioneta para repartir leche (124,77 km/h) cruza la bandera a cuadros.

Mi baño rodante alcanza una velocidad de 68 km/h.

Junto a «Mario» y «Lara Croft» alcanzamos los 92 km/h en la **consola móvil más rápida**.

EL YOYÓ MÁS GRANDE

¿Cómo se construye un yoyó más grande que un Volkswagen Escarabajo y más pesado que un rinoceronte macho adulto? ¿Y cómo se hace girar? Os presentamos a Beth Johnson, que explica el cómo y el porqué de su titánico juguete...

El viaje hacia un nuevo récord Guinness Mundial puede empezar de muchas maneras distintas. Beth Johnson (EE.UU.) inició el suyo en 2001, año en que recibió tratamiento de quimioterapia y fue intervenida quirúrgicamente a causa de un cáncer. Sobrevivió y, entonces, «decidí hacer algo. Algo que hiciera que mi nombre se conociera en todo el mundo». Y ese «algo» fue construir el yoyó más grande del mundo.

ALTIBAJOS

El gigantesco juguete al que ella llama «Guau-yó» es obra de Beth en prácticamente su totalidad, desde el diseño a la construcción y la decoración patriótica. Tardó más de tres años en construirlo y, entonces, el yoyó se rompió en tres ensayos sucesivos. Pero Beth no se dio por vencida y dedicó entre cinco y seis horas diarias durante ocho o nueve semanas a desarrollar un nuevo diseño.

El 15 de septiembre de 2012 (más de 10 años después de haber tomado la decisión de construirlo), Beth presentó por cuarta vez su yoyó gigante en Cincinnati, Ohio, EE.UU. Mide 3,62 m de diámetro, pesa unos colosales 2.095,6 kg y descendió 36,5 m por una cuerda atada a una grúa de 68 toneladas de peso antes de rebotar con éxito... ¡como cualquier otro yoyó!

«Fue increíble, estaba tan emocionada...» confesó después. «Estaba muy nerviosa, el corazón me iba a 100 por hora. Pero sentí que me inundaba la felicidad e, incluso hoy en día, me sigo emocionando al recordarlo.» Necesitó paciencia, perseverancia y perfeccionismo, pero Beth Johnson logró lo que tanto anhelaba: reconocimiento global y un lugar en los libros de los récords.

CONOCE A LA ARTÍFICE: BETH JOHNSON

¿Qué te inspiró a crear tu yoyó de récord?
Quería demostrar que uno puede hacer lo que se proponga. Si te esfuerzas lo necesario, todo es posible.

¿Has construido alguna otra cosa a esa escala colosal?
No, el yoyó es lo único que he hecho tan grande, aunque me gusta mucho construir cosas. Si veo algo que me gusta, pero es demasiado caro, intento hacerlo yo misma.

¿Costó mucho dinero construir un objeto tan enorme?
Sí, el yoyó acabó siendo un proyecto caro. Creo que nos gastamos unos 3.000 $. Y eso fue sólo para construirlo.

¿Fue muy complicado montar el yoyó?
Creo que lo más complicado, aparte de levantar uno de los lados y colocarlo sobre el otro, fue asegurarme de que los dos lados fueran iguales. Al usar lija para darle forma, tardé mucho tiempo. También tuvimos que construir un remolque a medida para transportarlo. Entonces, condujimos 1.600 km hasta Jacksonville, Florida, tres veces.

Y las tres fueron un fracaso. [En la imagen superior, Beth se prepara para uno de los intentos previos a lograr el récord.]

Sí, tuviste que intentarlo unas cuantas veces antes de lograr el título GWR. En el tercer intento, la cuerda y el yoyó se rompieron. ¿Pensaste en rendirte?
La primea vez que lo intentamos en Florida, cuando hizo el «dormilón» [un lanzamiento de yoyó habitual] y luego cayó al suelo, me afectó mucho. Un periodista me preguntó qué pensaba y sólo pude llorar y menear la cabeza.

Tras esa tercera tentativa, tuve que hacer reparaciones muy importantes, lijarlo y volverlo a pintar. Todo el mundo pensó que estaba loca, pero no me rindo fácilmente.

Y, cuando por fin conseguimos que funcionara en el cuarto intento, fue una recompensa increíble. ¡Fue espectacular!

DIMENSIONES

PESO 2.095,6 KG

DIÁMETRO 3,62 M

LONGITUD DE LA CUERDA 36,5 M

¡TAN PESADO COMO UN RINOCERONTE!

Haven & Hettrick (EE.UU.) depositaron la **primera patente de un yoyó** el 20 de noviembre de 1866. Sin embargo, el diseño básico se remonta a la Antigua Grecia, como demuestra este jarro del año 440 a.C.

EL CUBO DE RUBIK MÁS GRANDE

Son muchos los juguetes colosales de tamaño récord. Tony Fisher (R.U.) construyó un cubo de Rubik con lados de 1,62 m, tal y como se comprobó el 5 de abril de 2016 en Ipswich, Suffolk, R.U. Tony, aficionado a los puzles desde que era niño, sólo necesitó dos meses para construir el cubo completamente funcional, y en su propia casa. Visitantes de lugares tan lejanos como Japón han venido a ver el cubo con sus propios ojos.

CONOCE A LOS ARTÍFICES
LA HAMBURGUESA MÁS GRANDE

¿Cuánto se tarda en preparar y cocinar una hamburguesa de una tonelada? ¿Cómo se coloca en el panecillo? Y luego, ¿qué se puede hacer con ella? Te damos la bienvenida al mundo de la comida rápida de tamaño gigante.

Unas 300 personas acudieron para echar una mano. En la imagen, se coloca la hamburguesa sobre el pan.

Las hamburguesas han aparecido a menudo en las diferentes ediciones del *Guinness World Records*, desde la **mayor cantidad de hamburguesas ingeridas en un minuto** (tiene el récord el filipino Ricardo Francisco, más conocido como *Rix Terabite*, que se comió cinco), hasta la **hilera de hamburguesas más larga** (475,10 m). Ahora te presentamos a la reina de todas ellas: la **hamburguesa más grande**. Seis hombres se embarcaron en esta aventura sólo para carnívoros...

El 9 de julio de 2017, los alemanes Wolfgang Leeb, Tom Reicheneder, Rudi Dietl, Josef Zellner, Hans Maurer y Christian Dischinger tardaron más de una hora en montar este bocadillo de tamaño extragrande en la población bávara de Pilsting, Alemania.

Constaba de tres enormes pedazos de carne, queso, ensalada y el panecillo, y pesó la friolera de 1.164,2 kg. Una multitud hambrienta de 6.000 curiosos acudió para ver preparar la hamburguesa, además del equipo de rodaje de la cadena de televisión Kabel Eins, que hizo un documental sobre ella.

Todo el proceso de preparación fue supervisado por un experto en manipulación de alimentos (no se iba a desperdiciar semejante cantidad de comida, claro). Una vez que Lena Kuhlmann, de GWR, validó el récord oficialmente, la monumental hamburguesa fue porcionada y vendida y los beneficios se donaron íntegramente a jardines de infancia de Baviera.

Una vez preparada la hamburguesa, el equipo tardó casi un día entero en cocinarla.

Se emplearon 360 kg de ensalada variada y queso: ¡el peso de unas 50 bolas de bolos!

La albóndiga más grande

Entre el 5 y el 8 de octubre de 2011, siete miembros del Columbus Italian Club (EE.UU.) elaboraron una colosal albóndiga de 503,71 kg, aproximadamente el peso de un piano de cola, con un diámetro de 1,38 m. La carne y las especias se mezclaron en porciones de 22,6 kg; luego se dejó en la nevera, se trasladó a otro lugar, se puso en un recipiente y se cocinó en un horno diseñado para la ocasión. Se presentó en el St. John's Italian Festival de Columbus, Ohio, EE.UU.

Una vez terminado, la hamburguesa pesaba más del doble que un caballo de raza árabe adulto. O dicho de otra forma...

¡PESABA COMO UNA MORSA!

4

RECETA

Hamburguesa de ternera

1.000 kg de ternera bávara
18 kg de sal
2 kg de pimienta negra
60 kg de cebollas
80 kg de tomates
60 kg de pepinos
60 kg de lechuga iceberg
100 kg de queso
20 kg de salsa para hamburguesas
10 kg de mostaza

Pan

60 kg de harina (tipo SSO o de fuerza)
0,6 kg de azúcar
1,2 kg de sal
4,2 kg de aceite
1,8 kg de levadura
4,2 kg de huevos
1,2 kg de malta
1,8 kg de extracto de levadura
32,4 l de agua

Elaboración

1. Mezcla la carne picada, la sal y la pimienta e introduce la masa en el molde. 2. Cocínalo todo durante 10 h y 30 min a 100-120 °C. Déjalo reposar 3. Mientras tanto, prepara el pan mezclando el agua y el azúcar en una tarrina grande, y disuelve en ella la levadura. 4. Déjalo reposar unos minutos y a continuación agrega el resto de ingredientes. 5. Cúbrelo con una tapa y déjalo reposar durante 1 h en un lugar cálido. 6. Amasa bien la carne y moldéala. 7. Hornéala a unos 200 °C en un horno de piedra durante 45 min. Luego añade el resto de ingredientes.

CONOCE AL ARTÍFICE: JOSEF ZELLNER

¿Qué os inspiró para aventuros a lograr este récord?
Somos un grupo de amigos que queríamos hacer algo especial por nuestra tierra natal.

¿Cuánto tardasteis en hacer la hamburguesa?
Hicimos la hamburguesa el día antes de cocinarla. Tardamos unas 8 h.

¿Cuánto tiempo necesitasteis para cocinarla?
La carne se cocinó el domingo 9 de julio de 2017, de las 8:00 a las 18:30. Después, necesitamos una hora más para montar la hamburguesa.

¿Hubo algún contratiempo?
Por la mañana llovió e hizo viento, así que la barbacoa no se calentó...

¿Y luego qué hicisteis?
...lo suficiente. Al final, tardamos más de lo esperado en cocinar la hamburguesa.

¿Qué es lo que entrañó una mayor dificultad?
La parte más peliaguda fue montar la hamburguesa en una pieza. Cada pedazo de carne pesaba unos 260 kg. Necesitamos una Autokran (grúa móvil) de 36 toneladas para mover la carne.

¿Existe algún otro récord que os gustaría afrontar en el futuro?
Después de esta experiencia, sin duda consideraremos la posibilidad de ir a por otro récord mundial. Cocinar la hamburguesa más grande del mundo fue agotador, ¡pero también muy emocionante!

Y para terminar, ¿qué se siente al tener un título GWR?
¡Es fantástico salir en el libro Guinness de los Récords! Estamos muy orgullosos de formar parte de este círculo tan exclusivo y esperamos conseguir otro récord.

La hamburguesa se cortó en más de 3.000 «pequeñas hamburguesas» y se vendió a los asistentes, unas 6.000 personas. Donamos el dinero a los jardines de infancia de Baviera.

CONOCE A LOS ARTÍFICES
LA BOLA DE GOMAS ELÁSTICAS MÁS GRANDE

¿Cuánto se tarda en hacer una bola de gomas elásticas que pesa más que un hipopótamo? ¿De dónde se saca el material? ¿Por qué es mejor hacerla por la noche? ¡Joel Waul nos cuenta todos los secretos.

«A veces me despertaba por la mañana y no podía creer que estuviera en la entrada de mi casa», recuerda Joel Waul (EE.UU.) acerca de la hazaña con la que consiguió un título GWR oficial. La **bola de gomas elásticas más grande**, a la que Joel dio forma con una extraordinaria paciencia, pesa 4.097 kg, según se verificó en Lauderhill, Florida, EE.UU., el 13 de noviembre de 2008. Para realizar esta esfera de 2 m de altura necesitó más de 700.000 gomas elásticas de todos los tamaños.

EL ARTE DEL REDONDEO

Joel, también conocido como Rubba Ban Man, se inspiró al ver un programa de televisión en el que lanzaban desde un avión lo que hasta entonces era la mayor bola de gomas elásticas. En abril de 2004, se puso manos a la obra y a la incipiente bola la llamó *Nugget*. A finales de verano, le llegaba a la cintura y se dio cuenta de que comenzaba a ser demasiado grande para tenerlo en casa, así que la llevó rodando hasta el patio trasero. En abril de 2007, la bola superaba los 2.268 kg y Joel decidió trasladarla de nuevo. Arrollando la valla de su casa, la hizo rodar hasta el acceso de entrada, donde continuó añadiéndole cada vez más gomas. El nombre de *Nugget* ya no valía para una bola tan descomunal, por lo que pasó a llamarla *Megaton*.

La bola de pegatinas más grande

Este enorme globo, hecho con cerca de 100.000 pegatinas y etiquetas, pesa 105,052 kg. Lo crearon John Fischer (EE.UU.) y el personal de su imprenta, StickerGiant. Se pasó la bola, apodada *Saul* (se llama así porque en inglés rima con *ball*, que significa «bola»), en Longmont, Colorado, EE.UU., el 13 de enero de 2016. El récord se batió para celebrar el primer Día Nacional de la Pegatina, instaurado en esa misma fecha.

40 4 42

MANOS A LA OBRA...

¿Quieres hacer tu propia bola? Empieza doblando una goma elástica normal y corriente sobre sí misma, de manera que quede apretada.

A continuación, enrolla cuidadosamente la parte más ancha con otra goma, de modo que sujete el conjunto inicial de vueltas.

Enrolla otra goma sobre la segunda apretándola bien. Sigue el mismo proceso y ve comprobando que el ancho y el largo crecen por igual.

A medida que añadas capas, empezará a adoptar forma de globo.

Finalmente, si has alternado las gomas elásticas como es debido, obtendrás una esfera. Ahora sólo te queda añadir otra goma, luego otra, y luego otra...

CONOCE AL ARTÍFICE: JOEL WAUL

Desde la década de 1990, este récord ha sido batido varias veces. ¿Siempre creíste que estabas predestinado a poseerlo?
Sí, lo supe desde la primera vez que vi el récord mundial, en la edición del año 2000 del Guinness World Records.

¿Cuándo empezaste y cuánto tardaste en hacerlo?
Empecé el 10 de abril de 2004 y tardé cuatro años y siete meses en completar la bola.

¿De dónde sacaste tantas gomas? ¿Tuviste que comprarlas?
Los primeros 1.451 kg de gomas los conseguí de internet, y una vez agotadas conté con el patrocinio de Stretchwell, compañía especialista en fisioterapia. Al principio, antes de que Megaton fuera patrocinado, gasté 7.000 $ en gomas elásticas.

Con semejante tamaño, algunas de estas gomas debían de ser enormes. ¿Para qué se utilizan, aparte de para ayudarte a batir récords?
Son unas bandas elásticas que se usan para la rehabilitación de lesiones deportivas.

Mientras Megaton era pequeño, ¿utilizaste gomas de tamaño más convencional?
Sí, utilizaba gomas elásticas del tamaño 32.

Construiste Megaton en la entrada de tu casa. ¿Le afectó el cálido sol de Florida u otras condiciones climáticas?
Principalmente le afectó el sol. Cuando no trabajaba en Megaton, tenía que cubrirlo con una lona para protegerlo. Buena parte del trabajo lo realicé por la noche.

¡Batiste el anterior récord mundial por 2.013 kg! ¿Controlabas el peso de la bola mientras la hacías o simplemente paraste cuando se te acabó la energía?
Sí, iba controlando el peso, y no, ¡de ningún modo se me acabó la energía! Más bien se me acabó el tiempo. Si hubiese tenido dos semanas más antes de que el juez del Guinness World Records viniera a pesarla, habría alcanzado los 4.536 kg.

DIMENSIONES
PESO 4.097 KG
ALTURA 2 M
CANTIDAD DE GOMAS MÁS DE 700.000
TAN PESADA COMO UN HIPOPÓTAMO MACHO

CONOCE A LOS ARTÍFICES
EL RINOCERONTE DE
ORIGAMI
MÁS GRANDE

Liu Tong (China), artista profesional de origamis, aprovechó lo bien que se le da doblar papel para llamar la atención sobre delicada situación del rinoceronte blanco del norte. Y ahora ya está pensando en crear otros animales.

Liu mostró interés desde muy pequeño por hacer cosas con papel, como barcos y aviones. En 2006, cuando estudiaba en Alemania, vio en un autobús que un hombre hacía una rosa con un pedazo de papel arrugado y se la regalaba a la chica que tenía sentada enfrente. Impresionado por ese gesto, Liu se dedicó a aprender el arte del origami. «Doblaba papel durante la pausa del almuerzo, después de trabajar, los fines de semana...», recuerda. En 2014 dejó su trabajo y se convirtió en artista del origami a tiempo completo.

OBRAS DE ARTE ANIMALES...

Liu conoció la historia de *Sudán* en 2015, el único ejemplar macho vivo de rinoceronte blanco del norte en todo el mundo. «Me entristecí mucho cuando lo supe y sentí que tenía que hacer algo por él», explica. Tras meses de investigación e innumerables diseños, Liu creó un rinoceronte de origami gigante en un centro comercial de Zhengzhou, en la provincia de Henan, China, el 19 de abril de 2017. Junto a su equipo de ocho personas, invirtió tres horas y más de 700 pliegues para culminar la obra. Tras lograr el título GWR oficial, Liu ha hecho otros animales inmensos de papel, como el **leopardo de origami más grande** (abajo, en el extremo derecho), de 3,7 m de longitud, y la **ballena de origami más grande**, de 5,15 m de longitud.

WHITE RHINO / 白犀牛
Designed & diagram by Tong Liu (刘通)
www.flickr.com/photos/ip-fox
Email : Litu@hotmail.com

El papel de 196 m² que se precisaba para el rinoceronte de origami era demasiado grande para que lo produjera una máquina, por lo que hubo que unir siete piezas más pequeñas.

Para doblar un papel tan grande y pesado, se requería la ayuda de un equipo de trabajo y una gran fortaleza física. Un único pliegue podía implicar tener que caminar 30 m y realizar más de ocho sentadillas.

Liu dedicó 13 meses a perfeccionar el diseño de su rinoceronte de origami, y realizó varias visitas el zoo para estudiar a su modelo vivo. Al usar una sola pieza de papel, no tenía margen de error.

DIMENSIONES

PESO	50 KG
LONGITUD	7,83 M
ALTURA	4,96 M

¡EL RINOCERONTE DE LIU ES EL DOBLE DE ALTO QUE EL AUTÉNTICO!

Otra de las creaciones de Liu Tong es la **pajarita de origami más grande**. Mide 4,64 m de alto, 1,90 m de largo y 2,92 m de ancho.

CONOCE AL ARTÍFICE: LIU TONG

¿Qué importancia tiene la planificación y los cálculos precisos en tus creaciones de origami?
El diseño es la primera parte del proyecto y la más complicada. Hay que hacer los cálculos de la forma más exacta para obtener una distribución razonable del papel, lo que garantiza que la estructura final de la obra tenga unas proporciones perfectas.

¿Qué herramientas utilizas?
Durante el diseño, utilizo tanto bolígrafos como ordenadores, aunque los ordenadores sobre todo me sirven para comprobar si el diseño es correcto o no, y si los pliegues van a salir bien. Así que, básicamente, el diseño lo realizo con bolígrafos y papel. Las herramientas para realizar los pliegues son tan sólo un bolígrafo, un trozo de papel, una regla y un transportador; ¡nada más!

¿Cuáles son las reglas del origami?
En el origami moderno no importa lo complicada o sencilla que sea la obra: siempre es necesario usar un trozo de papel totalmente cuadrado, sin cortes ni añadidos. En otras palabras, si desplegáramos la obra nos tendría que quedar el cuadrado de papel original.

¿Para este récord has necesitado algún papel especial?
Tenía que ser un papel muy resistente, que fuera capaz de soportar la presión, es decir, que no se rompiera aunque lo dobláramos repetidas veces. Al mismo tiempo, debía ser grueso pero lo bastante maleable, puesto que el papel que es excesivamente duro o frágil no sirve para ser doblado.

¿Qué es lo que más te gusta hacer?
Cada una de mis obras es como un hijo. Yo las he creado y me siento apegado a todas ellas. Pero, si tuviera que elegir una, sería el rinoceronte blanco.

¿Cuál es tu siguiente proyecto?
Consistirá en un trabajo para el Museo de la Capital de Pekín, relacionado con la restauración de unas reliquias culturales. Mi trabajo consistirá en hacer las réplicas en origami para que el museo las exponga.

CONOCE A LOS ARTÍFICES

LA MAYOR MUESTRA DE ESCULTURAS DE PALILLOS

INSPIRACIÓN: PUENTE GOLDEN GATE

Stan Munro (EE.UU.) hace auténticas obras de arte mediante un instrumento de higiene oral y una gran laboriosidad. Stan puede llegar a tardar cinco años en planificar una sola de estas asombrosas esculturas.

Stan Munro lleva «palilleando» desde que iba a quinto curso. El 15 de mayo de 2014, obtuvo el reconocimiento de GWR con el récord de la **mayor muestra de esculturas de palillos**: un grupo de 101 esculturas expuestas en Nueva York, EE.UU. Tardó más de 10 años para completarlas, y empleó más de 3 millones de palillos y 284 litros de pegamento. En su exposición hay edificios de 37 países, construidos a escala 1:164, como el templo del Cielo de China, la Torre Eiffel de Francia, el Taj Mahal de la India, el edificio Chrysler y la Seattle Space Needle, ambos de EE.UU., el cuartel general del M16 del Reino Unido y la Sagrada Familia de España. «Con esta exposición sólo pretendía comparar edificios poniéndolos unos junto a otros, sobre todo rascacielos», explica. «Cuanto más avanzaba, más me enamoraba del proyecto y me aventuraba a hacer esculturas más complicadas.»

Su réplica del puente Golden Gate da fe de la destreza y la paciencia de Stan. «Dediqué cinco años a planificar cómo hacer una versión transportable de 12 m de longitud», comenta. «Eso implicó probar varios métodos y aprender nuevas técnicas, y finalmente se me ocurrió la idea de un puente que se pudiera desmontar en 18 secciones principales: dos torres, dos anclajes, seis secciones de plataformas, ocho cables principales y cientos de cables de apoyo. Todo ello se puede montar en dos días con un sistema de clavijas y muescas.» Visto el resultado, es evidente que tantos cálculos valieron la pena.

Entre las detalladas réplicas sobre *Star Wars* de Stan, se encuentran el emblemático Transporte de Exploración Todoterreno (AT-ST) y la Lanzadera Imperial. Ambos aparecen en la imagen superior, junto con un Darth Vader y una tropa de soldados de asalto de palillos.

Stan también ha hecho una exposición de 125 naves de ciencia ficción, que incluía este destructor estelar, la **mayor escultura de Star Wars hecha de palillos**. Compuesta por 15.000 palillos, mide 39 cm de alto, 1,48 m de largo y 80 cm de ancho; y pesa 3,4 kg.

CONOCE AL ARTÍFICE: STAN MUNRO

Tus estructuras de palillos son una asombrosa combinación de arte e ingeniería. ¿Cómo empezaste?
Lo cierto es que disponía de una caja de palillos, un bote de pegamento y una tarde libre. No tenía intención de que se convirtiera en algo tan grande, sólo quería crear una pequeña ciudad con 10 construcciones icónicas de todo el mundo hechas a la misma escala. Y la verdad es que no hago más que eso: copio el arte y la ingeniería de otros, aunque con la mayor fidelidad posible.

¿Cuál es la parte más difícil de construir tus estructuras?
Lo más difícil de todo es empezar. Es posible que al principio no sepa cómo hacer algunas partes, pero no me preocupo hasta que llega el momento.

¿Nos puedes hablar de la ingeniería estructural de tus creaciones?
Lo único que puedo utilizar es palillos y pegamento, y no porque sea una norma de GWR, sino porque es mi norma. Pero resulta que algo tan simple como un palillo no sólo hace que las estructuras queden bonitas por fuera, sino que es el material ideal para que sean resistentes. La fortaleza de la madera y la ligereza del palillo ofrecen una combinación perfecta.

¿Cuánto hay de planificación en una de estas obras?
Hoy en día puedes descargar fotografías por satélite, fotos e imágenes desde todos los ángulos, pero yo lo sigo haciendo todo a mano. No corto con láser ni utilizo diseños por ordenador.

¿Cuáles son las herramientas que más empleas?
Utilizo varias, herramientas de corte, reglas, abrazaderas y cinta protectora para sujetar las piezas hasta que el pegamento se seque. La herramienta más avanzada que uso es una herramienta rotativa portátil (arriba). Con ella aliso los bordes y recorto las ventanas, aunque sobre todo utilizo unas tijeras. Mientras cortes siguiendo la veta, no es muy distinto de cortar papel o cartón.

¿Cuál es tu próximo reto?
Mi próximo reto no será un edificio, sino un país: la India. Akshardham, el templo del Loto y el Taj Mahal sólo fueron el principio. Creo que podría pasarme el resto de mi vida construyendo templos de la India...

La escultura de palillos más alta

El 22 de junio de 2013, se midió en el Phelps Art Center de Phelps, Nueva York, EE.UU., la maqueta del Burj Khalifa de Dubái, Emiratos Árabes Unidos, de 5,09 m, que Stan hizo a escala 1:164 y con un mínimo de 300.000 palillos. «La primera estructura que construí a esta escala fue el edificio Chrysler de Nueva York; era para mi esposa y tenía que caber en la sala de juegos del piso de abajo», explica. «De eso hace ya 16 años. Guardé la maqueta y no pensé que haría más edificios a semejante escala, pero...»

EL KART CON MOTOR A REACCIÓN MÁS RÁPIDO

Tom Bagnall quería conducir un kart muy veloz, así que pidió ayuda a un amigo suyo ingeniero, Andy Morris (ambos de R.U.), quien le proporcionó un kart realmente veloz... ¡además de un título GWR!

PRUEBA 1: ¡NEUMÁTICOS NUEVOS!

Tom Bagnall es de Cheadle, Staffordshire, R.U. El 5 de septiembre de 2017, alcanzó la **velocidad más alta con un kart con motor a reacción** (180,72 km/h) durante la emisión del programa *Officially Amazing*, de la cadena CBBC, en el campo de aviación de la RAF en Elvington, cerca de York, R.U.

EL CAMINO HACIA EL RÉCORD

Aunque quien diseñó y construyó este kart de récord fue Andy Morris, el propio Tom también es ingeniero mecánico. «La ingeniería me apasiona desde que era pequeño», explica. «Hace ya mucho tiempo que diseño y construyo motores a reacción. Empecé con pulsorreactores, porque construirlos es tan entretenido como fácil, pero hacen mucho ruido y no son demasiado prácticos para las aplicaciones que yo les daba. Así que pasé a las turbinas de gas. Son más potentes y mucho más prácticas.»

Sus otras grandes pasiones son las carreras de aceleración y los récords de velocidad en tierra. Hace mucho que Tom es un aficionado de las carreras de aceleración, a las que acude desde que tenía 15 años. Sólo era cuestión de tiempo que construyera sus propios vehículos a reacción y compitiera con ellos. Se incorporó a un equipo de carreras de aceleración como parte del equipo mecánico y, unos años después, ya disponía de su propio coche que pilotaba él mismo. Tom espera lograr un nuevo récord con su último proyecto: un kayak con turbina de gas de postcombustión. «La expresión en el rostro de la gente que espera ver un caza volando sobre sus cabezas y se encuentran con un kayak que los adelanta a la velocidad del rayo es impagable.»

DIMENSIONES

PESO	70 KG
LONGITUD	3 M CON EL POSTQUEMADOR 2,1 M SIN EL POSTQUEMADOR
ANCHURA	1,2 M
VELOCIDAD	180,71 KM/H

El camión de bomberos a reacción más rápido

El 11 de julio de 1998, el *Hawaiian Eagle*, un camión de bomberos a reacción propiedad de Shannen Seydel (EE.UU.), alcanzó una velocidad de 655 km/h en Ontario, Canadá. El vehículo, un Ford de 1940 rojo, llevaba dos motores Rolls-Royce Bristol Viper Mk-633-41 con postquemadores. Cada motor tiene 6.000 caballos de potencia y proporcionaban un impulso combinado de 53,37 kN.

Diagram labels:

Bomba de aceite del postquemador

Bomba de engranaje de 12 V para el aceite

Bomba de combustible del motor principal

Filtro de aceite

Turbocargador

Postquemador

Entrada del turbo

Depósito de aceite/refrigerante

E.C.U.

Eje de 50 mm

Bujía de 24 V

CASI EL DOBLE DE RÁPIDO QUE UN GUEPARDO

LISTADO DE PIEZAS

Bomba de engranaje de 12 V para el aceite

Dos bombas de combustible Bosch 044 Motorsport

Depósito de aceite intercambiador de calor hecho a medida

Unidad de control de motor (E.C.U.) hecha a medida para controlar y monitorizar el motor

Diseño y construcción de la cámara de combustión (UNA TAREA COLOSAL)

Diseño y construcción del postquemador

Manguera de acero inoxidable (tipo hidráulico) suficiente para el sistema de aceite y de combustible

Encontrar un Monster Turbo y comprar o construir bridas de entrada/salida.

Comprar una válvula de aguja para controlar el flujo de carburante.

Filtros de combustible y de aceite

CONOCE AL ARTÍFICE: ANDY MORRIS

¿Desde cuándo te interesa la ingeniería?

Desde siempre. Tanto mi padre como mis dos abuelos fueron ingenieros: uno fue director de la fábrica de motos Brough Superior y el otro trabajó en los planeadores que intervinieron en la batalla de Normandía. De niño, me encantaba desmontar cosas para ver cómo funcionaban.

Sin embargo, no me di cuenta de que podía construir un motor a reacción hasta que vi un episodio de Scrapheap Challenge en Channel 4 en el que aparecía Nick Haddock (que ahora es mi amigo). Construí el primero hace unos 10 años, sólo para ver si podía hacerlo. Acabó en un kart. ¡El depósito de aceite era una lata de galletas de acero inoxidable! Me gusta reciclar materiales siempre que puedo. La cámara de combustión del kart de Tom era la carcasa de un extintor viejo.

Tom es el conductor ideal para carreras de aceleración. Es de constitución ligera y está delgado, por lo que el vehículo puede acelerar rápidamente con él al volante. Además, su percepción espacial es estupenda.

¿Cuánto tiempo tardaste en construir el kart de Tom?

Seis meses, aunque antes había pasado tres años investigando cómo lograr un rendimiento óptimo. En una ocasión, cambié todo el cableado y la batería. Así ahorré 6 kg o más; el peso es crucial para los récords de velocidad: los vehículos han de ser tan ligeros como sea posible.

¿Podría haber ido aún más rápido?

¡Sí! No tuvimos tiempo, ni combustible, para volver a correr ese día. Una pista más larga nos hubiera ayudado, porque el kart habría podido coger más velocidad. Por algún motivo, el postquemador tampoco funcionó del todo bien ese día. Los motores

a reacción son un modo muy poco eficiente de producir impulso; y nuestros motores son mucho más pequeños que los que se emplean en los coches con motor a reacción que se usan en las carreras de aceleración.

¿En qué otros proyectos estás trabajando actualmente?

Bueno, en la cabaña del jardín tengo una motocicleta a reacción, cuyo motor he hecho yo mismo. Tardé unos tres meses. También estoy trabajando en otro motor a reacción y espero que sea una de las turbinas de gas caseras más potentes que se hayan construido jamás y que alcance los 136 kp con un postquemador. Lo instalaré en un kart y luego pondré a Tom al volante... ¡aunque él aún no lo sabe!

EL MONOPATÍN MÁS GRANDE

¿Cuánto se tarda en construir el monopatín más grande del mundo? ¿A qué velocidad se puede desplazar? Te presentamos a Joe Ciaglia, uno de los artífices de la pareja creativa que está detrás de la tabla de tus sueños.

Hace unos 10 años, Joe Ciaglia, director de California Skateparks, empezó a trabajar con el empresario Rob Dyrdek (ambos de EE.UU.) para diseñar y construir Fantasy Factory: un espacio híbrido que aúna zonas para practicar skate y un complejo de oficinas donde, además, se rueda el reality show de la MTV que lleva el mismo nombre. A Joe y a Rob no tardó en ocurrírseles la idea de crear el monopatín extragrande definitivo. Los artistas de California Skatepark se pusieron manos a la obra y, el 25 de febrero de 2009, se presentó el **monopatín más grande** en el programa Rob Dyrdek's Fantasy Factory de la MTV, en Los Ángeles, California, EE.UU. Sus increíbles dimensiones son 11,15 m de largo, 2,64 m de ancho y 1,10 m de alto.

CONQUISTANDO LAS CALLES

En 2010 Joe salió él solo a dar una vuelta en el monopatín por el Woodward Skate Camp de Pensilvania. ¿Cómo fue la experiencia? «Ya había decidido salir solo con el monopatín después de probarlo varias veces con los chicos», explica. «Me subí y la tabla empezó a coger velocidad, y se puso a virar a la izquierda, hacia un terreno peligroso. Mientras volaba colina abajo me di cuenta de que no había manera de evitar que el monopatín aterrizara en una inmensa pila de tierra. Supe que tenía que saltar antes de que impactara. Así que me agaché al máximo y salté, pero no me alejé lo suficiente y me di un golpe en el pie con la rueda trasera y perdí la zapatilla. ¡Por suerte no me hice daño, pero sin duda fue una de las experiencias más locas que he vivido!»

Este enorme monopatín pesa más de 1.630 kg, pero fue diseñado siguiendo exactamente las mismas directrices que uno de tamaño normal.

DIMENSIONES

LONGITUD	11,15 M
ANCHURA	2,64 M
ALTURA	1,10 M

¡TAN LARGO COMO UNO DE LOS TÍPICOS AUTOBUSES LONDINENSES!

CONOCE AL ARTÍFICE: JOE CIAGLIA

¿Qué experiencia tienes en el mundo del skate?
Yo crecí en el sur de California y de pequeño patinaba de vez en cuando. Empecé con California Skateparks en 1998 y ya hemos diseñado y construido más de 350 parques de skate en todo el mundo. Además, organizamos eventos de skate, como los X Games, la Street League y la Vans Park Series.

¿Mantiene esta tabla las proporciones y es plenamente funcional? Si fueras lo bastante grande, ¿podrías manejarla y hacer trucos?
La tabla está construida a escala, y es 12,5 veces más grande que una normal. De modo que sí, una persona que sea 12,5 veces más grande podría manejarlo, ¡sin duda!

¿Cuánto se tardó en construirlo?
Unas 10 semanas, con un equipo de tres personas.

¿Cuál es la velocidad máxima que ha alcanzado?
Diría que lo más rápido que ha ido la tabla son 56 km/h,

bajando por una colina de hierba en el Woodward Camp, en Pensilvania.

¿Qué os supuso la mayor dificultad al construirlo?
Lo más complicado fue no disponer de indicaciones ni planos. Simplemente nos pusimos manos a la obra y fuimos avanzando y superando los inconvenientes sobre la marcha. Todas sus partes están hechas a medida y se fabricaron especialmente para este monopatín.

¿Qué significó para vosotros batir este récord?
Siempre me ha gustado superar los límites y crear cosas que la gente nunca creía posible. En cuanto tuve la idea de construir este monopatín, sentí la imperiosa necesidad de empezar. Tuve claro que no sólo quería batir el récord, sino superar ostensiblemente el anterior.

¿Tienes pensado intentar batir algún otro récord Guinness?
Ahora mismo no, pero creo que a la larga es posible que lleguemos a construir algún otro artefacto digno de hacerse con un récord.

2

El tablero de madera de siete capas tiene un grosor de 13,97 cm. En su interior hay una estructura de acero que lo sostiene.

3

Las ruedas son neumáticos de coche con un diámetro de 76,2 cm. Los cabezales de acero se hicieron a medida y los cojinetes de goma, que permiten a la tabla girar y dar la vuelta, son ajustables.

4

En 2011 el rapero Nas interpretó sus temas «It Ain't Hard to Tell» y «Made You Look» encaramado a este monopatín de récord, en la ciudad de Nueva York (EE.UU.).

CONOCE A LOS ARTÍFICES

LA MÁQUINA DE RUBE
GOLDBERG
MÁS GRANDE

¿Por qué los inventos deben ser siempre eficientes? ¿La forma más rápida es siempre la mejor? ¿La ingeniería y el humor son incompatibles? Un hombre creyó que no...

Reuben Garret Lucius Rube Goldberg (1883-1970) fue un caricaturista estadounidense ganador de un premio Pulitzer, titulado en ingeniería por la Universidad de California. Se hizo famoso por sus dibujos ridículos de máquinas complejas que empleaban varios pasos (cuantos más mejor) para llevar a cabo una tarea muy sencilla. (En el R.U., William Heath Robinson saltó a la fama por hacer unos diseños parecidos.) De hecho, Rube Goldberg es la única persona que el diccionario monolingüe de la editorial estadounidense Merriam-Webster ha incluido como adjetivo, cuya definición es: «Logrado por medios complejos lo que aparentemente se podría hacer de una forma simple». Los animales, los piñones, los cohetes, los resortes, la gravedad, el agua corriente, las herramientas eléctricas y un sinfín de objetos se pueden utilizar para hacer algo tan sencillo como encender una luz, inflar un globo o pasar las páginas de un libro.

¡HAZLO COMPLICADO!

Hoy en día, el espíritu de Rube Goldberg se mantiene vivo en una serie de concursos anuales. Participantes de todo el mundo se esfuerzan por diseñar, construir y exhibir divertidas máquinas que logran hacer cosas muy básicas de la forma más compleja e interminable. Como afirmó el propio Rube, sus máquinas eran un «símbolo de la capacidad humana para ejercer el máximo esfuerzo y obtener el mínimo resultado».

¿QUÉ ES EXACTAMENTE UN RGMC?

En palabras de la directora de Rube Goldberg Inc., un concurso de máquinas Rube Goldberg (RGMC) es un evento en el que estudiantes de todas las edades presentan las máquinas que han imaginado, diseñado y creado en un foro divertido y competitivo. Estos concursos fomentan el trabajo en equipo, el pensamiento crítico y la resolución de problemas de forma creativa en un entorno de aprendizaje nuevo y en igualdad de condiciones. Para participar en un RGMC, sólo necesitas... ¡una gran dosis de imaginación y un montón de cachivaches! Encontrarás más información en la siguiente página.

La mayor máquina de Rube Goldberg montada en un concurso
Con más de 5.000 horas de trabajo a sus espaldas, la máquina de Rube Goldberg más compleja construida bajo la presión de una competición es un artilugio ideado por el equipo Rube Goldberg de la Purdue Society of Professional Engineers (todos de EE.UU., arriba y a la derecha). Se activó el 31 de marzo de 2012 en el concurso nacional de máquinas de Rube Goldberg celebrado en la Universidad de Purdue, en West Lafayette, Indiana, EE.UU. ¡El objetivo de esta máquina de 300 pasos era inflar y desinflar un globo! La máquina completó el proceso en menos de 2 min (1 min y 56 s), una de las normas del concurso. También realizó cada una de las tareas que se habían requerido en ediciones anteriores del concurso, como sacarle punta a un lápiz, exprimir una naranja y hacer una hamburguesa.

Una máquina de reacción en cadena se levanta concienzudamente en Detroit, Michigan, EE.UU, en 2015. Incluía alrededor de medio millón de objetos, entre ellos unas 250.000 fichas de dominó.

El equipo Rubicon X, con camiseta verde, de Arlington, Massachusetts, y Bath, Michigan (ambos de EE.UU.) pusieron a prueba su máquina en el concurso de 2011.

Unos alumnos de primaria montan un eslabón en un evento de reacción en cadena organizado el 25 de noviembre de 2016 en el pabellón de Rockwell Cage de Cambridge, Massachusetts, EE.UU.

MÚLTIPLES TALENTOS

La primera persona en completar el Adventurers Grand Slam

En estas páginas rendimos homenaje a los poseedores de récords que han destacado en más de un campo. Uno de ellos es David Hempleman-Adams (R.U.), que completó el Adventurers Grand Slam tras escalar la montaña más alta de cada continente (las «Siete Cumbres») y caminar hasta los polos Norte y Sur. Comenzó el desafío en 1980, cuando coronó el Denali (monte McKinley), en Alaska, EE.UU., y lo completó 18 años después, en mayo de 1998, cuando llegó al polo Norte en compañía de Rune Gjeldnes.

La **primera persona en completar el Explorers Grand Slam** fue Park Young-seok (Corea del Sur) tras llegar al polo Norte el 30 de abril de 2005. Este desafío implica escalar las Siete Cumbres y las 14 montañas de más de 8.000 m, y llegar a pie a ambos polos.

La primera travesía transatlántica en globo aerostático

Entre el 2 y el 3 de julio de 1987, Richard Branson (R.U.) y Per Lindstrand (Suecia) volaron desde Sugarloaf, Maine, EE.UU., hasta Limavady, Irlanda del Norte, R.U., un viaje de 4.947 km que cubrieron en 31 h y 41 min. La misma pareja realizó la **primera travesía del Pacífico en globo aerostático** a bordo del *Virgin Otsuka Pacific Flyer*, que los llevó desde Japón hasta Lac la Martre, en Yukón, Canadá, entre el 15 y el 17 de enero de 1991.

Branson (nacido el 18 de julio de 1950) es también la **persona de más edad en cruzar el canal de la Mancha en kiteboard**. El 1 de julio de 2012, lo recorrió desde Dymchurch, en Kent, R.U., hasta Wimereux, Francia, a la edad de 61 años y 349 días.

La primera persona en cruzar a vela y remo los océanos Índico y Atlántico

James Kayll (R.U.) cruzó a vela el océano Índico desde Tailandia hasta el país africano de Djibouti a bordo del *Ocean Song* entre el 8 de enero y el 13 de febrero de 2005. Años después, entre el 21 de abril y el 6 de julio de 2011, lo recorrió a remo desde Geraldton, en Australia Occidental, hasta Mauricio a bordo del *Indian Runner 4*.

Entre el 19 de noviembre y el 6 de diciembre de 2000 también cruzó el Atlántico a vela desde Gran Canaria hasta Santa Lucía a bordo del *Polyphagus*, y entre el 4 de diciembre de 2013 y el 21 de enero de 2014, a remo entre La Gomera y Antigua a bordo del *Row 2 Recovery*.

El viaje más rápido entre el punto más bajo y el más alto de la Tierra (del mar Muerto a la cima del Everest)

El 21 de mayo de 2006, Pauline Sanderson, Dominic Faulkner, Jamie Rouan (todos de R.U.) y Geri Winkler (Austria) alcanzaron la cima del Everest partiendo del mar Muerto, en un viaje de 150 días, 19 h y 15 min.

El salto con rampa en coche más largo

El 31 de diciembre de 2009, Travis Pastrana (EE.UU.) saltó 81,99 m durante el evento «Red Bull: Año Nuevo. Sin Límites» en Long Beach, California, EE.UU. Pastrana, especialista en escenas peligrosas y piloto profesional de motocross que ostenta el récord de **más medallas de Moto X ganadas en los X Games de Verano** (13), saltó en su coche de rally desde un muelle hasta una barcaza.

Pastrana también realizó el **salto mortal hacia atrás en moto tándem más largo** (4,99 m) junto con Jolene Van Vugt (Canadá) en el circuito de Godfrey Trucking/Rocky Mountain de Salt Lake City, Utah, EE.UU., el 17 de noviembre de 2008.

La moto eléctrica más rápida

El 30 de agosto de 2011, el inventor y pionero de la tecnología ecológica Chip Yates (EE.UU.) alcanzó 316,899 km/h en su prototipo de superbike SWIGZ Electric en Bonneville Salt Flats, Utah, EE.UU. El 24 de noviembre de 2013, estableció el récord de **menor tiempo para alcanzar 3.000 m de altura en un avión eléctrico**, con 5 min y 32 s, a bordo de un avión Rutan Long-EZ modificado en Inyokern, California, EE.UU.

La circunnavegación más rápida en globo (aprobada por la FAI)

Entre el 12 y el 23 de julio de 2016, Fedor Konyukhov (Rusia) dio la vuelta al mundo a bordo del globo *Morton* en 11 días, 4 h y 20 min. Despegó de Northam, en Australia Occidental, y aterrizó en Bonnie Rock, en el mismo estado. También ostenta el récord de **menor tiempo en cruzar a remo el Pacífico Sur de este a oeste (en solitario)**: 159 días, 16 h y 58 min, desde el 22 de diciembre de 2013 al 31 de mayo de 2014. Remó 6.424 millas náuticas (11.897,9 km) desde Concón, Chile, hasta Mooloolaba, en Queensland, Australia, a bordo del *Tourgoyak*.

Este consumado explorador también completó el desafío de las Siete Cumbres tras escalar la cumbre más alta de cada continente entre 1992 y 1997.

El vuelo sin escalas más largo realizado por cualquier aeronave (aprobado por la FAI)

Del 8 al 11 de febrero de 2006, Steve Fossett (EE.UU.) voló 41.467,53 km en el avión *Virgin Atlantic GlobalFlyer*. Despegó del Centro Espacial Kennedy en Florida, EE.UU., y desbancó el anterior récord al sobrevolar Shannon, Irlanda.

El millonario era dueño del **catamarán de regatas más grande**, el *Cheyenne*, que medía 38,1 m de eslora y 18,3 m de manga. En 2004 Fossett y su equipo establecieron un tiempo de circunnavegación entonces récord de 58 días, 9 h y 32 min.

EL DESAFÍO DE LOS TRES POLOS (POLO NORTE/POLO SUR/EVEREST)

◀ La primera persona en completar el Desafío de los Tres Polos

El 8 de mayo de 1994, Erling Kagge (Noruega) coronó el Everest y completó el Desafío de los Tres Polos. El 4 de mayo de 1990, con Børge Ousland (Noruega), fueron las **primeras personas en llegar al polo Norte sin asistencia (ayuda de emergencia)**, y el 7 de enero de 1993 finalizó la **primera expedición al polo Sur en solitario**.

La primera mujer en completar el Desafío de los Tres Polos

Tina Sjögren (Suecia, nacida en República Checa) llegó al polo Norte el 29 de mayo de 2002 y se convirtió en la primera mujer en completar el Desafío de los Tres Polos. Había coronado el Everest el 26 de mayo de 1999, y alcanzado el polo Sur el 2 de febrero de 2002 con su marido Tom Sjögren. Sólo transcurrieron 35 días entre sus viajes polares.

◀ La primera persona en completar el Desafío de los Tres Polos sin oxígeno suplementario en el Everest

De los 22 exploradores que han completado este desafío, sólo Antoine De Choudens (Francia) ha coronado el Everest sin la ayuda de oxígeno suplementario. De Choudens, que falleció en el Shishapangma en 2003, terminó el reto en el polo Sur el 10 de enero de 1999.

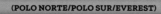

CONOCE A LA NIETA DEL ARTÍFICE: JENNIFER GEORGE

¿Quién es usted?
Me llamo Jennifer George, soy la nieta de Rube Goldberg, y durante los últimos diez años he sido la directora de Rube Goldberg Inc.

¿Por qué organiza estos concursos?
Desde 1988, miles de estudiantes han celebrado el legado de Rube mediante la creación de máquinas Rube Goldberg en nuestro concurso anual y han aprendido y reído mucho. Oficialmente, esta experiencia de aprendizaje ahora se engloba dentro de la educación STEM/STEAM (ciencia, ingeniería tecnológica, arte y matemáticas), algo que a Rube se le ocurrió de forma natural, que estudió ingeniería aunque en el fondo era inventor y artista. [Arriba aparece en su casa de Nueva York, en 1964, dibujando su última caricatura. A la izquierda, un diseño de Rube de 1931 para una servilleta automática.]

¿Cuáles son las normas?
Los estudiantes deben construir una máquina de Rube Goldberg (RGM) a partir de la tarea que establece Rube Goldberg Inc. Se marca un número máximo de pasos y unas dimensiones concretas de la máquina, y fomentamos el uso de artículos reciclados y objetos domésticos cotidianos. Además de la RGM, el equipo debe presentar un listado pormenorizado de los pasos. Y, por supuesto, ¡las máquinas deben ser divertidas!

¿Cómo puede participar la gente?
La inscripción en el concurso se hace en nuestra web, **rubegoldberg.com**. Los estudiantes de 8 a 22 años pueden participar en nuestro concurso bajo la tutela de un responsable de equipo. Juntos construyen una RGM a partir de nuestras condiciones y normas.
· Los responsables inscriben a un equipo e invitan a los estudiantes a tomar parte.
· Los equipos diseñan y construyen una máquina para llevar a cabo la tarea.
· Los equipos compiten tanto en el concurso en directo como en el virtual.
· El concurso en directo finaliza con los campeonatos regionales, donde se compite por el mejor puesto en su categoría en las finales en directo.
· En la final del concurso virtual, equipos individuales de todo el mundo compiten por el mejor puesto en su categoría.

LA PISTOLA DE AGUA MÁS GRANDE

¿Puede un chorro de agua llegar a romper un cristal? ¿Y qué tiene que ver el planeta Marte con dejar completamente empapados a tus amigos? Te presentamos a Mark Rober, *youtuber*, inventor y exingeniero de la NASA.

El 6 de noviembre de 2017, Mark Rober y sus amigos Ken Glazebrook, Bob Clagett y Dani Yuan (todos de EE.UU.) presentaron la **pistola de agua más grande** del mundo. Basada en el diseño de la clásica Super Soaker, mide 1,22 m de alto por 2,22 m de largo y 0,25 m de ancho. Funciona con un tanque de nitrógeno presurizado y puede disparar un chorro de agua tan potente que rompe el cristal. Mark es ingeniero e inventor, trabajó en el Jet Propulsion Laboratory de la NASA durante siete años y contribuyó a llevar el astromóvil *Curiosity* a Marte. Tiene un canal de YouTube dedicado a investigar y a poner a prueba proyectos científicos estrambóticos. En la actualidad cuenta con 3 millones de subscriptores.

LA TECNOLOGÍA ESPACIAL Y LA SUPER SOAKER

¿Le resultó útil a Mark la experiencia en la NASA a la hora de crear su gigantesca pistola de agua? «Por supuesto», afirma. «Dedicamos tres de los siete años que trabajamos con el *Curiosity* al *Descent Stage*, que es la mochila propulsora que permitió que el astromóvil aterrizara de forma segura en la superficie de Marte y que sigue los mismos principios que nuestra pistola de agua. En el caso del astromóvil, teníamos dos tanques de helio presurizado que impulsaban el combustible hidracina a los ocho propulsores. En la pistola, usamos el nitrógeno presurizado para llevar el agua a la boquilla.»

«Hay veces en las que estoy en el jardín, miro al cielo y veo ese punto rojizo [Marte]. Cuando pienso que sobre ese diminuto punto rojo, que está a 80,4 millones de km de distancia, hay un aparato que he diseñado, construido y puesto a prueba, se me pone la piel de gallina.» Sí, pero, ¿es tan alucinante como construir una pistola de agua gigante?

La pistola de dardos Nerf más grande

Lo cierto es que Mark es un experto en armas de juguete gigantescas. También ha construido una pistola de dardos Nerf de 1,82 m de largo, según se verificó en Sunnyvale, California, EE.UU., el 22 de junio de 2016. Como munición, Mark desarrolló unos dardos de gomaespuma a escala a partir de flotadores de piscina tipo fideo y desatascadores, que la pistola lanza a una velocidad de unos 64 km/h.

CIFRAS DE RÉCORD

ALTURA	1,22 M
LONGITUD	2,22 M
ANCHURA	0,25 M
VELOCIDAD MÁXIMA DEL AGUA	437,7 KM/H

CÓMO FUNCIONA...

(1) Mark llena el tanque que hay en el interior de la empuñadura de la pistola de agua con gas nitrógeno a alta presión. La empuñadura también contiene un tanque de agua de 7,5 l de capacidad. Cuando se aprieta el gatillo, el gas fluye al tanque de agua y empuja el agua, que desciende por un tubo y sale por la boquilla.

(2) También ajusta la boquilla del cañón. El diámetro de 0,07 mm es fantástico para partir sandías por la mitad, pero tanta potencia puede hacer mucho daño. «No se puede disparar a gente con esta boquilla, porque el volumen del flujo de agua es muy reducido y, normalmente, ¡a la gente no le gusta que le rebanen el brazo!». Por el contrario, si la boquilla se ajusta a 6,3 mm de diámetro, el chorro de agua es perfecto para empapar a tus amigos de forma segura.

CONOCE AL ARTÍFICE: MARK ROBER

¿De qué característica de la pistola estás más orgulloso?
Me encanta que tenga dos modos. Si usas la boquilla estrecha (0,07 mm), el chorro de agua es muy potente y concentrado. Puede partir una sandía por la mitad o destrozar una lata de refresco. El otro modo tiene una boquilla de 6,3 mm de ancho y un flujo volumétrico muy elevado. Es como una manguera de bomberos con mucha fuerza y esa es la boquilla con la que rompemos cristal.

¿Cuánto tardasteis en construir la pistola?
Tardamos unos tres meses y la construimos en tres fases. La primera, que consistió en una serie de pruebas físicas y de ingeniería, fue la más larga. Usamos los mismos principios que con la Super Soaker original, que usa un tanque presurizado para empujar el agua. En el caso de la Super Soaker original, se acumula la presión bombeando la empuñadura, pero ahora necesitábamos algo mucho más potente, por lo que experimentamos con un montón de tanques presurizadores hasta que encontramos el modo óptimo de disparar el agua a la mayor distancia posible. Elegimos un sistema presurizado a 2.400 psi, siete veces más que una manguera de bomberos.

La segunda fase consistió en construir una estructura de madera que contuviera el tanque optimizado y el sistema de bombeo. Tardamos un día y tuvimos que escalar todas las dimensiones, de modo que la pistola acabó teniendo 2,22 m de longitud.

La tercera fase consistió en añadir la goma EVA adicional para conseguir la forma adecuada y pintarla para darle un aspecto extraordinario. La goma EVA es una opción fantástica, porque es muy resistente, pero también muy ligera, por lo que mover la pistola es relativamente fácil.

¿Qué significó para ti lograr el récord?
Mi primer recuerdo de la biblioteca de la escuela consiste en ir corriendo para ser el primero en leer el ejemplar del *Guinness World Records*. A mis amigos y a mí nos encantaba leer acerca de todas esas cosas tan alocadas y divertidas que lograba la gente. Jamás de los jamases hubiera imaginado que, algún día, yo también aparecería en el libro. Quizá ahora mismo haya algún futuro ingeniero o arquitecto sentado en la biblioteca de su escuela leyendo esto, y que, algún día, también acabará apareciendo en el libro.

También ostentas el récord de la pistola de dardos Nerf más grande [ver pág. anterior]. ¿Piensas ir a por más?
Sí. ¡Es adictivo! He decidido lograr como mínimo un récord cada año. Ya tengo ideas para los tres próximos... Y hasta aquí puedo leer.

EL HEXÁPODO
MANEJABLE MÁS GRANDE

¿Qué llevó a Matt Denton (R.U.), fan de *Star Wars*, a construir esta maravilla mecánica de seis patas? ¿Y cómo contribuyó eso a que trabajara en *Star Wars VII: El despertar de la Fuerza*? *Guinness World Records* te presenta al hombre que transforma la ciencia ficción en una realidad asombrosa.

El robot **hexápodo manejable más grande** se llama *Mantis* y mide 2,8 m de alto y 5 m de diámetro, tal y como se verificó el 15 de noviembre de 2017 en Wickham, Hampshire, R.U. Funciona con un motor Perkins turbodiésel de 2,2 litros y se puede conducir desde la propia cabina o por control remoto, con wifi. *Mantis* pesa 1,9 toneladas, tiene 18 grados de libertad y una velocidad máxima ligeramente superior a 1 km/h. Los robots andantes apasionan a Matt desde hace ya muchos años, pero, ¿cómo empezó todo? Hace mucho tiempo, en una galaxia muy muy lejana...

LOS PRIMEROS PASOS

Matt vio *Star Wars V: El Imperio contraataca* (EE.UU., 1980) cuando tenía siete años y los caminantes AT-AT lo cautivaron al instante: «Máquinas que pueden caminar, ¡es genial!» pensó. «¿Para qué quieres ruedas si puedes tener piernas?». Cuando terminó la escuela optó por una formación profesional de electrónica que lo llevó a trabajar en el programa de televisión *Space Precinct*, donde se desarrollaba software para maquinaria robótica. Sin embargo, tras sólo tres semanas en Jim Henson's Creature Shop, se dio cuenta de lo mucho que necesitaba mejorar.

Su experiencia con robots hexápodos lo llevó a trabajar con el ingeniero de animatrónica Joshua Lee en las películas de Harry Potter. Un día, Joshua le habló de una película supersecreta que podría interesarle... (¡A la derecha averiguarás cuál era!). Pero, aparte de su trabajo, Matt estaba afanado por su cuenta en un proyecto que le apasionaba... ¡Mantis!

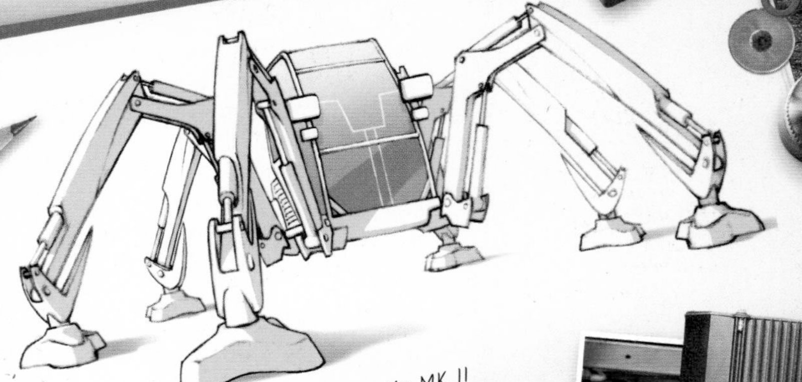

Los planos

Matt tardó tres años en construir la versión MK II de *Mantis*. El modelo MK I (al que dedicó un año y medio) tuvo problemas mecánicos, especialmente con los sistemas hidráulicos, en cuanto Matt consiguió que se pusiera de pie.

El «cerebro»

La caja «HexEngine» es el sistema que coordina las piernas de *Mantis*. Su PC Linux usa software de HexEngine para controlar los movimientos de la máquina: la unidad recibe las órdenes de la interfaz del operador (ver arriba a la derecha) y le envía el feedback.

DIMENSIONES

- ALTURA 2,8 M
- PESO 1,9 TONELADAS
- DIÁMETRO 5 M
- MOTOR 2,2 LITROS
- VELOCIDAD 1 KM/H MÁXIMA

PESA LO MISMO QUE ¡TRES VACAS!

Ambos reposabrazos del asiento del conductor cuentan con un mando y con 14 botones que controlan los movimientos de Mantis.

La interfaz de operador alberga una pantalla táctil de 6,5 pulgadas que muestra la posición de las seis patas.

MANTIS

El nacimiento de BB-8

El encantador droide esférico BB-8 debutó en *Star Wars VII: El despertar de la Fuerza*. Matt logró el trabajo de sus sueños como supervisor de diseño y desarrollo electrónico de criaturas y efectos especiales y formó parte del equipo que trabajó en siete versiones distintas de BB-8, desde un robot estático a dos modelos controlados por radio. Sin embargo, manejar esos controles podía resultar abrumador. En sus propias palabras: «Era un robot muy potente y muy pesado y lo movías cerca de actores muy importantes... ¡No quería hacerle daño a nadie!».

CONOCE AL ARTÍFICE: MATT DENTON

¿Cuántos hexápodos has construido?
Más de 20, de varias formas y con materiales diversos. La mayoría no llegaban a los 50 cm de diámetro. ¡Uno acabó siendo una tortuga de seis patas en una película de Harry Potter!

¿Tienen alguna utilidad práctica?
Una empresa me preguntó si podría construir un hexápodo de 200 toneladas que pudiera funcionar bajo el agua. De hecho, en parte desarrollé este modelo de 1,9 toneladas para ver con qué problemas me encontraría. Una empresa minera suramericana también se interesó por *Mantis*, porque estaban trabajando en la selva, que se considera un «terreno sensible». La presión que ejerce cada uno de los pies de *Mantis* no supera a la de una pisada humana, por lo que no dañan el entorno.

¿Te encontraste con algún problema durante el desarrollo de Mantis?
¡Con muchísimos! Apenas tenía experiencia con sistemas hidráulicos, pero tuve que ingeniármelas para que el motor, la bomba hidráulica y el depósito funcionaran a la vez. El sistema genera tanto calor que, al principio, hubiera necesitado un depósito de refrigeración de 0,5 toneladas. Hay que tener en cuenta que una excavadora JCB tiene un brazo, pero *Mantis* tiene seis, lo que significa que el flujo y la capacidad de refrigeración se multiplican por seis. Con ese peso, *Mantis* apenas habría tenido capacidad de movimiento, así que tuve que reducir muchísimo el depósito. De hecho, tuve que convertirme en experto en muchas disciplinas, así que me pasé muchísimas tardes estudiando.

¿En qué estás trabajando ahora?
¡En nada tan ambicioso como *Mantis*! Mi amigo James Bruton me prestó una impresora 3D mientras trabajaba en un prototipo de BB-8 a media escala y eso me inspiró a imprimir bloques LEGO® a escala gigante, a partir de los diseños originales. He construido un kart (98 bloques), una carretilla elevadora (216 bloques) y una apisonadora (¡372 bloques y 600 horas de impresión 3D!). Es mi homenaje a los juegos LEGO Technic, que prendieron mi imaginación cuando aún era un niño. Es muy probable que, de no haber sido por ellos, ahora no me dedicara a esto.

LA EXCAVADORA DE RUEDA DE CANGILONES

Las excavadoras de rueda de cangilones son gigantes mecánicos que mueven inmensas cantidades de tierra a un ritmo asombroso. Se usan en operaciones mineras a cielo abierto a gran escala para limpiar el «estéril»: material que se encuentra sobre valiosas vetas mineras. Estas máquinas de excavación continua son sofisticadas maravillas de la ingeniería; su construcción puede llevar cinco años y su coste puede alcanzar los 100 millones de $. Pero una vez que se ponen a trabajar, ¡no hay quien las pare!

Las primeras excavadoras de rueda de cangilones se desarrollaron a principios del siglo XX fruto de la evolución de las dragas de agua. Aunque pueden ser imponentes, su principio básico es muy simple: la enorme rueda frontal da vueltas haciendo girar los cangilones que recogen la tierra y la dejan sobre una cinta transportadora que se la lleva. Las excavadoras de rueda de cangilones modernas realizan esta operación en proporciones descomunales. La más grande de todas es la Bagger 293, un monstruo de 14.196 toneladas que ostenta el título del **vehículo terrestre más grande** y **más pesado** a la vez.

3.000.000

CONTROL DE VOLUMEN

La Bagger 293 tiene 18 cangilones, cada uno con un volumen de 6.600 litros. Trabajando sin cesar, esta excavadora es capaz de desplazar 240.000 m³ de tierra en un solo día, lo que equivale a cerca de 3 millones de bañeras de tierra.

Las excavadoras pueden alcanzar 94 m de altura, más que la Estatua de la Libertad.

Estas duraderas máquinas están hechas para soportar condiciones inhóspitas. Pueden funcionar a temperaturas de -45 °C y en altitudes de más de 5.000 m.

Un brazo de contrapeso da estabilidad a la excavadora.

DEJANDO HUELLA

Por más potentes que sean las excavadoras de rueda de cangilones, es improbable que ganen muchas carreras. La velocidad máxima de la Bagger 293, que se desplaza sobre tres filas de ensambles de oruga, es de unos 0,53 km/h. Toda carretera por la que pasa debe ser reconstruida, pues su simple peso basta para aplastar el hormigón.

Las cintas transportadoras llevan la tierra a un punto de descarga.

HA NACIDO UNA ESTRELLA

En el episodio 4 de la primera temporada de la serie *Westworld* (2016) de HBO, la Bagger 293 hacía un cameo. Devastaba una ciudad entera a los mandos del Dr. Ford (Anthony Hopkins).

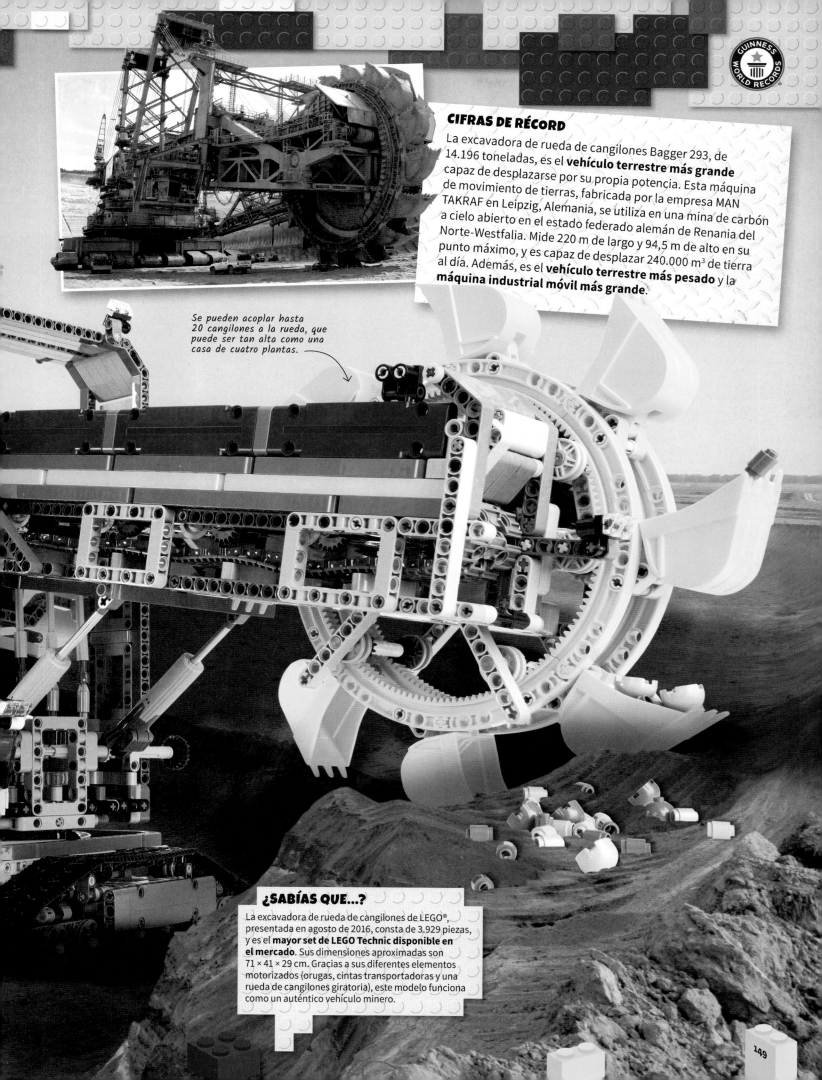

CIFRAS DE RÉCORD

La excavadora de rueda de cangilones Bagger 293, de 14.196 toneladas, es el **vehículo terrestre más grande** capaz de desplazarse por su propia potencia. Esta máquina de movimiento de tierras, fabricada por la empresa MAN TAKRAF en Leipzig, Alemania, se utiliza en una mina de carbón a cielo abierto en el estado federado alemán de Renania del Norte-Westfalia. Mide 220 m de largo y 94,5 m de alto en su punto máximo, y es capaz de desplazar 240.000 m³ de tierra al día. Además, es el **vehículo terrestre más pesado** y la **máquina industrial móvil más grande**.

Se pueden acoplar hasta 20 cangilones a la rueda, que puede ser tan alta como una casa de cuatro plantas.

¿SABÍAS QUE...?

La excavadora de rueda de cangilones de LEGO®, presentada en agosto de 2016, consta de 3.929 piezas, y es el **mayor set de LEGO Technic disponible en el mercado**. Sus dimensiones aproximadas son 71 × 41 × 29 cm. Gracias a sus diferentes elementos motorizados (orugas, cintas transportadoras y una rueda de cangilones giratoria), este modelo funciona como un auténtico vehículo minero.

El puente a mayor altura del mundo

El puente de Cristal del Gran Cañón de Zhangjiajie, en Sanguansixiang, provincia de Hunan, China, está suspendido entre dos barrancos a unos 260 m del suelo y ofrece unas vistas extraordinarias a los amantes de las alturas. Antes de abrirlo al público el 20 de agosto de 2016, varios funcionarios golpearon los paneles de cristal con mazas (arriba) para disipar cualquier duda sobre su seguridad. Sin embargo, 13 días después de la inauguración, las autoridades tuvieron que cerrarlo, ya que atraía a 80.000 visitantes diarios (en lugar de los 8.000 previstos) y la instalación necesitó mejoras urgentes. El 30 de septiembre de 2016, se volvió a abrir al público.

El puente de Zhangjiajie, diseñado por el arquitecto Haim Dotan, tiene 430 m de longitud y, en el centro, se estrecha hasta sólo 6 m de anchura. Se halla en el Parque Forestal Nacional de Zhangjiajie, del que se afirma que sus famosos pilares de piedra arenisca de cuarzo inspiraron las montañas Aleluya en la película *Avatar* (2009).

COSAS GRANDES

LOS MÁS GRANDES...

Puf

Creado por Comfort Research (EE.UU.), el puf más grande del mundo, llamado «Big Joe», tenía un volumen de 147,9 m³ y pesaba más de 1.814 kg, tal y como se comprobó el 20 de septiembre de 2017. Se instaló en la azotea de un edificio de Grand Rapids, Michigan, EE.UU., para recibir a los asistentes al concurso ArtPrize 2017.

Bolas de bingo

El 3 de junio de 2017, Sun Bingo (R.U.) organizó una partida de bingo en Blackpool, Lancashire, R.U., con unas bolas que medían 73 cm de diámetro, ¡el triple de grandes que unas bolas de bolos!

Para la ocasión se creó también el **cartón de bingo más grande**, de 15.912 m², que equivale a la superficie de un aparcamiento.

Flotador

El 3 de junio de 2017, un cisne hinchable de 21,49 m de alto, 16,58 m de ancho y 15,33 m de largo fue presentado por AT&T (EE.UU.) en Hermosa Beach, California, EE.UU. El cisne, que tardó un mes en fabricarse, era del color azul corporativo de la empresa.

La **pelota de playa hinchable más grande** tenía un diámetro de 19,97 m y se presentó el 31 de mayo de 2017. Se colocó en una barcaza en el río Támesis en Londres, R.U., para promocionar la película *Los vigilantes de la playa* (EE.UU., 2017).

Calzoncillos

El 7 de marzo de 2018, Cottonil (Egipto) presentó unos calzoncillos de 25,36 m de contorno de cintura y de 18,09 m de la cintura a la entrepierna, en El Cairo, Egipto.

En el mismo evento, exhibió la **camiseta sin mangas más grande**: 36,49 m desde el hombro hasta el dobladillo y 27,65 m entre las axilas.

Juego de jenga más grande

El 11 de diciembre de 2015, Caterpillar Inc. (EE.UU.) usó cinco de sus vehículos de construcción para levantar una versión gigante del popular juego de jenga y luego jugar una partida. Hechos con madera maciza de pino, cada uno de los 27 bloques medía 243,8 cm de largo, 81,2 cm de ancho y 40,6 cm de alto. La torre empezó con nueve pisos y terminó con 13, después de añadir un total de 16 bloques en 28 horas.

Las agujas de tejer más grandes

La estudiante Elizabeth Bond (R.U.) diseñó un par de agujas de tejer de 4,42 m de longitud y 9,01 cm de diámetro. Las presentó el 13 de junio de 2017 en el Wiltshire College de Chippenham, R.U., para que pudieran ser medidas. Esta creación de Elizabeth formaba parte de su proyecto de final de carrera en arte y diseño.

Objeto desempaquetado (*Unboxing*)

El 11 de mayo de 2017, Joel Jovine (EE.UU.), un niño de 3 años apasionado de los camiones, desempaquetó una enorme caja de cartón y celofán de 24,3 × 12,1 × 5,4 m en Charlotte, Carolina del Norte, EE.UU., ¡y en su interior se encontró con un camión Volvo modelo VNL de 21,95 m de largo! Fue una sorpresa que le dio Volvo Trucks (EE.UU.).

Cantidad de *slime*

Una gigante piscina de *slime* de 6.268 kg, más pesada que un elefante africano macho, fue amasada por Madison Greenspan y el equipo de Maddie Rae's Slime Glue (ambos de EE.UU.) en la convención Fair Play celebrada el 4 de noviembre de 2017 en la ciudad de Nueva York, EE.UU. El *slime* contenía almidón líquido, pigmento en polvo de color lila, purpurina y pegamento para *slime* de la marca Madison.

Tabla optométrica

El 19 de mayo de 2017, la óptica Louis Nielsen (Dinamarca) construyó en Copenhague, Dinamarca, una tabla optométrica imposible de no ver: ¡medía 23,07 m²!

Uno de los récords que Florian logró en el Gorilla Cafe fue el de **menor tiempo en meter 15 bolas de billar con tiros de salto (mesa americana)**: 6,78 s.

El taco de billar más largo

El 13 de marzo de 2017, el maestro de los trucos de billar Florian Kohler (Francia) jugó una partida con un taco de 5,37 m, ¡casi cuatro veces más largo que un taco estándar! Demostró que era totalmente útil al hacer el saque y, acto seguido, meter hasta ocho bolas. Fue uno de los seis récords que Florian logró en un mismo día en el Gorilla Cafe de Las Vegas, Nevada, EE.UU.

MATERIAL DE PAPELERÍA EXTRAGRANDE

▼ El lápiz de color más grande

Ashrita Furman (EE.UU., a la derecha), un auténtico devorador de récords, creó un lápiz de 5,21 m de largo y 0,45 m de diámetro. El récord se registró el 10 de octubre de 2017 en el barrio de Jamaica, ciudad de Nueva York, EE.UU.

El lápiz más largo

El 10 de octubre de 2017, BiC (Francia) expuso un lápiz que medía 1.091,99 m en Samer, Francia, para celebrar la inauguración de su nueva fábrica. Estaba compuesto de una mina de grafito y de poliestireno reciclado, por lo que se podía doblar. BiC superó en más del doble la longitud del récord anterior, que se remontaba a 2015.

◀ El rotulador más grande

El 5 de septiembre de 2017, Zebra Co. (Japón) presentó un rotulador de 1,68 m de largo y 25,6 cm de ancho en Shinjunku, Tokio, Japón. Este enorme rotulador, creado para conmemorar el 120.º aniversario de la empresa, es exactamente 12 veces más grande que el rotulador Hi-Mckie de tamaño normal de Zebra Co.

Las prendas de ropa más grandes
Pantalón: 12,19 m de largo y una cintura de 7,92 m. Creado por Rishi Thobhani (R.U.), se presentó el 23 de mayo de 2009 en Leicester, East Midlands, R.U.

Calcetines: 13,72 m de la parte superior a la puntera y 3,05 m de ancho. Creados en octubre de 1986 por Michael Roy Layne (EE.UU.) en Boston, Massachusetts, EE.UU.

Camiseta: 96,86 m de largo y 69,77 m de ancho. Creada el 5 de enero de 2018 por Plastindia Foundation (India) en Bombay, India.

Esta vagoneta está inspirada en el Coaster Boy, una estatua de 13,7 m de un niño en una vagoneta Radio Flyer que se expuso en la Exposición Universal de 1933, celebrada en Chicago, Illinois, EE.UU.

La vagoneta de juguete más grande

Para celebrar su 80.º centenario, en 2017 la empresa de juguetes estadounidense Radio Flyer realizó una versión gigante de su emblemática vagoneta roja en Chicago, Illinois, EE.UU. Medía 8,05 m de largo, 3,54 m de alto y 3,59 m de ancho, como se comprobó el 20 de diciembre de 2016. La vagoneta supera en más de ocho veces el tamaño del juguete original y pesa 6.800 kg. Puede transportar a más de 75 niños.

El papá Noel más grande

El municipio portugués de Águeda creó un papá Noel de 21,08 m de alto, 9,18 m de ancho y 12,62 m de largo, como se verificó el 12 de diciembre de 2016. El objetivo era que esta estatua de 7,25 toneladas sirviera como atracción para los turistas en las fiestas navideñas.

◄ El bolígrafo más grande
Acharya Makunuri Srinivasa (India) creó un bolígrafo de 5,5 m de largo y 37,23 kg. Se presentó y midió el 24 de abril de 2011 en Hyderabad, India.
La pluma estilográfica más grande midió 2,13 m de largo y fue creada en 1991 por Zbigniew Różanek (Polonia).

► El clip más grande
Evgeny Stepovik (Rusia) creó un clip de 9,28 m de alto y 2,72 m de ancho en Miass, Rusia. Hecho de acero inoxidable, pesaba 530 kg y se presentó el 29 de mayo de 2010.

► Las tijeras más grandes
La experta en memoria Neerja Roy Chowdhury (India) creó unas tijeras que medían 2,31 m del extremo al mango. Se usaron para cortar la cinta que envolvía su cómic en el que explicaba cómo ejercitar la memoria, presentado el 16 de agosto de 2009 en el Air Force Auditorium de Nueva Delhi, India.

INFORMÁTICA

La computadora analógica más antigua

El mecanismo de Anticitera, de 2.000 años de antigüedad, fue encontrado cerca de la isla griega de Anticitera en 1900-01. Este sistema de engranajes de bronce, ahora cubierto de sedimentos marinos, presenta un grado de complejidad mecánica que no se ha encontrado en ningún otro objeto anterior al siglo XIV. Se cree que se empleaba en la predicción de eclipses.

El primer microchip

En 1958 dos ingenieros electrónicos estadounidenses, Jack Kilby y Robert Noyce, desarrollaron de forma independiente técnicas que permitían montar múltiples transistores y sus conexiones en una misma pastilla pequeña y delgada de material semiconductor.

La conexión a internet más rápida

En enero de 2014, científicos de R.U. lograron una velocidad de conexión a internet en el mundo real de 1,4 terabits/s usando fibra óptica comercial. Un bit (abreviatura inglesa de «unidad binaria») es la unidad básica de capacidad de información que utilizan los ordenadores; hay ocho bits en un byte. La prueba se realizó usando una conexión subterránea de 410 km de largo entre las ciudades de Londres e Ipswich y contó con la colaboración de BT y Alcatel-Lucent.

El dispositivo de almacenamiento de datos con más capacidad (prototipo)

En 2016 la compañía estadounidense de almacenamiento de datos Seagate Technology reveló que habían creado un dispositivo de estado sólido (SSD) de 60 terabytes. Un terabyte (TB) es 1 billón de bytes; en términos de almacenamiento de datos, el equivalente a aproximadamente 210 DVD o 1.423 CD llenos.

La red social en línea más grande

A 4 de enero de 2018, Facebook tenía 2.070 millones de usuarios mensuales. De éstos, 1.150 millones se conectaban por medio de dispositivos móviles. Facebook alcanzó la cifra de 2.000 millones de usuarios mensuales el 30 de junio de 2017.

El ordenador portátil de 14 pulgadas más ligero comercializado

Con un peso de 826 g, el LG Gram 14 es más ligero que cualquier otro aparato del mismo tamaño, tal como comprobó SGS Testing Services en Seúl, Corea del Sur, el 14 de diciembre de 2016. Fabricado por LG (Corea del Sur), este ordenador portátil pesa el doble que una pelota de fútbol estándar de la FIFA de tamaño 5.

El ordenador digital más antiguo en funcionamiento

El Harwell Dekatron Computer (también conocido como WITCH, o Wolverhampton Instrument for Teaching Computation from Harwell) se utilizó por primera vez en abril de 1951. Tras pasar 20 años desmontado en un almacén, fue restaurado entre septiembre de 2009 y noviembre de 2012. Actualmente se encuentra en el Museo Nacional de Computación de Bletchley Park, Buckinghamshire, R.U.

El sistema informático basado en Raspberry Pi más grande

El clúster BitScope Blade, ubicado en el Laboratorio Nacional de Los Álamos, en Nuevo México, EE.UU., juntó 750 ordenadores de placa única Raspberry Pi: un total de 3.000 núcleos operativos. El módulo fue construido por el fabricante de *hardware* científico BitScope (Australia) y el proveedor de servicios de inteligencia artificial SICORP (EE.UU.) y se entregó el 13 de noviembre de 2017. El BitScope Blade hace posible que estudiantes y programadores de *software* que trabajan en el desafiante campo de la supercomputación pongan a prueba sus ideas de forma accesible y asequible.

La operación de ordenación de datos más rápida en una competición en la nube

Los datos juegan un papel crucial en nuestras vidas y es muy importante ser capaz de procesar rápidamente grandes cantidades. «Ordenar» es un paso clave en el procesamiento de datos, que puede ser difícil y consumir mucho tiempo. En 2016 Tencent Corporation (China) diseñó e implementó un procedimiento capaz de clasificar 100 TB en 98,8 s en la competición Indy GraySort: una tasa de clasificación de 60,7 TB/min. Utilizaron un clúster OpenPOWER de 512 nodos para lograrlo.

El ordenador más rápido

El 20 de junio de 2016, se anunció que el Sunway TaihuLight, en el Centro Nacional de Supercomputación de Wuxi, China, disponía de una capacidad de procesamiento de 93,01 petaflops en el *benchmark* Linpack (1 petaflop representa 1.000 billones de operaciones aritméticas básicas por segundo; el *benchmark* Linpack es un sistema de medición de la potencia de un ordenador según la velocidad con la que resuelve una serie de ecuaciones). El Sunway TaihuLight cuenta con 40.960 procesadores que funcionan en tándem con otro procesador, lo que permite casi triplicar la velocidad del anterior poseedor del récord.

El Sunway TaihuLight se emplea, entre otros usos, para el cálculo de precisión y la investigación en campos como la meteorología, el modelado, el análisis de datos y las matemáticas avanzadas.

EL PRIMER...

▲ **Ordenador personal**
Conocido como «Simon», el PC más antiguo fue desarrollado por Edmund Berkeley (EE.UU.) y comercializado en 1950. Costaba alrededor de 600 $ y tenía una memoria total de 12 bits.

▲ **Ordenador con circuitos integrados**
En 1964 el System/360 de IBM incorporó un tipo de circuito integrado. Sus módulos combinaban discretos transistores con circuitos impresos y resistencias.

▲ **Ratón para ordenador**
Douglas Engelbart (EE.UU.) inventó el ratón para ordenador en 1964 y obtuvo la patente para EE.UU. en 1970. El artefacto fue apodado «ratón» por el parecido del cable con una cola.

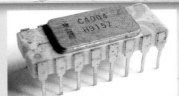

▲ **Microprocesador**
El chip 4004, de Intel (EE.UU.), data de 1971. Este diminuto CPU de un único procesador tenía la misma potencia que ENIAC, el **primer ordenador electrónico de uso general** (1946), del tamaño de una habitación.

Las **5 marcas de PC con más ventas**
Según las ventas totales entre 2013 y 2017, éstas son las **marcas de ordenadores personales de sobremesa más vendidas (cifras acumuladas)** a 4 de abril de 2018.
Fuente: *Euromonitor*

1	2	3	4	5
Lenovo	DELL	hp	acer	Apple
37.399.900 unidades	32.130.600 unidades	21.688.700 unidades	17.772.400 unidades	15.340.300 unidades

Jeff Welser, de IBM, presentó el ordenador cuántico en Las Vegas, Nevada, EE.UU., en enero de 2018. Aunque su tamaño es modesto, necesita enormes sistemas de refrigeración.

El ordenador cuántico más potente

En noviembre de 2017, IBM anunció que había desarrollado un prototipo funcional de un ordenador cuántico de 50 qubits, lo que batía su propio récord de 7 qubits (un «qubit» es un bit cuántico.) Para poner esto en contexto, el instituto de investigación de Google sobre potencia de cálculo ha declarado que 50 qubits sería el punto en el que los ordenadores cuánticos podrían superar la capacidad de un superordenador convencional. Los ordenadores convencionales almacenan y procesan información usando los dígitos «1» o «0», pero sólo uno de ellos a la vez. Sin embargo, el procesador de un ordenador cuántico puede usar «1», «0» o ambos simultáneamente, lo que le permite almacenar mucha más información, usar menos energía y disponer de una potencia de procesamiento mucho mayor.

En marzo de 2018, Google reveló su procesador cuántico Bristlecone de 72 qubits. A 13 de abril de 2018, todavía no se había realizado la revisión por pares.

▲ **Disquete**
En 1971 un equipo de ingenieros de IBM dirigido por Alan Shugart (EE.UU.) inventó el disquete o «disco flexible», un disco de plástico de 8 pulgadas (20,3 cm), cubierto con óxido de hierro magnético.

▲ **Ordenador de sobremesa**
Lanzado por Hewlett-Packard (EE.UU.) en 1972, el HP 9830 contaba con una pantalla, un lector de cintas de casete, teclado y procesador. Usaba el lenguaje de programación BASIC.

▲ **Ordenador portátil**
Considerado como el primer portátil «auténtico», el GRiD Compass fue diseñado en 1979 por William Moggridge (R.U.) para GriD Systems Corporation (EE.UU.). Se lanzó en 1982 con 512K de RAM.

▲ **Navegador de hipertexto**
En diciembre de 1990, Tim Berners-Lee (R.U.) lanzó el primer navegador web, WorldWideWeb, que permitía navegar por las páginas de hipertexto almacenadas en servidores de todo el mundo.

REALIDAD VIRTUAL

Los primeros cascos de realidad virtual

La «espada de Damocles» fue desarrollada por Ivan Sutherland, el pionero de los gráficos informáticos, y su alumno Bob Sproull (ambos de EE.UU.) en la Universidad de Utah en 1968. El dispositivo mostraba entornos 3D con estructura de alambre (formas sencillas y salas cuadradas) generados por ordenador. Cuando el portador giraba la cabeza, unos sensores mandaban la información al ordenador, que rediseñaba el modelo 3D según el cambio de perspectiva y retransmitía las nuevas imágenes al usuario (ver abajo).

El primer mapa 3D interactivo

El Interactive Movie Map (también conocido como Aspen Movie Map) era un «sistema sustitutivo de viajes» experimental en 3D. Fue creado entre octubre de 1977 y septiembre de 1980 por un equipo dirigido por Andrew Lippman y Nicholas Negroponte en el MIT Media Lab de Cambridge, Massachusetts, EE.UU. Incluía una reconstrucción texturizada en 3D de la ciudad de Aspen, Colorado, EE.UU., realizada a partir de miles de fotografías tomadas con múltiples cámaras *stop-motion* sobre un vehículo. Los usuarios se desplazaban por la ciudad con una pantalla táctil.

El primer uso terapéutico de la realidad virtual

El primer uso de los sistemas de realidad virtual para el tratamiento médico fue descrito por Ralph Lamson, psicoterapeuta del Kaiser Permanente Medical Group de San Rafael, California, EE.UU., en un artículo publicado en la edición de abril de 1994 del *CyberEdge Journal*. En él describía el uso de sistemas de realidad virtual para proporcionar una terapia de exposición fácilmente controlable y adaptable a personas con acrofobia severa (miedo a las alturas). Los pacientes eran colocados en la pasarela de un puente virtual que podía elevarse a medida que aumentaba su confianza.

Primer vídeo musical en realidad virtual

WeMakeVR (Países Bajos) fueron los primeros en realizar un vídeo musical en realidad virtual. En él puede verse al cantante de hip-hop Brainpower (también conocido como Gertjan Mulder, Países Bajos, nacido en Bélgica) interpretando su tema «Troubled Soul». En la realización del vídeo se emplearon técnicas de montaje y efectos visuales hasta entonces inéditos en la realidad virtual. Fue subido a YouTube360 el 14 de marzo de 2015.

La primera operación retransmitida en directo en realidad virtual

El 14 de abril de 2016, Medical Realities, una empresa emergente dedicada a la formación médica, retransmitió en directo una operación llevada a cabo en el Royal London Hospital (R.U.) a cargo del cirujano británico nacido en Bangladés Shafi Ahmed para tratar un cáncer de colon.

El primer videojuego multiplataforma en realidad virtual

Lanzado el 26 de septiembre de 2017, *EVE: Valkyrie - Warzone* es una versión actualizada del videojuego multijugador de disparos en realidad virtual de CCP Games *EVE: Valkyrie* (2016), que incluye modos que permiten jugar sin cascos de realidad virtual. También permite la competición multiplataforma entre jugadores ya existentes en las versiones de Oculus Rift, PlayStation VR y HTC Vive, y los jugadores de PC y PS4. Es el primer videojuego que ofrece estas opciones.

La maratón más larga jugando a un juego de realidad virtual

Entre el 1 y 2 de abril de 2017, Jack McNee (Australia) completó una épica sesión de juego en realidad virtual durante 36 h, 2 min y 16 s en Sídney, Australia. Jack estuvo todo este tiempo disfrutando exclusivamente del juego de pintura en 3D de Google *Tilt Brush*.

La maratón más larga viendo vídeos de realidad virtual

Del 15 al 17 de abril de 2017, Alejandro *AJ* Fragoso y Alex Christison (ambos de EE.UU.) vieron 50 horas de vídeos en Nueva York, EE.UU., con la colaboración de CyberLink (República de China) y Diffusion PR (EE.UU.). El contenido incluía películas, vídeos retransmitidos en directo y cortometrajes en 360° en realidad virtual.

El videojuego de realidad virtual mejor valorado por la crítica

A 18 de octubre de 2017, el juego de disparos *Rez Infinite*, lanzado por List en octubre de 2016, tenía una puntuación media en GameRankings del 89% a partir de 23 valoraciones. Recreación en realidad virtual del juego de culto de 2001 *Rez*, desarrollado por United Game Artists, cuenta, entre otros, con el premio el mejor juego en realidad virtual de los The Game Awards 2016.

Los cascos de realidad aumentada más caros

El Gen III Head-Mounted Display System (HMDS) fue puesto a la venta en marzo de 2016 con un precio de 400.000 $ por unidad. Desarrollado por una empresa conjunta formada por los contratistas militares Rockwell Collins (EE.UU.) y Elbit Systems (Israel), estos cascos de fibra de carbono de 2,17 kg fueron diseñados para ser empleados por los pilotos del caza F-35 Lightning II. Contienen un ordenador miniaturizado que interactúa con los sistemas del avión para proyectar información importante en forma de superposición en realidad aumentada en el interior de la visera del piloto.

El proyecto de realidad virtual en obtener más financiación por micromecenazgo

En septiembre de 2017, Pimax (China) lanzó una campaña para recaudar fondos para el desarrollo de sus cascos de realidad virtual «8K». Cuando ésta se cerró el 3 de noviembre de 2017, habían conseguido 4.236.618 $. Su objetivo inicial era 200.000 $. Los cascos permiten experimentar la visión periférica y contrarrestar la sensación de mareo.

Más suscriptores a un canal de YouTube dedicado a videojuegos en realidad virtual

A 20 de marzo de 2018, Nathaniel *Nathie* de Jong (Países Bajos) tenía 345.389 suscriptores a su canal de YouTube sobre los últimos juegos en realidad virtual. El canal de de Jong analiza juegos diseñados para los tres cascos principales de realidad virtual disponibles en la actualidad: Oculus Rift, HTC Vive y PlayStation VR de Sony.

UNA BREVE HISTORIA DE LA REALIDAD VIRTUAL

La realidad virtual lleva mucho tiempo con nosotros. En el siglo XIX se empleaban enormes pinturas panorámicas que rodeaban a los espectadores mientras unos estereoscopios combinaban dos imágenes en 2D para crear una sensación de profundidad. En la década de 1950 florecieron las películas en 3D, aunque los intentos de mejorar las proyecciones con olores no tuvieron mucho éxito. Hoy, el desarrollo de la tecnología ha mejorado tanto los juegos, que se puede hablar de una verdadera «realidad» virtual.

▲ **1962: Sensorama**
Obra del director de fotografía Morton Heilig, mientras se veía una película en 3D con sonido estéreo, se podían percibir los olores y el viento.

▲ **1968: Espada de Damocles**
Aunque algo lento, en su momento se consideró que este sistema se acercaba tanto al ritmo del tiempo real, que ofrecía un entorno virtual convincente.

▲ **1980s: VPL EyePhone**
Con unas gafas y un «guante de datos», se podía ver y manipular objetos en un mundo virtual. La empresa VPL Research fue fundada por Jaron Lanier en 1984.

Las 3 marcas más importantes de cascos de realidad aumentada y realidad virtual por ingresos anuales*

Sony PlayStation VR (Japón): 288,4 millones de dólares

Samsung Gear (Corea del Sur): 241,8 millones de dólares

HTC Vive (Taiwán/EE.UU.): 174,1 millones de dólares

*Fuente: Euromonitor, en base a las últimas cifras disponibles (2016)

La primera montaña rusa con cascos de realidad virtual

El 24 de marzo de 2016, *Galactica* abría sus puertas en el parque temático Alton Towers, en Staffordshire, R.U. En esta montaña rusa todos los asientos están equipados con unos cascos Samsung Gear VR que transportan a los usuarios hasta el espacio. Cada casco está sincronizado con los giros y las curvas de la pista para experimentar un viaje simulado a través del cosmos de forma individual.

Antes de su apertura, el astronauta canadiense Chris Hadfield probó *Galactica* y opinó: «He tenido la inmesa suerte de participar en tres vuelos espaciales... y este viaje virtual por el universo es lo que más se les parece.»

▲ 1991: Sega VR
Basado en un casco arcade de Sega, el VR fue anunciado en 1991 y presentado en una feria comercial a principios de 1993, pero nunca pasó de ser un prototipo.

▲ 1995: casco Forte VFX1
Este casco de realidad virtual incorporaba altavoces de alta fidelidad, un mando manual «Cyberpuck» y la interfaz gráfica VIP Board.

▲ 2013: Oculus Rift DK1
Una campaña en Kickstarter recaudó 2,4 millones de $ para el desarrollo del Development Kit 1, que contaba con tres pares de lentes y distancia focal ajustable.

▲ 2016: HTC Vive
Cuenta con un sistema de seguimiento de objetos, controladores de movimientos de 360° y audio direccional. Una cámara permite ver el mundo real y evitar colisiones.

ROBOTS E IA

El primer robot del que se tiene constancia

Nacido en el 428 a.C., al filósofo griego Arquitas se le atribuye la invención del primer robot: la «paloma voladora». Arquitas construyó su pájaro robótico con madera y la vejiga de un animal y usó vapor para proporcionarle impulso. Fue lanzado desde un pivote y se dice que podría haber volado unos 200 m.

El primer robot cirujano

Diseñado para asistir en intervenciones ortopédicas, *Arthrobot* fue utilizado por primera vez en Vancouver, Columbia Británica, Canadá, en 1983. Este robot controlado con la voz podía ayudar a colocar las extremidades de los pacientes.

Científicos estadounidenses desarrollaron el STAR (Smart Tissue Autonomous Robot) en 2016, el **primer robot capaz de realizar cirugía en tejidos blandos de forma autónoma**. Mediante un sistema de visión artificial, sensores y algoritmos de inteligencia artificial (IA), ejecuta tareas quirúrgicas precisas.

El primer programa de inteligencia artificial en vencer a un jugador 9-dan de go

Del 9 al 15 de marzo de 2016, un programa de IA llamado *AlphaGo* derrotó a Lee Sedol por 4-1 en una serie de cinco partidas de go. Los desarrolladores de *AlphaGo*, DeepMind (R.U.), se basaron en el método de «aprendizaje por refuerzo» para entrenar al programa con datos de antiguas partidas de go. El estilo de juego único de *AlphaGo* sorprendió a los expertos en go, que no se esperaban que una IA lo dominara tan rápido.

Al año siguiente, la IA se anotó otra victoria contra la humanidad. El 10 de agosto de 2017, un programa de IA desarrollado por OpenAI Foundation (EE.UU.) derrotó a Sumail *Suma1L* Hassan (Pakistán), el **jugador más joven en ganar 1 millón de dólares en e-Sports**, en una partida uno contra uno del popular videojuego de eSports *Dota 2*, con lo que se convertía en el primer programa de IA en **derrotar a un campeón mundial de *Dota 2***.

Más saltos dados por un robot en un minuto

El 29 de abril de 2017, un robot con forma de pingüino llamado *Jumpen* (que en inglés suena parecido a «saltarín») hizo honor a su nombre y realizó 106 saltos en 60 segundos durante el festival ROBOCON celebrado en Chiba, Japón. *Jumpen* fue construido en el Instituto Nacional de Tecnología de Nara (Japón), mide 0,8 m de ancho, 0,5 m de alto, pesa 14,7 kg y está hecho de una aleación de aluminio y policarbonato.

El robot cuadrúpedo más rápido (sin cables)

El 4 de octubre de 2013, la compañía estadounidense Boston Dynamics hizo públicas unas imágenes de su prototipo *WildCat*, un robot con cuatro patas. Propulsado por un motor de metanol de dos tiempos, *WildCat* se mueve con el andar galopante de un perro o un caballo. Puede alcanzar velocidades de hasta 25 km/h.

El robot subacuático con mayor aceleración

El *octo-bot* puede pasar de 0 a 11,7 km/h en 0,95 s con una aceleración máxima de 3,8 m/s². Cuenta con un esqueleto de policarbonato impreso en 3D y una membrana elástica y no tiene partes móviles. Fue desarrollado por un equipo de científicos internacionales y presentado en 2015.

El robot volador autopropulsado más pequeño

Presentado en mayo de 2017, *Piccolissimo* (término italiano que significa «muy pequeño») tiene un diámetro de 39 mm y una altura de 19 mm. Fue desarrollado por Matt Piccoli y Mark Yim en la Universidad de Pensilvania (todos de EE.UU.).

El **robot volador conectado a un cable más pequeño capaz de posarse en techos** es el *RoboBee*, que pesa 0,1 g, casi lo mismo que un grano de arena. En mayo de 2016, expertos en robótica de la Universidad de Harvard (EE.UU.) anunciaron que su pequeño robot volador ahora incluye un parche electroadhesivo que le permite posarse en la parte inferior de elementos hechos con ladrillos o vidrio.

En la construcción del armazón de *Atlas* se han empleado piezas impresas en 3D que limitan su peso a 75 kg. Una buena relación resistencia-peso es esencial para sus hazañas gimnásticas.

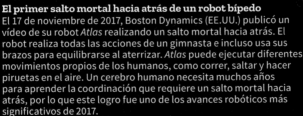

El primer salto mortal hacia atrás de un robot bípedo

El 17 de noviembre de 2017, Boston Dynamics (EE.UU.) publicó un vídeo de su robot *Atlas* realizando un salto mortal hacia atrás. El robot realiza todas las acciones de un gimnasta e incluso usa sus brazos para equilibrarse al aterrizar. *Atlas* puede ejecutar diferentes movimientos propios de los humanos, como correr, saltar y hacer piruetas en el aire. Un cerebro humano necesita muchos años para aprender la coordinación que requiere un salto mortal hacia atrás, por lo que este logro fue uno de los avances robóticos más significativos de 2017.

LOS ROBOTS MÁS VELOCES

▼ Los 25 m más veloces

El 16 de julio de 2005, *Scuttle*, construido por Mike Franklin (R.U.), recorrió 25 m en 6,5 segundos en la exhibición Royal International Air Tattoo, en Fairford, Gloucestershire, R.U. Franklin diseñó varios combatientes robóticos para el programa de televisión de R.U. *Robot Wars*.

▶ El robot humanoide más veloz

El 8 de noviembre de 2011, Honda (Japón) reveló que su robot ASIMO (acrónimo de «Advanced Step in Innovative Mobility») podía correr a 9 km/h. A esta velocidad, había momentos en que los dos pies de ASIMO no tocaban el suelo. El robot podía desplazarse autónomamente gracias a sensores láser e infrarrojos.

▶ El robot bípedo más veloz

En agosto de 2011, un robot bípedo llamado *MABEL* alcanzó una velocidad de 10,9 km/h, equivalente a una carrera a trote corto. Desarrollado por la Universidad de Michigan (EE.UU.), pasa el 40 % de su tiempo sin tocar el suelo con los pies, como una persona. Gracias a un complejo sistema de algoritmos informáticos, *MABEL* mantiene el equilibrio al aterrizar y vuelve a impulsarse hacia delante.

Las Tres Leyes de la Robótica, tal como las formuló el escritor de novelas de ciencia ficción Isaac Asimov:

1 Un robot no hará daño a un ser humano, ni permitirá con su inacción que sufra daño.

2 Un robot debe cumplir las órdenes dadas por los seres humanos, a excepción de aquellas que entren en conflicto con la Primera Ley.

3 Un robot debe proteger su propia existencia en la medida en que esta protección no entre en conflicto con la Primera o con la Segunda Ley.

Los robots Alpha 1S llevaban instaladas tarjetas con pases de baile programados. Se controlaban por medio de un único teléfono inteligente.

Más robots bailando al mismo tiempo

El 1 de febrero de 2018, un total de 1.372 robots Alpha 1S bailaron al unísono durante 90 segundos el tema de Mina «Another Day of Sun» en Roma, Italia. El espectáculo, parte de una serie de anuncios de la compañía de telecomunicaciones italiana TIM, fue filmado para ser transmitido durante el Festival de la Canción de San Remo. El robot Alpha 1S, hecho con una aleación de aluminio y recubrimiento de plástico, mide casi 40 cm de altura y tiene 16 grados de libertad.

El adjudicador de GWR Lorenzo Veltri supervisó el recuento, que tenía que superar el récord de 1.069 robots establecido por WL Intelligent Technology (China), el 17 de agosto de 2017.

▼ El robot impreso en 3D más veloz

En mayo de 2015, los ingenieros de Berkeley (EE.UU.) construyeron una cucaracha robótica con componentes impresos en 3D. Dado que estas piezas pueden doblarse y estirarse sin romperse, el X2-VelociRoACH se desliza a unos 17,7 km/h, a medio camino entre el trote y la carrera de una persona.

El robot con dos ruedas más veloz

Construido por Hitachi (Japón) y anunciado en marzo de 2005, *Emiew* es capaz de moverse a 6 km/h. El robot usa sensores para medir gradientes y moverse y detenerse de modo estable, y puede seguir el ritmo de una persona al caminar. *Emiew* es el acrónimo en inglés de «Excellent Mobility and Interactive Existence as Workmate».

▶ El robot más veloz trepando por una cuerda de diez metros

ClimbActic, la creación mecánica de John Thorpe y la Highfields School (ambos de R.U.), trepó por una cuerda de 10 m en 5,2 segundos durante la exhibición Royal International Air Tattoo celebrada en Fairford, R.U., el 17 de julio de 2005.

ARQUITECTURA

El primer palacio real

Hor-Aha, el segundo faraón de la primera dinastía egipcia, tenía un palacio de adobe enjalbegado (o tal vez de piedra caliza) construido durante el siglo 31 a.C. en Menfis, Egipto. En Abidos, una de las ciudades más antiguas del Antiguo Egipto, Hor-Aha también decoró la parte exterior de su tumba para que pareciese la fachada de un palacio.

Las casas más antiguas

El asentamiento neolítico de Çatalhöyük, en la actual Turquía, data de entre el 7500 y 5700 a.C. Su población, de entre 5.000 y 8.000 habitantes, vivía en casas de adobe a las que se accedía por unos orificios situados en el techo, que también servían como salida de humos. El interior de las casas estaba enlucido con cal y tenían una única sala principal, de unos 6 × 4 m.

El primer centro comercial

Si por centro comercial entendemos numerosas tiendas agrupadas bajo una misma cubierta, el más antiguo conocido estaba en el Foro de Trajano de la Antigua Roma, Italia. Diseñado por el arquitecto Apolodoro de Damasco y construido entre los años 100 y 112 d.C., este foro incluía una zona de mercado con 150 tiendas y despachos distribuidos en seis niveles de galerías.

La mayor cúpula de mampostería

Con unos 43 m de diámetro, la arcada de la cúpula de hormigón del Panteón de Roma, Italia, es mayor que la de cualquier otra cúpula construida sólo de mampostería (piedra o ladrillo sin reforzar). Se eleva cerca de 22 m sobre su base y fue erigida por el emperador Adriano entre el 118 y el 128 d.C.

El aeropuerto más grande (superficie)

Con 780 km², el King Fahd International, cerca de Dammam, en Arabia Saudí, es mayor que uno de sus países vecinos, Baréin (que tiene tres aeropuertos).

La cubierta de estadio más grande

La cubierta «de carpa» de cristal acrílico transparente del Estadio Olímpico de Múnich, en Alemania, tiene un área de 85.000 m² y descansa sobre una malla de acero sostenida por mástiles.

La plataforma de observación más elevada

Los visitantes de la Torre de Shanghái (o Shanghai Center), en China, disfrutan de las vistas desde su plataforma de observación a 561,3 m de altura. Este edificio de 632 m dispone de un hotel y oficinas, se encuentra en la zona financiera y comercial de Lujiazui y fue terminado en 2015.

El templo hindú más alto

La *gopura* o el *gopuram* (torre de entrada) ornamental de 13 niveles escalonados del templo Sri Ranganathaswamy, en la isla de Srirangam, India, alcanza al menos los 72 m de altura. El templo, de más de mil años de antigüedad, está dedicado a Ranganatha, una forma de la deidad hindú Visnú. La *gopura* no se finalizó hasta 1987, y está decorada con tallas mitológicas hinduistas (recuadro).

El circuito más grande (capacidad total)

El circuito de Indianápolis, en Indiana, EE.UU., tiene una grada fija para 235.000 espectadores (reducida de un total de 257.325 en 2013) y abarca 102,3 ha. Contando a los espectadores sin asiento, puede acoger a más de 350.000 personas. Este circuito, construido en 1909, es la sede de las célebres carreras 500 Millas de Indianápolis y 400 Millas de Brickyard, y consta de un trazado oval de 4,09 km.

DE VÉRTIGO

▼ La torre de control aeroportuaria más alta

La torre este del aeropuerto internacional de Kuala Lumpur mide 133,8 m de alto y su construcción finalizó el 30 de abril de 2013. Con forma de antorcha olímpica, esta torre se construyó como parte de la nueva terminal KLIA2 del aeropuerto, y se concibió para asumir una mayor cantidad de tráfico aéreo.

▼ La pirámide más alta

La pirámide de Keops, en Giza, Egipto, construida hacia el año 2560 a.C. y también conocida como la Gran Pirámide, tenía una altura inicial de 146,7 m, pero la erosión y el vandalismo la redujeron a 137,5 m. Fue la **construcción más alta creada por el hombre** hasta el año 1311 d.C., cuando se finalizó la catedral de Lincoln, R.U.

▼ La aguja de catedral más alta

La catedral de Ulm, en Alemania, tiene una torre de 161,53 m de altura. De estilo gótico temprano, su construcción se inició en 1377, pero en 1543 se interrumpió, cuando la aguja tenía 100 m de altura, y no se reanudó hasta 1817. La aguja, situada en el centro de la fachada oeste, se completó en 1890.

▼ La casa más alta

Construida en 2010, Antilia es el hogar de 173 m del empresario indio Mukesh Ambani en Bombay. Sus 27 pisos de triple altura hacen que sea tan alta como una torre de oficinas de 60 pisos. Cuenta con helipuertos, piscinas, un balneario y un teatro. Con un coste estimado de 2.000 millones de dólares, es también la **casa más cara jamás construida**.

▼ El hotel más alto

El JW Marriott Marquis Dubai en Emiratos Árabes Unidos, antes llamado Emirates Park Towers Hotel & Spa, se eleva 355,35 m hasta el extremo de su antena. Este hotel consta de dos torres gemelas de 77 pisos, la primera de las cuales se inauguró el 11 de noviembre de 2012.

El edificio más alto: Burj Khalifa

Coste: 1.500 millones de dólares

Peso: 100.000 elefantes

Duración de las obras: 22 millones de horas de mano de obra

Aparcamiento: 2.957 plazas

Extensión equivalente: alrededor de 2.020 pistas de tenis

El edificio más pesado

El Palacio del Parlamento en Bucarest, capital de Rumanía, está considerado el edificio más pesado del mundo. Entre sus materiales de construcción se cuentan 700.000 toneladas de acero y bronce (aproximadamente el doble del peso del Empire State Building), a las que hay que sumar 1 millón de m³ de mármol, 3.500 toneladas de vidrio de plomo y 900.000 m³ de madera. Casi todos estos materiales provienen de Rumanía.

◀ *El C.A. Rosetti Hall está presidido por una imponente lámpara de araña, una de las 480 que posee el edificio. La sala cuenta con 600 localidades permanentes y actualmente se utiliza para conferencias, conciertos y obras de teatro.*

▶ *El lujoso Unirii («Unión») Hall, de 2.226 m², ostenta una gran cantidad de mármol de Transilvania. Tiene 16 m de altura.*

▶ El edificio residencial más alto

Inaugurado en 2015, el número 432 de Park Avenue, en Nueva York, EE.UU., mide 425,5 m, y es el edificio más alto del mundo destinado exclusivamente a viviendas. Es de hormigón y consta de 85 pisos; la última planta ocupada se encuentra a 392 m.

▶ Los edificios gemelos más altos

Las Torres Petronas, en Kuala Lumpur, Malasia, miden 451,9 m de altura. Inauguradas en 1996, estas torres están unidas entre las plantas 41 y 42 por una pasarela aérea de doble altura.

▶ El edificio de oficinas más alto

Con sus 599,1 m, el Ping An Finance Center, en la ciudad de Shenzhen, provincia de Guangdong, China, es el edificio de oficinas más alto. Con 115 pisos, se inauguró en marzo de 2017 y está ocupado hasta una altura de 562,2 m. El sótano está formado por cuatro plantas.

▶ La torre más alta

Conocida anteriormente como la Nueva Torre de Tokio, la Tokyo Skytree se eleva 634 m hasta lo alto de su antena y está en el barrio de Sumida, en la capital japonesa. Terminado en 2012, este edificio funciona como torre de observación, televisión y radiodifusión. También alberga un restaurante.

▶ El edificio más alto

El Burj Khalifa de Dubái, Emiratos Árabes Unidos, mide 828 m de alto, con 160 pisos. Fue desarrollado por Emaar Properties (Emiratos Árabes Unidos), se empezó a construir el 21 de septiembre de 2004 y se inauguró el 4 de enero de 2010. Para conocer más cifras y datos sobre este icono de récord, ver la parte superior de esta página.

CIUDADES

La primera ciudad

Construida hacia el 3.200 a.C., se considera que la primera ciudad propiamente dicha fue Uruk, situada al sur de Mesopotamia (el Irak actual). Fue el mayor asentamiento de su época, con 50.000 habitantes y una superficie de 450 ha, y estaba rodeada por una muralla de 9,5 km. Próspera ciudad comercial y agrícola, Uruk también se convirtió en un gran centro artístico, que destacaba por sus elaborados mosaicos y sus monumentos.

La primera ciudad con conexión wifi

Desde el 1 de noviembre de 2004, Jerusalén, ciudad del Oriente Medio, ofrece un servicio de wifi gratuito y público en toda la metrópolis. El proyecto fue impulsado por el Jerusalem Wifi Project, una iniciativa conjunta de Jerusalem Business Development Corporation, Intel, Compumat y el municipio de Jerusalén.

La ciudad con más volumen de apuestas (según los ingresos)

Los ingresos anuales generados por las apuestas en Macao, China, fueron de unos 27.800 millones de $ en 2016. La industria del juego en esta ciudad es un 330 % superior a la de Las Vegas, EE.UU.

El mayor número de multimillonarios (en una ciudad)

En marzo de 2017, vivían 82 multimillonarios en la ciudad de Nueva York, EE.UU., según la lista *Forbes*. Su riqueza neta combinada asciende a la friolera de 397.900 millones de $. A modo de comparación, esta cifra supera el producto interior bruto nominal de países como Austria (386.000 millones de $), Irán (376.000 millones de $) y los Emiratos Árabes Unidos (371.000 millones de $). La persona más rica de la Gran Manzana entonces era David Koch, con una fortuna neta de 48.400 millones de $. Koch es un empresario estadounidense que actualmente es el vicepresidente de Koch Industries, la segunda empresa privada más grande de Estados Unidos.

La ciudad con el peor tráfico

Tras evaluar a 50 millones de usuarios y 167 áreas metropolitanas, un estudio de 2015 llevado a cabo por Waze, la aplicación de tráfico de Google, reveló que los habitantes de Manila, Filipinas, tardaban una media de 45,5 min en llegar al trabajo. Yakarta, en Indonesia (42,1 min), y Río de Janeiro, en Brasil (38,4 min), ocupaban el segundo y tercer puesto, respectivamente. Incluso Los Ángeles y la ciudad de Nueva York estaban menos congestionadas que la capital de Filipinas: en éstas se tarda 35,9 y 38,7 min en llegar al trabajo, respectivamente.

La ciudad más barata para vivir

Un estudio publicado el 21 de marzo de 2017 por *The Economist* atribuye a Almaty, la ciudad más grande de Kazajistán, una puntuación de 38 según el índice WCOL (que evalúa el coste de la vida en comparación con la ciudad de Nueva York, que recibe un índice de 100). En Almaty, una barra de pan de 1 kg cuesta 0,90 $, mientras que en París, Francia, cuesta 6,81 $.

La ciudad más cara para vivir

El mismo estudio publicado por *The Economist* (ver arriba) catalogó Singapur como la ciudad más cara para vivir, con un índice WCOL de 120. Por causa de los elevados impuestos al consumo, una botella de vino de precio medio cuesta 23,68 $, mientras que en París, Francia, vale 10,35 $.

La ciudad con el mayor índice de homicidios

Debido a la atroz actividad de las bandas criminales, la ciudad de San Salvador, en El Salvador, es la capital mundial de los homicidios. Según cifras de 2016 de la organización independiente Instituto Igarapé, San Salvador registra 137 homicidios por cada 100.000 personas.

La ciudad más segura

La capital japonesa de Tokio fue catalogada como «la ciudad más segura» por tercer año consecutivo según el Índice de las Ciudades Seguras 2017 de *The Economist*. De los 49 indicadores distintos, que van desde la seguridad digital a la personal, Tokio obtuvo una puntuación final global de 89,8 sobre 100.

La ciudad con mayor contaminación atmosférica

Las PM_{10} son partículas dispersas en la atmósfera como hollín (carbono), metal o polvo de un diámetro igual o inferior a 10 micras. Según el informe de contaminación del aire ambiente 2016 de la OMS, la ciudad con mayor índice de contaminación atmosférica es Onitsha, al sur de Nigeria, que registró unos niveles de 594 microgramos de PM_{10} por m³ de aire, 30 veces superior al nivel recomendado por la OMS (20 microgramos por m³).

La ciudad con el mayor número de edificios de 300 m o más

Según el Skyscraper Center, a finales de 2017 había 21 edificios de una altura mínima de 300 m en Dubái, Emiratos Árabes Unidos, más del doble que en cualquier otra ciudad. Además, se contabilizaron otros 13 edificios en construcción con estas características. Algunas de estas megatorres son el Burj Khalifa, que con sus 828 m es hoy en día el edificio más alto, el Princess Tower (413,4 m) y el 23 Marina (392,8 m).

¿TE GUSTARÍA VIVIR AQUÍ?

◄ La ciudad con más turistas

La ciudad tailandesa de Bangkok es la que más turistas internacionales atrae, según el Mastercard Global Destination Cities Index. Entre 2012 y 2016, fue visitada por 19,41 millones de turistas, lo que contribuyó a que la capital tailandesa aventajara a reclamos turísticos como Londres (con 19,06 millones) y París (15,45 millones).

La ciudad más amiga de las bicicletas

Según el índice Copenhagenize de 2017, la capital danesa de Copenhague sigue siendo la ciudad más amiga de las bicicletas en el mundo. En los últimos 10 años ha invertido más de 111,16 millones de euros en su infraestructura ciclista, y ha creado 16 puentes para ciclistas y peatones. Hay más gente que accede a la ciudad en bicicleta que en coche.

▲ La ciudad más respetuosa con el medio ambiente

En 2016 Arcadis (Países Bajos) estudió 100 ciudades según los «tres pilares de la sostenibilidad»: social, medioambiental y económico. Por su eficiente red de transporte, su compromiso de reducir el consumo energético y su rendimiento empresarial, la más sostenible fue Zúrich.

Las ciudades más pobladas en 2016
(y estimación de su población para 2030)
Tokio, Japón: 38,14 m (37,19 m).
Delhi, India: 26,45 m (36,06 m).
Shanghái, China: 24,48 m (30,75 m).
Bombay, India: 21,35 m (27,79 m).
São Paulo, Brasil: 21,29 m (23,44 m).

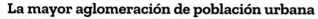

Fuente: *The World's Cities in 2016*, de Naciones Unidas

La mayor aglomeración de población urbana

Con una población de 38.140.000 habitantes a 2016, Tokio es la ciudad con mayor concentración urbana. La capital de Japón está tan poblada que, aunque se sumaran las poblaciones de Londres (10.434.000) y Nueva York-Nueva Jersey (18.604.000), su número de habitantes seguiría siendo superior por una diferencia de 9.102.000 personas.

Se estima que Tokio habrá perdido un millón de habitantes en 2030. Aun así, seguirá siendo la ciudad más poblada.

La ciudad con mayor densidad de población

Según cifras de 2017 del centro de estudios de políticas de planificación urbana Demographia (EE.UU.), Daca, la capital de Bangladés, es la ciudad con mayor densidad de población del mundo. Con una población de 16,8 millones de habitantes asentada en una superficie de 368 km², la ciudad registra una media de 45.700 personas por km².

La ciudad más elegante

Para determinar la ciudad más elegante del mundo, el sitio de moda en internet Zalando analizó 400 ciudades a partir de tres categorías clave: factores de moda, urbanos y de accesibilidad. Por su relación histórica con en el mundo de la moda y de la arquitectura, París se situó primera con una puntuación de 4,37, seguida de cerca por Londres (4,16), Viena (4,13) y Venecia (4,12).

◀ La ciudad más habitable

El *ranking* global de habitabilidad de *The Economist* evalúa las ciudades según cinco factores: estabilidad, salud, cultura y medio ambiente, educación e infraestructuras. A fecha de agosto de 2017, la ciudad australiana de Melbourne ocupaba el primer puesto por séptimo año consecutivo, con 97,5 puntos, seguida por Viena y Vancouver.

La ciudad menos habitable

La antigua ciudad siria de Damasco era conocida como «la Perla de Oriente». Sin embargo, debido a la cruel guerra civil que estalló en 2011, ahora está completamente devastada, y en agosto de 2017 fue considerada la ciudad menos habitable por el *ranking* de habitabilidad de *The Economist*. En los últimos cinco años su grado de habitabilidad ha disminuido un 16,1 %.

AERONAVES

La aeronave más larga (actualidad)

Airlander 10 mide 92 m de largo. La aeronave fue construida por Hybrid Air Vehícles (R.U.) y su primer vuelo se realizó en el aeródromo de Cardington, en Bedfordshire, R.U., el 17 de agosto de 2016. A pesar de su aspecto, no es un dirigible tradicional, sino un híbrido entre un dirigible y un avión. El casco va lleno de helio, que genera alrededor del 60 % de su empuje ascendente.

La mayor altura alcanzada por una aeronave (reconocida por la FAI)

El 31 de agosto de 1977, Alexandr Fedotov (URSS) despegó del aeródromo de Podmoskovnoe, Rusia, a bordo de un MiG-25 «Foxbat» especialmente modificado y ascendió hasta 37.650 m de altura, más de cuatro veces el tamaño del Everest, tal como verificó la Fédération Aéronautique Internationale (FAI).

El vuelo a más altura en globo aerostático

El 26 de noviembre de 2005, el Dr. Vijaypat Singhania (India) alcanzó una altura de 21.027 m a bordo de un globo de aire caliente Cameron Z-1600 sobre Bombay, India.

El vuelo a más altura en un planeador

El 3 de septiembre de 2017, Jim Payne (EE.UU.) y el copiloto Morgan Sandercock (Australia) despegaron del Aeropuerto Internacional Comandante Armando Tola, cerca de El Calafate, Argentina, a bordo del planeador Airbus Perlan 2, con el que alcanzaron una altura de 15.902 m.

El vuelo a más distancia de un avión comercial

Entre el 9 y el 10 de noviembre de 2005, un Boeing 777-200LR Worldliner voló 11.664 millas náuticas (21.601,7 km) sin detenerse y sin repostar en dirección este desde Hong Kong hasta Londres, R.U., en 22 h y 42 min.

El 777-200LR está impulsado por dos motores turbohélice General Electric GE90-115B, el **motor a reacción más potente**. En diciembre de 2002, un motor de este tipo logró un empuje en estado estacionario de 568.927 N durante una prueba de certificación final en Peebles, Ohio, EE.UU.

El avión eléctrico más rápido

El 23 de marzo de 2017, un avión Extra 330LE alcanzó una velocidad de 342,86 km/h durante un vuelo con base en el aeródromo de Dinslaken Schwarze Heide, en Alemania. El aparato, pilotado por Walter Kampsmann (Alemania), está fabricado por la firma teutona Extra Aircraft.

La mayor velocidad alcanzada por un helicóptero (no reconocida por la FAI)

Durante una prueba llevada a cabo el 7 de junio de 2013 en el sur de Francia, el Eurocopter X3 (arriba) alcanzó los 472 km/h a los mandos del piloto de pruebas Hervé Jammayrac (Francia).

La **mayor velocidad alcanzada por un helicóptero (reconocida por la FAI)** es 400,87 km/h, récord de John Trevor Egginton y Derek J. Clews (ambos de R.U.) con un Westland Lynx en Glastonbury, Somerset, R.U., el 11 de agosto de 1986.

La primera circunnavegación en un avión propulsado con energía solar (reconocida por la FAI)

Entre el 9 de marzo de 2015 y el 26 de julio de 2016, André Borschberg y Bertrand Piccard (ambos de Suiza) dieron la vuelta al mundo en el *Solar Impulse 2*, un aparato alimentado completamente con energía solar. El viaje, que empezó y finalizó en Abu Dhabi, Emiratos Árabes Unidos, duró 505 días, 19 h y 53 min, incluidos los 10 meses que el equipo tuvo que permanecer en Hawái, EE.UU., por problemas con el sobrecalentamiento de las baterías. Volvieron a emprender el vuelo el 21 de abril de 2016.

El primer rizo acrobático de un helicóptero

El 19 de mayo de 1949, el piloto de pruebas Harold E. *Tommy* Thompson (EE.UU.) realizó el primer rizo deliberado en un helicóptero, un Sikorsky S-52. Ese día, Thompson llegó a realizar 10 rizos perfectos en la fábrica de helicópteros de Sikorsky en Bridgeport, Connecticut, EE.UU.

El avión con una envergadura alar más grande

Probado el 31 de mayo de 2017 en el Puerto Aéreo y Espacial de Mojave, California, EE.UU., el avión *Stratolaunch* tiene una envergadura alar de 117,35 m. Creación del cofundador de Microsoft, Paul Allen, el *Stratolaunch* está concebido para transportar cohetes espaciales hasta el límite de la atmósfera terrestre, algo menos costoso que lanzarlos desde el suelo. Su primer vuelo está programado para 2019.

GIGANTES DEL CIELO

El avión antiincendios más grande

Global SuperTanker Services, compañía fundada en 2015, utiliza un jumbo Boeing 747-400 adaptado como avión antiincendios. Puede transportar 74.200 l de agua o retardante a 6.400 km. Con una envergadura alar de 64 m, está diseñado para soltar su carga sobre incendios forestales a una altura de entre 120 y 240 m y a unos 260 km/h.

▲ **El helicóptero más grande**
El Mil Mi-12 ruso tenía cuatro motores turboeje de 6.500 hp (4.847 kW) y un diámetro de rotor de 35 m; medía 37 m de largo, con un peso máximo al despegue de 103,3 toneladas. Realizó su primer vuelo en 1968, pero nunca llegó a producirse en serie.

▲ **El avión más grande (propulsado por hélices)**
El ruso Antonov An-22 (código OTAN: Cock) tiene una envergadura alar de 64,4 m y un peso máximo al despegue de 250 toneladas. El An-22 tiene una velocidad de crucero de 680 km/h y actualmente sigue operativo en el ejército ruso.

En marzo de 1912, Heinrich Kubis (Alemania) comenzó a trabajar en el zepelín DELAG LZ-10 Schwaben como el **primer asistente de vuelo de la historia**. Más tarde, contaría con un ayudante a bordo del LZ-127 *Graf Zeppelin*.

La **primera comida en una aeronave** fue servida en octubre de 1919 por la Handley Page Transport (R.U.) en su ruta entre Londres y París. Este almuerzo preenvasado compuesto por sándwiches y fruta tenía un coste de 3 chelines, unos 7 € actuales.

La **primera película proyectada en un avión** fue *El mundo perdido* (EE.UU., 1925), de la productora First National, que se exhibió en abril de 1925 durante el vuelo de Imperial Airways entre Londres y París a bordo de un bombardero Handley Page reconvertido.

El 1 de septiembre de 1974, un SR-71A «Blackbird» pilotado por los comandantes James V. Sullivan y Noel F. Widdifield (ambos de EE.UU.) realizó el **vuelo transatlántico más rápido** (1 h, 54 min y 56,4 s). Viajó entre Nueva York y Londres a una velocidad media de 2.908,02 km/h.

La velocidad más alta de una aeronave tripulada (reconocida por la FAI)

La velocidad más alta registrada por una aeronave tripulada capaz de despegar y aterrizar por sus propios medios es de 3.529,56 km/h, unas tres veces la velocidad del sonido. Fue alcanzada el 28 de julio de 1976 a lo largo de 25 km por el capitán Eldon Joersz y el comandante George Morgan Jr. a bordo de un Lockheed SR-71A «Blackbird» cerca de la base de las fuerzas aéreas en Beale, California, EE.UU. Los aviones cohete estadounidenses X-15 eran más rápidos, pero al ser lanzados desde el aire se desestimaron para este récord.

El SR-71A «Blackbird» medía 32,72 m de largo y 5,63 m de alto, desde el nivel del suelo hasta el punto más alto de sus timones, y tenía una envergadura alar de 16,94 m. Lo impulsaban dos turborreactores de flujo axial con postcombustión Pratt & Whitney J58.

▲ El bombardero operativo más pesado
El bombardero ruso Tupolev Tu-160 «Blackjack» tiene un peso máximo al despegue (completamente cargado con bombas) de 275 toneladas y una velocidad máxima de alrededor del Mach 2,05 (2.200 km/h).

El avión en producción actual más pesado
El Airbus A380-800 es un gigante del aire con dos cubiertas que mide 72,7 m de largo y un peso máximo al despegue de 575.000 kg. Realizó su primer vuelo el 27 de abril de 2005. Para poder acogerlo, los aeropuertos tuvieron que realizar obras en sus instalaciones, como adaptar las pistas o reforzar los túneles.

▲ El avión más pesado de todos los tiempos
El peso original del Antonov An-225 «Mriya» era de 600 toneladas, pero entre 2000 y 2001 se reforzó su suelo, de forma que aumentó hasta las 640 toneladas. Sólo se construyeron dos unidades.

AUTOMÓVILES

Desde la invención del automóvil, ingenieros e innovadores han buscado maneras de aumentar su velocidad. En estas páginas rendimos homenaje al coche más rápido de todos, el *Thrust SSC*, y nos adentramos en la historia de un récord muy disputado.

El récord del **coche producido en serie más rápido** es uno de los más perseguidos y controvertidos. Desde 2015 el título no tiene dueño por las muchas dificultades que presenta su verificación. Los fabricantes rivalizan y reclaman el título para sí; de este modo, distintas máquinas son supuestamente las más rápidas (conoce el **coche más rápido en el espacio** en la pág. 177). ¿Cuál es el motivo de tanta confusión?

Seamos claros: todos los coches que aquí se presentan, capaces de alcanzar velocidades de más de 400 km/h, son maravillas de la innovación y la precisión, obras de la ingeniería que merecen reconocimiento y admiración. Sin embargo, para juzgarlos objetivamente hay que establecer una serie de criterios que permita su comparación.

En primer lugar, ¿qué es un coche producido en serie? El titular del **récord de velocidad en tierra** es el *Thrust SSC*, con 1.227,985 km/h (ver a la derecha), pero no esperes encontrar una máquina como ésta aparcada en un garaje de tu barrio. Los criterios que definen un «coche producido en serie» establecen «una producción de 30 o más vehículos con idénticas características técnicas». Las cifras de producción de un coche caen en picado a medida que aumenta la velocidad que éste puede alcanzar. Los McLaren F1 ostentaron el récord de 1998 a 2005, con 386,46 km/h de velocidad punta, pero sólo se fabricaron 64. Comparado con rivales más recientes, la situación es muy similar.

Nuestras directrices también establecen que si una sola unidad se ha modificado en exceso, ésta no se tiene en cuenta para el récord. En 2010 el Bugatti Veyron logró su máxima velocidad con el limitador electrónico desconectado. Tras estudiar el caso decidimos que esto no constituía una modificación excesiva. En 2017 el Koenigsegg Agera RS realizó dos carreras a una media de 447,19 km/h, pero sólo 11 de los 25 autos que salieron de la «cadena de producción» estaban equipados con el motor opcional «1 megavatio» necesario para alcanzar tal velocidad.

El coche más rápido alimentado por baterías de celdas secas

El 4 de agosto de 2007, el *Oxyride Racer* alcanzó una velocidad media de 105,95 km/h en el centro de pruebas Shirosato de JARI, en Ibaraki, Japón, usando como fuente de alimentación 194 baterías AA (izquierda). El vehículo fue construido por Oxyride Speed Challenge Team - Matsushita Electric Industrial (ahora Panasonic Corporation) y la Universidad de Osaka Sangyo (ambos de Japón). La ligera carrocería del *Oxyride Racer* fue fabricada con plástico reforzado con fibra de carbono y sólo pesaba 38 kg.

También es necesario definir qué es la «máxima velocidad» de un automóvil. En GWR requerimos que se tome la velocidad media en una sección de 1 km de carretera cerrada recorrida en ambas direcciones (para tener en cuenta el efecto del viento frontal y de cola). En 2014 un Hennessey Venom GT alcanzó una velocidad de 435,31 km/h en la pista de aterrizaje del transbordador espacial de la NASA en Florida, EE.UU., pero no pudo hacer la segunda carrera en sentido contrario y completar el circuito. En consecuencia, su increíble velocidad no puede tenerse en cuenta a efectos de este récord.

Dadas las muchas dificultades que plantea la comparación de estas máquinas superrápidas, parece que la polémica va a continuar. Es posible que la única manera de resolverla sea reunir a todos los aspirantes en una pista y ver quién cruza primero la línea de meta. Independientemente del ganador, sería una carrera que nadie querría perderse...

Bloodhound SSC

El equipo detrás de *Thrust SSC* (ver página siguiente) trabaja para batir su propio récord de velocidad en tierra. Se prevé que el nuevo vehículo, el *Bloodhound SSC* (arriba), se someta a pruebas de velocidad en Sudáfrica en 2018.

SSC Ultimate Aero TT

El 13 de septiembre de 2007, el Aero TT de Shelby SuperCars (EE.UU.) alcanzó una velocidad media de 412 km/h en ambos sentidos de un mismo tramo de pista.

Hennessey Venom GT

En 2014 el Venom GT alcanzó una velocidad de 435,31 km/h en una única dirección. Sólo se fabricaron 12 unidades (más un prototipo) de este modelo.

McLaren F1

El 31 de marzo de 1998, un McLaren F1 alcanzó una velocidad de 386,46 km/h en la pista de pruebas de Volkswagen en Alemania.

Bugatti Veyron 16.4 Super Sport

En 2010 el Super Sport alcanzó los 431,072 km/h de media en ambos sentidos de una pista con el limitador electrónico desconectado.

Koenigsegg Agera RS

Versión avanzada del Agera R (abajo), el RS se presentó en 2015. Con el motor adecuado, su velocidad media máxima en ambos sentidos de una pista alcanza los 447,19 km/h.

LA PASIÓN POR LA VELOCIDAD: EL MÁS RÁPIDO...

▼ Vehículo solar

El 20 de agosto de 2014, el piloto de *rally* Kenjiro Shinozuka condujo el *Sky Ace TIGA* de la Universidad de Ashiya (ambos de Japón) a una velocidad de 91,332 km/h en el aeropuerto de Shimojishima, en Miyakojima, Okinawa, Japón. El escenario del récord fue cuidadosamente elegido para poder contar con las condiciones más adecuadas de intensidad de la luz solar, temperatura y elevación del sol.

▼ Coche de aire comprimido

El 9 de septiembre de 2011, el *KU:RIN*, un vehículo de tres ruedas de Toyota, alcanzó una velocidad media máxima de 129,2 km/h en ambos sentidos de un mismo tramo de pista en el circuito de pruebas del Instituto Japonés de Investigación del Automóvil en Ibaraki. El *KU:RIN* tiene un «depósito de combustible» de aire comprimido que genera empuje al liberarse. «Ku» y «rin» significan «aire» y «rueda» en japonés.

▼ Coche de vapor (reconocido por la FIA)

El 25 de agosto de 2009, Charles Burnett III (EE.UU.) alcanzó una velocidad de 225,05 km/h a los mandos del *Inspiration*, del British Steam Car Team, en la base de la Fuerza Aérea de Edwards, California, EE.UU. El récord, reconocido por la Fédération Internationale de l'Automobile (FIA), batía la marca de 205 km/h alcanzada por Fred Marriott en un coche de vapor en 1906, ¡103 años atrás!

El coche más rápido (pilotado por una mujer)

El 6 de diciembre de 1976, Kitty Hambleton (EE.UU., cuyo apellido de soltera era O'Neil) alcanzó los 825,126 km/h a los mandos del coche a reacción *SM1 Motivator* en el desierto de Alvord, Oregón, EE.UU. Hambleton, que se quedó sorda durante la infancia, fue una acróbata profesional que realizó saltos acrobáticos desde más de 30 m de altura y también estableció un récord femenino de velocidad en esquí acuático.

El coche más rápido (récord de velocidad en tierra)

El 15 de octubre de 1997, el *Thrust SSC* se convirtió en el **primer automóvil en romper la barrera del sonido**. Alcanzó los 1.227,985 km/h (Mach 1,020) en un tramo de más de 1,6 km de longitud en el desierto de Black Rock, Nevada, EE.UU. La explosión sónica resultante provocó que se dispararan las alarmas en la ciudad de Gerlach, a unos 16 km de distancia. Lo pilotaba Andy Green (R.U., arriba a la izquierda), comandante de ala de la RAF. El director del proyecto fue Richard Noble (R.U.), que en 1983 estableció el anterior récord de velocidad terrestre a los mandos del *Thrust 2*: 1.020,406 km/h.

El *Thrust SSC* rompió la barrera del sonido casi 50 años y un día después de que el capitán *Chuck* Yeager (EE.UU.) realizara, el 14 de octubre de 1947, el **primer vuelo supersónico**.

▼ Coche eléctrico (reconocido por la FIA)

El 19 de septiembre de 2016, el *Venturi Buckeye Bullet 3* logró una velocidad media en ambos sentidos de un mismo tramo de 1,6 km de longitud de 549,211 km/h en el salar de Bonneville, en Utah, EE.UU. Pilotado por Roger Schroer (EE.UU.), fue diseñado y construido por estudiantes de ingeniería del Centro de Investigación del Automóvil de la Universidad del Estado de Ohio en asociación con Venturi, un fabricante francés de automóviles eléctricos.

▼ Coche con motor diésel

El 23 de agosto de 2006, Andy Green (ver arriba) pilotó el *JCB Dieselmax* a 563,418 km/h en el salar de Bonneville. El coche ni tan siquiera llevaba puesta la última marcha. Green batía así su propio récord de 526,027 km/h logrado el día anterior, con el que ya había mejorado la marca de 379,413 km/h establecida por Virgil Snyder a los mandos del *Thermo King-Wynns*, vigente desde 1973.

▼ Coche a reacción

El 23 de octubre de 1970, *Blue Flame*, un vehículo impulsado por un cohete a reacción pilotado por Gary Gabelich (EE.UU.), alcanzó una velocidad de 1.016,086 km/h en el primer kilómetro medido en el salar de Bonneville. El automóvil estaba impulsado por un cohete a reacción alimentado con gas natural licuado y peróxido de hidrógeno que podía desarrollar una fuerza de empuje de hasta 9.979 kgf.

MOTOCICLETAS

Más motocicletas vendidas (país)

Según un informe de la web de noticias de tecnología New Atlas del 17 de agosto de 2017, India desbancó a China el año financiero 2016-17 como el país con más motos vendidas (17,59 millones).

La mayor distancia recorrida en motocicleta en 24 horas (individual)

El 8 de octubre de 2014, Matthew McKelvey (Sudáfrica) cubrió 3.256,5 km en un solo día en el circuito de Phakisa, en Welkom, Sudáfrica.

La motocicleta más larga

Bharat Sinh Parmar (India) fabricó una moto de 26,29 m de largo (más que cinco taxis londinenses), tal como pudo verificarse en el lago Lakhota de Jamnagar, Gujarat, India, el 22 de enero de 2014.

La mayor distancia recorrida haciendo el caballito en una motocicleta modificada

El 5 de mayo de 1991, Yasuyuki Kudo (Japón) recorrió 331 km sin detenerse, sobre la rueda trasera de su motocicleta Honda TLM220R en la pista de pruebas del Instituto Japonés de Investigación del Automóvil en Tsukuba, cerca de Tsuchiura, Japón.

El 28 de febrero de 2015, Robert Gull (Suecia) alcanzó la **velocidad más alta haciendo el caballito sobre hielo**: 206,09 km en una BMW S1000RR, en Årsunda, Suecia.

El primer intento de saltar en paracaídas en motocicleta

En noviembre de 1926, el aviador Fred Osborne (EE.UU.) saltó montado en una moto de cuatro cilindros desde el acantilado de Huntington (61 m), al norte de Los Ángeles, California, EE.UU. Aunque accionó el paracaídas, no dio tiempo a que éste se desplegara del todo. Osborne resultó herido de gravedad, pero sobrevivió, probablemente porque unos cables telefónicos frenaron su caída. La moto quedó destruida.

LOS MÁS RÁPIDOS...

Motocicleta con motor de vapor

El 27 de septiembre de 2014, William *Bill* Barnes (EE.UU.) alcanzó los 129,566 km/h en una motocicleta con motor de vapor durante las pruebas de velocidad Ohio Mile de la East Coast Timing Association en Wilmington, Ohio, EE.UU.

Motocicleta tándem

El 20 de septiembre de 2011, Erin Hunter y Andy Sills (ambos de EE.UU.) condujeron una BMW S1000RR a 291,98 km/h en el Salar de Bonneville, Utah, EE.UU. La pareja se turnó como piloto y pasajero en dos carreras cronometradas.

Caballito con la motocicleta

El 18 de abril de 1999, el sueco Patrik Fürstenhoff alcanzó una velocidad de 307,86 km/h haciendo el caballito con una Honda Super Blackbird Turbo de 1100 cc. La hazaña tuvo lugar en el Bruntingthorpe Proving Ground de Leicestershire, R.U.

La velocidad más alta en moto convencional (hombres)

El 23 de septiembre de 2011, en el Salar de Bonneville, Richard Assen (Nueva Zelanda) alcanzó un velocidad media después de dos rondas de 420,546 km/h a los mandos de una Suzuki Hayabusa. La aerodinámica del vehículo fue parcialmente modificada, por lo que Assen no estaba completamente protegido por el carenado.

La velocidad más alta en moto convencional (mujeres)

El 5 de septiembre de 2008, en el Salar de Bonneville, Leslie Porterfield (EE.UU.) alcanzó los 374,208 km/h a los mandos de una Suzuki Hayabusa modificada. Como es habitual, el récord refleja la velocidad media de dos rondas de más de una milla (1,6 km) realizadas en direcciones opuestas.

El récord de velocidad en moto (la moto más rápida)

El 25 de septiembre de 2010, Rocky Robinson (EE.UU.) alcanzó una velocidad media de 605,697 km/h a lo largo de 1 kilómetro cronometrado en el Salar de Bonneville, Utah, EE.UU., a los mandos del *TOP 1 Ack Attack*. Esta velocidad es aproximadamente la mitad de la velocidad del sonido.

Superviviente de accidente de moto a mayor velocidad

Jason McVicar (Canadá) iba a 391 km/h cuando perdió el control de su Suzuki Hayabusa en el Salar de Bonneville en 2008. Se cree que el accidente fue causado por algún elemento que perforó la rueda trasera. Los paramédicos se sorprendieron de encontrar vivo a McVicar. Fue llevado de urgencia al hospital con una fractura de rótula y quemaduras por fricción que su mono de cuero no pudo evitar. Sorprendentemente, fue dado de alta ese mismo día.

La motocicleta más cara vendida en una subasta

La Harley-Davidson Panhead «Capitán América» fue montada por Wyatt, el personaje interpretado por Peter Fonda en la película *Easy Rider* (EE.UU., 1969). Se vendió por 1,35 millones de dólares durante una subasta de objetos de Hollywood celebrada en Los Ángeles, California, EE.UU., el 18 de octubre de 2014. Con motivo del rodaje, se fabricaron varias motocicletas, pero se cree que ésta es la única que se ha conservado.

ACROBACIAS EN MOTO

◄ El salto con rampa más largo

El 29 de marzo de 2008, Robbie Maddison (Australia) realizó un salto con rampa de 106,98 m de longitud, más o menos lo que mide un campo de fútbol americano. Este salto récord se realizó con motivo de la Crusty Demons Night of World Records celebrada en el circuito de Calder Park, en Melbourne, Victoria, Australia.

El salto mortal hacia atrás de rampa a rampa más largo

El 29 de marzo de 2008, Cameron *Cam* Sinclair (Australia) realizó un salto mortal hacia atrás de 39,49 m de longitud entre dos rampas en el circuito de Calder Park, en Melbourne, Victoria, Australia. Cameron sufrió un accidente casi fatal en 2009, pero volvió a la competición y ganó el Moto X Best Trick de los X Games de 2010 con un doble salto mortal hacia atrás.

▲ La pirámide humana sobre motocicletas más grande

El 5 de julio de 2001, 201 miembros del equipo Dare Devils de la unidad del ejército índio Signal Corps formaron una pirámide sobre 10 motos durante el desfile de Gowri Shankar en Jabalpur, India. El 28 de diciembre de 2013 también lograron el récord de **más personas en una motocicleta** (56), en el aeropuerto de Dumna, Jabalpur.

La primera motocicleta: Gottlieb Daimler construyó una moto con chasis de madera en Bad Cannstatt, Alemania, en octubre-noviembre de 1885. Wilhelm Maybach (ambos de Alemania) fue el primero en montarla.

La primera motocicleta producida en serie: La fábrica alemana Hildebrand & Wolfmüller abrió en 1894. En dos años, había producido más de 1.000 motos con motores de 1.488 cc.

La primera motocicleta impresa en 3D: TE Connectivity (Suiza/EE.UU.) fabricó la réplica de una Harley-Davidson de colores naranja y azul en 2015. 76 de sus 100 piezas fueron impresas en 3D.

La moto más pequeña

Tom Wiberg (Suecia) construyó una moto con una rueda delantera de 16 mm de diámetro y una trasera de 22 mm de diámetro. Rodó con ella más de 10 m en Hökerum, Suecia, en 2003. La distancia entre ejes de esta micromáquina es de 80 mm y la altura del asiento de 65 mm. Pesa tan sólo 1,1 kg y puede alcanzar los 2 km/h impulsada por un motor con una potencia de 0,22 kW (0,3 CV).

Se necesitaron seis meses para construir esta gigantesca moto. Con una longitud de 10,03 m, está impulsada por un motor V8 de 5,7 litros y tiene tres marchas, además de la marcha atrás.

La moto conducible más alta

Esta moto Chopper descomunal mide 5,10 m desde el suelo hasta lo alto del manillar, más o menos lo mismo que una jirafa, y 2,5 m de ancho. Pesa unos 5.000 kg y es seis veces más grande que una Chopper de tamaño estándar. Lleva ruedas de excavadoras industriales. Construida por Fabio Reggiani (Italia, en la foto), fue conducida a lo largo de un recorrido de 100 m en Montecchio Emilia, Italia, el 24 de marzo de 2012.

El salto mortal hacia atrás más largo (mujeres)

El 17 de noviembre de 2008, Jolene Van Vugt (Canadá) realizó un salto mortal hacia atrás de 12,36 m de largo en el programa de la MTV *Nitro Circo* emitido en Salt Lake City, Utah, EE.UU. Montaba una Yamaha RM125 de motocross, pero había practicado con una minibike de 110 cc. Era la primera vez que se grababa a una piloto realizando esta acrobacia.

El salto en moto con pasajero más largo

El 12 de noviembre de 2000, Jason Rennie (R.U.) saltó 29,26 m en su Yamaha YZ250 con su novia Sian Phillips en el asiento trasero, en el aeródromo de Rednal, cerca de Oswestry, Shropshire, R.U. Increíblemente, Sian había montado por primera vez en la motocicleta de Jason sólo cuatro días antes de esta acrobacia.

▶ **Más volteretas en moto en un minuto**

Balázs Balla (Hungría, en la foto) realizó 10 volteretas hacia adelante en 1 min en el evento «Extrém Nap Rétság» celebrado en Nógrád, Hungría, el 27 de mayo de 2017. Para validar el récord, se estipuló que una voltereta hacia adelante equivalía a un giro axial en el que la rueda trasera se levanta para hacer pasar la moto por encima del piloto. Balla conducía una Piaggio Zip de 1996 con una armazón circular especial añadida. Balla es miembro del equipo Rétság Riders, y ha participado en competiciones oficiales de motociclismo desde hace una década.

CIENCIA Y TECNOLOGÍA

BARCOS Y EMBARCACIONES

El ascensor de barcos más grande

Un ascensor mecánico para barcos instalado en la presa de las Tres Gargantas, en el curso del río Yangtze, en China, puede levantar barcos de hasta 3.000 toneladas de peso, 18 m de manga y 120 m de eslora. Los eleva o desciende una distancia vertical de 113 m para depositarlos al otro lado de la presa.

El ascensor de barcos giratorio más grande

La Rueda de Falkirk, en Falkirk, R.U, mide 35 m de altura, 35 m de ancho y 30 m de largo. Conecta el canal Forth y Clyde con el Union, y puede cargar más de ocho barcos al mismo tiempo. Su construcción permitió reducir el tiempo de paso entre ambos canales de casi un día a 15 min.

El naufragio más antiguo

El 23 de agosto de 1975, Peter Throckmorton, del Instituto Helénico de Arqueología Marina, descubrió los restos de una embarcación datada del 2.200 a.C., hace más de 4.200 años, en aguas de la isla griega de Dokos, en el mar Egeo.

Más tiempo a la deriva en el mar

El capitán Oguri Jukichi y uno de sus marineros, Otokichi (ambos de Japón), protagonizaron la historia más larga de supervivencia a la deriva en el mar de la que se tiene constancia: alrededor de 484 días. Después de que su buque de carga se viera dañado durante una tormenta frente a las costas de Japón en octubre de 1813, quedaron a la deriva en el Pacífico antes de ser rescatados por un barco estadounidense en California, EE.UU., el 24 de marzo de 1815.

El puerto con más tráfico en volumen de carga

El puerto de Ningbo-Zhoushan (China) superó los 900 millones de toneladas en tráfico de mercancías en 2016. Este puerto con 191 puntos de atraque alcanzó el liderazgo en esta categoría tras fusionarse con el puerto vecino de Zhoushan en 2015. Situado en el mar de la China Oriental, el puerto se fundó en el 738 d.C., durante la dinastía Tang.

LOS MÁS GRANDES...

Grúa flotante

Thialf es una barcaza semisumergible de 201,6 m de eslora con dos grúas y una capacidad de elevación de 14.200 toneladas. Puede alojar a 736 personas y cuenta con un helipuerto. La parte inferior del casco se puede inundar para aumentar la estabilidad y posibilitar que la barcaza opere en mar movida.

Submarino

Se cree que los submarinos rusos de la clase 941 Akula tienen un desplazamiento en inmersión de 26.500 toneladas y miden 171,5 m de eslora. El 23 de septiembre de 1980, la OTAN informó sobre la botadura del primer submarino de la clase Akula en el astillero cubierto secreto de Severodvinsk, en el mar Blanco, Rusia.

El aerodeslizador naval más grande

El aerodeslizador de desembarco anfibio (LCAC) ruso de la clase Zubr («bisonte») mide 57 m de eslora por 25,6 m de manga, y tiene un desplazamiento completamente cargado de 555 toneladas. Capaz de alcanzar velocidades de hasta 63 nudos (116 km/h), este enorme aerodeslizador puede desembarcar 360 soldados o tres tanques en una playa.

Tripulación en un buque de guerra

Los 10 portaaviones nucleares de la clase Nimitz de la Marina de EE.UU. transportan cada uno alrededor de 5.680 personas cuando están listos para entrar en combate; de ellas, 3.200 integran la dotación del barco y al menos 2.280 pertenecen al Ala Aérea Embarcada. Estos portaaviones son los **buques de guerra más grandes** y cada uno lleva alrededor de 80 aviones.

Barco sin tripulación

En abril de 2016, la Agencia de Proyectos de Investigación Avanzados de Defensa (DARPA, EE.UU.) botó el *Sea Hunter*, un trimarán sin tripulación de 40 m de eslora. Se trata del prototipo de una nueva clase de barco teledirigido capaz de adentrarse miles de millas en el mar para localizar submarinos en el fondo de los océanos. El coste de desarrollo del *Sea Hunter* alcanzó los 20 millones de dólares.

El barco de construcción más grande

Construido en Corea del Sur con un coste aproximado de 3.000 millones de $ y botado el 26 de enero de 2013, el *Pioneering Spirit* tiene un tonelaje de registro bruto de 403.342 toneladas. Su casco mide 382 m de eslora y 124 m de manga. Se emplea en alta mar, en trabajos de construcción superpesados, como el desmantelamiento de plataformas petrolíferas.

LA FLOTA MÁS VELOZ

▲ **El barco con propulsión por hélice más veloz**
En las finales mundiales de la International Hot Boat Association (IHBA) celebradas el 22 de noviembre de 2009, Daryl Ehrlich (EE.UU.) alcanzó una velocidad de 420 km/h a los mandos de *Problem Child* en el circuito de Firebird, cerca de Phoenix, Arizona, EE.UU. Esta lancha de carreras fue construida por *Fast Eddie* Knox (EE.UU.).

El destructor más veloz

Le Terrible, un destructor francés de 2.900 toneladas, alcanzó una velocidad de 45,25 nudos (83,8 km/h) en 1935. Construido en Blainville, Francia, estaba impulsado por cuatro calderas de tubo pequeño Yarrow y dos turbinas de engranaje Rateau de 74.570 kW. *Le Terrible* fue desguazado en 1962.

▲ **La clase de buque de guerra operativa más veloz**
El primero de los seis buques de asalto de la Armada Real Noruega de la clase Skjold entró en servicio en 1999. Conocidos como *kystkorvette* (corbetas costeras), se desplazan sobre un colchón de aire y superan los 60 nudos (111 km/h). Estos barcos se adaptan perfectamente a las aguas poco profundas y a las ensenadas rocosas de los fiordos noruegos.

MS *Harmony of the Seas*

10
bañeras de
hidromasaje.

11.252
obras de arte.

1.400
localidades
teatrales.

20
restaurantes.

GUINNESS WORLD RECORDS

El *Harmony of the Seas* alberga un jardín con 10.600 plantas y 52 árboles, que crecen en jardineras con sistemas automáticos de riego.

Entre las atracciones acuáticas del crucero de lujo Harmony of the Seas *se cuentan piscinas, un tobogán acuático de 10 pisos y dos simuladores de surf FlowRider (arriba).*

El crucero más grande

Botado el 19 de junio de 2015 y construido en Francia, el MS *Harmony of the Seas* mide 362,1 m de eslora (más que tres campos de fútbol), 66 m de manga y tiene un tonelaje bruto de 226.963 toneladas. Cuenta con 18 cubiertas y una capacidad para 2.100 tripulantes y 6.780 pasajeros. Este crucero de lujo está propulsado por seis motores gigantescos que desarrollan una potencia total de 96.000 kW, que le proporciona una velocidad máxima de 25 nudos (46 km/h).

▲ El récord de velocidad en el agua (la embarcación más veloz)
El 8 de octubre de 1978, Ken Warby (Australia) alcanzó los 275,97 nudos (511,09 km/h) a los mandos del hidroplano a reacción de potencia ilimitada *Spirit of Australia*, en el lago Blowering Dam, en Nueva Gales del Sur, Australia. Éste es el récord oficial de velocidad, aunque Warby podría haberlo superado el 20 de noviembre de 1977 en el mismo lugar.

El submarino militar más rápido
Los submarinos nucleares rusos de la clase Alfa alcanzaban una velocidad máxima de más de 40 nudos (74 km/h). Estos submarinos de ataque disponían de doble casco de titanio de peso ligero, y eran tripulados por un pequeño equipo que operaba desde una única sala de control. Su potente reactor nuclear se enfriaba con metal líquido.

▼ El ferri más rápido
Construido en 2013 y propiedad de la compañía argentina de ferris Buquebus, el HSC *Francisco* es un ferri catamarán impulsado por turbinas de gas que opera una ruta de 140 millas (225 km) que cruza el estuario del río de la Plata y une Buenos Aires, Argentina, y Montevideo, Uruguay. Alcanza una velocidad máxima de 58,1 nudos (107 km/h).

TECNOLOGÍA DE VANGUARDIA

El número primo más largo conocido

El 26 de diciembre de 2017, se encontró un nuevo número primo con 23.249.425 dígitos mediante un programa de *software* libre que el voluntario Jonathan Pace (EE.UU.) del proyecto GIMPS (Gran búsqueda de números primos de Mersenne por Internet) instaló en un ordenador. Para obtener el número, conocido como M77232917, se elevó el número 2 a la potencia de 77.232.917 y se le restó 1. Con casi 1 millón de dígitos más que el número primo más largo conocido hasta la fecha, pertenece a una clase números muy poco frecuentes conocidos como primos de Mersenne. Es el 50.º número primo de Mersenne que se ha descubierto.

La cápsula de *hyperloop* (tren supersónico) más rápida

El *hyperloop* es una modalidad de transporte colectivo ideada para enviar «cápsulas» parecidas a los vagones de los trenes de alta velocidad a través de túneles sin aire. Como el vacío es casi total, las cápsulas pueden circular sin apenas resistencia, con gran eficiencia energética y a unas velocidades que hoy sólo alcanzan los aviones. La mayor velocidad que ha alcanzado una cápsula de *hyperloop* fue de 386 km/h, y la registró la XP-1 en la pista de prueba de Hyperloop One (EE.UU.) cerca de Las Vegas, Nevada, EE.UU., en diciembre de 2017. La XP-1 es un prototipo experimental de 8,68 m de largo y 2,71 m de alto. Es propulsada por un motor eléctrico lineal y usa un sistema de levitación magnética en vez de ruedas.

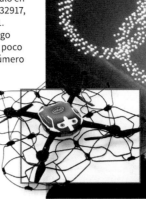

La primera cámara de teléfono móvil que detecta lo que hay detrás de una pared

En octubre de 2017, científicos del Instituto Tecnológico de Massachusetts introdujeron algoritmos de procesamiento de imágenes en el sistema «CornerCameras». Los algoritmos analizaron, en el campo de visión de la cámara, las sombras tenues y el color de la luz diseminados en suelos y paredes para determinar qué objetos situados al otro lado podrían generarlos. En el futuro, esta tecnología se podría incorporar en vehículos sin conductor, lo que permitiría «ver» posibles riesgos ocultos.

El detector de neutrinos más pequeño

El 4 de agosto de 2017, científicos del proyecto de cooperación internacional Coherent publicaron un informe que confirmó que habían detectado neutrinos, unas partículas elementales del universo, colisionando contra los núcleos de átomos. El detector medía 103 × 325 mm y pesaba tan sólo 14,5 kg. Esta interacción se había previsto en 1974, pero no se había podido observar hasta ese día.

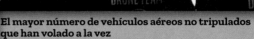

DRONE TEAM — DRONE TEAM

El mayor número de vehículos aéreos no tripulados que han volado a la vez

El 12 de diciembre de 2017, Intel Corporation (EE.UU.) hizo volar 1.218 drones a la vez en Pieonchang, República de Corea. Entre otras figuras, los drones Shooting Star de Intel (en el recuadro) formaron cinco círculos entrelazados durante una exhibición en el Jeongseon Alpine Centre de Pieonchang, donde se celebraron los Juegos Olímpicos de Invierno de 2018.

El mayor número de victorias en la World Solar Challenge

La Bridgestone World Solar Challenge es una competición de resistencia para coches solares. Se organizó por primera vez en 1987, y se ha celebrado cada dos años desde 1999. La carrera, que nació con el objetivo de impulsar la investigación de los coches solares, tiene lugar en Australia, durante el verano del hemisferio sur, y recorre 3.022 km desde Darwin hasta Adelaida.

El equipo Nuon Solar, de la Universidad Tecnológica de Delft (Países Bajos), es el que más veces ha ganado la competición, en 2001 (el primer año que participaban), 2003, 2005, 2007, 2013, 2015 y 2017. El equipo Nuon también ha logrado la **mayor velocidad media en la World Solar Challenge**; fue en 2005, cuando su *Nuna 3* completó la carrera en 29 h y 11 min a una velocidad media de 102,75 km. Las elevadas velocidades de los participantes de 2005 causaron grandes problemas para los equipos de asistencia, que circulaban en coches convencionales.

Este descubrimiento puede contribuir al desarrollo de los ordenadores cuánticos. El ruido hace vibrar sus sensibles piezas y distorsiona los datos que transportan. Al enfriarlas a una temperatura próxima al cero absoluto, se elimina esta «distorsión», lo que incrementaría la precisión del ordenador.

El objeto más frío creado por el ser humano

Mediante unos rayos láser con una configuración exclusiva, un equipo del Instituto Nacional de Normas y Tecnología en Boulder, Colorado, EE.UU., enfrió un microscópico tambor de aluminio a 360 microkelvins (−273,14964 °C). Con una temperatura cercana al cero absoluto (−273,15 °C), la **temperatura más baja posible**, es el objeto más frío del universo, unas 10.000 veces más frío que el vacío del espacio.

ELECTRIZANTES

◄ **La mayor distancia recorrida en un vehículo eléctrico (carga única, no solar)**

Entre el 16 y el 17 de octubre de 2017, el coche eléctrico *Phoenix* recorrió 1.608,5 km en el autódromo Auto Club Speedway de Fontana, California, EE.UU. Más de un 90 % de sus componentes eran reciclados. Lo condujo uno de sus creadores, el director general de IT Asset Partners (ITAP), Eric Lundgren (EE.UU.).

► **El vehículo eléctrico más eficaz**

Un equipo de ocho miembros de TUfast (todos de Alemania; a la derecha, Lisa Kugler, la conductora) crearon el *eLi14*, cuyo consumo es de 81,16 vatios hora (Wh) cada 100 km, tal como se verificó en Neustadt, Alemania, el 16 de julio de 2016. Circuló 25 km a 25 km/h de media. 1 Wh representa 1 vatio de potencia que se consume en 1 hora.

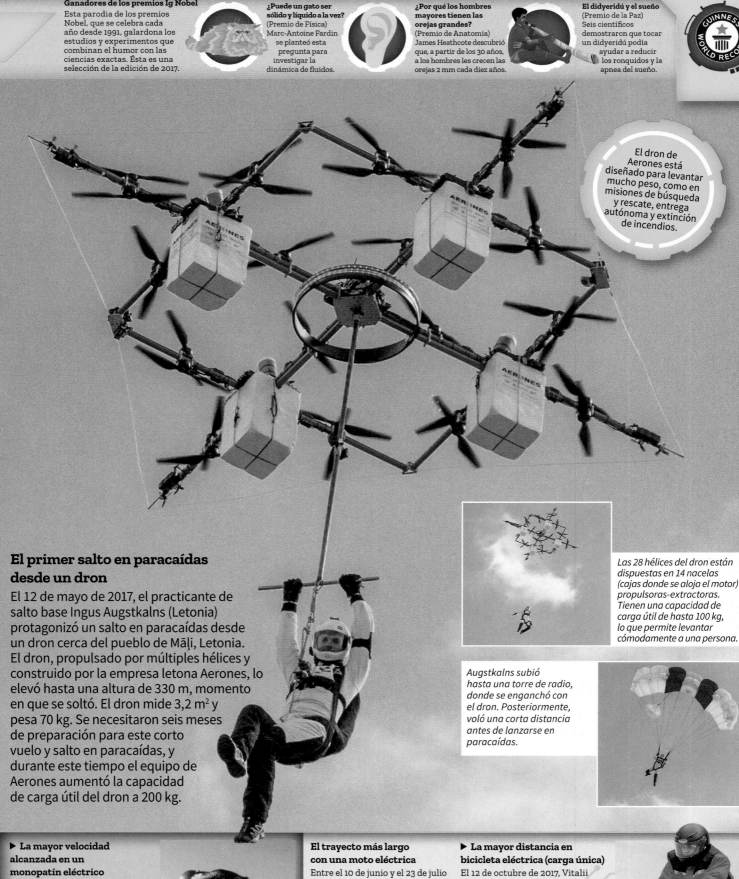

Ganadores de los premios Ig Nobel
Esta parodia de los premios Nobel, que se celebra cada año desde 1991, galardona los estudios y experimentos que combinan el humor con las ciencias exactas. Ésta es una selección de la edición de 2017.

¿Puede un gato ser sólido y líquido a la vez?
(Premio de Física) Marc-Antoine Fardin se planteó esta pregunta para investigar la dinámica de fluidos.

¿Por qué los hombres mayores tienen las orejas grandes?
(Premio de Anatomía) James Heathcote descubrió que, a partir de los 30 años, a los hombres les crecen las orejas 2 mm cada diez años.

El didyeridú y el sueño
(Premio de la Paz) Seis científicos demostraron que tocar un didyeridú podía ayudar a reducir los ronquidos y la apnea del sueño.

GUINNESS WORLD RECORDS

El dron de Aerones está diseñado para levantar mucho peso, como en misiones de búsqueda y rescate, entrega autónoma y extinción de incendios.

El primer salto en paracaídas desde un dron

El 12 de mayo de 2017, el practicante de salto base Ingus Augstkalns (Letonia) protagonizó un salto en paracaídas desde un dron cerca del pueblo de Māļi, Letonia. El dron, propulsado por múltiples hélices y construido por la empresa letona Aerones, lo elevó hasta una altura de 330 m, momento en que se soltó. El dron mide 3,2 m² y pesa 70 kg. Se necesitaron seis meses de preparación para este corto vuelo y salto en paracaídas, y durante este tiempo el equipo de Aerones aumentó la capacidad de carga útil del dron a 200 kg.

Las 28 hélices del dron están dispuestas en 14 nacelas (cajas donde se aloja el motor) propulsoras-extractoras. Tienen una capacidad de carga útil de hasta 100 kg, lo que permite levantar cómodamente a una persona.

Augstkalns subió hasta una torre de radio, donde se enganchó con el dron. Posteriormente, voló una corta distancia antes de lanzarse en paracaídas.

▶ La mayor velocidad alcanzada en un monopatín eléctrico

El 27 de octubre de 2015, Mischo Erban (Canadá/República Checa) alcanzó los 95,83 km/h en un monopatín eléctrico, tan rápido como una gacela y muy cerca del guepardo, el **animal terrestre más veloz en distancias cortas**. El récord se estableció en una pista del aeropuerto de Portoroz, cerca de Secovlje, Eslovenia.

El trayecto más largo con una moto eléctrica

Entre el 10 de junio y el 23 de julio de 2013, Nicola Colombo y Valerio Fumagalli (ambos de Italia) recorrieron 12.379 km en la moto eléctrica de 32,8 kW Zero FX. Atravesaron 11 países, desde Shanghái, en China, hasta Milán, Italia, en el marco del proyecto Meneghina Express, que investiga la nutrición y sostenibilidad alimentaria a escala mundial.

▶ La mayor distancia en bicicleta eléctrica (carga única)

El 12 de octubre de 2017, Vitalii Arhipkin (Ucrania) recorrió 367,037 km en una bicicleta eléctrica Delfast del modelo Prime en el Velódromo de Kiev, capital de Ucrania. Esto supone una distancia mayor que la que separa Londres, en el R.U., de París, en Francia. Arhipkin completó 1.317 vueltas al circuito, con dos paradas breves en ruta, en unas 17 horas.

INGENIERÍA ÉPICA

La noria panorámica más grande

La High Roller, situada en The LINQ de Las Vegas, Nevada, EE.UU., tiene un diámetro exterior de 161,27 m y alcanza una altura total de 167,5 m. Se abrió al público el 31 de marzo de 2014.

El proyecto de la presa de las Tres Gargantas requirió un total de 27.470.000 m³ de hormigón, 10 veces más que el volumen de la Gran Pirámide de Giza.

El puente más ancho

El San Francisco-Oakland Bay Bridge es un complejo de puentes que cruza la Bahía de San Francisco, en California, EE.UU. Sus 78,740 m de amplitud dan cabida a 10 carriles de carretera, un carril para bicicletas de 4,724 m de ancho y un hueco en el que la pila central sostiene las dos plataformas del puente.

El puente flotante más largo

Inaugurado en abril de 2016, el Governor Albert D. Rosellini Bridge (o Evergreen Point Floating Bridge) se extiende sobre el lago Washington para conectar las ciudades de Seattle y Bellevue en Washington, EE.UU. Mide 2.349,55 m de longitud.

El sistema de autopistas más grande

El National Trunk Highway System (NTHS) de China alcanzó al menos los 131.000 km a finales de 2016.

El túnel de carretera más largo

El túnel entre Aurland y Lærdal, situado en la carretera principal entre Bergen y Oslo en Noruega, mide 24,5 km de largo. Tiene dos carriles, fue inaugurado por el rey Harald V el 27 de noviembre de 2000 y se abrió al público en 2001.

El túnel ferroviario más largo

El túnel de base de San Gotardo se extiende de Göschenen a Airolo, Suiza, a lo largo de 57 km. Su excavación finalizó el 15 de octubre de 2010, cuando los técnicos que trabajaban a 2.000 m bajo los Alpes suizos perforaron la última roca. Se inauguró el 1 de junio de 2016.

La torre eléctrica más alta

Terminada en 2010, la torre eléctrica de Damaoshan lleva cables eléctricos desde el monte Damaoshan, en la provincia china de Zhejiang, hasta las islas Zhoushan. Esta torre de celosía de 370 m de alto pesa 5.999 toneladas y transporta 600.000 kW al día.

La presa más alta

La presa Jinping-I de Sichuan, China, se encuentra a lo ancho del río Yalong. Con un fino arco de doble curvatura, su altura máxima es de 305 m, casi la misma que la Torre Eiffel de París, Francia. La longitud de cresta del muro es de 568,5 m. Diseñada por HydroChina Chengdu Engineering Corporation (CHIDI), es propiedad de Ertan Hydropower Development Company (ambas de China).

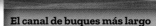

El canal de buques más largo

El canal de Suez se inauguró el 17 de noviembre de 1869 y une el mar Rojo con el Mediterráneo. Su construcción se prolongó durante 10 años y se precisaron un millón y medio de trabajadores, de los que 120.000 fallecieron durante las obras. Mide 193,3 km de largo, desde el puerto de Port Said hasta el golfo de Suez, con 205 m en su paso más estrecho y 365 m en el más ancho.

El mayor parque eólico marino

El parque eólico London Array ocupa un área marítima de 100 km² en el estuario del Támesis. Cada una de sus 175 turbinas Siemens genera 3,6 MW, lo que supone 630 MW de capacidad total: la energía suficiente para casi medio millón de hogares del R.U. Cada pala pesa 18 toneladas y tiene un diámetro de rotor de 120 m. Cada aerogenerador pesa 415 toneladas y alcanza 147 m de altura, 12 m más que la noria London Eye.

La presa de hormigón más grande

La construcción de la presa de las Tres Gargantas, en el río Yangtsé en China, comenzó oficialmente el 14 de diciembre de 1994 y empezó a funcionar en 2005. Para construirla se utilizaron 14.860.000 m³ de hormigón, y mide 2.335 m de largo. Su cima se eleva 185 m sobre el nivel del mar: es más alta que la Gran Pirámide de Giza, la catedral de San Pablo de Londres o la Space Needle de Seattle.

MÁQUINAS MONSTRUOSAS

◀ El vehículo terrestre más grande

La excavadora de rueda de cangilones Bagger 293 pesa 14.196 toneladas. Fabricada por la empresa TAKRAF de Leipzig, Alemania, mide 220 m de largo. Su altura máxima es de 94,5 m y es capaz de mover 240.000 m³ de tierra al día. Para verla en todo su esplendor como reconstrucción de LEGO®, ir a las págs. 148-149.

▶ La tuneladora más grande

Fabricada por la firma japonesa Hitachi Zosen, «Bertha» mide 91 m de largo y pesa 6.259 toneladas. Su enorme cabezal de corte de 17,5 m de diámetro (armado con 600 pequeños discos) empezó a perforar el túnel de la Ruta Estatal 99 por debajo de Seattle, EE.UU., en 2013. Finalizó en 2017, tras haber abierto 3,2 km.

Los agujeros más profundos

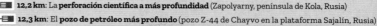

- **1,2 km:** La **mina a cielo abierto más profunda** (mina de Bingham Canyon en Utah, EE.UU.)
- **3,9 km** (a 2012): La **mina más profunda** (mina de oro Mponeng, cerca de Johannesburgo, Sudáfrica)
- **12,2 km:** La **perforación científica a más profundidad** (Zapolyarny, península de Kola, Rusia)
- **12,3 km:** El **pozo de petróleo más profundo** (pozo Z-44 de Chayvo en la plataforma Sajalín, Rusia)

El puente más largo

El Gran Puente de Danyang-Kunshan, en la línea de alta velocidad Jinghu (la línea de alta velocidad Pekín-Shanghái) mide 164 km de longitud. Esta línea, inaugurada en junio de 2011, cruza el viaducto Langfang-Qingxian, de 114 km de largo, el segundo puente más largo del mundo. Para completar el Gran Puente, a una altitud media de 30,48 m sobre el suelo, se necesitaron 10.000 trabajadores y las obras se prolongaron durante cuatro años.

Un segmento de 9 km del puente que atraviesa el lago Yangcheng se ha reforzado para resistir catástrofes naturales, como terremotos de magnitud 8 en la escala de Ricther, y el impacto de buques de guerra.

El puente colgante de cable más largo

El puente de carretera Akashi-Kaikyō, que une Honshu y la isla de Awaji en Japón, tiene una luz central de 1.990,8 m entre sus torres, de 297 m de altura. Normalmente la longitud de un puente colgante se mide tomando como referencia su luz central, no su longitud total.

La pasarela de estilo tibetano más larga

El puente colgante Charles Kuonen de 494 m se extiende 85 m sobre el barranco de Grabengufer, cerca de Randa, Suiza, y sólo mide 65 cm de ancho. Construido por Swissrope y Lauber Seilbahnen AG (ambas de la República Checa), se inauguró el 20 de julio de 2017.

El puente más alto

El viaducto de Millau, de 2.460 m de largo, se alza sobre el valle del Tarn, en Francia, apoyado en siete pilas de hormigón, la más elevada de las cuales está a 244,96 m del suelo. Estas pilas soportan, además, siete mástiles de 87 m de alto, entre cuyo extremo superior y el punto más profundo del valle hay 343 m. Fue diseñado por Foster + Partners (R.U.).

La grúa torre más grande

La configuración estándar de la Kroll K-10000, de fabricación danesa, puede levantar 120 toneladas a un radio de 82 m (por ejemplo, la distancia desde la columna de apoyo central). Se alza 120 m sobre un cilindro de rotación de apenas 12 m de diámetro y contiene 223 toneladas de contrapesos para compensar su brazo de carga, de 84 m.

El volquete más grande (de dos ejes)

El BelAZ 75710 tiene una capacidad de carga nominal de 450 toneladas. Fabricado por BelAZ (Bielorrusia), se probó por primera vez en sus instalaciones de Zhodino, Bielorrusia, el 22 de enero de 2014. Responde a la tendencia en la industria minera de aumentar el tamaño de la maquinaria para desplazar mayores cargas por ciclo de acarreo.

▶ La draga de cuchara más grande

Las gigantescas máquinas «Gosho» y «Tosho» tienen una capacidad de 200 m³ cada una, según se verificó en Tuas, Singapur, el 26 de enero de 2017. Ambas son fabricadas por Kojimagumi Co. en colaboración con Sumitomo Heavy Industries, Kawasaki Heavy Industries (todas de Japón) y la alemana Walter Hunger GmbH & Co. KG.

RECOPILATORIO

El fatberg más grande

Un *fatberg* es un trozo de grasa congelada, aceite de cocina, pañales, toallitas húmedas y otros artículos de higiene personal que se tiran por el inodoro y causan obstrucciones en los sistemas de aguas residuales de las ciudades. El más grande del que se tiene constancia y del que haya dado noticia una autoridad competente medía 250 m de largo y se estima que pesaba 130 toneladas, según los inspectores de Thames Water (R.U.). Lo encontraron en un conducto de aguas residuales en el área londinense de Whitechapel, en septiembre de 2017.

El rover que lleva más tiempo funcionando en Marte

El 25 de enero de 2004, el rover *Opportunity* de la NASA se posó en la llanura Meridiani Planum de Marte. Dos semanas antes, su gemelo, el *Spirit*, había aterrizado en el otro lado del planeta. Estaba previsto que ambos rovers, que funcionaban con energía solar, permanecieran activos unos 90 días terrestres, pero demostraron ser sorprendentemente resistentes. A 29 de enero de 2018, el *Opportunity* seguía funcionando, ¡14 años y 4 días después! El *Spirit* permaneció operativo hasta que quedó atascado en suelo blando en mayo de 2009; sus paneles solares se cubrieron de polvo y se quedó sin energía el 22 de marzo de 2010.

La mayor distancia recorrida en Marte

Paolo Bellutta (Italia/EE.UU.) es planificador de rovers en la Jet Propulsion Laboratory (JPL) de la NASA. A 10 de enero de 2018, los rovers en Marte del JPL habían recorrido un poco más de 16,881 km bajo su control. El total incluye las distancias recorridas por los rovers gemelos *Spirit* y *Opportunity* (12.982 m) y la del vehículo explorador *Curiosity* (3.898 m).

La tarjeta de felicitación más pequeña

En diciembre de 2017, el Laboratorio Nacional de Física de Teddington, R.U., utilizó un haz de iones (partículas atómicas con carga positiva) para grabar una tarjeta de Navidad de sólo 15 × 20 micras. La tarjeta estaba hecha de nitruro de silicio recubierto de platino y la felicitación navideña fue grabada en su lado interno. El texto era tan pequeño que, cuando se utilizó un microscopio electrónico para «fotografiarlo», saltó de su soporte y se extravió por el propio microscopio.

La primera hélice de barco impresa en 3D (prototipo)

De la colaboración entre el Rotterdam Additive Manufacturing LAB (RAMLAB), Promarin, Autodesk, Damen y Bureau Veritas nació WAAMpeller. Diseñada para remolcadores, se ha fabricado con 298 capas de una aleación de níquel, aluminio y bronce. Promarin proporcionó el diseño en abril de 2017; RAMLAB utilizó la tecnología de Wire+Arc Additive Manufacturing (WAAM), similar a la soldadura, para fabricarla; y Bureau Veritas verificó el proceso y aprobó la hélice en noviembre de 2017.

El estudio orbital más prolongado de un planeta exterior

El 15 de septiembre de 2017, a las 11:55 UTC (Tiempo Universal Coordinado), la sonda *Cassini* completó la fase «Grand Finale» de su misión de casi 20 años de duración para estudiar el planeta Saturno y sus lunas. Acto seguido, se quemó al adentrarse en la atmósfera superior del planeta. La *Cassini* había comenzado su estudio orbital 13 años y 76 días antes.

El vuelo orbital más largo de una nave espacial reutilizable

Fabricado por Boeing (EE.UU.), el avión espacial no tripulado X-37B pasó 1 año y 352 días en órbita, desde 2015 hasta 2017. Su misión comenzó el 20 de mayo de 2015, cuando fue lanzado en un cohete *Atlas V* desde la Estación de la Fuerza Aérea de Cabo Cañaveral, en Florida, EE.UU. Regresó el 7 de mayo de 2017, adentrándose en la atmósfera en medio de una explosión sónica antes de aterrizar en la pista de los antiguos transbordadores espaciales del Centro Espacial Kennedy.

El testigo de hielo más antiguo

El 15 de agosto de 2017, unos científicos que realizaban trabajos de perforación en la Antártida anunciaron que habían extraído un testigo de hielo con burbujas de gas de 2,7 millones de años de antigüedad, lo que supera el récord anterior en casi 2 millones años. Esto es posible debido a la particular naturaleza del área de «hielo azul» que se perforó, que permite la conservación de antiguas capas de hielo. Según los resultados de los análisis, las burbujas de aire no contenían más de 300 partes por millón (PPM) de dióxido de carbono. La comparación con los niveles de dióxido de carbono en el aire de la actualidad, que exceden las 410 PPM, demuestra la menor presencia de este gas de efecto invernadero en la atmósfera en aquellos tiempos remotos.

La habitación más ruidosa

La Reverberant Acoustic Test Facility (RATF) es una sala con paredes de hormigón de 17,37 m de altura, 14,47 m

El spinner que ha girado durante más tiempo (en un dedo)

El 11 de diciembre de 2017, Takayuki Ishikawa (Japón) mantuvo un *spinner* girando en un dedo durante 24 min y 46,34 s en Minato, Tokio, Japón. Fue fabricado por MinebeaMitsumi Inc. y Mitsubishi Precision Co., Ltd (ambos de Japón).

MinebeaMitsumi también fabricó el *spinner* más pequeño (detalle), que con sólo 5,09 mm de ancho y 0,027 g de peso es más ligero que un grano de arroz.

de largo y 11,43 m de ancho. La instalación, terminada en 2011, forma parte del Centro de Investigación Glenn de la NASA, ubicado en Plum Brook Station, un campus de 2.590 hectáreas cerca de Sandusky, Ohio, EE.UU. Una de sus paredes está cubierta con 36 enormes altavoces (o «fuentes de ruido») que se activan con gas nitrógeno presurizado y pueden saturar la sala con 163 dB de ruido continuo durante 10 min. La función del RATF es probar piezas de cohetes, satélites y otros artilugios con un posible uso espacial para asegurarse de que puedan soportar el intensísimo ruido que genera el lanzamiento de un cohete.

El primer coche producido en serie lanzado al espacio

El lanzamiento inaugural del cohete *Falcon Heavy*, el 6 de febrero de 2018 (ver más abajo), también fue su vuelo de prueba. Como tal, la nave espacial llevó una carga útil ficticia: un automóvil Tesla Roadster perteneciente a Elon Musk, propietario del fabricante del cohete, SpaceX. En el asiento del conductor se colocó el maniquí de un astronauta.

En el momento del apagado del motor acelerador, el Tesla Roadster fue lanzado a su órbita heliocéntrica (es decir, alrededor del Sol) a 33,5 km/s respecto al Sol, o 11,15 km/s en relación con la Tierra. Técnicamente, eso también lo convierte en el **automóvil más rápido**.

Esta imagen fue tomada por una de las cámaras instaladas en el coche, que retransmiten en directo la órbita de la nave espacial. La radio del coche reproduce repetidamente los temas «Life on Mars?» y «Space Oddity» del cantante David Bowie.

La estructura anudada más apretada

Los nudos pueden encontrarse a nivel molecular; están presentes hasta en el ADN. El 12 de enero de 2017, un equipo de la Universidad de Manchester, R.U. anunció que con el trenzado de tres líneas de moléculas habían creado un nudo microscópico de 192 átomos de largo que se cruza ocho veces, aproximadamente una vez cada 2,5 nanómetros. Se lo conoce como el nudo 8_{19}, y en la fotografía de arriba puede verse un modelo del mismo.

El elemento químico más reciente

El elemento químico sintético más reciente es el teneso (Ts), creado en 2010 por científicos rusos y estadounidenses en el Instituto Central de Investigaciones Nucleares (JINR), en Dubna, Rusia. Se generaron seis átomos de este elemento al disparar un haz de iones de calcio contra un objetivo de berkelio. El teneso tiene un número atómico 117 y fue formalmente reconocido como un nuevo elemento en diciembre de 2015.

El cohete más potente (actualidad)

El 6 de febrero de 2018, el cohete *Falcon Heavy* realizó su vuelo inaugural tras despegar a las 15:45 de la Hora Estándar del Este (EST) desde la Estación de la Fuerza Aérea de Cabo Cañaveral en Florida, EE.UU. Construido por la compañía estadounidense SpaceX, el *Falcon Heavy* cuenta

con 27 motores y tres núcleos como cohetes aceleradores que generan un empuje de 22.819 kN a nivel del mar y 24.681 kN en el vacío del espacio. Mide 70 m de alto, pesa 1.420,788 toneladas y es capaz de transportar cargas útiles de 63.800 kg a la órbita baja terrestre.

El *Falcon Heavy* es también el cohete más potente por capacidad de elevación, con alrededor del doble de la capacidad de carga útil de otros cohetes actualmente operativos. Su segunda etapa, que está embarcada en una órbita alrededor del Sol que puede durar miles de millones de años, lleva consigo una carga poco ortodoxa (para saber más, ver arriba).

El primer organismo vivo con pares de bases de ADN artificiales

En noviembre de 2017, una nueva forma de bacteria *E. coli* fue creada en el Instituto de Investigación Scripps, en California, EE.UU. Contenía dos pares de bases de ADN sintéticas que pueden crear proteínas hasta ahora desconocidas. Las dos nuevas bases sintéticas «X» e «Y» se integran en el ADN natural de la *E. coli*. Con este avance, los científicos tienen la esperanza de lograr medicamentos más efectivos y duraderos. La capacidad de crear proteínas que el cuerpo humano no pueda descomponer fácilmente podría mejorar mucho la efectividad de algunos medicamentos.

La botella de Klein más grande

Descrita por primera vez en 1882 por Felix Klein, el recipiente que lleva su nombre está cerrado, no tiene borde y cuenta con un solo «lado» (es decir, no tiene un interior y un exterior claramente diferenciados). Clifford Stoll (EE.UU., arriba) diseñó una de 106 cm de alto y 62,2 cm de ancho, con un circunferencia de 163,5 cm. Fue construida por Killdee Scientific Glass Company (EE.UU.) entre 2001 y 2003. La botella está expuesta en el Centro Kingbridge de Toronto, Canadá, y es propiedad de John Abele (EE.UU.), la persona que la encargó.

La primera valla publicitaria robótica en 3D

El 8 de agosto de 2017, Coca-Cola (EE.UU.) instaló una valla publicitaria tridimensional de 210,22 m² en Times Square, Nueva York, EE.UU., formada por 1.960 cubos LED robóticos, de los cuales 1.715 son móviles y 245 fijos. La valla publicitaria es capaz de detectar las inclemencias meteorológicas y tener en cuenta cualquier cambio de temperatura.

08/04/2016

30/03/2017

La primera reutilización de una etapa de un cohete orbital

A las 22:27 UTC del 30 de marzo de 2017, un cohete *SpaceX Falcon 9* que transportaba un satélite de comunicaciones SES-10 despegó del complejo de lanzamiento 39A del Centro Espacial Kennedy, en Florida, EE.UU. El satélite fue puesto en órbita a las 22:59 UTC, unos 32 minutos después del lanzamiento. El 8 de abril de 2016, este mismo cohete ya había volado (y aterrizado) después de realizar la misión de reabastecimiento comercial CRS-8 de la NASA a la *Estación Espacial Internacional*. Fue la primera vez que una etapa de un cohete orbital se reutilizaba con éxito.

EL BUQUE PORTACONTENEDORES

Con sus casi 400 m de proa a popa, los buques portacontenedores más grandes transportan cada día miles de toneladas de mercancías por todo el planeta. En 2014, para conmemorar el que era entonces el buque más grande del mundo, el *Triple E* de Maersk, LEGO® lanzó una reproducción de 1.518 piezas. Puede que el buque real sea por lo menos 600 veces más grande, pero incluso en esta escala reducida, la maqueta da una idea de las extraordinarias dimensiones de estos portacontenedores.

Los buques como el *Triple E*, así como el titular del récord actual, el *OOCL Hong Kong* (a la derecha), son unas de las mayores construcciones realizadas por los humanos. Se clasifican como buques portacontenedores ultragrandes (ULCV, por sus siglas en inglés), es decir, poseen una capacidad para un mínimo de 18.000 contenedores. La capacidad de los portacontenedores se calcula en TEU, una unidad de medición equivalente al volumen ocupado por una unidad de 20 pies de largo. Como más de un 90 % de la carga se transporta en barco (¡también este libro!), gran parte del mundo depende de estos gigantes.

CIFRAS DE RÉCORD

Varios buques tienen unos 400 m de eslora, lo que equivale a la longitud de ocho piscinas olímpicas, pero actualmente el **buque portacontenedores con una mayor capacidad** es el *OOCL Hong Kong* (arriba), construido por la naviera Orient Overseas Container Line (Hong Kong), cuyo bautizo tuvo lugar el 12 de mayo de 2017. Su capacidad certificada es de 21.413 TEU y su eslora total, de 399,87 m. Tiene una manga (ancho) de 58,80 m, una profundidad de 32,50 m del borde de la cubierta a la quilla y un desplazamiento (peso con la carga máxima) de 257.166 toneladas.

Trinquete

Contenedores reutilizables de mercancías, generalmente de 6 o 12 m; se almacenan en el casco y se amarran en la cubierta.

LA NAVIERA MAERSK

El grupo danés A. P. Møller-Mærsk es la **mayor naviera de buques portacontenedores en capacidad de TEU** del mundo, al disponer de 4.158.171 contenedores a noviembre de 2017. También es la **más grande en cuota de mercado**, ya que opera el 19,4 % de la flota de carga del mundo, y **en número de buques**, con 779 barcos. La naviera fue fundada en 1904 y tiene su sede en Copenhague, Dinamarca.

Casco de acero

El bulbo reduce la fricción del agua con la carena y también el consumo de combustible.

COMPARACIÓN ENTRE LOS GIGANTES DEL MAR

Hoy en día, los buques de carga de grandes dimensiones rivalizan con los petroleros por el título del buque marítimo más largo. El **buque más largo y más grande de todos los tiempos** fue el *Mont* (antes conocido como *Seawise Giant*, *Happy Giant*, *Jahre Viking* y *Knock Nevis*), un superpetrolero (ULCC, por sus siglas en inglés) de 458,45 m de eslora. Se convirtió también en el **mayor buque desguazado** cuando dejó de prestar servicio en 2010. Ni siquiera el **barco de pasajeros más grande** o el **buque militar más largo** son tan largos como los buques portacontenedores actuales.

Mont: El **buque más grande de todos los tiempos** (458,45 m)

OOCL: El **buque portacontenedores más grande** (399,87 m)

Harmony of the Seas: El **crucero más grande** (362,12 m)

USS Enterprise: El **buque militar más largo** (342 m)

MOTORES

Los barcos de estas dimensiones necesitan un motor grande. El *Triple E* de Maersk, por ejemplo, tiene un par de motores de dos tiempos que, con una potencia de 32.000 kW, le permiten navegar a 19 nudos (35 km/h). Por otro lado, el *OOCL Hong Kong* alcanza una velocidad punta de 23 nudos (42 km/h) gracias a un solo motor diesel de una potencia de 80.080 kW.

Puente, desde donde se gobierna el barco, situado 12 plantas por encima de la cubierta.

Chimeneas

Bote salvavidas

Pintura que reduce la fricción

¿SABÍAS QUE...?

En 2014 el Consejo Mundial del Transporte Marítimo calculó que cada año se pierden 2.683 contenedores en el mar debido a una estiba inadecuada, a la mala mar o a colisiones y hundimientos. Aunque puede parecer una cifra muy elevada, representa sólo un 0,002 % de los 120 millones de contenedores transportados anualmente. De hecho, el transporte marítimo de contenedores es el modo más eficaz de enviar mercancías a todo el mundo.

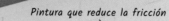
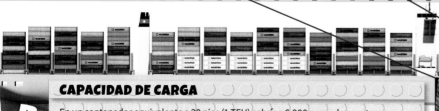

CAPACIDAD DE CARGA

En un contenedor equivalente a 20 pies (1 TEU) cabrían 6.000 pares de zapatos; por tanto, en un barco de 20.000 TEU cabrían 120 millones de pares. El buque con mayor capacidad, el *OOCL Hong Kong*, puede albergar 21.413 TEU: bajo cubierta almacena los contenedores en su práctico casco en forma de U, y en la cubierta, los dispone en una matriz de 23 filas de ancho por 24 áreas de carga de largo y de hasta 11 columnas de alto.

ARTE Y COMUNICACIÓN

Los mayores ingresos brutos en la taquilla mundial durante un fin de semana de estreno

Del 27 al 29 de abril de 2018, el éxito de taquilla protagonizado por personajes del universo Marvel *Vengadores: Infinity War* (EE.UU.) recaudó 640.398.183 $ en todo el mundo, según The-Numbers.com. Con 257.698.183 $ sólo en EE.UU., también logró los mayores ingresos brutos en la taquilla estadounidense durante un fin de semana de estreno.

MARVEL STUDIOS

AVENGERS
INFINITY WAR

Vengadores: Infinity War siguió batiendo récords más allá de su estreno. Se convirtió en la película que más rápidamente recaudó mil millones de $, sólo 11 días después de su estreno, y superó por un día a *Star Wars VII: El despertar de la Fuerza* (EE.UU., 2015).

ÉXITOS DE TAQUILLA

LOS INGRESOS BRUTOS MÁS ELEVADOS EN LA TAQUILLA MUNDIAL DE...

Una comedia

La comedia *Resacón 2: Ahora en Tailandia* (EE.UU., 2011), en la que un grupo de amigos vive una despedida de solteros desenfrenada, recaudó 586.464.305 dólares.

La **comedia negra más taquillera** es *El lobo de Wall Street* (EE.UU., 2013), protagonizada por Leonardo DiCaprio y dirigida por Martin Scorsese (ambos de EE.UU.), con 389.870.414 dólares.

Una comedia romántica

Estrenada en todo el mundo en febrero de 2016, la película fantástica de aventuras de Stephen Chow *Mei ren yu* (China), también conocida como *Las sirenas*, ha recaudado 552.198.479 dólares. Aunque sólo sea la 160.ª película más taquillera de todos los tiempos, es la comedia romántica más exitosa hasta la fecha.

Un drama

La saga Crepúsculo: Amanecer - Parte 2 (EE.UU., 2012) recaudó 829.724.737 dólares en todo el mundo. Era la quinta y última entrega de esta serie dramática sobre vampiros dirigida al público adolescente basada en los libros de Stephenie Meyer.

Un documental

Michael Jackson's This Is It, que documenta los ensayos de los conciertos de la leyenda del pop estadounidense, fue estrenado el 28 de octubre de 2009. Las primeras dos semanas recaudó 200 millones de dólares en EE.UU., y llegó a los 252.091.016 dólares brutos en todo el mundo.

Justin Bieber: Never Say Never (2011), una peculiar aproximación a la carrera del cantante desde que era un artista callejero hasta convertirse en una superestrella, es la **película de un concierto más taquillera de todos los tiempos**, con unos ingresos brutos de 99.034.125 dólares.

Un musical en directo

El *remake* en directo del clásico de animación de Disney *La Bella y la Bestia* (EE.UU., 1991), estrenado en la Spencer House de Londres, R.U., el 23 de febrero de 2017, ha recaudado 1.263.109.573 dólares en la taquilla mundial. Con su enorme éxito, este musical protagonizado por Emma Watson como la Bella y Dan Stevens (ambos de R.U.) como la Bestia superó el récord anterior que ostentaba *Mamma Mia!* (EE.UU./R.U./Alemania, 2008), musical que pasó a ocupar el segundo lugar de la clasificación con unos ingresos brutos de 615.748.877 dólares.

La primera película pintada al óleo completamente

Loving Vincent (Polonia/R.U./EE.UU., 2017) cuenta la historia de los últimos días del artista Vincent van Gogh. Durante un complejo proceso de producción de 10 años, primero se filmó a los actores y después un equipo de 125 animadores pintó meticulosamente cada fotograma. Emplearon pintura al óleo para imitar las características pinceladas arremolinadas de van Gogh.

La película de un superhéroe con mayores ingresos brutos

A 11 de abril de 2018, *Black Panther* (EE.UU., 2018) había recaudado 1.300.716.032 dólares. Protagonizada por Chadwick Boseman (EE.UU., arriba) en el papel de T'Challa, esta película de Marvel superó la cifra de 1.000 millones de dólares en sólo 26 días.

Una película de terror

It (EE.UU., 2017), una adaptación de un novela de Stephen King de 1986 sobre un grupo de niños aterrorizados por un payaso maligno llamado Pennywise, recaudó 697.459.228 dólares en taquilla.

Un wéstern

Django desencadenado (EE.UU., 2012), escrita y dirigida por Quentin Tarantino y protagonizada por Jamie Foxx, Christoph Waltz, Leonardo DiCaprio, Washington Kerry y Samuel L. Jackson, ha recaudado 449.948.323 dólares desde su lanzamiento el 25 de diciembre de 2012. Este wéstern se convirtió, en 2013, en la película con mayores ingresos brutos del director, y le valió un Oscar a Waltz y otro al propio Tarantino por su guion.

La película con mayores ingresos brutos

A 11 de enero de 2018, *Avatar* (EE.UU./R.U., 2009) había recaudado 2.783.918.982 dólares en todo el mundo. Su director, James Cameron (Canadá), fue también el director de la primera película en recaudar 1.000 millones de dólares brutos en la taquilla mundial con *Titanic* (EE.UU., 1997). En 2009 *Avatar* se convirtió en la quinta película en lograr este hito.

Las pieles azules de ciertas deidades hindúes influyeron en el aspecto de la raza de los Na'vi. La palabra «avatar» deriva del sánscrito y hace alusión a la encarnación de un dios en la Tierra.

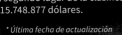
* Última fecha de actualización de las cifras: 11 de abril de 2018.

THE NUMBERS

The Numbers es la base de datos sobre información financiera de la industria del cine más grande de internet, con datos de más de 31.000 películas y 144.000 personas del mundo del celuloide. Fundada en 1997 por Bruce Nash, actualmente registra más de 8 millones de visitas anuales, tanto de aficionados al cine como de grandes estudios, productoras independientes e inversores que la usan para decidir qué películas hacer y cuándo estrenarlas. Su base de datos, conocida como OpusData, cuenta con más de 8 millones de datos sobre el negocio cinematográfico y recaba información procedente de estudios de cine, exhibidores, prensa y otras fuentes.

AMIGOS DEL CELULOIDE. CLÁSICOS DE LA ANIMACIÓN

▲ **La película de animación con mayores ingresos brutos (taquilla local; ajustada a la inflación)**

Blancanieves y los siete enanitos (Disney, EE.UU., 1937) recaudó 184,9 millones de $ en EE.UU., lo que equivale a unos 1.200 de $ a 10 de mayo de 2018. Fue la **primera película con banda sonora oficial**.

La película de animación con ▶ mayores ingresos brutos globales (cifra sin ajustar a la inflación)

Frozen: El reino del hielo (Disney, EE.UU., 2013; reestrenada en 2014 en versión *sing-along*) ha recaudado 1.270 millones de $. Basada en el cuento de Hans Christian Andersen *La reina de las nieves*, fue la décima película con mayores ingresos brutos en la taquilla mundial hasta que la superó *Black Panther* (ver arriba).

La película de animació en *stop-motion* con mayore ingresos bruto

Chicken Run: Evasión en la granj producida por Aardman Animatior (R.U.) y DreamWorks (EE.UU.), h recaudado 227 millones de $ desc su estreno en 2000. La animación e *stop-motion* consiste en aparenta el movimiento de objetos estático mediante una serie de imágenes fija sucesivas que se fotografían tra introducir un pequeño cambi

Las películas más buscadas en internet en 2017
A los aficionados del cine les encantan las películas de superhéroes, los cuentos de hadas clásicos y, sobre todo, un buen susto. Eso es lo que sugieren las búsquedas en Google de 2017...

1: *It*. Un gran éxito espeluznante: siete niños son aterrorizados por un malvado payaso llamado Pennywise.

2: *La Bella y la Bestia*. La versión musical del cuento de hadas de Disney fue un monstruoso éxito de taquilla.

3: *Wonder Woman*. Protagonizada por Gal Gadot, es una superpoderosa producción que fue la décima película con mayores ingresos brutos del año.

La serie de películas con mayores ingresos brutos

A 5 de abril de 2018, las 10 películas de *Star Wars* habían recaudado 8.926.704.817 $ en todo el mundo, con lo que superaba a la serie de *Harry Potter*. Se incluyen los ingresos por reediciones, ediciones especiales y *Star Wars: Episodio VIII: Los últimos Jedi* (EE.UU.), estrenada el 15 de diciembre de 2017. También se contabilizan los ingresos generados por la película de animación de 2008 *Star Wars: The Clone Wars* (EE.UU.) y por *Rogue One: Una historia de Star Wars* (EE.UU., 2016), la primera entrega de una serie de películas derivadas de la saga original. Con la segunda, *Han Solo: Una Historia de Star Wars*, la recaudación de la serie de *Star Wars* no hará más que aumentar.

La película de aventuras con mayores ingresos brutos

A 11 de abril de 2018, *Star Wars VII: El despertar de la Fuerza* (EE.UU., 2015) había recaudado 2.058.662.225 $ en la taquilla mundial. Tras su estreno, el séptimo episodio de esta legendaria serie de ciencia ficción batió varios récords de taquilla, entre ellos el de **película en recaudar más rápidamente 100 millones de $ brutos** (en 24 horas), **200 millones** (en tres días) y **500 millones** (en 10 días).

▶ La película de animación con mayores ingresos brutos (día del estreno)

Buscando a Dory (Disney Pixar, EE.UU., 2016), secuela de *Buscando a Nemo* (EE.UU., 2003), recaudó 54,7 millones de $ en 4.305 cines de EE.UU. el 17 de junio de 2016, día de su estreno. En abril de 2018, se convirtió en la 30.ª película con mayores ingresos brutos de todos los tiempos. Es además la **película sin un villano con mayores ingresos brutos**.

La película de animación japonesa con mayores ingresos brutos

Estrenada en 2016, *Tu Nombre* (*Kimi no Na wa*, Japón) ha recaudado 342,8 millones de $ en todo el mundo. Escrita y dirigida por Makoto Shinkai (Japón), trata de dos adolescentes que intercambian sus cuerpos mágicamente. En septiembre de 2017, el director J.J. Abrams anunció una versión de la película con actores reales.

▶ Más premios Oscar a la mejor película de animación

Desde que en 2001 se incorporó esta categoría a los premios de la Academia, Pixar ha ganado nueve de los 17 Oscar otorgados. Las películas ganadoras (todas de EE.UU.) fueron: *Buscando a Nemo* (2003), *Los increíbles* (2004), *Ratatouille* (2007), *WALL-E* (2008), *Up* (2009), *Toy Story 3* (2010), *Indomable* (2012), *Del revés* (2015) y *Coco* (2017, derecha).

ACTORES Y CINEASTAS

El actor con mayores ingresos anuales (todos los tiempos)

Según la lista *Forbes*, Will Smith (EE.UU.) ingresó 80 millones de dólares entre el 1 de junio de 2007 y el 1 de junio de 2008, gracias a éxitos como *Soy leyenda* (EE.UU., 2007) y *Hancock* (EE.UU., 2008). Robert Downey Jr. (EE.UU.), en el papel de Iron Man, igualó esta proeza entre el 1 de junio de 2014 y el 1 de junio de 2015, tras el estreno de *Vengadores: La era de Ultrón* (EE.UU., 2015).

Más premios Oscar a la mejor actriz

Katharine Hepburn (EE.UU., 1907-2003) ganó cuatro estatuillas por sus papeles protagonistas en *Gloria de un día* (EE.UU., 1933) en 1934, *Adivina quién viene esta noche* (EE.UU., 1967) en 1968, *El león en invierno* (R.U., 1968) en 1969 y *En el estanque dorado* (EE.UU., 1981) en 1982.

El 24 de febrero de 2013, Daniel Day-Lewis (R.U.) obtuvo su tercera estatuilla por un papel protagonista, y se convirtió así en el **intérprete galardonado con más premios Oscar al mejor actor**. Recogió una estatuilla por su interpretación de Abraham Lincoln en *Lincoln* (EE.UU./India, 2012), y previamente ya había sido galardonado por *Pozos de ambición* (EE.UU., 2007) y *Mi pie izquierdo* (Irlanda/R.U., 1989). Day-Lewis fue el primer actor en ganar tres premios Oscar por un papel protagonista.

La primera mujer en ser nominada a un Oscar a la mejor fotografía

El 23 de enero, Rachel Morrison (EE.UU.) fue nominada al Oscar por su trabajo como directora de fotografía en la película *Mudbound* (EE.UU., 2017), con lo que se convirtió en la primera mujer en optar a esta estatuilla en los 89 años de historia de los premios de la Academia. Finalmente, el premio recayó en Roger Deakins por *Blade Runner 2014* (EE.UU./R.U./Hungría/Canadá, 2017).

LOS MÁS TAQUILLEROS...

Actor de cameos

El 15 de enero de 2018, las películas en las que aparece Stan Lee (EE.UU.), el creador de Marvel Comics, habían recaudado 21.414.032.775 dólares brutos. Esta cifra engloba el total de ingresos (sin ajustar por la inflación) que han generado en todo el mundo las 40 películas en las que ha aparecido, incluyendo cameos y pequeños papeles secundarios. Lee hizo su debut cinematográfico en *Mallrats* (EE.UU., 1995).

De este total, unos ingresos brutos en taquilla de 21.413.689.417 dólares procedían de las 37 películas en las que Lee hacía tan sólo una breve aparición, lo que le convierte también en el **actor de cameos más taquillero**.

Productor cinematográfico

El 16 de enero de 2018, las películas producidas por Kevin Feige (EE.UU.) habían generado 13.508.528.266 dólares en todo el mundo. Entre sus logros se incluyen éxitos de taquilla de Marvel, como las tres películas de *Iron Man* (todas de EE.UU., 2008-2013), *Thor* (EE.UU., 2011), *Vengadores: La era de Ultrón* y *Capitán América: Civil War* (EE.UU., 2016).

Kathleen Kennedy (EE.UU.) es la **productora cinematográfica que ha logrado una mayor recaudación**, ya que a 16 de enero de 2018, sus películas habían generado más de 11.346.882.599 dólares. Entre sus 32 películas destacan *E.T., el extraterrestre* (EE.UU., 1982), *Parque Jurásico* (EE.UU., 1993) y las cuatro nuevas entregas del universo *Star Wars*.

La actriz con mayores ingresos anuales (presente año)

Emma Stone (EE.UU.) ingresó unos 26 millones de dólares brutos entre el 1 de junio de 2016 y el 1 de junio de 2017, según la lista *Forbes*, en gran parte debido a su éxito en el musical *La La Land*, ganadora de seis estatuillas (EE.UU., 2016, arriba).

El actor con mayores ingresos anuales (presente año)

Del 1 de junio de 2016 al 1 de junio de 2017, el actor estadounidense Mark Wahlberg tuvo unos ingresos brutos de 68 millones de dólares, como reveló *Forbes*. Arriba, caracterizado como Cade Yeager en *Transformers: El último caballero* (EE.UU./China/Canadá, 2017).

El actor más rentable para un estudio de Hollywood

Según la lista *Forbes*, Jeremy Renner (EE.UU.) generó 93,80 dólares por cada dólar que se le pagó entre el 1 de junio de 2016 y el 1 de junio de 2017. Durante este tiempo apareció en franquicias como *Misión: Imposible* y *Capitán América* de Marvel, así como en la película de ciencia ficción *La llegada* (EE.UU., 2016), que recaudó más de 203 millones de dólares en todo el mundo en ese mismo período. Arriba, interpretando a Ojo de Halcón en *Marvel: Los Vengadores* (EE.UU., 2012).

Los directores cinematográficos con mayores ingresos brutos

- **Hombres:** A 16 de enero de 2018, las 32 películas que Steven Spielberg (EE.UU., recuadro superior) ha estrenado en salas de cine, desde *Loca evasión* (EE.UU., 1974) hasta *Los archivos del Pentágono* (EE.UU. 2017), habían generado 9.834.087.200 $. Arriba, una escena de Ready *Player One* (EE.UU., 2018).
- **Mujeres:** A 16 de enero de 2018, las seis películas dirigidas por Nancy Meyers (EE.UU., recuadro inferior), desde *Juego de gemelas* (EE.UU., 1998) hasta *El becario* (EE.UU., 2015), habían ingresado 1.351.805.585 $.

LOS MAYORES INGRESOS BRUTOS DE ESTRELLAS DE CINE EN...*

◄ Películas de superhéroes

Las siete películas protagonizadas por Robert Downey Jr. han generado unos ingresos brutos de taquilla en todo el mundo de 7.382.381.753 dólares. Su papel como Iron Man de Marvel convirtió a Downey Jr. en el actor mejor pagado del mundo entre 2012 y 2015.

▲ Comedias

Las 22 comedias protagonizadas por Adam Sandler (EE.UU.) han generado unos ingresos brutos de 2.613.261.211 $. Destacan *Niños grandes* (EE.UU., 2010), *Os declaro marido y marido* (EE.UU., 2007), *Click* (EE.UU., 2006) y *El clan de los rompehuesos* (EE.UU., 2005).

▼ Dramas

Los 21 dramas en los que Tom Hanks (EE.UU.) ha tenido un papel protagonista han generado unos ingresos brutos de taquilla de 4.323.924.637 $ en todo el mundo. Abajo, Hanks como el director de periódico Ben Bradlee, en *Los archivos del Pentágono* (EE.UU., 2017).

Mayores ingresos brutos*

Cineasta:
Andrew Lesnie
(Australia, 1956-2015):
7.960 millones de $
con 13 películas.

Director cinematográfico:
Michael Kahn (EE.UU.):
11.320 millones de $
con 53 películas.

Guionista:
Steve Kloves (EE.UU.):
7.570 millones de $
con 9 películas.

Compositor cinematográfico:
Hans Zimmer (Alemania):
27.710 millones de $ con
98 películas.

Cifras actualizadas a 5 de marzo de 2018.

GUINNESS WORLD RECORDS

Dos de los papeles más famosos interpretados por Jackson son el personaje de Marvel Nick Furia (en la imagen) y Jules Winnfield en *Pulp Fiction* (EE.UU., 1994).

El actor más taquillero (todos los papeles)

A 15 de enero de 2018, las películas protagonizadas por Samuel L. Jackson (EE.UU.) habían generado unos ingresos brutos de taquilla de 17.831.510.183 dólares en todo el mundo. Jackson ha actuado en 127 películas, en 53 de ellas como protagonista o coprotagonista, mientras que en 49 ha tenido un papel secundario, como en el gran éxito de taquilla *Vengadores: La era de Ultrón*.

La actriz más taquillera (todos los papeles)

A 15 de julio de 2018, las 52 películas en las que ha intervenido Cate Blanchett (Australia), incluyendo tres papeles como narradora y los papeles secundarios, habían generado unos ingresos brutos de taquilla de 10.884.289.810 dólares en todo el mundo. Arriba, en el papel de la diosa de la muerte Hela, en *Thor: Ragnarok* (EE.UU., 2017).

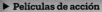

El actor más taquillero (papeles protagonistas)

A 15 de enero de 2018, las 46 películas protagonizadas o coprotagonizadas por Johnny Depp (EE.UU.) habían generado unos ingresos brutos de 9.561.438.698 dólares en todo el mundo.

La actriz más taquillera (papeles protagonistas)

Emma Watson (R.U.) ha aparecido en 14 películas (entre las que se incluyen las ocho de Harry Potter), que han generado unos ingresos brutos de 9.092.218.924 dólares.

El actor más taquillero (papeles secundarios)

A 15 de enero de 2018, las películas en las que Warwick Davis (R.U.) aparecía como secundario habían generado 14.548.112.029 dólares brutos en todo el mundo.

La actriz más taquillera (papeles secundarios)

Las 17 películas que han contado con la voz de la actriz Mickie McGowan (EE.UU.) en papeles secundarios han generado unos ingresos brutos de 8.286.733.896 dólares.

◀ Musicales

El total de ingresos brutos que han generado las películas *Moulin Rouge* (Australia/EE.UU., 2001) y *La Bella y la Bestia* (EE.UU., 2017), ambas protagonizadas por Ewan McGregor (R.U.), es de 1.442.923.008 dólares. En la imagen, en el papel del poeta enamorado Christian, en *Moulin Rouge*.

▲ Comedias románticas

Hasta el momento, la actriz estadounidense Julia Roberts, que saltó a la fama con *Pretty Woman* (EE.UU., 1990), ha aparecido en ocho comedias románticas, que han generado 1.651.919.358 dólares brutos. Dos de ellas son *Notting Hill* (R.U./EE.UU., 1999) y *Novia a la fuga* (EE.UU., 1999).

▶ Películas de acción

Vin Diesel (EE.UU.), nombre artístico de Mark Sinclair, ha protagonizado 13 filmes de acción desde 2001, que han generado unos ingresos brutos de 5.855.350.823 dólares. Destacan su papel de Xander Cage en *Triple X* y la interpretación de Dominic Toretto en la saga *A todo gas* (derecha).

UN AÑO DE POP

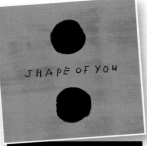

El álbum más vendido en todo el mundo (año en curso)

El disco de Ed Sheeran (R.U.) ÷ (*Divide*) vendió 6,1 millones de copias en 2017 (el último año del que se disponen datos definitivos) según la IFPI.

La canción más reproducida en todo el mundo

A 19 de julio de 2017, «Despacito» había sido reproducida más de 4.600 millones de veces. Interpretada por Luis Fonsi (Luis Alfonso López-Cepero) y Daddy Yankee (Ramón Rodríguez, ambos de Puerto Rico), su popularidad creció tras un *remix* con Justin Bieber (Canadá), que entró en las listas musicales a los 188 días de su lanzamiento, el 12 de enero de 2017.

El 3 de agosto de 2017, exactamente 203 días después de que se subiera a la red, el vídeo original de «Despacito» se convirtió en el **vídeo en línea más visto de todos los tiempos**, con 3.000 millones de visionados (ver pág. 198).

El sencillo digital más vendido en todo el mundo (año en curso)

Según la Federación Internacional de la Industria Fonográfica (IFPI), en 2017 se vendieron 26,6 millones de copias de «Shape of You», de Ed Sheeran, incluyendo las descargas de la canción y sus reproducciones en *streaming*. Estuvo 33 semanas consecutivas en el Top 10 de la lista Hot 100 de *Billboard*, 12 de ellas en el n.º 1 (récord de **más semanas en el Top 10 de US Hot 100**). Es también el **tema más reproducido en Spotify**, con 1.655.258.694 reproducciones a 6 de marzo de 2018.

La canción más reproducida en una semana en EE.UU. (mujeres)

El tema de Taylor Swift (EE.UU.) «Look What You Made Me Do» se reprodujo 84,4 millones de veces en EE.UU. la semana que finalizó el 31 de agosto de 2017, según Nielsen Music. Con más más de 8 millones de reproducciones en Spotify del 24 al 25 de agosto de 2017, es también el **tema más reproducido en Spotify en las primeras 24 horas**.

Con 43,2 millones de espectadores en YouTube del 27 al 28 de agosto de 2017, «Look What You Made Me Do» es además el **vídeo en línea más visto en 24 horas** y el **vídeo más visto en VEVO en 24 horas**.

Más años consecutivos con un sencillo como n.º 1 en Japón

El sencillo de KinKi Kids (Japón) «Topaz Love»/«DESTINY» estableció el récord de 22 años consecutivos como n.º 1 de la Oricon Singles Chart (1997-2018). Más récords de KinKi Kids en la pág. 187.

El porcentaje más alto de usuarios de internet que son clientes con licencia de servicios de reproducción de audios (un año)

En septiembre de 2017, un informe de la IFPI reveló que el 45% de los usuarios de servicios de reproducción de música grabada lo hicieron a través de plataformas que precisan de licencia como Apple Music o Spotify, un incremento del 21,6% respecto a 2016.

Más premios Grammy Latinos

El 16 de noviembre de 2017, en la XVIII edición de los premios Grammy Latinos, Residente (René Pérez), ganó su premio número 23 (mejor álbum de música urbana) y 24 (mejor canción urbana, por «Somos Anormales»). Igualaba a su compañero en el grupo Calle 13, Eduardo *Visitante* Cabra (ambos de Puerto Rico), galardonado como «productor del año» en esta edición.

En la misma ceremonia, Shakira (Colombia) obtuvo su 11.º galardón, el de mejor álbum vocal pop contemporáneo, por su disco de 2017 *El Dorado*. Esto supone la **mayor cantidad de premios Grammy Latinos ganados por una mujer**.

La **permanencia más larga en el n.º 1 de la lista de éxitos US Hot Latin Songs de un artista solista** es de 22 semanas, logrado por J. Balvin (Colombia) con «Ginza», del 11 de octubre de 2015 al 12 de marzo de 2016.

La **mayor cantidad de temas en el Top 10 de la lista de éxitos Billboard Tropical Airplay (mujeres)**

Más semanas n.º 1 en EE.UU. (sencillo)
El 9 de septiembre de 2017, «Despacito», de Luis Fonsi, Daddy Yankee y Justin Bieber alcanzó la 16.ª semana consecutiva en el n.º 1 de la lista Hot 100 de *Billboard*. Igualaba así el récord de la balada «One Sweet Day», de Mariah Carey y Boyz II Men (ambos de EE.UU.), en 1995-96.

es 27, récord de Olga Tañón (Puerto Rico), que situó el primero el 5 de noviembre de 1994 y el último el 29 de abril de 2017. La artista también ostenta la **mayor cantidad de premios Lo Nuestro de un solista**: 30, entre 1990 y 2015.

La música grabada a más distancia de la Tierra

El 14 de mayo de 2018, el disco de oro de la *Voyager* se encontraba a 21.150 millones de km de la Tierra. Este disco de oro de 12 pulgadas, destinado a una posible forma de vida extraterrestre, está en la sonda de la NASA *Voyager 1*, el **objeto más distante hecho por el hombre**, lanzada el 5 de septiembre de 1977. El disco incluye canciones de Louis Armstrong and his Hot Seven, Chuck Berry y Blind Willie Johnson.

Más semanas consecutivas en la lista de éxitos de sencillos en EE.UU. (varios sencillos)
Entre el debut de «Best I Ever Had» (23 de mayo de 2009) y el último día en la lista de éxitos de los temas «Passionfruit» y «Signs» (19 de agosto 2017), Drake estableció una marca de 431 semanas consecutivas (ocho años y 88 días) en la lista Hot 100 de *Billboard*. Este rapero nacido en Toronto ha entrado en la lista con 157 temas, 105 de ellos como artista principal.

ESCENA GLOBAL

◀ El vídeo musical de un grupo de K-pop más visto en línea en 24 horas

Con 21 millones de visionados en YouTube del 18 al 19 de septiembre de 2017, «ADN», de BTS (Corea del Sur) es el vídeo de un grupo de K-pop más visto en 24 horas. El 19 de noviembre de 2017, BTS se convirtió en el primer grupo de K-pop que actuó en los American Music Awards. «K-pop» significa «pop coreano».

◀ El ganador de un premio Grammy Latino más anciano

Magín Díaz (Colombia, n. el 30 de diciembre de 1922) recibió el Grammy Latino al mejor diseño de *packaging* por el álbum *El Orisha de la Rosa* a los 94 años y 321 días. Tuvo lugar en la 18.º edición de los premios anuales Grammy Latinos, cuya ceremonia se celebró en el MGM Grand Garden Arena de Las Vegas, Nevada, EE.UU., el 16 de noviembre de 2017.

Industria de la música en EE.UU.*

Los estadounidenses escuchan de media más de 4 horas de música todos los días. Las frecuencias de radio AM y FM atraen a la mayoría (52 %) de los oyentes.

Las ventas de vinilos han aumentado un 4 % hasta los 430 millones de $. Pero el total de ventas de productos musicales físicos cayó hasta abarcar sólo el 22 % del mercado.

Las ventas de productos digitales suponen el 78 % de los ingresos de la industria musical. Éstos han aumentado un 23 % desde 2015, hasta llegar a los 5.800 millones de $.

El *streaming* supone hasta el 51 % de los ingresos, unos 3.900 millones de $. En 2016 se reprodujeron bajo demanda unas 432.000 millones de canciones.

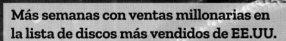
* Fuente: Recording Industry Association of America (RIAA). Cifras de 2016

Más semanas con ventas millonarias en la lista de discos más vendidos de EE.UU.

Taylor Swift es la única artista que ha encadenado cuatro semanas con ventas millonarias en la lista de discos más vendidos *Billboard 200* desde que Nielsen comenzó a registrar las ventas en 1991. Estrella de la música *country* convertida en icono del pop, logró esta hazaña la primera semana que cuatro de sus discos debutaron en el n.º 1: *Speak Now* (1,047 millones de copias; 13 de noviembre de 2010); *Red* (1,208 millones; 10 de noviembre de 2012); *1989* (1,287 millones, 15 de noviembre de 2014) y *Reputation* (1,216 millones; 2 de diciembre de 2017). Previamente, Swift había compartido el récord de tres semanas con Adele (R.U.).

Más nominaciones de una cantante a los premios Grammy

El 28 de noviembre de 2017, Beyoncé (EE.UU.) recibió su 63.ª nominación a los premios Grammy por el tema «Family Feud». La canción, que interpreta junto a su marido, Jay-Z, disputó el galardón a «Mejor colaboración de rap/cantada».

Imagen de Swift perteneciente al videoclip de «Look What You Made Me Do», el primer sencillo del disco de 2017 *Reputation*, un n.º 1 internacional (ver página anterior).

La primera música de Oriente Medio en lanzar un sencillo de debut financiado mediante micromecenazgo

Faia Younan (Siria) empleó la plataforma árabe de micromecenazgo Zoomaal para lanzar su carrera profesional con el sencillo «Ohebbou Yadayka» («Amo tus manos»). Apoyado por 119 mecenas, el proyecto alcanzó su objetivo de financiación de 25.000 $ el 19 de abril de 2015.

◀ Más sencillos n.º 1 alcanzados de forma consecutiva en Japón desde el debut

KinKi Kids (Koichi Domoto y Tsuyoshi Domoto, sin relación familiar entre ellos), han logrado 39 n.º 1 consecutivos desde su debut en la Oricon Singles Chart con «Garasu no Shōnen», el 28 de julio de 1997. Su 39.º n.º 1 fue «Topaz Love»/«DESTINY», logrado el 5 de febrero de 2018.

Más puntos logrados en el festival de Eurovisión

El 13 de mayo de 2017, Salvador Sobral (Portugal) logró la primera victoria para Portugal en Eurovisión con «Amar Pelos Dois». La balada recibió 758 puntos gracias a los 382 puntos del jurado y los 376 votos del público. Logró 30 veces la puntuación máxima de 12 puntos. Sobral batía así el récord de Jamala (Ucrania), que obtuvo 534 puntos con «1944» en 2016.

NÚMEROS 1 DEL POP

El primer disco superventas

El primer disco del que se vendieron más de un millón de copias fue el aria «Vesti la giubba», de la ópera *Paglacci* de Leoncavallo, interpretada por el cantante de ópera italiano Enrico Caruso (1873-1921). Se grabó en noviembre de 1902 y fue editado por Victor Talking Machine Company.

El sencillo más vendido

Se han vendido unos 50 millones de copias en todo el mundo del sencillo «White Christmas», interpretado por Bing Crosby. Este famoso villancico, escrito por Irving Berlin en 1940, se grabó en sólo 18 minutos el 29 de mayo de 1942. Se presentó en el musical *Holiday Inn* (EE.UU., 1942), compuesto por Berlin y protagonizada por Crosby y Fred Astaire.

El **sencillo más vendido desde que existen las listas de éxitos** (desde la década de 1950) es *Something About the Way You Look Tonight/Candle in the Wind 1997*, de Elton John, con 33 millones de copias vendidas en todo el mundo.

El álbum más vendido

Se han vendido más de 66 millones de copias en todo el mundo del disco *Thriller*, que Michael Jackson lanzó en noviembre de 1982. El 16 de febrero de 2017, recibió su 33.º disco de platino por la Asociación de la Industria de la Grabación de Estados Unidos (RIAA). Esto significa que ha vendido 33 millones de copias sólo en EE.UU., por lo que también es el álbum más vendido en el país natal de Jackson.

El álbum que se ha vendido más rápido (un país)

El álbum *25*, de Adele (R.U.) vendió 3.378.000 copias durante su primera semana a la venta en EE.UU. y alcanzó el número uno en la lista de álbumes *Billboard* 200 el 26 de noviembre de 2015, según Nielsen Music. Es el primer álbum de la historia que vende tantas copias en un país en la semana de su lanzamiento.

El **álbum que se ha vendido más rápido** es *1*, de los Beatles (R.U.), que vendió 3,6 millones de copias en su primer día de lanzamiento, el 13 de noviembre de 2000, y 13,5 millones de copias en todo el mundo durante su primer mes.

La gira musical con más ingresos brutos

La gira «360°», del grupo irlandés U2, generó 736.137.344 dólares con los 110 conciertos celebrados entre el 30 de junio de 2009 y el 30 de julio de 2011. Asistieron más de 7 millones de fans.

La mayor asistencia a conciertos de rock simultáneos

El 2 de julio de 2005, alrededor de 1 millón de personas asistieron a Live 8, una serie de conciertos celebrados en 10 ciudades de todo el mundo, entre ellas Londres, Filadelfia, Johannesburgo y Moscú.

El **mayor número de telespectadores de conciertos de rock simultáneos** es de 1.900 millones de personas en 150 países, que vieron los dos conciertos benéficos Live Aid, el 13 de julio de 1985.

El compositor con mayores ingresos brutos en el R.U.

Paul McCartney (R.U.) es autor o coautor de 192 canciones que han encabezado la lista oficial de sencillos más vendidos del R.U. Se incluyen 32 éxitos con los Beatles (ver a la derecha), 21 con el grupo Wings y 36 como solista o como miembro de un dúo u otro grupo.

El famoso que genera más ingresos anuales (de todos los tiempos)

Michael Jackson (EE.UU., 1958-2009) generó 825 millones de $ brutos del 1 de octubre de 2015 al 1 de octubre de 2016, según la lista *Forbes*. El *Rey del Pop* recaudó la mayor parte de los ingresos con la venta de la mitad del catálogo del sello musical Sony/ATV, por 750 millones de $, en marzo de 2016.

El grupo que más tiempo lleva tocando con sus miembros originales (en activo)

Dusty Hill (vocalista/bajo, a la izquierda), Billy Gibbons (vocalista/guitarra, en el centro) y Frank Beard (batería, derecha) han sido los miembros de ZZ Top (EE.UU.) desde 1969, un total de 48 años a fecha de enero de 2018. Sólo Gibbons formó parte de la primera formación, que duró menos de un año. Con éxitos como *Gimme All Your Loving*, estos roqueros barbudos entraron a formar parte del Paseo de la Fama del Rock and Roll en 2004.

La banda que genera más ingresos anuales (año actual)

El grupo de rock Coldplay (R.U.) recaudó unos 88 millones de dólares del 1 de junio de 2016 al 1 de junio de 2017, según la lista Celebrity 100 de *Forbes*. Su gira «A Head Full of Dreams» visitó cinco continentes y reportó a la banda más de 5 millones de dólares en cada ciudad donde tocaron.

La artista que más veces ha encabezado la lista Hot Country Songs de EE.UU.

En 2016 Dolly Parton (EE.UU.) entró por 107.ª vez en la lista Hot Country Songs de *Billboard* con una versión de su éxito *Jolene* interpretada a capela por el quinteto Pentatonix. Dolly, leyenda viva de la música *country*, también es la que ha permanecido **más décadas con un teman en el Top 20 de la lista Hot Country Songs**: seis consecutivas (1960-2010).

¿TE SUENA?

◄ El tema con más remezclas

Existen 324 remezclas de canciones de Madonna (EE.UU.). Sólo de «Give it 2 Me» (2008), en la que Madonna aparece acompañada por Pharrell Williams, del álbum *Hard Candy*, se han hecho 17 remezclas. Las cuatro versiones en música house del DJ Eddie Amador (*Dub, House Lovers Mix, House Lovers Edit* y *Club*) están a la cabeza.

El grupo más versionado

Las canciones de los Beatles (ver arriba en la pág. siguiente) se han versionado 4.136 veces. *Yesterday* (1965) es la opción más popular para quienes buscan rendir homenaje a este cuarteto de fama mundial. Esta balada melancólica ha sido grabada por artistas como Eva Cassidy, Marvin Gaye, Elvis Presley, Frank Sinatra... ¡y Bugs Bunny y el pato Lucas!

◄ El tema más versionado

El clásico del jazz «Summertime», compuesto por George Gershwin (a la izquierda) con letra de DuBose Heyward, fue grabado por la soprano Helen Jepson (todos de EE.UU.) para la ópera de Gershwin *Porgy and Bess*, estrenada en 1935. Desde entonces, se ha versionado 214 veces por artistas como Billie Holiday (1936), Miles Davis (1958), Paul McCartney (1988), Leona Lewis (2006) y Willie Nelson (2016).

Cifras de whosampled.com a 21 de marzo de 2018

Más semans en...

La Official Albums Chart (R.U.):
Gold – Greatest Hits (1992) de ABBA (Suecia): 828 semanas a 22 de marzo de 2018.

La Official Single Chart (R.U.):
Mr Brightside (2004), de The Killers (EE.UU.): 200 semanas a 22 de marzo de 2018.

La lista Hot 100 de Billboard, sencillos (EE.UU.):
Radioactive (2013) de Imagine Dragons (EE.UU.): 87 semanas a 10 de mayo de 2014.

La lista 200 de Billboard, álbumes (EE.UU.):
The Dark Side of the Moon (1973) de Pink Floyd (R.U.): 937 semanas a 13 de enero de 2018.

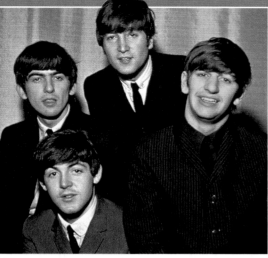

En 2001 Elvis se convirtió en el **primer artista musical que figuró en tres Salones de la Fama distintos:** el del rock, el de la música *country* y el de la música *góspel*.

El grupo con mayores ventas

Se calcula que los Beatles (R.U.) han vendido un total de más de 1.000 millones de discos y cintas hasta la fecha, según su compañía discográfica EMI (R.U.). El 8 de junio de 2017, su clásico *Sgt. Pepper's Lonely Hearts Club Band* volvió a ser número 1 49 años y 125 días después de haber encabezado la lista del R.U., por lo que es el **álbum que ha vuelto a ser número 1 en el R.U. tras un mayor lapso de tiempo**.

La solista con mayores ventas

Madonna, nombre artístico de Madonna Ciccone (EE.UU.), ha vendido alrededor de 335 millones de álbumes y sencillos (incluyendo copias digitales) desde 1983. Su álbum más vendido es *The Immaculate Collection* (1990, con unos 28,2 millones de copias vendidas), mientras que cinco de sus sencillos superaron los 5 millones de ventas. Se estima que sólo los Beatles, Elvis Presley y Michael Jackson la superan en ventas.

El solista con mayores ventas

Elvis Presley (EE.UU., 1935-1977) acumula 1.000 millones de discos vendidos en todo el mundo, según el sello discográfico RCA. Conocido como *El Rey*, Presley popularizó el rock entre las masas y sigue siendo un gran referente para la música popular. El 21 de marzo de 2018, había sido galardonado con 171 discos de oro, 94 de platino y 34 de multiplatino de la Asociación de la Industria de la Grabación de Estados Unidos, por lo que es el **artista con más certificaciones de la RIAA de todos los tiempos**.

◄ El artista más sampleado

Las canciones de James Brown (EE.UU.) han sido reutilizadas en 7.094 ocasiones. «Funky Drummer» (1969), que apareció por primera vez en un álbum (*In the Jungle Groove*) unos 17 años después de que se escribiera, es la más empleada. Partes de sus creaciones aparecen en 1.440 temas, desde «Fight the Power», de Public Enemy, hasta «Shirtsleeves», de Ed Sheeran.

El tema con más remezclas

«Dominator», un sencillo que Human Resource (Países Bajos) lanzó en 1991, ha sido remezclado un total de 41 veces. C. J. Bolland, Vincent De Moor, Klubbheads y Armin Van Buuren han aportado su magia a este tema de *hardcore*. La propia banda realizó tres remezclas: «Dominator: 96» y «Happy to the Core», en 1996, y «Human Resource Mix», en 2005.

► El tema más sampleado

En la mitad del tema «Amen, Brother», que The Winstons (EE.UU.) lanzaron en 1969, aparece un solo de batería de 6 s conocido como «Amen break» tocado por Gregory G. C. Coleman (en el extremo derecho en la imagen). Numerosos artistas, desde NWA hasta Lupe Fiasco, Oasis, Björk o Nine Inch Nails, lo han empleado en 2.835 composiciones de varios géneros musicales.

TELEVISIÓN

Los ingresos anuales más elevados para un actor de televisión de una serie actual

Jim Parsons (EE.UU.), Sheldon Cooper en la comedia de la CBS *The Big Bang Theory*, tuvo unos ingresos estimados de 27,5 millones de $ entre el 1 de junio de 2016 y el 1 de junio de 2017, según *Forbes*. Es el actor de televisión con mayores ingresos por tercer año consecutivo.

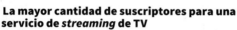

Los ingresos anuales más elevados para una actriz de televisión de una serie actual

Por segundo año consecutivo, Sofía Vergara (Colombia), protagonista de la comedia de la ABC *Modern Family*, ganó más que cualquier actriz o actor de televisión. Tuvo unos ingresos de 41,5 millones de $ en el año anterior al 1 de enero de 2017, según *Forbes*.

La serie de TV más popular en todo el mundo (actual)

Según Parrot Analytics, *Juego de tronos* (EE.UU.), de HBO, obtuvo una media de 16,31 millones de «expresiones de demanda» en 2017. Esta evaluación considera distintos modos de interactuar con programas de TV, como el *blogging*, las charlas en redes sociales y el pirateo ilegal. Cada indicador tiene un peso distinto. Por ejemplo, una descarga denota una demanda más fuerte que un «me gusta» de Facebook.

Por sexto año consecutivo, *Juego de tronos* fue el **espacio de TV más pirateado**, según la web de control de descargas TorrentFreak. El séptimo episodio de la última temporada, emitido el 27 de agosto de 2017, fue compartido en más de 400.000 torrents simultáneamente.

La serie de TV mejor valorada (actualidad)

La tercera temporada del drama del HBO *The Leftovers* (EE.UU.), emitida por primera vez el 16 de abril de 2017, obtuvo una valoración de 98 sobre 100 en Metacritic y de 9,1 sobre 10 entre los espectadores, a 19 de febrero de 2018. Los índices de Metacritic se basan en las reseñas de 17 críticos profesionales, entre ellos los de *The Hollywood Reporter*, *The New York Times*, *Variety*, *Salon* y la revista *New York*.

Más premios Primetime Emmy para un programa de TV

Saturday Night Live, de la NBC, ganó su noveno premio Primetime Emmy en 2017, y alcanza un total de 59. Este show nocturno creado por Lorne Michaels y desarrollado por Dick Ebersol se emitió por primera vez en 1975.

La mayor cantidad de suscriptores para una servicio de *streaming* de TV

El servicio de *streaming* de TV y cine Netflix (EE.UU.) cuenta con 117 millones de suscriptores en 190 países. Se dice que destinó 8.000 millones de $ (a 29 de marzo de 2018) para producciones en 2018.

El presentador de TV mejor pagado

Según *Forbes*, el Dr. Phil (alias de Phil McGraw, EE.UU.) ganó 79 millones de $ en los 12 meses anteriores al 1 de junio de 2017.

En el mismo período, Ellen DeGeneres (EE.UU.) tuvo unos ingresos anuales de 77 millones de $ según *Forbes*, por lo que es la **presentadora de TV mejor pagada**.

Las locutoras de continuidad de TV más ancianas

El canal cuatro (C4) del R.U. tenía empleadas a tres mujeres centenarias como locutoras de continuidad a 3 de febrero de 2018. Millie, Beattie y Margaret (todas del R.U.) nacieron en 1918, el año en que a la mayoría de mujeres de más de 30 años se les concedió el derecho a votar.

La carrera más larga por parte de una estrella de TV

Betty Marion White Ludden (Betty White, EE.UU., nacida el 17 de enero de 1922) debutó en TV en 1939 y, 79 años más tarde, sigue apareciendo en programas de gran éxito, con 96 años y 24 días a 10 de febrero de 2018. El papel que le acarreó más popularidad fue el de Rose Nylund en *Las chicas de oro* (NBC, 1985-1992).

La **carrera más larga por parte de una estrella de TV (hombres)** fue la que disfrutó durante 76 años el difunto Sir Bruce Forsyth (R.U., 1928-2017), entre 1939 y 2015.

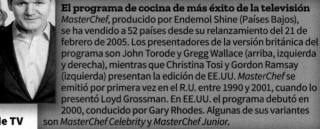

El programa de cocina de más éxito de la televisión

MasterChef, producido por Endemol Shine (Países Bajos), se ha vendido a 52 países desde su relanzamiento del 21 de febrero de 2005. Los presentadores de la versión británica del programa son John Torode y Gregg Wallace (arriba, izquierda y derecha), mientras que Christina Tosi y Gordon Ramsay (izquierda) presentan la edición de EE.UU. *MasterChef* se emitió por primera vez en el R.U. entre 1990 y 2001, cuando lo presentó Loyd Grossman. En EE.UU. el programa debutó en 2000, conducido por Gary Rhodes. Algunas de sus variantes son *MasterChef Celebrity* y *MasterChef Junior*.

La primera mujer en interpretar al Doctor Who

Jodie Whittaker (R.U.) es la primera encarnación femenina del Doctor Who en la popularísima y longeva serie de ciencia ficción de la BBC del mismo nombre. Se convirtió en el 13.º intérprete de este papel en TV y debutó al final del especial del día de Navidad de 2017.

La emisión original de *Doctor Who* contó con 694 episodios (26 temporadas) entre el 23 de noviembre de 1963 y el 6 de diciembre de 1989, la **serie de ciencia ficción de TV con más capítulos de todos los tiempos**.

LA EMISIÓN MÁS PROLONGADA EN TV DE...

▲ Un programa de entrevistas

The Tonight Show, de la NBC, se emitió por primera vez el 27 de septiembre de 1954, conducido por Steve Allen (EE.UU.), y continúa en antena 64 años después. *The Tonight Show Starring Jimmy Fallon* está presentado por el propio Fallon (EE.UU) desde 2014, quien aparece arriba en septiembre de 2016 con Donald Trump.

Un programa de talentos musicales

Creado por el canal japonés NHK (Nippon Hōsō Kyōkai), el primer episodio televisado de *Nodo Jiman* («Orgulloso de mi voz») se emitió el 15 de marzo de 1953. A 8 de abril de 2018 (65 años más tarde), este programa inspirado en el karaoke seguía en antena. Cantantes aficionados actúan durante un minuto y luego son calificados y aconsejados por profesionales.

◄ Un magacín infantil

Blue Peter (BBC, R.U.), que se retransmitió por primera vez desde los estudios londinenses Lime Grove el 16 de octubre de 1958, cumplió 69 años de emisión en 2018. John Noakes (R.U.) fue quien lo copresentó durante más tiempo, entre 1965 y 1978. Los actuales presentadores, Lindsey Russell y Radzi Chinyanganya, aparecen en la imagen con Craig Glenday, de GWR.

TV en Twitter
Estos programas fueron los más tuiteados en 2017, según datos extraídos de los usuarios de EE.UU.

1. Stranger Things 2: La búsqueda de Will ha terminado, pero el mundo del revés aún ejerce una influencia malévola.

2. Por trece razones: Una caja de cintas de casete contiene el secreto de las 13 motivaciones de la muerte de una adolescente.

3. Orange is the New Black: En la quinta temporada de esta tragicomedia ambientada en una cárcel para mujeres hay un motín y un simulacro de juicio.

El programa de TV más buscado en internet

Por segundo año consecutivo, la serie de terror y ciencia ficción *Stranger Things* (Netflix) encabezó la lista de programas de televisión más buscados en internet. La serie fue creada, escrita y dirigida por los hermanos Matt y Ross Duffer, y está ambientada en la década de 1980, por lo que aparecen numerosas referencias a la cultura pop de aquella época, como las películas de Steven Spielberg y las inquietantes novelas de Stephen King. La imagen inferior muestra, de izquierda a derecha, a cuatro de las jóvenes estrellas de la serie: Noah Schnapp (EE.UU.), Finn Wolfhard (Canadá), Gaten Matarazzo y Caleb McLaughlin (ambos de EE.UU.).

Se calcula que unos 8,8 millones de personas (más o menos la población de la ciudad de Nueva York) vieron *Stranger Things 2* durante los tres primeros días de su lanzamiento en Netflix (el 27 de octubre de 2017).

▼ **Un programa de entretenimiento (actual)**
Sábados Felices, producido por Caracol Televisión (Colombia), se estrenó el 5 de febrero de 1972 y, a 2 de abril de 2018, llevaba 46 años y 58 días en antena. Es el programa de TV más veterano de Colombia y ha sido una plataforma para muchos humoristas del país.

▲ **Un programa con el mismo presentador**
El programa de astronomía *The Sky at Night* (BBC) tuvo como presentador a Patrick Moore (R.U.) durante 55 años, hasta que falleció el 9 de diciembre de 2012. Entre sus numerosos invitados figuran Buzz Aldrin y Neil Armstrong, las **primeras personas en pisar la Luna** (ver pág. 23).

▶ **Un pograma deportivo con el mismo presentador**
Lo Mejor del Boxeo, de Juan Carlos Tapia Rodríguez (Panamá), se estrenó el 9 de enero de 1975, y a 2 de abril de 2018, llevaba 43 años y 83 días en antena. Este programa ha emitido combates de muchos boxeadores míticos, como Muhammad Ali y Floyd Mayweather Jr.

VIDEOJUEGOS

Desde los divertidos juegos de plataformas de Mario hasta el descarnado inframundo de *Grand Theft Auto*, los videojuegos son un gran negocio. Y a medida que el número de plataformas crece, establecer los grandes éxitos de ventas se ha convertido en un asunto cada vez más complicado.

82,64 MILLONES

WII SPORTS

Según VGChartz, a 8 de enero de 2018 se habían vendido 82,64 millones de copias del paquete de cinco juegos de Nintendo, cantidad que lo convierte en el **videojuego de deportes más vendido** según cifras contrastadas. Hizo su debut en 2006.

Piensa cómo definirías al videojuego más exitoso. ¿Quizá como el más vendido durante su comercialización? En ese caso, el título recaería en *Wii Sports* (ver izquierda), el juego incluido en la consola Nintendo Wii con el que jóvenes y no tan jóvenes jugaban a tenis virtual en salas de estar de todo el mundo. Según VGChartz, se han vendido 82,64 millones de copias de este juego. Sin embargo, esta cifra parece pequeña comparada con el rey de los juegos incluidos en dispositivos: *Tetris*.

Se estima que se han vendido unas extraordinarias 170 millones de copias de este famoso rompecabezas, conocido sobre todo por ser el juego que iba incluido en la Nintendo Game Boy original, allá por 1989, pero debido a la amplia gama de plataformas para las que está disponible (dede máquinas recreativas a teléfonos inteligentes), esta cifra no puede probarse.

Por supuesto, no todos los juegos tienen la suerte de estar incluidos en una consola popular, así que quizá deberíamos reservar nuestros elogios para aquéllos que no cuentan con este respaldo. Según este criterio, los juegos más vendidos son *Pokémon Rojo y Azul* (1996). Para los que nunca se han aventurado a «hacerse con todos», se trata de dos versiones casi idénticas (pero vendidas por separado) del juego Pokémon original diseñado por Game Freak. Según VGChartz, entre ambos han vendido 31,37 millones de copias en todo el mundo, por lo que *Pokémon Rojo y Azul* es el **juego más vendido que nunca se ha incluido en una consola**.

A estas alturas, los fans de *Minecraft* se preguntarán por qué no hemos mencionado todavía este juego de construcción tan popular. El título se ha lanzado en todas

GRAND THEFT AUTO V

Lanzado el 17 de septiembre de 2013, este juego de Rockstar se convirtió en tres días en el **producto de entretenimiento en alcanzar más rápido unos ingresos brutos de 1.000 millones de dólares**. Con 63,06 millones de copias vendidas a 4 de mayo de 2018 según VGChartz, también es el **videojuego de acción y aventuras más vendido**.

SUPER MARIO BROS

Después de acumular unas ventas de 40,24 millones de copias desde 1985, este legendario título de Nintendo es el **videojuego de plataformas más vendido**. Su enorme popularidad ayudó a consolidar el éxito de la consola NES y convirtió a Mario en un personaje icónico.

CALL OF DUTY: MODERN WARFARE 3

Lanzado en 2011, a 13 de noviembre de 2017 *Call of Duty: Modern Warfare 3* (Activision) acumulaba unas ventas mundiales de 30,98 millones de copias, por lo que se trata del **videojuego de disparos en primera persona (FPS) más vendido**. La serie *Call of Duty* domina el género FPS, y presume de acaparar seis de los 10 títulos más vendidos de todos los tiempos.

las plataformas de videojuegos, y según su creador, Mojang, hasta ahora se han vendido 144 millones de copias. Pero la falta de cifras oficiales de ventas para PC hace que no se pueda estimar con exactitud cuántas copias se han vendido. Simplemente, aceptemos que son muchísimas.

Luego están las series de juegos más vendidas como *Super Mario*, *The Legend of Zelda*, *Grand Theft Auto*, *Call of Duty* o *Los Sims*. Pero ¿qué saga ha logrado mayores ventas? Una gran pista es que el dueño de este récord tan especial está saltando de alegría en esta misma página. La saga de *Super Mario* acumula unas asombrosas 577 millones de copias vendidas desde que Mario hizo su primera aparición en el clásico juego de plataformas de 1981 *Donkey Kong*. Una forma concluyente de medir el éxito de un videojuego es comparándolo con las cifras de la industria del entretenimiento. El 27-29 de abril de 2018, la película *Vengadores: Infinity War*, EE.UU. (ver págs. 180-181) consiguió los **mayores ingresos brutos en la taquilla mundial durante un fin de semana de estreno** (640,3 millones de dólares). Pero incluso esta cifra se ve eclipsada por los 815,7 millones de dólares alcanzados por *Grand Theft Auto V* (2013) en apenas 24 horas: los **ingresos más altos generados por un producto de entretenimiento en un día**.

◄ La máquina recreativa más grande
Construida por Jason Camberis (EE.UU.), Arcade Deluxe mide 4,39 m de altura, 1,93 de ancho y 1,04 m de fondo, tal como se comprobó en Bensenville, Illinois, EE.UU., el 23 de marzo de 2015. Se puede jugar a más de 250 videojuegos clásicos, como PAC-Man. Los mandos de vidrio iluminado de 40 cm los tuvo que fabricar una empresa de bolos.

La Game Boy más grande
Ilhan Ünal (Bélgica) construyó una consola Game Boy de 1,0 × 0,62 × 0,2 m, tal como pudo verificarse el 13 de noviembre de 2016. La máquina funciona con una Raspberry Pi escondida en el enchufe. Supera en más de seis veces el tamaño de la Game Boy estándar, aunque sigue siendo totalmente operativa para disfrutar de los juegos clásicos de Nintendo, incluido *Pokémon Rojo y Azul*.

La máquina oficial de *Tetris* más grande
Tetris Giant, que debutó en las salas recreativas japonesas en diciembre de 2009, es la versión más grande del juego con licencia oficial. Mide 2,2 m de altura, 1,6 m de ancho y 1,7 m de fondo. *Tetris Giant* también cuenta con un par de mandos de tamaño gigante y una pantalla de 177 cm. *Tetris* es el **videojuego disponible en más plataformas**: por lo menos 65.

La Game Boy más pequeña
Jeroen Domburg (Países Bajos) construyó una consola Game Boy diminuta de 54 mm de largo, tal como se comprobó en Shanghai, China, el 15 de diciembre de 2016. El pequeño dispositivo puede llevarse en un llavero y cuenta con una impresionante selección de juegos originales de Game Boy. Jeroen diseñó y construyó la consola con componentes minúsculos.

144 MILLONES DE COPIAS VENDIDAS

¿EL VIDEOJUEGO PARA PC MÁS VENDIDO?

VGChartz es la fuente de los récords de ventas de videojuegos del *Guinness World Records*, pero estas cifras no incluyen las descargas digitales para PC. En enero de 2018, el creador de *Minecraft*, Mojang, afirmó haber vendido 144 millones de copias de su juego de construcción. Aunque esta cifra no puede verificarse de forma independiente, es de suponer que una parte significativa corresponderá a versiones para PC. *Minecraft* alcanzó el millón de ventas en los primeros cinco días, por lo que es el **videojuego que más rápido se ha vendido en Xbox Live**.

11.888.347.943 VISIONADOS

MÁS VISIONADOS A UN CANAL DEDICADO A *MINECRAFT*

Lanzado el 14 de julio de 2012, a 19 de enero de 2018 el canal «DanTDM», de Daniel Middleton (R.U.), había acumulado un total de 11.888.347.943 visionados y 17.526.286 subscriptores. Esta cifra también lo convierte en el poseedor de los récords de **canal más visto dedicado a un único videojuego** y **canal de juegos más visto de YouTube**.

3.280.569

EL VIAJE MÁS LARGO EN *MINECRAFT*

Desde marzo de 2011, Kurt J. Mac (EE.UU.) ha viajado por el reino de *Minecraft* hacia las legendarias Tierras Lejanas por una causa solidaria. A 6 de marzo de 2018 (exactamente siete años después) había cubierto 3.280.569 bloques (3.280,56 km).

GAMER'S EDITION 2019

Estas dos páginas están inspiradas en el diseño del *Guinness World Records Gamer's Edition 2019*, disponible en una edición completamente actualizada. El libro incluye las puntuaciones más altas, las carreras más rápidas, los juegos más vendidos y los grandes logros técnicos del mundo de los videojuegos. Además, incluye un capítulo especial dedicado a cómo diseñar tus propios juegos. Para más información, visita **www.guinnessworldrecords.com/gamers**.

◄ El *joypad* más grande
En agosto de 2011 se registró un mando NES totalmente funcional de 366 × 159 × 51 cm, 30 veces el tamaño de un mando estándar. Fue fabricado por el estudiante de ingeniería Ben Allen con la ayuda de Stephen van 't Hof y Michel Verhulst, todos ellos estudiantes de la Universidad de Tecnología de Delft, Países Bajos.

► La máquina recreativa más pequeña
En 2009 el ingeniero informático Mark Slevinsky (Canadá) construyó una máquina recreativa completamente operativa de 124 × 52 × 60 mm. Él mismo diseñó el sistema operativo, FunkOS, de su diminuta «Markade» para programar clones de *Tetris*, *Space Invaders* y *Breakout*. La esposa de Mark, Esther, se encargó de pintarla.

¡DATO! En 2016 se vendieron una media de 53.000 copias de *Minecraft* al día.

INSTAGRAM

La primera foto subida a Instagram

El 16 de julio de 2010, Kevin Systrom (EE.UU.), cofundador y director general de Instagram (EE.UU.), subió una foto de un golden retriever a la aplicación, que entonces se llamaba «Codename». Se desconoce el nombre del perro y el de su dueño, pero el pie que aparece en la esquina de la foto es de la novia de Systrom. La foto se sacó en el puesto de tacos Tacos Chilakos, en Todos Santos, en la península de Baja California, México. La aplicación estuvo disponible para el público en octubre de ese mismo año, y ya con el nombre de Instagram.

El 27 de enero de 2011, el día en que Instagram introdujo las etiquetas, Jennifer Lee (EE.UU.) añadió la etiqueta #selfi a una fotografía que había hecho de sí misma y que había colgado 11 días antes, con lo que creó el **primer *selfi* con etiqueta**. Hasta la fecha, la etiqueta #selfi se ha usado unos 329,4 millones de veces.

La primera persona con 100 millones de seguidores

El 25 de septiembre de 2016, la actriz y cantante Selena Gomez (EE.UU.) superó a los 100 millones de seguidores en Instagram. Cuando sus fans se enteraron de que estaba a punto de alcanzar la mágica cifra de los 100 millones, aunaron esfuerzos y pusieron en marcha la campaña #SelenaBreakTheInternet.

Entre sus otros logros en Instagram, Gomez es la **cantante con más seguidores** y también la **actriz con más seguidores** (ver a la derecha). El cantante canadiense Justin Bieber es la **estrella musical (hombres) con más seguidores** (98.336.586) hasta la fecha.

El menor tiempo en lograr 1 millón de seguidores

Con el nombre @franciscus, el papa Francisco (cuyo nombre secular es Jorge Mario Bergoglio, Argentina) superó el millón de seguidores sólo 12 horas después de abrir una cuenta en Instagram el 19 de marzo de 2016. Esto supone la mitad del tiempo que llevó al antiguo poseedor del récord, el futbolista ya retirado David Beckham (R.U.), que el 2 de mayo de 2015 logró 1 millón de seguidores en 24 horas. El papa ha atraído a 5,3 millones de seguidores y cuenta con 536 entradas.

La etiqueta más popular (actual)

A diciembre de 2017, la etiqueta más utilizada en Instagram era #love (una etiqueta que siempre ha gozado de mucha popularidad y ha encabezado en varias ocasiones las listas que Instagram publica a finales de año). La segunda más popular era #photooftheday. La etiqueta que había registrado un mayor aumento de popularidad en el año anterior fue #photography, seguida de #travelphotography y #memes.

El mayor usuario de *emojis* (país)

Un estudio de 2015 para Instagram constató que Finlandia es el país cuyos usuarios utilizan más *emojis*. El estudio analizó el contenido de los comentarios en la aplicación para compartir fotos y descubrió que un 63 % de los comentarios realizados por los usuarios finlandeses contenían al menos un *emoji*. En segundo lugar se situaba Francia, con un 50 %, seguida del R.U., con un 48 %, de Alemania, con un 47 %, y de Italia y Rusia, empatadas con un 45 %. El último país de la lista era Tanzania, con un 10 %.

El lugar más popular en Instagram

El parque temático de Disneyland, en Anaheim, California, EE.UU., fue el lugar más popular en 2017 en Instagram. En la segunda y tercera posición, aparecen dos lugares de la ciudad de Nueva York, EE.UU.: Times Square y Central Park; y entre los primeros diez puestos hay otros cuatro lugares de EE.UU.

La ciudad más popular en Instagram

A diciembre de 2017, la ciudad de Nueva York, EE.UU., era la metrópolis más popular en Instagram. La capital rusa, Moscú, ocupaba el segundo puesto de la lista, y Londres, R.U., el tercero. Las ciudades estadounidenses y rusas representaban casi la mitad de todas las conurbaciones que en 2017 se geoetiquetaron en Instagram.

Todos los datos son a fecha del 3 de abril de 2018, a menos que se indique lo contrario.

El mayor número de seguidores

La persona más popular en Instagram es Selena Gomez, que actualmente cuenta con 135.458.041 seguidores en esta red social. En cifras tan sólo la supera la propia aplicación de Instagram, que registra 233.898.533 seguidores.

El futbolista del Real Madrid Cristiano Ronaldo (Portugal) es el **más seguido en Instagram (hombres)**, con 123.328.883 seguidores. Su perseguidor más cercano es el actor conocido como *La Roca* (ver abajo).

La primera foto subida a Instagram desde el espacio

El 7 de abril de 2014, el astronauta de la NASA Steve Swanson (EE.UU.) colgó una foto en Instagram mientras orbitaba alrededor de la Tierra. Swanson adjuntó el mensaje «De vuelta en la *Estación Espacial Internacional*, la vida es genial» desde esta estación. En la imagen aparece con una camiseta de *Firefly*, una serie de culto estadounidense de ciencia ficción.

EL MAYOR NÚMERO DE SEGUIDORES EN INSTAGRAM DE...

◄ Una atleta

La deportista con más fans en Instagram es Ronda Rousey (@rondarousey, EE.UU.), la superestrella de la WWE (World Wrestling Entertainment), con 10.135.847 seguidores. Aventaja sustancialmente a la siguiente atleta más popular, la estrella estadounidense del tenis Serena Williams (@serenawilliams), con 7.893.232 seguidores.

Un actor

Dwayne Johnson, más conocido como *La Roca* (@therock, EE.UU.), cuenta con 102.677.668 seguidores en Instagram. Este exluchador profesional ha participado en películas como *El mensajero* (EE.UU./Emiratos Árabes Unidos, 2013), *Hércules* (EE.UU., 2014), *Moana* (EE.UU., 2016, en la que sólo prestó su voz) y *Proyecto Rampage* (EE.UU., 2018), además de varias apariciones en la lucrativa saga *Fast & Furious*.

◄ Un cerdo

La minicerdita *Priscilla* (@prissy_pig) cuenta con 690.516 seguidores en Instagram, por lo que es el cerdo más popular. *Priscilla* comparte su perfil con sus amigos, los cerdos *Poppleton* (*Pop*), *Primrose* y *Pinkerton*. El cuarteto porcino vive en Ponte Vedra Beach, Florida, EE.UU., con su dueña, Melissa Nicholson.

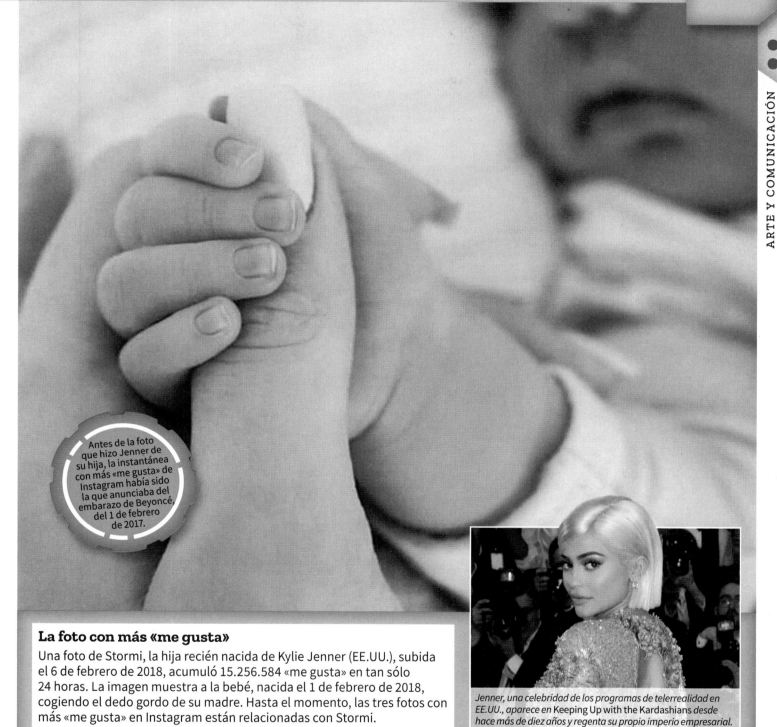

Una instantánea de Instagram
Cada día, alrededor de 500 millones de usuarios activos de Instagram comparten 300 millones de historias y suben unos 95 millones de fotos.*

Usuarios activos mensuales: **800 millones**

Fotos compartidas hasta la fecha: **40.000 millones**

Número de «me gusta» diarios: **4.200 millones**

*A diciembre de 2017

Antes de la foto que hizo Jenner de su hija, la instantánea con más «me gusta» de Instagram había sido la que anunciaba del embarazo de Beyoncé, del 1 de febrero de 2017.

La foto con más «me gusta»

Una foto de Stormi, la hija recién nacida de Kylie Jenner (EE.UU.), subida el 6 de febrero de 2018, acumuló 15.256.584 «me gusta» en tan sólo 24 horas. La imagen muestra a la bebé, nacida el 1 de febrero de 2018, cogiendo el dedo gordo de su madre. Hasta el momento, las tres fotos con más «me gusta» en Instagram están relacionadas con Stormi.

Jenner, una celebridad de los programas de telerrealidad en EE.UU., aparece en Keeping Up with the Kardashians *desde hace más de diez años y regenta su propio imperio empresarial.*

▲ Un grupo de música
A pesar de haberse tomado un receso en su carrera, One Direction (@onedirection, R.U./Irlanda) tiene 17.229.071 seguidores en Instagram, más que cualquier otra banda. El antiguo miembro Zayn Malik (@zayn) cuenta con 27.712.098 seguidores.

▼ Un club deportivo
En la batalla que libran fuera del campo por recabar el mayor número de fans, el Real Madrid (@realmadrid) va primero en la liga, con 56.661.661 seguidores. Su rival acérrimo, el FC Barcelona (@fcbarcelona), le sigue a la zaga con 55.793.211 seguidores.

▶ Una cosplayer de videojuegos
La *cosplayer* y jugadora de videojuegos Jessica Nigri (@jessicanigri, EE.UU.) cuenta con 2.895.679 seguidores en Instagram. Jessica ha interpretado multitud de personajes de videojuegos, y también ha doblado el personaje de manga y videojuegos Super Sonico.

TWITTER

El primer tuit

Twitter fue inventado por Jack Dorsey (EE.UU.) en 2006 como una red social de microblogs. El primer tuit lo publicó Dorsey a las 9:50 de la tarde (hora estándar del Pacífico) del 21 de marzo de 2006, y rezaba «instalando mi twttr». El 23 de enero de 2013, Dick Costolo, el director general de Twitter (EE.UU.) mandó el **primer tuit en formato de vídeo**, en el que aparecía preparando un filete tártaro.

El primer tuit enviado desde el espacio

El 22 de enero de 2010, el astronauta de la NASA Timothy J. Creamer (EE.UU.) envió por primera vez un tuit directamente desde el espacio. Mandó este mensaje: «¡Hola, Twitterverso! Estamos aquí tuiteando en directo desde la *Estación Espacial Internacional*: este es el primer tuit enviado en directo desde el espacio! :) Pronto habrá más. ¿Enviáis los vuestros?».

El personaje de videojuego más seguido

La cuenta «personal» que el robot *Claptrap* (@ECHOcasts), de la serie *Borderlands* de 2K Games, cuenta en Twitter con 123.390 seguidores, la mayor cifra que ha logrado un personaje de videojuego. Pese a su nombre (que significa «parloteo»), *Claptrap* sólo ha enviado un tuit desde el 2 de abril de 2015.

El primer papa con una cuenta

El papa Benedicto XVI (de nombre secular Joseph Aloisius Ratzinger, Alemania) se convirtió en el primer Santo Padre en abrir una cuenta en Twitter: @Pontifex (que en latín significa «constructor de puentes», «pontífice» en español). Éste fue su primer mensaje, enviado el 12 de diciembre: «Queridos amigos, me uno a vosotros con alegría por medio de Twitter. Gracias por vuestra respuesta generosa. Os bendigo a todos de corazón».

El mensaje con más «me gusta»

Un tuit enviado por el expresidente de EE.UU. Barack Obama ha recibido 4.586.103 «me gusta». Tras unos episodios de violencia racista que tuvieron lugar en Charlottesville, Virginia, EE.UU., Obama recurrió a una cita del que fuera presidente de Sudáfrica, Nelson Mandela: «Nadie nace odiando a otra persona debido al color de su piel, su historial o su religión...».

Obama es la tercera persona más popular en Twitter, y es el **político con más seguidores**: 101.971.379.

El tuit más retuiteado

Con la esperanza de conseguir gratis *nuggets* de pollo de Wendy's durante todo un año, Carter Wilkerson (EE.UU.), de 16 años, intentó alcanzar 18 millones de retuits en 2017. Ayudado por algunos famosos, recibió 3.651.498, con lo que superó en retuits al célebre *selfi* que se hizo Ellen DeGeneres en los Oscar. Además, Carter ganó su año de *nuggets* gratis.

El videojuego más seguido

La cuenta oficial para la saga de videojuegos de deportes *FIFA* (@EASPORTSFIFA), de EA, tiene 6.408.784 seguidores, por lo que es la sexta cuenta de videojuegos más seguida, y el videojuego específico más seguido. Supera a League of *Legends* (4.480.928), *Assassin's Creed* (4.265.063) y *Call of Duty* (3.555.586).

El acontecimiento deportivo más seguido

La Copa Mundial de la FIFA 2014 generó 672 millones de tuits. La semifinal entre Brasil, país anfitrión, y Alemania (ganó Alemania por 7 a 1) supuso un récord mundial en Twitter, con 35,6 millones de tuits. Aunque la final entre Alemania y Argentina generó menos tuits, es el partido que ha registrado la **mayor cantidad de tuits por minuto**, con una cifra récord de 618.725 tuits por minuto.

El mayor número de interacciones (promedio de retuits)

BTS, el grupo surcoreano formado por siete chicos (@BTS_twt), ha registrado 330.624 interacciones en Twitter. Las otras cuentas que tiene abiertas en Twitter (@bts_bighit y @bts_love_myself) han recibido 93.522 y 88.281 interacciones, respectivamente. La banda superó así a Harry Styles, de One Direction (@Harry_Styles), que registraba 147.653 interacciones en la misma fecha.

El usuario más veterano (de todos los tiempos)

Nacida el 8 de septiembre de 1905, Ivy Bean (R.U.) tenía 104 años y 323 días cuando murió el 28 de julio de 2010. Había abierto una cuenta en Twitter en mayo de 2009 y envió más de 1.000 tuits a unos 56.000 seguidores antes de morir.

Todas las cifras son a fecha de 23 de abril de 2018, salvo que se indique lo contrario.

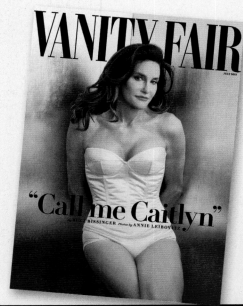

El menor tiempo en alcanzar un millón de seguidores

El 1 de junio de 2015, la estrella de programas de telerrealidad Caitlyn Jenner (EE.UU.) alcanzó el millón de seguidores en Twitter en tan sólo 4 h y 3 min. El primer tuit en la página de Caitlyn, en la que aparecía fotografiada en la portada de *Vanity Fair* (arriba), se envió a las 12:17 del mediodía. Su cuenta rebasó la barrera del millón de seguidores a las 16:20 de esa misma tarde.

LOS QUE CUENTAN CON MÁS SEGUIDORES

◄ Empresario

El cofundador de Microsoft Bill Gates (@BillGates, EE.UU.) tiene 45.846.749 seguidores (21.ª posición en la lista de popularidad de Twitter). Aunque Donald Trump cuenta con más de 51 millones de seguidores, la mayoría los obtuvo tras iniciar su carrera política.

▲ Actor

El actor y cómico estadounidense Kevin Hart (@KevinHart4real), conocido por sus papeles en *Vaya patrulla* (EE.UU., 2014) o *Jumanji: Bienvenidos a la jungla* (EE.UU., 2017), cuenta con 35.188.999 seguidores.

▶ Actriz

La actriz que cuenta con más seguidores es Selena Gomez (@selenagomez, EE.UU.): 56.516.652. Gomez goza de una enorme popularidad en las redes sociales, y también presume de ser la **actriz que tiene más seguidores en Instagram** (ver pág. 194).

Twitter en cifras
Twitter gestiona 18 trillones de cuentas. El 83 % de los países miembros de la ONU tienen presencia oficial en esta red.

Cifras de OmnicoreAgency.com

Número de usuarios activos al mes: 330 millones

Tuits enviados al día: 500 millones

Porcentaje de usuarios de Twitter a través del teléfono móvil: 80 %

Cuatro de las seis cuentas de Twitter más populares son de estrellas del pop femeninas, con Rihanna, Taylor Swift y Lady Gaga detrás de Katy Perry en los puestos del 4 al 6. El conjunto de todos sus seguidores, 360.867.599, supera la población de EE.UU.

El mayor número de seguidores

La estrella del pop y actriz Katy Perry (cuyo nombre verdadero es Katheryn Hudson, EE.UU.) tiene 109.330.720 seguidores en Twitter. El 16 de junio de 2017, la red anunció que se había convertido en la **primera usuaria en registrar 100 millones de seguidores**. Perry ha estado activa en la red desde febrero de 2009, y ha enviado más de 9.000 tuits. Sólo sigue 212 cuentas, lo que representa una asombrosa proporción de seguidores-seguidos de 515.710.

El mayor número de seguidores (hombres)

El fenómeno del pop Justin Bieber (Canadá) es la segunda persona con más seguidores en Twitter con 106.280.929 seguidores, sólo a la zaga de Katy Perry. Abrió la cuenta en marzo de 2009, y desde entonces ha enviado más de 30.000 tuits. Bieber sigue 315.022 cuentas, lo que supone una proporción de seguidores-seguidos de 337,37.

◄ Celebridad
Kim Kardashian West (@KimKardashian, EE.UU.), modelo y estrella televisiva, tiene 59.721.292 seguidores en Twitter, y ocupa el puesto número 12 en popularidad. Kardashian West abrió su cuenta en marzo de 2009 y ha enviado más de 26.000 tuits.

▲ DJ
Conocido como el rey de la música electrónica de baile, David Guetta (@davidguetta, Francia) tiene 22.205.936 seguidores, y supera a Calvin Harris (@CalvinHarris), con 13.329.541.

► Deportista (mujeres)
Serena Williams (@serenawilliams, EE.UU.), tenista y ganadora de 23 títulos de Grand Slam, tiene 10.895.119 seguidores. Williams, que ha enviado más de 14.000 tuits, es la segunda deportista más seguida en Instagram (ver pág. 194).

YOUTUBE

El primer vídeo subido a Youtube

El 23 de abril de 2005, un clip de 18 s de Jawed Karim (EE.UU., nacido en Alemania), cofundador de YouTube, titulado «Yo en el zoo», fue el primer vídeo compartido en esta red. A 27 de marzo de 2018, contaba con 47.228.525 visualizaciones.

La palabra clave más buscada

La palabra clave «música» se había buscado unos 789 millones de veces en YouTube a septiembre de 2017. «Canciones» ocupaba el segundo lugar con 453 millones de búsquedas, seguida de *Minecraft*, con 83,4 millones.

La mayor cantidad de suscriptores

PewDiePie, cuyo nombre real es Felix Arvid Ulf Kjellberg (Suecia), tiene 62.295.689 suscriptores. Se trata de un crítico de videojuegos que hace unos comentarios muy exaltados y, de vez en cuando, alguna broma polémica. Sus vídeos han logrado 17.631.722.806 visualizaciones, y el más popular de ellos, «A Funny Montage», suma más de 80 millones por sí solo.

El 8 de diciembre de 2016, *PewDiePie* se convirtió en el **primer youtuber en conseguir 50 millones de suscriptores**.

El vídeo que ha alcanzado los 1.000 millones de visualizaciones en menos tiempo

El videoclip de «Hello» de Adele (R.U.), colgado en YouTube el 22 de octubre de 2015, alcanzó los 1.000 millones de visualizaciones el 17 de enero de 2016, en un período de sólo 87 días. Batió el récord de 158 días establecido por el éxito internacional de PSY «Gangnam Style» en 2012.

LOS MÁS VISTOS...

Vídeo de animales

«Ultimate Dog Tease» se colgó el 1 de mayo de 2011. Lo protagonizan un pastor alemán llamado *Clarke* y Andrew Grantham (Canadá), creador del canal de Youtube «Talking Animals», y se ha visualizado 192.347.992 veces.

Vídeo de dibujos animados

«Masha and the Bear: Recipe for Disaster (Episode 17)» ha cosechado 2.995.219.745 visualizaciones. Get Movies subió este capítulo de dibujos, producido por Animaccord Animación Studio (ambos de Rusia), el 31 de enero de 2012. *Masha y el oso* es una serie de TV infantil protagonizada por una traviesa niña y un oso de circo retirado llamado Mishka («oso» en ruso).

Vídeo de un videojuego

Subido por la danesa KilooGames en 2012, «Subway Surfers – Official Google Play Trailer» ha alcanzado las 358.761.216 visualizaciones. La versión para el móvil es también el **tráiler más visto**, y ha eclipsado a sus rivales sobre películas (ver izquierda).

Canal de un grupo de música

El canal de Maroon 5 (EE.UU.), «Maroon5VEVO», sumaba 9.035.970.802 visualizaciones de sus vídeos. El clip más popular de este grupo es el de su sencillo «Sugar», con más de 2.500 millones de visualizaciones.

El vídeo de un videojuego más popular en YouTube

Cuando EA presentó su tráiler oficial de *Battlefield 1* (ambientado en la Primera Guerra Mundial) el 6 de mayo de 2016, la acogida del público fue increíblemente entusiasta: en sólo cuatro días, el tráiler obtuvo 1,9 millones de «me gusta». Actualmente, la cifra acumula ya un total de 2.194.348 entusiastas.

El tráiler de una película más visto (oficial)

El tráiler de la película *Vengadores: Infinity War* (EE.UU., 2018; ver págs 180-181), de Marvel Studios, se presentó en YouTube el 29 de noviembre de 2017. Hasta la fecha ya se ha visualizado 170.206.979 veces. Le sigue en la lista *Star Wars VII: El despertar de la Fuerza* (EE.UU., 2015), con 101.387.836 visualizaciones.

Todas las cifras son a 24 de abril de 2018, a menos que se indique lo contrario.

El vídeo más visto en línea

El 4 de abril de 2018, el vídeo de la versión original en español de «Despacito», protagonizado por Luis Fonsi (nombre artístico de Luis Alfonso López-Cepero, arriba a la derecha), Daddy Yankee (nombre artístico de Ramón Rodríguez, arriba a la izquierda) y la Miss Universo 2006 Zuleyka Rivera (todos de Puerto Rico), se convirtió en el **primer vídeo de YouTube en alcanzar los 5.000 millones de visualizaciones**. El 3 de agosto de 2017, se convirtió en el clip más visto de la historia de YouTube al superar los 3.000 millones de visualizaciones.

Canal de un «posposmilenial»

«Ryan Toy's Review» se ha visualizado 21.120.857.370 veces desde su lanzamiento el 16 de marzo de 2015, por lo que es el canal de YouTube con más visualizaciones de una persona nacida en 2010 o después (un «posposmilenial» o miembro de la Generación Alfa). Ryan (EE.UU., nacido el 6 de octubre de 2010) tiene siete años y sube vídeos donde comenta y utiliza juguetes y videojuegos. A 24 de abril de 2018, el canal contaba con 13.499.980 suscriptores.

El primer youtuber en lograr 1 millón de suscriptores

El canal «Fred» de Lucas Cruikshank (EE.UU.) llegó al millón de suscriptores en abril de 2009. Gira en torno a las cómicas hazañas del personaje Fred Figglehorn, un niño de seis años con la voz muy aguda. El primer episodio, «Fred on Halloween», se colgó el 30 de octubre de 2006 y, a 28 de marzo de 2018, el episodio «Fred Goes Grocery Shopping feat. Annoying Orange» (recuadro) había alcanzado 85.132.180 visualizaciones.

LA MAYOR CANTIDAD DE SUSCRIPTORES DE...

▲ **Un cantante**
34.594.144: canal VEVO de Justin Bieber (Canadá).

▲ **Una cantante**
28.506.973: canal VEVO de Taylor Swift (EE.UU.).

▲ **Un canal de videojuegos**
27.659.478: *FernanFloo* (alias de Luis Fernando Flores Alvarado, El Salvador).

▲ **Un programa de TV**
24.793.504: *The Ellen Show*, presentado por Ellen DeGeneres (EE.UU.).

YouTube en cifras
En junio de 2017, YouTube anunció que había alcanzado los 1.500 millones de usuarios activos mensuales, por lo que es la **web para compartir vídeos más popular**.

Usuarios activos diarios:
Más de 30 millones, a 24 de enero de 2018.

Vídeos compartidos hasta la fecha:
Más de 5.000 millones, a 24 de enero de 2018.

Vídeos subidos por minuto:
El equivalente a 300 h, a 24 de enero de 2018.

El colaborador de YouTube con mayores ingresos brutos

A fecha de diciembre de 2017, *Forbes* estimó que *DanTDM* (alias de Daniel Middleton, R.U.) había ingresado unos 16,5 millones de dólares en un año gracias a sus vídeos en YouTube. Antes conocido como *TheDiamondMinecart*, el 14 de julio de 2012 lanzó su canal sobre *Minecraft*, que desde entonces ha superado los 11.000 millones de visualizaciones. Dan ha hecho giras por todo el mundo, y agotó todas las entradas para sus actuaciones en la Opera House de Sídney.

«MOM STEALS MY COMPUTER!! | YouTuber's Life #2» (ver recuadro superior), de *DanTDM*, es el **vídeo de YouTubers Life más visualizado en YouTube**. A 12 de marzo de 2018, las aventuras de Dan en videojuegos de simulación de vida sumaban 7.380.703 visualizaciones.

▲ **Un canal de vídeos caseros**
13.640.876: «FailArmy», producido por Jukin Media (EE.UU.).

▲ **Un canal de ciencia**
13.191.372: «Vsauce», presentado por Michael Stevens (EE.UU.).

▲ **Un animal**
1.390.272: *Maymo*, un perro de raza beagle, que vive en EE.UU.

▲ **Un gato**
743.442: *Nylah*, un gato de raza silver savanah, que vive en EE.UU.

RECOPILATORIO

El cuadro más grande pintado sobre nieve

El Centro para el Desarrollo y la Promoción de la Industria del Vino de Tonghua, China, creó un cuadro sobre la nieve de 2.221,74 m² en Tongua, Jilin, China, el 20 de enero de 2018. Las medidas de la obra fueron 59,95 × 37,96 m, y se precisó el trabajo de 23 personas durante tres días y tres noches para finalizar este cuadro sobre la superficie helada del río Hungjiang.

La composición musical más larga

«Longplayer» es una pieza musical de 1.000 años de duración, escrita por el intérprete de banjo Jem Finer (R.U.), miembro de la banda de punk-folk The Pogues. Finer utiliza un banco de ordenadores en el faro Trinity Buoy Wharf de Londres, R.U., para secuenciar combinaciones simultáneas de fragmentos de seis piezas breves compuestas por él, interpretadas con cuencos tibetanos. La ejecución de la obra comenzó con el nuevo milenio, el 1 de enero de 2000, y no se repetirá la misma combinación musical hasta el último segundo del 31 de diciembre de 2999, cuando la pieza podrá iniciar su segunda ejecución.

A 27 de febrero de 2018, «Longplayer» llevaba interpretándose 18 años y 57 días de los 1.000 años previstos, por lo que además es el **recital de música más largo**.

La mayor cantidad de sirenas en una pieza musical

El 22 de junio de 2013, un total de 55 barcos se reunieron en el mar del Norte para interpretar una partitura titulada «Foghorn Requiem» (Réquiem por la sirena de niebla). La escribieron los artistas Lise Autogena (Dinamarca) y Joshua Portway, en colaboración con el compositor Orlando Gough (ambos de R.U.), para llamar la atención sobre el fin del uso de las sirenas de niebla en el R.U. «Foghorn Requiem» fue interpretada por tres bandas de metal, los 55 barcos fondeados y la sirena de niebla del faro de Souter, la última del R.U. que sonó antes de ser desactivada. La pieza estuvo «dirigida» por ordenadores conectados con el GPS de cada barco.

El mayor busto esculpido

Isha Foundation (India) erigió una escultura de 34,24 m de alto, 24,99 de ancho y 44,9 de largo en Tamil Nadu, India, según se verificó el 11 de marzo de 2017. El busto representa a Adiyogi Shiva, nombre que se refiere al hecho de que, en la práctica del yoga, al dios hindú Shiva se le conoce como el primer yogui.

El mayor archivo sonoro de animales

A septiembre de 2007, la biblioteca Macaulay, del Laboratorio de Ornitología Cornell de Nueva York, EE.UU., tenía 279.106 grabaciones de más de 9.000 especies en una base de datos accesible en línea. El archivo sonoro ocupa 10 terabytes y su duración total es de 7.513 h. La colección, que se inició en 1929, incluye grabaciones de aproximadamente tres cuartas partes de todas las especies de pájaros. El archivo también cuenta con grabaciones de ballenas, insectos, osos, elefantes y primates, así como de casi todos los demás animales de la Tierra.

La mayor cantidad de nominaciones al premio Laurence Olivier para un espectáculo

El 6 de marzo de 2018, *Hamilton* (con música, letra y libreto de Lin-Manuel Miranda, EE.UU.) fue nominado a 13 premios Laurence Olivier, entre ellos al mejor nuevo musical, al mejor director y a seis categorías de actuación musical. Finalmente se llevó siete galardones, sólo dos menos que *Harry Potter y el legado maldito* en 2017, la mayor cantidad de premios Laurence Olivier obtenidos.

La mayor cantidad de premios Tony obtenidos por un musical

Los productores se alzó con 12 premios Tony, entre ellos al mejor musical, de los 15 a los que aspiraba, el 3 de junio de 2001. Dirigido por Susan Stroman (EE.UU.) e interpretado por Matthew Broderick y Nathan Lane (ambos de EE.UU.), superó los nueve galardones obtenidos en 1964 por *Hello, Dolly!*

La **mayor cantidad de nominaciones** Tony para un musical son 16, logradas por *Hamilton* el 3 de mayo de 2016. El espectáculo se representa en el Richard Rogers Theatre de Nueva York, EE.UU.

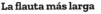

La flauta más larga

El 25 de diciembre de 2014, Bharat Sinh Parmar, Charunsudan Atri Jay Bhayani y el templo Shri 5 Navtanpuri Dham (todos de la India) presentaron una flauta de 3,63 m de largo, en Jamnagar, India. Posteriormente, se llevó a cabo una interpretación del himno nacional indio con el instrumento ante el público.

El compositor de música para videojuegos de más edad

Koichi Sugiyama, nacido en Japón el 11 de abril de 1931, tenía 86 años y 109 días a 29 de julio de 2017, cuando se lanzó el videojuego *Dragon Quest XI* (Square Enix) para Nintendo 3DS y PlayStation 4.

La mayor cantidad de seguidores en Weibo

Weibo es una de las mayores redes sociales y páginas web de *micro-blogging* de China, con 340 millones de usuarios activos mensualmente, más que Twitter. Su usuaria más popular es Xie Na (China), presentadora de televisión, cantante y actriz, con 100.396.561 seguidores a 9 de abril de 2018. Es también la **primera persona que ha acumulado 100 millones de usuarios en Weibo**.

Si Xie Na es la **mujer con más seguidores en Weibo**, el hombre con más **seguidores en Weibo** es, a la misma fecha, He Jiong (China), con 92.686.353 fans.

El personaje musical más popular en Snapchat

Snoop Dogg (EE.UU.; @snoopdogg213) era el músico más popular en la plataforma social Snapchat a 1 de marzo de 2018. Tras este rapero, productor y actor, cuyo verdadero nombre es Calvin Cordozar Broadus Jr., se sitúan Jared Leto, actor y líder de la banda Thirty Seconds to Mars, y DJ Khaled. El canal musical MTV y el artista de *hip-hop* Schoolboy Q completaban el Top 5.

Más cortometrajes producidos

Epiphany Morgan y Carl Mason (ambos de Australia) realizaron 365 cortometrajes en 70 ciudades, según se verificó el 7 de junio de 2016. Como parte de un proyecto titulado «365 docobites», viajaron a los cinco continentes durante un año. Su objetivo era presentar al mundo un «desconocido todos los días» por medio de documentales en formato breve.

EL MAYOR...

Mosaico con agua de colores

YUS de Toki (Guatemala) creó un mosaico de 603,47 m² hecho

El cuadro más caro vendido en una subasta

Salvator Mundi, de Leonardo da Vinci, se vendió por 450.321.000 dólares, incluida la prima del comprador, en una subasta celebrada por Christie's en Nueva York, EE.UU., el 15 de noviembre de 2017. Más de 1.000 coleccionistas, asesores, marchantes y periodistas estuvieron presentes en la subasta, y miles de personas más la siguieron por internet. Los orígenes de esta pintura aún son motivo de especulaciones, pues algunos especialistas atribuyen su autoría a discípulos de da Vinci.

con unos 150.000 vasos llenos de agua de colores en Ciudad de Guatemala, Guatemala, el 10 de septiembre de 2017. Representaba la pirámide de Tikal y dos símbolos nacionales guatemaltecos: el ave quetzal y la orquídea *Lycast skinneri alba*.

Altar del Día de los Muertos

El 28 de octubre de 2017, el gobierno del estado de Hidalgo, en México, presentó un altar para la fiesta del Día de los Muertos en la ciudad de Pachuca. Hicieron falta cuatro semanas y más de 1.000 voluntarios para crearlo, y está decorado con 9.200 flores cempasúchil y todo un despliegue de calaveras, velas, banderas y esqueletos ataviados con el traje mexicano tradicional.

Pantalla de cine LED

Producida por Samsung Electronics (Corea), la pantalla Lotte Cinema Super S Screen, en el Lotte World Tower de Seúl, Corea del Sur, mide 55,286 m².

El año con ingresos brutos más elevados de Broadway

Según The Broadway League, el año más lucrativo para los teatros de Broadway, en Nueva York, EE.UU., fue 2017, con 1.637 millones de dólares recaudados con las ventas de entradas a 13.736.000 espectadores. La **semana de mayores ingresos de Broadway** fue la última del año (50.300.000 dólares), y el **ingreso más elevado en taquilla en una sola semana** fue a cargo de *Hamilton* (centro), que recaudó 3.850.000 dólares en esa semana. Otros espectáculos de éxito en 2017 fueron *Waitress* (izquierda) y *Springsteen on Broadway* (derecha).

Espectáculo de luz y sonido en un único edificio

El 1 de enero de 2018, Emaar Properties PJSC (Emiratos Árabes Unidos) desplegó un espectáculo pirotécnico de luz y sonido en una superficie de 109.252 m² en el Burj Khalifa, el **edificio más alto** con 828 m. Formó parte del espectáculo de Año Nuevo que combinaba iluminación, proyecciones, láseres, una pantalla LED, sonido y fuentes.

Escultura de papel maché

La Cámara Nacional de Comercio de Guadalajara (México) creó una figura de papel maché para reproducir a un músico mariachi que medía 3,82 m de alto, 3,46 m de largo y 1,15 m de ancho. Esta escultura se presentó en el XXIV Festival Internacional del Mariachi y la Charrería, en Guadalajara, Jalisco, México, el 25 de agosto de 2017.

Es posible que, originariamente, da Vinci pintara el *Salvator Mundi* para la familia real francesa, pero a lo largo de los siglos pasó por manos de numerosos coleccionistas. En 1763 se perdió por completo el rastro de la obra, hasta que la adquirió un coleccionista británico en 1900.

EL HALCÓN MILENARIO

Si bien al principio a Luke Skywalker le pareció un «pedazo de chatarra», el *Halcón Milenario*, el carguero ligero YT-1300 corelliano modificado que apareció en *Star Wars: Episodio IV. Una nueva esperanza* (EE.UU., 1977), se convirtió en uno de los vehículos más apreciados de la historia del cine. En 2017, LEGO® rindió homenaje a esta nave pilotada por el contrabandista Han Solo con el mayor set que ha fabricado hasta el momento, formado por más de 7.500 piezas.

UNA NAVE SECRETA

Para las películas de la saga *Star Wars* sólo se ha construido una reproducción a escala del *Halcón Milenario*. Fue en 1979 para *El Imperio contraataca*, en un hangar de Pembroke Dock, R.U., y se necesitaron tres meses para su construcción. Formó parte del proyecto de alta seguridad denominado «The Magic Roundabout».

El *Halcón Milenario* es un carguero construido por la Corporación de Ingeniería Corelliana y capitaneado por el contrabandista Han Solo y su copiloto, el wookiee Chewbacca. Ha aparecido en un total de seis películas de *Star Wars*, incluyendo el breve cameo en *La venganza de los Sith*, y desempeña un papel clave en la lucha de los rebeldes contra el Imperio. Fue diseñado por el técnico de efectos especiales Joe Johnston, quien lo creó sólo cuatro semanas después de que el modelo original fuera considerado demasiado parecido al *Águila 1* de la serie televisiva *Espacio: 1999* (una versión modificada de esta nave sería la *Tantive IV*, la nave de la princesa Leia). Con la cabina de mando situada a un lado y sus «mandíbulas» de carga, el *Halcón Milenario* es un referente indiscutible en la creación de efectos especiales en el cine.

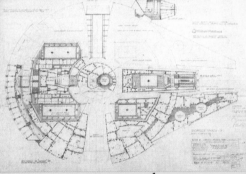

EL PROYECTO DEL HALCÓN

En 2017 se subastaron un conjunto de planos recientemente descubiertos de las películas de *Star Wars* y *Star Trek*. Incluían un dibujo minucioso del *Halcón Milenario* para *El Imperio contraataca* (EE.UU., 1980), en el que se detallaba el interior y el exterior de la nave de contrabando. Otros diseños originales de la serie son la cámara de meditación de Darth Vader y las esposas de Chewbacca y de la princesa Leia.

¡DEJA QUE GANE EL WOOKIEE!

La bodega principal del *Halcón Milenario* de LEGO contiene una estación de ingeniería y una zona de reposo. Los fans reconocerán el emblemático tablero circular de dejarik (arriba a la izquierda), donde Chewbacca y R2-D2 se enfrentan usando combatientes holográficos de 15 cm en *Una nueva esperanza*. El set incluye minifiguras de la trilogía clásica original (arriba a la derecha) y personajes más recientes, como Rey y Finn.

La cabina está en un lateral para que el piloto tenga más visibilidad cuando las mandíbulas de proa mueven la carga.

¿SABÍAS QUE...?

En mayo de 2013, LEGO exhibió un caza Ala-X de *Star Wars* en tamaño real en Times Square, en la ciudad de Nueva York, EE.UU. Estaba compuesto por un total de 5.335.200 bloques, por lo que es la **mayor escultura de *Star Wars* hecha con bloques de LEGO con una estructura de apoyo interna**. Su envergadura era de 13,4 m y pesaba 20.856 kg, incluyendo la estructura de acero de apoyo.

El set de LEGO contiene sensores intercambiables, que permiten a los constructores recrear el Halcón original o la versión ligeramente distinta que apareció en los episodios VII y VIII.

CIFRAS DE RÉCORD

El mayor set de LEGO que se ha comercializado es el *Halcón Milenario* de 7.541 piezas (conjunto número 75192), que la firma danesa puso a la venta un minuto antes de la medianoche del 13 de septiembre de 2017. Una vez completado, el modelo de la nave espacial mide más de 20 cm de alto, 84 cm de largo y 56 cm de ancho.

LEGO ha lanzado varias versiones del *Halcón*. Su set anterior, que también forma parte de la Ultimate Collector's Series de *Star Wars*, se lanzó en 2007 y contenía 5.195 piezas. Era el juguete más grande que LEGO había creado hasta la fecha, y fue desbancado en 2008 por el Taj Mahal, de 5.922 piezas.

Las mandíbulas delanteras estaban diseñadas para sujetar y mover la carga.

La medallista de oro más joven en una prueba de snowboard en los Juegos Olímpicos de Invierno

El 13 de febrero de 2018, Chloe Kim (EE.UU., n. el 23 de abril de 2000) ganó la competición femenina de halfpipe de los Juegos Olímpicos con 17 años y 296 días. En la prueba final, disputada en el Phoenix Park de Pieonchang, Corea del Sur, combinó dos triples giros consecutivos (rotación de 1080°) y logró su mejor marca con 98,25 puntos, 8,5 más que del resto de competidoras. Es también la **triple medallista de oro más joven de unos X Games**, logrado a los 15 años y 309 días en 2016.

DEPORTES

El 6 de febrero de 2016, Chloe Kim combinó por primera vez dos triples giros consecutivos durante la prueba final del Gran Premio de EE.UU. y se convirtió en la **primera mujer en lograr 100 puntos en la prueba de halfpipe**.

FÚTBOL AMERICANO

Más victorias en la Grey Cup de la Canadian Football League (CFL)

Los Toronto Argonauts se hicieron con su 17.ª Grey Cup en 2017 después de derrotar a los Calgary Stampeders (ambos de Canadá) por 27-24 en el partido por el campeonato de la CFL disputado el 26 de noviembre. Era el cuarto título para el quarterback Ricky Ray, el **mayor número de victorias en la Grey Cup de un quarterback titular**.

Si no se indica de otro modo, todos los equipos y jugadores son de EE.UU.

Más partidos avanzando más de 500 yardas en la National Football League (NFL)

El quarterback de los Pittsburgh Steelers Ben Roethlisberger ha avanzado más de 500 yardas en tres partidos: contra los Green Bay Packers el 20 de diciembre de 2009, los Indianapolis Colts el 26 de octubre de 2014, y los Baltimore Ravens el 10 de diciembre de 2017.

El mayor porcentaje de pases completados en una temporada de la NFL

Drew Brees, quarterback de los New Orleans Saints, completó 386 pases de 536 intentos en 2017: un 72 %. Mejoraba así la marca de un 71,6 % lograda por Sam Bradford en 2016.

El primer jugador en realizar un pase y una carrera de touchdown en una Super Bowl

El 4 de febrero de 2018, el quarterback Nick Foles de los Philadelphia Eagles realizó una carrera de touchdown tras recibir un pase de Trey Burton en la victoria de su equipo en la Super Bowl por 41-33. Foles también realizó tres pases de touchdown y fue nombrado jugador más valioso (MVP) de la Super Bowl.

Más goles de campo consecutivos desde 50 yardas en la NFL

Entre 2014 y 2017, Stephen Hauschka convirtió 13 goles de campo consecutivos desde 50 yardas o más como jugador de los Seattle Seahawks y de los Buffalo Bills. El 19 de noviembre de 2017, tras anotar un gol de campo desde 50 yardas contra Los Angeles Chargers, Hauschka batía el récord anterior de 12 que compartía con Blair Walsh, Robbie Gould, Justin Tucker y Matt Prater.

El gol de campo desde mayor distancia en un partido de playoff de la NFL

El 7 de enero de 2018, Graham Gano (R.U.) anotó un gol de campo desde 58 yardas para los Carolina Panthers en el partido de playoff de la NFL contra los New Orleans Saints. A pesar de esto, los Carolina Panthers perdieron por 31-26. Gano igualaba así a Pete Stoyanovich, que anotó un gol de campo desde 58 yardas para los Miami Dolphins contra los Kansas City Chiefs el 5 de enero de 1991.

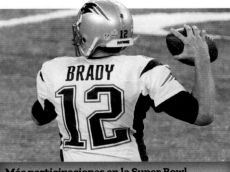

Más participaciones en la Super Bowl de un quarterback

Tom Brady acumula ocho participaciones en la Super Bowl con los New England Patriots, de 2001 a 2018. Brady también ostenta el récord de **más participaciones en partidos de playoff de la NFL** (37).

El 4 de febrero de 2018, logró el récord de **más yardas avanzadas mediante pases en una Super Bowl** (505), proeza que no sirvió para mucho (ver debajo). También mejoró su récord de **más pases de touchdown en la Super Bowl** (18).

Más temporadas consecutivas logrando 100 recepciones de un jugador de la NFL

Antonio Brown, jugador de los Pittsburgh Steelers, completó su quinta temporada consecutiva con al menos 100 recepciones en 2017. Brown, el ala abierta mejor pagado de la NFL, superó la anterior marca de cuatro temporadas lograda por Marvin Harrison con los Indianapolis Colts entre 1999 y 2002.

Más touchdowns de un ala cerrada en una carrera en la NFL

De 2003 a 2017, Antonio Gates anotó 114 touchdowns para San Diego/Los Angeles Chargers. El 17 de septiembre de 2017, este jugador de 37 años superó la marca de Tony Gonzalez gracias a la puntuación lograda en el tercer cuarto del encuentro que enfrentó a los Chargers contra los Miami Dolphins y que terminó en derrota de los primeros por 19-17.

Más yardas avanzadas desde la línea de confrontación en el primer partido de un jugador en la NFL

El 7 de septiembre de 2017, el corredor novato Kareem Hunt sumó 246 yardas (148 en carrera y 97 como receptor) con los Kansas City Chiefs en su victoria sobre los New England Patriots por 42-27.

Más derrotas de un equipo en una temporada de la NFL

Los Cleveland Browns igualaron en 2017 un récord que nadie desea al acabar la temporada con 16 derrotas y ninguna victoria. Esta dolorosa marca sólo tenía el precedente de los Detroit Lions (2008).

Más participaciones de un equipo en la Super Bowl

En 2018 los New England Patriots disputaron por décima vez la Super Bowl desde 1986. El club ha ganado cinco y perdido otras cinco, el **mayor número de derrotas en la Super Bowl**, récord que comparten con los Denver Broncos. El **mayor número de victorias en la Super Bowl** es seis, logradas por los Pittsburgh Steelers en 1975-76, 1979-80, 2006 y 2009.

Más yardas combinadas en un partido de la CFL

El 28 de octubre de 2017, Diontae Spencer sumó 496 yardas combinadas con los Ottawa Redblacks en su victoria por 41-36 sobre los Hamilton Tiger-Cats (ambos de Canadá). Spencer logró 133 yardas como receptor, 165 yardas en regresos de patadas de salida, 169 yardas en regresos de patadas de despeje y 29 yardas en regresos de goles de campo fallados.

Más yardas totales combinadas en un partido de la NFL (ambos equipos)

Durante la Super Bowl LII, disputada el 4 de febrero de 2018, los Philadelphia Eagles y los New England Patriots sumaron 1.151 yardas combinadas, la cifra más alta en toda la historia de la NFL. En un gran espectáculo ofensivo, los Eagles ganaron por 41-33. El total combinado de 74 puntos fue sólo un punto más bajo que la **puntuación combinada más alta en la Super Bowl**, establecida en 1995 cuando los San Francisco 49ers vencieron a los San Diego Chargers por 49-26.

BALONCESTO

La mayor remontada en la segunda parte de un partido de playoffs

El 20 de abril de 2017, los Cleveland Cavaliers remontaron una desventaja de 25 puntos al descanso y vencieron a los Indiana Pacers por 119-114 en el tercer partido del primer cruce de playoffs de la conferencia Este. La mayor remontada anterior había sido de 21 puntos, lograda por los Baltimore Bullets contra los Philadelphia Warriors el 13 de abril de 1948.

La mayor ventaja al descanso en un partido de playoffs

El 19 de mayo de 2017, los Cleveland Cavaliers disponían de una ventaja de 41 puntos en el descanso del segundo partido de la final de la conferencia Este contra los Boston Celtics, en Boston, Massachusetts, EE.UU.

Cleveland se hizo con la victoria por 130-86, todavía a cierta distancia del **mayor margen de victoria en un partido de playoffs**: 58 puntos, logrados por los Minneapolis Lakers en 1956 y los Denver Nuggets en 2009.

Más triples-dobles en una temporada

Russell Westbrook logró 42 triples-dobles con los Oklahoma City Thunder en 2016-17. Batía así el récord de Oscar Robertson de 41, vigente desde 1961-62. El 28 de octubre de 2017, Westbrook se convirtió en el **primer jugador en lograr un triple-doble contra todos los equipos de la NBA.**

Más puntos anotados en una carrera en la WNBA

Al final de la temporada 2017 de la WNBA, la escolta Diana Taurasi sumaba 7.867 puntos como jugadora de las Phoenix Mercury desde 2004. Taurasi había participado en 398 partidos, lo que supone una media de 19,76 puntos por encuentro. Apodada la *Mamba blanca*, también tiene el récord de **más triples en una carrera en la WNBA**: 996.

Todos los récords son de la NBA y todos los equipos y jugadores son estadounidenses, a menos que se indique lo contrario.

El jugador más joven en lograr un triple-doble

El 11 de abril de 2018, el escolta de los Philadelphia 76ers Markelle Fultz (nacido el 29 de mayo de 1998) logró 13 puntos, 10 rebotes y 10 asistencias contra los Milwaukee Bucks con tan sólo 19 años y 317 días. Al mejorar el récord de Lonzo Ball de 20 años y 15 días, Fultz se convertía también en el **primer jugador menor de 20 años en lograr un triple-doble en la NBA.**

Más triples en una temporada

Los Houston Rockets encestaron 1.181 triples durante la temporada 2016-17 de 3.306 lanzamientos, la **mayor cantidad de triples intentados en una temporada**.

La **mayor cantidad de triples en un partido de las Finales** es 24, logrados por los Cleveland Cavaliers contra Golden State Warriors el 9 de junio de 2017.

Menos partidos de un entrenador para lograr 200 victorias

Steve Kerr (EE.UU., nacido en Líbano) logró 200 victorias en tan sólo 238 partidos. El 28 de marzo de 2017, Kerr lograba este hito con el triunfo de los Golden State Warriors sobre los Houston Rockets por 113-106.

Más asistencias en una carrera en la WNBA

A 18 de diciembre de 2017, Sue Bird había repartido un total de 2.610 asistencias como jugadora de las Seattle Storm en la Women's National Basketball Association (WNBA).

Bird también estableció el récord de **más asistencias en un partido All-Star de la WNBA**: 11, en la victoria del Oeste sobre el Este por 130-121 del 22 de julio de 2017.

La victoria más amplia en un partido de temporada regular de la WNBA

El 18 de agosto de 2017, las Minnesota Lynx derrotaron a las Indiana Fever por 111-52, una diferencia de 59 puntos. Con esta marca, las jugadoras de Minnesota mejoraban en 13 puntos el récord anterior, establecido por las Seattle Storm en 2010. En ese mismo partido, las Minnesota también lograron la **mayor cantidad de puntos consecutivos de un equipo de la WNBA**: 37.

El 4 de octubre de 2017, las Minnesota igualaron el récord de **más títulos de la WNBA**: cuatro, honor que comparten con las Houston Comets (1997-2000).

El 23 de enero de 2018, LeBron James (nacido el 30 de diciembre de 1984) se convirtió en el **jugador más joven en anotar 30.000 puntos**. Tenía 33 años y 24 días.

Más puntos anotados en partidos de playoff en toda la carrera

Al final de la temporada 2017 de la NBA, LeBron James había anotado 6.163 puntos en 217 partidos de playoff como jugador de los Cleveland Cavaliers y de los Miami Heat. Superó a Michael Jordan (5.987) el 25 de mayo de 2017. Durante las Finales contra los Golden State Warriors en 2017, James se convirtió en el primer jugador en promediar un triple-doble en unas series finales: 33,6 puntos, 12 rebotes y 10 asistencias.

La racha ganadora más larga de un equipo en partidos de playoff

Entre el 16 de abril y el 7 de junio de 2017, los Golden State Warriors ganaron 15 partidos de playoff de la NBA consecutivos. El 14 de mayo derrotaron a San Antonio Spurs tras remontar 25 puntos de desventaja. Perdieron un solo partido, el 9 de junio contra los Cleveland Cavaliers, y terminaron la temporada con un récord de 16-1 en los playoffs.

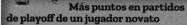

DEPORTES

Más goles de un jugador en un período de un partido de temporada regular

El 23 de enero de 2017, Patrick Marleau (Canadá), de los San Jose Sharks, logró cuatro goles en el tercer período contra los Colorado Avalanche. Anteriormente sólo lo habían logrado otros 11 jugadores de la NHL.

La **mayor cantidad de goles marcados por un equipo** en un período de un partido de temporada regular es nueve, logrados por los Buffalo Sabres contra los Toronto Maple Leafs (Canadá) el 19 de marzo de 1981.

Más goles de la victoria en toda la carrera

Jaromír Jágr (República Checa) anotó 135 goles de la victoria con nueve equipos distintos entre 1990 y 2017. Logró 765 goles, por lo que es el tercer máximo anotador de la historia de la NHL, por detrás de Wayne Gretzky (894) y Gordie Howe (801).

Más puntos en partidos de playoff de un jugador novato

Jake Guentzel logró 21 puntos en sus primeros partidos de playoff como jugador de los Pittsburgh Penguins, con un total de 13 goles y 8 asistencias. Igualaba así la hazaña de Dino Ciccarelli (Canadá, 14 goles y 7 asistencias) en 1981 y Ville Leino (Finlandia, 7 goles y 14 asistencias) en 2010.

Más goles en el tiempo añadido de partidos de temporada regular en toda la carrera

El 20 de octubre de 2017, Alex Ovechkin (Rusia) logró su vigésimo gol de la victoria en el tiempo añadido en el triunfo de los Washington Capitals sobre los Detroit Red Wings por 4-3. Hasta ese momento había compartido el récord con Jaromír Jágr (ver derecha).

Todos los récords hacen referencia a la National Hockey League (NHL), que se disputa en EE.UU. y Canadá. Todos los equipos y jugadores son estadounidenses, a menos que se indique lo contrario.

Más goles en el tiempo añadido en una temporada

Tres jugadores han marcado cinco goles en el tiempo añadido en una temporada de la NHL: Steven Stamkos (2011-12), con los Tampa Bay Lightning; Jonathan Toews (2015-16), con los Chicago Blackhawks; y Alex Galchenyuk (2016-17), con los Montreal Canadiens (todos de Canadá).

Más goles en el tiempo añadido en unos playoffs

Corey Perry (Canadá) marcó tres goles en el tiempo añadido como jugador de los Anaheim Ducks durante los playoffs de la Stanley Cup 2017. Igualaba así a Mel Hill (1939), de los Boston Bruins, y a Maurice Richard (1951), de los Montreal Canadiens (ambos de Canadá).

El gol más rápido en el tiempo añadido

En enero de 2018, dos jugadores marcaron un gol a los 6 s del tiempo añadido: Andreas Athanasiou (Canadá), de los Detroit Red Wings; y William Nylander (Suecia, n. en Canadá), de los Toronto Maple Leafs. Igualaban así el récord de Mats Sundin (Suecia) en 1995 y de David Legwand y Alex Ovechkin en 2006. Desde 2015, el tiempo añadido se disputa con sólo tres jugadores por equipo.

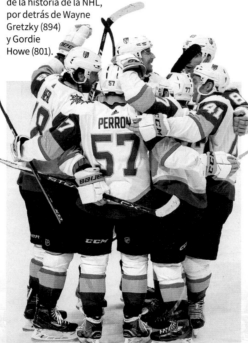

Más temporadas consecutivas de un portero ganando 20 partidos

Dos porteros han terminado 12 temporadas de la NHL consecutivas con 20 o más victorias: Martin Brodeur (Canadá), de los New Jersey Devils, en 1995-2008; y Henrik Lundqvist (Suecia) de los New York Rangers, en 2005-2017. Lundqvist se convirtió en el primer jugador en ganar 20 o más partidos en cada una de sus primeras 12 temporadas en la NHL.

El 11 de febrero de 2017, Lundqvist sumó 400 victorias en 727 encuentros, con el triunfo de los New York Rangers sobre los Colorado Avalanche por 4-2. Esta marca supone las **400 victorias logradas más rápidamente por un portero**. Lundqvist mejoraba así el récord anterior, también de Martin Brodeur, por ocho partidos.

Más derrotas consecutivas al inicio de una temporada

El 28 de octubre de 2017, los Arizona Coyotes perdieron por 4-3 en el tiempo añadido contra los New York Devils y establecieron un récord negativo de 0-11. Estas 11 derrotas consecutivas igualaron el peor comienzo en la historia de la NHL, el de los New York Rangers en 1943-44.

El récord de **más victorias consecutivas al inicio de una temporada** es 10, establecido por los Buffalo Sabres del 4 al 26 de octubre de 2006; y por los Toronto Maple Leafs, del 7 al 28 de octubre de 1993.

Más victorias en una temporada de un equipo de expansión

El 1 de febrero de 2018, los Vegas Golden Knights derrotaron a los Jets de Winnipeg (Canadá) 3-2 y lograron la 34.ª victoria de la temporada, más que ningún otro equipo de expansión en su debut. Los Anaheim Ducks y los Florida Panthers habían logrado 33 la temporada 1993-94. A 22 de marzo de 2018, el récord de los Knights era de 47.

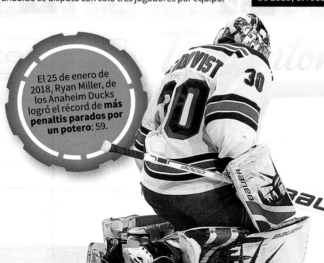

El 25 de enero de 2018, Ryan Miller, de los Anaheim Ducks logró el récord de **más penaltis parados por un potero**: 59.

Más goles de penalti en toda la carrera

El 29 de diciembre de 2017, Frans Nielsen (Dinamarca) dio la victoria a los Detroit Red Wings sobre los New York Rangers por 3-2 tras superar al portero Henrik Lundqvist al anotar su 47.º gol del penalti. Fue el 21.º penalti de la victoria de Nielsen: la mayor cantidad de penaltis de la victoria en una carrera. Con 47 goles de penalti de 94 intentos desde 2006-07, tiene un alto porcentaje de efectividad en la NHL: el 50 %.

FÚTBOL

Más títulos de la Copa Mundial de Fútbol Playa de la FIFA

Brasil ha ganado la Copa Mundial de Fútbol Playa de la FIFA cinco veces: en 2006-09 y 2017. Tras una sequía de ocho años, el 7 de mayo consiguieron su quinto título en el torneo de 2017 celebrado en Bahamas después de derrotar a Tahití por 6-0.

Más títulos de la Copa de Europa de la UEFA/Liga de Campeones

El 3 de junio de 2017, el Real Madrid (España) ganó su 12.º título en la máxima competición continental después de derrotar a la Juventus (Italia) por 4-1 en la final de la Liga de Campeones. Con su victoria, el Real Madrid se convirtió en el **primer equipo en ganar la Liga de Campeones dos años consecutivos**. Antes de que la competición cambiara de formato en 1992, también ostentó el récord de **más títulos consecutivos de la Copa de Europa**: cinco, en 1956-60.

A 23 de abril de 2018, el Real Madrid también había logrado la **mayor cantidad de victorias en partidos de la Liga de Campeones**: 149 en los 248 partidos disputados en 22 temporadas.

Más títulos de la Liga de Campeones Femenina de la UEFA

El 1 de junio de 2017, el Olympique de Lyon femenino (Francia) se aseguró su cuarto título de la Liga de Campeones Femenina tras derrotar al Paris Saint-Germain por 7-6 en la tanda de penaltis en el Cardiff City Stadium, R.U. Igualaba así la marca del 1. FFC Frankfurt, que se hizo con el título en 2002, 2006, 2008 y 2015.

> El Manchester City ganó el campeonato de la EPL 2017/18 batiendo récords: el de **más puntos** (100), **más victorias** (32) y **más goles** (106) en una sola temporada.

Más participaciones en la Liga de Campeones de la UEFA jugando en clubes distintos

Desde el 17 de septiembre de 2002, Zlatan Ibrahimović (Suecia) ha participado en la máxima competición europea como jugador de siete clubes distintos: Ajax (Países Bajos), Juventus, Inter de Milán (ambos de Italia), Barcelona (España), AC Milan (Italia), París Saint-Germain (Francia) y Manchester United (R.U.).

El equipo más goleador en una fase de grupos de la Liga de Campeones de la UEFA

El Paris Saint-Germain marcó 25 goles en seis partidos durante la fase de grupos de la Liga de Campeones de la UEFA 2017/18, con un promedio de más de cuatro goles por partido. Terminaron en la primera posición del grupo B con una diferencia de goles de +21.

Durante la Liga de Campeones 2016/17, el Borussia Dortmund (Alemania) estableció el récord de **más goleadores en una temporada de la Liga de Campeones de la UEFA (equipo)**, con 15 jugadores diferentes marcando por lo menos un gol.

Más victorias consecutivas en la Liga de Campeones de la UEFA como equipo local

Entre el 17 de septiembre de 2014 y el 15 de febrero de 2017, el Bayern de Múnich (Alemania) ganó 16 encuentros de la Liga de Campeones jugando como local en el Allianz Arena. Arriba, el capitán retirado, Philipp Lahm (izquierda), y Thomas Müller (derecha).

Más victorias consecutivas de un equipo en la máxima categoría del fútbol inglés

Entre el 26 de agosto y el 27 de diciembre de 2017, el Manchester City (R.U.) ganó 18 partidos consecutivos de la English Premier League, la mayor racha ganadora en la historia de la primera división inglesa. El 13 de diciembre de 2017 mejoró el récord anterior de 14 partidos, vigente desde 2002, después de derrotar al Swansea por 4-0. La marcha triunfal del City se truncó el 31 de diciembre de 2017, cuando empató a cero con el Crystal Palace.

Más goles en una temporada de la English Premier League (EPL) de 38 partidos

El jugador del Liverpool Mo Salah (Egipto) marcó 32 goles en a temporada 2017/18 de la EPL. El prolífico delantero también logró el récord de **más partidos marcando en una temporada de la English Premier League (EPL) de 38 partidos**: 24. La marca de Salah se quedó sólo dos tantos por debajo de los 34 marcados por Andy Cole en 1993/94 y Alan Shearer (ambos de R.U.) en 1994/95, el récord de **más goles en una temporada de la EPL** de 42 partidos.

Más partidos consecutivos imbatido en La Liga

Entre el 15 de abril de 2017 y el 9 de mayo de 2018, el FC Barcelona terminó invicto en 43 partidos de la liga española, con 34 victorias y nueve empates. El 13 de mayo de 2018, cayó derrotado finalmente por 5-4 contra el Levante.

Más goles marcados por un jugador en La Liga

Entre el 1 de mayo de 2005 y el 13 de mayo de 2018, Lionel Messi (Argentina) había logrado 383 goles como jugador del FC Barcelona en 417 partidos de la primera división española, lo que significa una media de 0,91 goles por partido.

El 28 de enero de 2018, Messi marcó su vigésimo gol de la temporada 2017/18 en la victoria de su equipo contra el Alavés por 2-1, lo que supone el récord de **más temporadas consecutivas marcando 20 goles en La Liga**: 10.

Más temporadas marcando en la Serie A

Francesco Totti (Italia) se retiró al final de la temporada 2016/17 habiendo marcado al menos una gol en 23 temporadas de la Serie A italiana. Hizo su debut con el AS Roma el 28 de marzo de 1993, y el 4 de septiembre de 1994 logró su primer gol en la competición con este mismo club en un partido contra el Foggia.

Totti también ostenta el récord de **más penaltis marcados en la Serie A**: 71, por delante de los 68 de Roberto Baggio.

El jugador con más títulos de la primera división italiana

El 13 de mayo de 2018, el portero Gianluigi Buffon (Italia) se convirtió en el primer jugador en ganar nueve títulos de la Serie A, en 2002-03 y 2012-2018. Todos los títulos fueron con el mismo club: la Juventus.

Más goles marcados con un mismo club en la English Premier League

El 14 de mayo de 2017, Wayne Rooney (R.U.) anotó su 183.° gol con el Manchester United en un partido contra el Tottenham Hotspur en el estadio londinense de White Hart Lane. Fue su último gol con este club, ya que al final de esa temporada volvió al equipo de sus inicios, el Everton.

El 13 de mayo de 2018, Rooney marcó su gol n.° 208 en la EPL, por lo que sólo lo supera Alan Shearer (R.U.), el **máximo goleador de la EPL con 260 goles.**

Más participaciones en partidos de la English Premier League

A 13 de mayo de 2018, Gareth Barry (R.U.) había jugado 653 partidos en la liga inglesa desde el 2 de mayo de 1998. El 25 de septiembre de 2017, Barry superó el récord anterior de 632 de Ryan Giggs. A lo largo de su carrera ha pasado por cuatro clubes: Aston Villa, Manchester City, Everton y West Bromwich Albion.

Más goles en la Liga de Campeones de la UEFA

A 8 de mayo de 2018, Cristiano Ronaldo (Portugal) había marcado 120 goles en la Liga de Campeones de la UEFA. El 12 de abril, convirtió un penalti contra la Juventus que clasificó al Real Madrid para semifinales y amplió su récord de **más partidos consecutivos marcando en la Liga de Campeones: 11.**

El goleador más joven en la Copa Oro de la CONCACAF

El 7 de julio de 2017, Alphonso Davies (n. el 2 de noviembre de 2000) logró dos goles para Canadá con 16 años y 247 días en la victoria de su selección por 4-2 contra Guayana Francesa. Terminó el campeonato como uno de los máximos goleadores, y también fue nombrado el mejor jugador joven del torneo.

Más goles en la English Premier League en un año natural

Del 1 de enero al 26 de diciembre de 2017, el delantero del Tottenham Hotspur Harry Kane (R.U.) marcó 39 goles en la EPL. Batió el récord anterior en la jornada del Boxing Day con un *hat-trick* contra el Southampton. Fue el sexto triplete de Kane en liga en 2017: la **mayor cantidad de hat-tricks en la EPL en un año natural.**

Más victorias en el Campeonato Europeo de Fútbol de ConIFA

Padania ha ganado la Copa Europa de Fútbol de ConIFA las dos veces que se ha celebrado, en 2015 y 2017. Este estado no oficial del norte de Italia conservó su título el 10 de junio de 2017 al derrotar por 4-2 a los anfitriones, Chipre del Norte, en el estadio Nicosia Atatürk. ConIFA es una federación mundial de fútbol de pueblos sin estado y naciones y territorios no reconocidos internacionalmente.

Más partidos ganados por un entrenador de fútbol con la misma selección

El 25 de junio de 2017, Joachim Löw (Alemania) logró su victoria número 100 como seleccionador del combinado nacional alemán tras derrotar a Camerún por 3-1 en la Copa FIFA Confederaciones. A 13 de mayo de 2018, la cuenta de Löw había aumentado a 106 partidos.

El mayor margen de victoria en una final del Campeonato de Europa Femenino de la UEFA

El 19 de julio de 2017, Inglaterra venció a su eterna rival, Escocia, por 6-0 en el partido del grupo D del Campeonato de Europa Femenino disputado en el estadio Galgenwaard de Utrecht, Países Bajos. Ese día, Jodie Taylor logró el primer *hat-trick* de una inglesa en un gran torneo.

Más goles en la temporada regular de la NWSL en toda la carrera

A 13 de mayo de 2018, Samantha Kerr (Australia) había marcado 45 goles en la National Women's Soccer League. En 2017 logró el récord de **más goles en una temporada de la NWSL**, 17, con las Sky Blue FC (arriba); y el de **más goles en un partido de la NWSL** (4), contra las Seattle Reign, el 19 de agosto.

El jugador profesional más veterano en marcar un gol en una liga oficial

El 12 de marzo de 2017, Kazuyoshi Miura (Japón, nacido el 26 de febrero de 1967) anotó, con 50 años y 14 días, el gol de la victoria del Yokohama FC sobre el Thespakusatsu Gunma en el encuentro disputado en el estadio Nippatsu Mitsuzawa de Yokohama, Japón.

Más partidos ganados por una selección en la Copa Oro de la CONCACAF

EE.UU. ha ganado 56 partidos en 14 ediciones de la Copa Oro de la CONCACAF desde 1991. Obtuvo su sexto título el 26 de julio de 2017, tras batir a Jamaica por 2-1 en la final. En total, ha cosechado 56 victorias, 9 empates y 8 derrotas en 73 partidos.

Aunque EE.UU. ostente el récord de más triunfos, México es la selección con **más títulos de la Copa de Oro de la CONCACAF**: siete, de 1993 a 2015.

El traspaso más caro de un jugador

El 3 de agosto de 2017, el delantero brasileño Neymar Jr. fue traspasado del FC Barcelona al Paris Saint-Germain después del pago de los 222 millones de euros de su cláusula de rescisión de contrato. La cifra también convertía a Neymar en el **jugador más caro (traspasos más honorarios)**, con un total de 308,2 millones de euros a lo largo de su carrera.

MÁS TÍTULOS DE LIGA (HASTA 2017)

EQUIPO	LIGA	PRIMER TÍTULO	N.° DE TÍTULOS
Olympiacos	Grecia	1931	44
Al Ahly	Egipto	1949	39
S.L. Benfica	Portugal	1936	36
R.S.C. Anderlecht	Bélgica	1947	34
Juventus	Italia	1905	33
Real Madrid	España	1932	33
Bayern de Múnich	Alemania	1932	27
ASEC Mimosas	Costa de Marfil	1963	25
Rosenborg	Noruega	1967	25
Malmö FF	Suecia	1944	20

*Cifras a finales de la temporada 2016/17

RUGBY

Más victorias en la Copa del Mundo de Rugby Femenino

Nueva Zelanda ganó su quinto título de la Copa del Mundo de Rugby al imponerse a Inglaterra por 41-32 el 26 de agosto de 2017. Las Black Ferns se recuperaron con 31 puntos en la segunda parte. Con 73 puntos, lograron la **puntuación combinada más alta en una final de la Copa del Mundo de Rugby Femenino**.

Más títulos del campeonato Super Rugby

El 5 de agosto de 2017, los Crusaders (Nueva Zelanda) ganaron su octavo título del campeonato Super Rugby, que enfrenta a equipos de Japón y del hemisferio sur, tras vencer en la final a los Lions (Sudáfrica) por 25-17.

Más ensayos anotados por un equipo en una temporada regular de Super Rugby

Los Hurricanes, de Wellington (Nueva Zelanda), anotaron 89 ensayos en la temporada regular de Super Rugby de 2017. Comenzaron arrollando con 13 ensayos a los Sunwolves. Ngani Laumape (Nueva Zelanda) fue el artífice de 15 ensayos, el **mayor número de ensayos anotados por un jugador en una sola temporada de Super Rugby**. Laumape igualó así las marcas de Joe Roff (Australia, 1997) y Rico Gear (Nueva Zelanda, 2005).

Más ensayos anotados en una temporada regular de la English Premiership

El ala de los Wasps, Christian Wade (R.U.), anotó 17 ensayos en la temporada 2016-17 de la English Premiership. Igualaba así el récord de Dominic Chapman (R.U.), logrado como jugador de Richmond (1997-98).

El 16 de abril de 2016, Wade logró el récord de **más ensayos anotados en un partido de la English Premiership**: seis, en un encuentro contra Worcester. Wade igualó la marca de Ryan Constable (Australia, nacido en Sudáfrica), que anotó seis como jugador de los Saracens el 16 de abril de 2000.

Más ensayos anotados en una Copa del Mundo de Rugby a 13

Valentine Holmes (Australia) anotó 12 ensayos en seis partidos de la triunfal Copa del Mundo de Rugby a 13 del equipo australiano en 2017. El 24 de noviembre, estableció el récord de **más ensayos anotados en un partido de la Copa del Mundo de Rugby a 13**, con seis contra Fiyi.

Billy Slater, compañero de equipo de Holmes, ostenta el récord de **más ensayos anotados en la Copa del Mundo de Rugby a 13**, con 16 entre 2008 y 2017.

Más puntos en partidos internacionales de rugby en toda una carrera

Johnathan Thurston (Australia) anotó 382 puntos en encuentros internacionales entre el 5 de mayo de 2006 y el 5 de mayo de 2017. El zaguero, que anunció que dejaría de disputar encuentros internacionales tras una lesión sufrida durante el torneo State of Origin, anotó 13 ensayos y logró 165 transformaciones.

El *hat-trick* más rápido en la Super League

El 29 de mayo de 2017, el jugador de Castleford, Greg Eden (R.U.), anotó tres ensayos en 4 min y 59 s contra Leigh Centurions. Se estrenó a los 32 min y 43 s, y ya había completado su *hat-trick* a los 37 min y 42 s de juego. Increíblemente, era el cuarto partido consecutivo de la Super League en el que Eden anotaba un *hat-trick*.

Más partidos jugados en la National Rugby League

Cameron Smith (Australia) jugó 358 encuentros de la NRL con los Melbourne Storm (2002-1 de octubre de 2017) y sólo se perdió 11 encuentros por lesión. Ha ganado dos veces la Premiership y tiene el récord de **más victorias de un jugador en la NRL**: 254.

El primer equipo de rugby profesional de una liga transatlántica

El 25 de febrero de 2017, los Toronto Wolfpack de Canadá debutaron en la liga de rugby profesional de R.U. contra Siddal en la tercera ronda de la Challenge Cup.

Más giras como capitán de los British and Irish Lions

El galés Sam Warburton lideró a los British and Irish Lions en 2017 por Nueva Zelanda. Fue su segunda gira como capitán, lo que igualaba la marca del inglés Martin Johnson, capitán de los Lions en 1997 y 2001.

Más partidos jugados en el campeonato Super Rugby

El 3 de marzo de 2018, Wyatt Crockett (Nueva Zelanda) jugó con los Crusaders su partido 189 del campeonato Super Rugby. Superó a Keven Mealamu (175) el 14 de abril de 2017. También posee el récord de **más victorias consecutivas en partidos internacionales de un jugador** (32 con Nueva Zelanda, 2014-17).

Con su victoria sobre Clermont Auvergne en la Champions Cup el 13 de mayo de 2017, los Saracens se hicieron con el trofeo y con el récord de **más partidos consecutivos imbatidos en la Champions Cup**: 20 encuentros, jugados entre el 14 de noviembre de 2015 y el 21 de octubre de 2017, antes de perder finalmente contra... Clermont Auvergne.

Más ensayos anotados por un jugador en la Copa de Campeones Europeos de Rugby

El 20 de enero de 2018, Chris Ashton (R.U.) anotó su 38.º ensayo en la competición más importante del rugby europeo con el equipo francés del Toulon. Antes había anotado 29 ensayos con los Saracens (R.U.), incluido uno en la final de 2017 (ver foto) con el que superó a Vincent Clerc (36). Ashton también había logrado ocho ensayos con los Northampton Saints (R.U.) entre 2009 y 2012, cuando el campeonato se llamaba Copa Heineken.

COPA DEL MUNDO DE RUGBY

La victoria por un margen más amplio

Australia venció a Namibia por 142-0 en Adelaida, Australia, el 25 de octubre de 2003. En total, anotaron 22 ensayos, cinco a cargo de Chris Latham. Mat Rogers logró 16 transformaciones.

La puntuación combinada más alta en un partido

El 4 de junio de 1995, Nueva Zelanda arrolló por 145-17 a Japón en Bloemfontein, Sudáfrica. El extremo Marc Ellis logró seis ensayos, el **mayor número de ensayos anotados por un jugador en un partido**.

Más partidos jugados

Dos jugadores han participado en 22 encuentros de la Copa del Mundo de Rugby: el inglés Jason Leonard (1991-2003) y el neozelandés Richie McCaw (2003-15). Leonard, campeón en 2003, ganó 16 encuentros y perdió los otros seis. McCaw, el jugador con **más participaciones en encuentros internacionales de rugby** (148), ganó 20 partidos, el **mayor número de victorias de un jugador**.

Más victorias

Nueva Zelanda se ha hecho con el trofeo William Webb Ellis tres veces: en 1987, 2011 y 2015. Tras derrotar a Australia por 34-17 el 31 de octubre de 2015, se convirtió en la primera selección en ravalidar el título. En las otras dos ocasiones, Francia, que también perdió contra Australia en 1999, terminó como subcampeona. Les Bleus, con tres, es la selección que ha **perdido más finales**.

Más líneas defensivas superadas de manera limpia

Según las estadísticas de la World Rugby, el extremo australiano David Campese superó limpiamente una línea de defensa 37 veces entre 1987 y 1995. Logró 10 ensayos en 15 partidos distintos, y fue campeón del mundo en 1991. Se hizo famoso por ser el creador de un movimiento ofensivo llamado «paso de ganso», usado para eludir a los defensores.

Más tiempo transcurrido entre victorias

El 19 de septiembre de 2015, Japón derrotó a Sudáfrica por 34-32 en Brighton, Est Sussex, R.U. Los Brave Blossoms («flores valientes») no habían ganado un encuentro de la Copa del Mundo desde que derrotaron a Zimbabue el 14 de octubre de 1991, hacía 23 años y 340 días.

El jugador más joven

Vasil Lobzhanidze tenía 18 años y 340 días cuando jugó Georgia contra Tonga en Kingsholm in Gloucester, R.U., el 19 de septiembre de 2015.

El **anotador de un ensayo más joven** es el extremo galés George North, que lo logró en un encuentro contra Namibia con 19 años y 166 días, el 26 de septiembre de 2011.

El **jugador más veterano** en disputar un mundial es Diego Ormaechea (Uruguay), que tenía 40 años y 26 días cuando saltó al campo en el encuentro que enfrentó a Uruguay contra Sudáfrica en Hampden Park, Glasgow, R.U., el 15 de octubre de 1999.

El ensayo más rápido

El 18 de octubre de 2003, el australiano Elton Flatley anotó un ensayo a los 18 s. Los Wallabies se impusieron a Rumanía por 90-8.

Todos los récords hacen referencia a la Copa del Mundo de Rugby masculino de la Internacional Rugby Board/ World Rugby.

Más puntos anotados en una unica edición

Grant Fox logró 126 puntos para Nueva Zelanda en primera edición de la Copa del Mundo de 1987. Anotó 30 transformaciones, el **mayor número de transformaciones en un torneo**, 21 penaltis y un gol de drop en seis partidos. Su actuación fue decisiva para que los All Blacks se hicieran con el campeonato.

Más goles de penalti

Gonzalo Quesada (Argentina) transformó con éxito 31 penaltis durante el mundial de 1999. El apertura de los Pumas terminó el campeonato con 102 puntos, su récord personal de anotación.

Más transformaciones

Daniel Carter (Nueva Zelanda) realizó 58 transformaciones en 16 partidos de la Copa del Mundo entre 2003 y 2015. Carter, que es el jugador con **más transformaciones en partidos internacionales de rugby** (293), logró la última de su carrera en los instantes finales de la final de 2015 con la pierna derecha: la primera y única vez que lo hizo.

Jonny Wilkinson es el único jugador que ha logrado anotar en más de una final de la Copa del Mundo de Rugby: en 2007 sumó dos penaltis a los 15 puntos que logró en 2003.

Más ensayos en un único campeonato

Tres jugadores han anotado ocho ensayos en un único campeonato de la Copa del Mundo: Jonah Lomu (Nueva Zelanda, arriba) en 1999; Bryan Habana (Sudáfrica) en 2007; y Julian Savea (Nueva Zelanda) en 2015. Lomu, tristemente fallecido en 2015, anotó un total de 15 ensayos en diferentes campeonatos, cifra igualada por Habana, por lo que también comparten el récord de **más ensayos anotados**.

Más puntos

El inglés Jonny Wilkinson anotó 277 puntos en 19 partidos desde 1999 hasta 2011. Este prolífico apertura ostenta el récord de **más penaltis transformados**, con 58, y **más goles de drop**, con 14, entre ellos el que supuso la victoria en la final de 2003. También logró 28 transformaciones y un ensayo, contra Italia en 1999.

DEPORTES DE COMBATE

de la UFC en dos categorías de peso distintas. Su historial es de 20 victorias y dos derrotas en 22 combates.

La victoria de St-Pierre fue el 13.º combate por un título de la UFC en el que vencía: la **mayor cantidad de victorias en combates por un título de la UFC**. A 15 de marzo de 2018, estaba una por delante de Demetrious Johnson.

Michael Bisping regresó al octágono el 25 de noviembre de 2017 en su 29.º combate, el **mayor número de combates de la UFC**. Volvió a perder, esta vez contra Kelvin Gastelum.

Más defensas del título de la ONE (mujeres)

A 22 de noviembre de 2017, la primera campeona en la categoría de peso atómico del campeonato de la ONE, Angela Lee (Singapur, nacida en Canadá el 8 de julio de 1996) había realizado dos defensas del título. El 6 de mayo de 2016, con 19 años y 303 días, Lee se convirtió en la **campeona del mundo de artes marciales mixtas más joven** tras derrotar a Mei Yamaguchi en Kallang, Singapur. Su segunda defensa exitosa del título tuvo lugar el 26 de mayo de 2017, en el ONE Championship 55: Dynasty of Heroes, en el que derrotó a Istela Nunes mediante la técnica de estrangulación anaconda.

El campeón del mundo de peso supermediano más joven

El 8 de septiembre de 2017, David Benavidez (EE.UU., nacido el 17 de diciembre de 1996) se convirtió en campeón del mundo de peso supermediano de la WBC con 20 años y 265 días, tras derrotar a Ronald Gavril por decisión dividida en el Hard Rock Hotel & Casino de Las Vegas, Nevada, EE.UU.

Más medallas de oro de peso semipesado en el Campeonato Mundial de Boxeo de la AIBA

Julio César La Cruz (Cuba) ha ganado cuatro medallas de oro consecutivas de peso semipesado en el Campeonato Bienal de Boxeo Aficionado de la Asociación Internacional de Boxeo (anteriormente conocida como Asociación Internacional de Boxeo Aficionado). Se impuso en 2011, 2013, 2015 y 2017. En las dos últimas finales, superó a Joe Ward (Irlanda).

El **mayor número de medallas de oro ganadas en el Campeonato Mundial de Boxeo de la AIBA** es seis, cifra alcanzada por el peso pesado cubano Félix Savón entre 1986 y 1997.

Más defensas consecutivas de un título de la UFC

Entre el 26 de enero de 2013 y el 7 de octubre de 2017, el peso mosca Demetrious Johnson (EE.UU.) defendió su título del Ultimate Fighting Championship (UFC) 11 veces consecutivas. Al ganar a Ray Borg en el quinto asalto del combate UFC 216 con una variante de la técnica suplex, superó a Anderson Silva (10).

Más defensas consecutivas del título de peso pesado de la UFC

Entre el 25 de mayo de 2016 y el 20 de enero de 2018, Stipe Miocic (EE.UU.) defendió con éxito su título de peso pesado de la UFC en tres ocasiones. En la última, el UFC 220, derrotó a Francis Ngannou por decisión unánime de los jueces en Boston, Massachusetts, EE.UU.

Más victorias en la UFC

Tres luchadores han ganado 20 combates de la UFC: Donald Cerrone (EE.UU.), Georges St-Pierre (Canadá) y Michael Bisping (R.U.). Los dos últimos se enfrentaron en el combate UFC 217 del 4 de noviembre de 2017. St-Pierre reapareció tras cuatro años de ausencia y se hizo con el título de peso medio en el tercer asalto con la técnica de estrangulación desnuda.
Antiguo peso wélter, St-Pierre se convertía así en el cuarto campeón mundial

Más golpes significativos propinados en un combate por un título de la UFC

El 13 de mayo de 2017, Joanna Jędrzejczyk (Polonia) sumó 225 golpes significativos en cinco asaltos en el combate UFC 211 por el título femenino de peso minimosca contra Jéssica Andrade, celebrado en el American Airlines Center de Dallas, Texas, EE.UU. Jędrzejczyk se hizo con el título por decisión unánime de los jueces.

En esa pelea, también asestó el **mayor número de patadas durante un combate de la de UFC** (75), superando su propio récord de 70. A 22 de enero de 2018, Joanna ostentaba el **récord de más victorias en la UFC** (mujeres) con ocho, marca que comparte con Amanda Nunes (Brasil).

El **mayor número de golpes significativos propinados durante un combate de la UFC** es 238, cifra alcanzada el 30 de diciembre de 2011 por Nate Diaz (EE.UU.) en tres asaltos contra Donald *Cowboy* Cerrone (ver izquierda) en el UFC 141.

Más combates por el título mundial de boxeo de peso pesado

Wladimir Klitschko (Ucrania, derecha) peleó en su 29.º combate por el título de peso pesado el 29 de abril de 2017, cuando se enfrentó al medallista de oro olímpico británico Anthony Joshua en el estadio de Wembley, Londres, R.U. Klitschko, dos veces campeón de peso pesado, logró su primer título de la OMB el 14 de octubre de 2000. Después de perder su combate contra Joshua por nocaut técnico en el undécimo asalto, anunció su retirada.

El reinado más largo como campeona mundial de boxeo de cuatro competiciones

A 15 de marzo de 2018, Cecilia Brækhus (Noruega) hacía 3 años y 183 días que ostentaba los títulos femeninos de peso wélter de la OMB, la WBC, la WBA y la FIB. La conocida como «Primera Dama», con 32 victorias en 32 combates, se hizo con su primer cinturón el 13 de septiembre de 2014, y realizó con éxito la sexta defensa de uno de sus títulos (entre los que también se incluye el de la IBO) el 21 de octubre de 2017.

Los dos reinados de Klitschko como campeón de peso pesado suman 4.382 días, **el período más largo como campeón de peso pesado de boxeo.**

Más medallas de oro individuales ganadas en Campeonatos Mundiales de la IBJJF

Marcus Almeida (Brasil, arriba de azul) ha ganado 10 medallas de oro individuales en Campeonatos Mundiales de la Federación Internacional de Jiu-Jitsu Brasileño (IBJJF). Entre el 1 y el 4 de junio, se alzó con el triunfo en las categorías de +100 kg y peso abierto en los mundiales de 2017, con lo que igualaba la hazaña de Roger Gracie (Brasil), que entre 2004 y 2010 ganó 10 oros en las categorías de 100 kg, +100 kg y peso abierto.

La victoria por nocaut más rápida en un combate por un título mundial de boxeo

El 18 de noviembre de 2017, Zolani Tete (Sudáfrica) ganó su combate por el título de peso gallo de la OMB contra Siboniso Gonya disputado en el SSE Arena de Belfast, Irlanda del Norte, R.U. Noqueó a su oponente con su primer golpe, un gancho de derecha a los 6 segundos de pelea.

Más medallas de oro ganadas por un país en campeonatos del mundo de taekwondo-playa

Tailandia ganó siete medallas de oro en la edición inaugural del Campeonato Mundial de Taekwondo-playa de la Federación Mundial de Taekwondo (WTF) celebrado en la isla griega de Rodas del 5 al 6 de mayo de 2017. El campeonato incluía 26 categorías con ausencia de combates, como kyukpa artístico y poomsae, en los que individuos o equipos realizan «una secuencia de movimientos ordenados de un modo significativo en respuesta a múltiples atacantes imaginarios».

Más victorias en los Grand Prix de Taekwondo Mundial en un año natural

Bianca Walkden (R.U.) se impuso en la categoría femenina de +67 kg en las cuatro pruebas de Grand Prix de Taekwondo Mundial celebradas en 2017. Se alzó con la victoria en Moscú, Rabat y Londres antes de colgarse el oro en el Grand Prix Final de Abiyán, Costa de Marfil, el 2 de diciembre de 2017. Nunca antes una luchadora había hecho un pleno de victorias en pruebas de Grand Prix en un año natural. Walkden también defendió su título de +73 kg en el Campeonato Mundial de Taekwondo 2017.

Más medallas ganadas por un país en Campeonatos Mundiales de Taekwondo

Entre el 25 de mayo de 1973 y el 30 de junio de 2017, Corea del Sur se hizo con 232 medallas en el Campeonato Mundial de Taekwondo. Encabezó el medallero en la edición de 2017 celebrada en Muju, Corea del Sur, con un total de 10 metales (cinco de oro).

Más medallas de oro de muay thai ganadas por un país en los Juegos Mundiales

Ucrania ganó tres medallas de oro de muay thai en los Juegos Mundiales de 2017 celebrados en Breslavia, Polonia, la primera vez que este deporte se incluía en la competición. En las 11 finales disputadas el 30 de julio, Ucrania ganó los títulos masculinos en las categorías de 91 kg (Oleh Pryimachov), 67 kg (Serhii Kuliaba) y 63,5 kg (Igor Liubchenko). Sumadas a una medalla de plata, Ucrania logró el premio «Equipo de muay thai TWG2017».

Más victorias de un luchador de sumo en toda la carrera

El 26 de noviembre, Hakuhō Shō (Mongolia) terminó el Gran Torneo de Sumo de Kyushu 2017 habiendo logrado 1.064 victorias en toda su carrera. Sus resultados en el torneo, 14-1, fueron suficiente para proporcionarle su 40.º campeonato: la **mayor cantidad de victorias en torneos de sumo de máxima categoría**. Se aseguró el título el 25 de noviembre, tras superar a Endō Shōta en el Centro Kokusai de Fukuoka. A 15 de marzo de 2018, Hakuhō había aumentado su cuenta de victorias a 1.066.

El 28 de mayo de 2017, Hakuhō se anotó su decimotercer zenshō-yūshō (una victoria en un torneo sin perder un solo combate) al ganar el Gran Slam de Tokio, Japón, por 15-0. Esto supone la **mayor cantidad de victorias en torneos de sumo de máxima categoría sin perder un combate**.

Más medallas de oro en campeonatos mundiales de judo (hombres)

El 11 de noviembre de 2017, Teddy Riner (Francia, nacido en Guadalupe, arriba de blanco) ganó su décimo título mundial de judo en el Campeonato Mundial de Peso Abierto celebrado en Marrakesh, Marruecos. Su victoria en la final frente a Toma Nikiforov supuso su 144.º combate oficial consecutivo sin perder. Fue el segundo título de peso abierto de Riner, que se sumaba a los ocho oros ganados en la categoría de +100 kg en campeonatos mundiales de judo de 2007 a 2017.

El ganador más joven de un gran premio de la Federación Internacional de Judo (IJF)

El 24 de febrero de 2017, Uta Abe (Japón, nacida el 14 de julio de 2000) venció en la categoría femenina de -52 kg en el Gran Premio IJF Düsseldorf celebrado en Düsseldorf, Alemania. A sus 16 años y 225 días, Abe se aseguró el título ante la francesa Amandine Buchard con un uchi-mata bajo, una técnica de proyección. Su hermano mayor Hifumi, consiguió el oro a la edad de 20 años en la categoría masculina de 66 kg en el Campeonato Mundial de Judo de 2017.

Del 25 de junio de 2005 al 26 de agosto de 2017, Floyd Mayweather Jr. peleó en 16 combates retransmitidos por pago por visión (PPV). Con 23.980.000 compras, se estima que generó unos ingresos de 1.700 millones de $: la **mayor cifra de ventas por PPV de un boxeador**.

El campeón mundial de boxeo invicto en más combates en toda la carrera

Floyd Mayweather Jr. (EE.UU., derecha), campeón del mundo en cinco categorías, se retiró del boxeo con 50 victorias y ninguna derrota (entre el 11 de octubre de 1996 y el 26 de agosto de 2017). No obstante, con 40 años, Mayweather volvió al cuadrilátero y ganó al campeón de la UFC Conor McGregor en el décimo asalto, en el T-Mobile Arena de Las Vegas, EE.UU.

CRÍQUET

Más wickets anotados por un jugador en un partido del Campeonato Mundial Sub-19

El 23 de enero de 2018, el lanzador australiano Lloyd Pope logró ocho wickets en 35 carreras en el partido de cuartos de final del Campeonato Mundial Sub-19 de la ICC jugado contra Inglaterra en Queenstown, Nueva Zelanda.

Ese mismo día, el primer bateador de Sri Lanka Hasitha Boyagoda logró la **mayor cantidad de carreras de un jugador en un partido del Campeonato Mundial Sub-19**: 191, contra Kenia.

El lanzador ambidiestro más rápido

El lanzador Yasir Jan (Pakistán) ha sido cronometrado lanzando la pelota a 145 km/h con la mano derecha y 135 km/h con la izquierda. Un lanzador puede cambiar de mano durante un over o un spell, pero previamente debe informar al árbitro.

Más wickets en una final del Campeonato Mundial de la ICC

El 23 de julio de 2017, la inglesa Anya Shrubsole logró seis wickets en 46 carreras en la final del Campeonato Mundial Femenino de la ICC disputado en el Lord's, R.U. Superó la marca de cualquier otro jugador o jugadora en la final de un mundial.

La mayor remontada en un partido T20

El 16 de febrero de 2018, Australia respondió al 243 por 6 (243 carreras y eliminación de 6 wickets) de Nueva Zelanda con un 245 por 5 en un partido de T20 de las Tri-Series celebrado en el Eden Park, Auckland, Nueva Zelanda. Esta increíble remontada se basó en las 121 carreras en 8,3 overs logradas por D'Arcy Short y David Warner.

Más hat-tricks en partidos internacionales

El 6 de abril de 2017, Lasith Malinga (Sri Lanka) logró su tercer hat-trick (tres wickets con tres bolas) en un encuentro de T20 Internacional contra Bangladés. Igualaba así a Wasim Akram (Pakistán), que logró cuatro hat-tricks entre 1989 y 1999.

Más carreras anotadas en partidos Twenty20 (T20) en toda la carrera

A 4 de marzo de 2018, el bateador zurdo Chris Gayle (Jamaica) había logrado 11.068 carreras en 323 partidos T20. Este récord incluye carreras con clubes como los St Kitts & Nevis Patriots (arriba) y las 1.589 con la selección de Indias Occidentales.

El 12 de diciembre de 2017, Gayle logró 146 not out como jugador de los Rangpur Riders en la final de la Bangladés Premier League. Su currículo también incluye el récord de **más seises de un jugador en partidos T20**: 18.

La puntuación más alta de un bateador invicto tras jugarse todas las entradas

Entre el 27 y el 28 de diciembre de 2017, Alastair Cook, primer bateador de la selección inglesa, anotó 244 not out contra Australia en el cuarto encuentro de la serie Ashes Test jugado en el MCG de Melbourne, Australia. Fue la puntuación más alta de todos los tiempos en un partido de test de un primer bateador invicto tras la eliminación de sus 10 compañeros de equipo.

Más partidos de test albergados

El tercer partido de test que enfrentó a Inglaterra contra Indias Occidentales del 7 al 9 de septiembre de 2017 fue el 135.° disputado en el Lord's Cricket Ground de Londres, R.U. Este emblemático escenario albergó su primer partido de test, Inglaterra contra Australia, del 21 al 23 de julio de 1884.

El jugador más caro de la Indian Premier League

El 5 de enero de 2018, el magistral bateador indio Virat Kohli fue fichado por los Royal Challengers Bangalore por 17 millones de rupias (2,67 millones de dólares).

La puntuación más alta de un bateador retirado por lesión

El 27 de septiembre de 2017, Evin Lewis (Trinidad y Tobago) logró 176 carreras con Indias Occidentales antes de sufrir una lesión en un pie y tener que retirarse en el partido One-Day International (ODI) contra Inglaterra. Lewis superaba así un récord de 165 carreras establecido por Charles Bannerman (Australia) hace 140 años, los días 15 y 16 de marzo de 1877, durante el **primer partido de test**.

Los mejores números de un lanzador de una nación asociada en partidos ODI (hombres)

El 9 de junio de 2017, el lanzador Rashid Khan logró siete wickets en 18 carreras (la cuarta mejor cifra de la historia de los ODI) para Afganistán en un partido contra Indias Occidentales disputado en Gros Islet, Santa Lucía. Afganistán dejó de ser una nación asociada 13 días después y fue nombrada miembro de pleno derecho del Consejo Internacional de Críquet.

Más carreras anotadas en partidos ODI (mujeres)

A 4 de marzo de 2018, la capitana de la India, Mithali Raj, había logrado 6.259 carreras en encuentros ODI en 189 partidos (170 entradas) desde su debut en este formato en 1999.

Entre el 7 de febrero y el 24 de junio de 2017, Raj estableció el récord de **más cincuentenas consecutivas en partidos ODI (mujeres)**: siete. Con Charlotte Edwards (R.U.), ostenta el récord de **más cincuentenas anotadas en toda la carrera en partidos ODI (mujeres)**: 55.

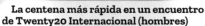

La centena más rápida en un encuentro de Twenty20 Internacional (hombres)

El 22 de diciembre de 2017, Rohit Sharma (India) logró una centena (además de ocho seises y 11 cuatros) con sólo 35 bolas en un partido contra Sri Lanka disputado en Indore, India. Sharma igualaba así la hazaña de David Miller (Sudáfrica), que también logró una centena con 35 bolas dos meses antes, el 29 de octubre, en un partido contra Bangladés disputado en Potchefstroom, Sudáfrica.

TENIS

Más títulos individuales de Grand Slam (hombres)

El 28 de enero de 2018, Roger Federer (Suiza) logró su 20.º título de Grand Slam con su victoria en el Abierto de Australia. Este jugador de 36 años ha ganado el 10% de los 200 Grand Slams masculinos disputados desde que el tenis se profesionalizó en 1968, y que comprenden los torneos de Wimbledon (ver más abajo) y Roland Garros, y los Abiertos de EE.UU. y Australia.

La **mayor cantidad de títulos individuales en torneos de Grand Slam** es 24, récord de Margaret Court (de soltera Smith, Australia) establecido entre 1960 y 1973.

Más partidos jugados en el ATP World Tour sin retirarse

A 4 de marzo de 2018, Roger Federer había completado 1.394 partidos consecutivos sin retirarse del circuito de la ATP. Su racha se remontaba hasta el día de su debut, en julio de 1998, cuando con 16 años perdió frente a Lucas Arnold Ker en Gstaad, Suiza.

La ganadora del Abierto de EE.UU. con peor clasificación mundial

Sloane Stephens (EE.UU.) ocupaba el número 83 de la clasificación mundial cuando se impuso en el Abierto de EE.UU., el 9 de septiembre de 2017. Este triunfo lo consiguió sólo 69 días después de regresar a las pistas tras 11 meses ausente por lesión, lo que la había hecho caer en picado hasta el puesto 957.

El primer jugador en ganar 10 títulos individuales del mismo torneo de Grand Slam (Era Open)

El rey de la tierra batida, Rafael Nadal (España), obtuvo su décimo título de Roland Garros el 11 de junio de 2017 tras derrotar a Stan Wawrinka en tres sets. Sus triunfos previos llegaron en 2005-08 y 2010-14. Con su victoria en la final de 2017, Nadal atesora un increíble historial en Roland Garros de 79 victorias y sólo dos derrotas.

Más ganancias en toda la carrera (mujeres)

A 4 de marzo de 2018, Serena Williams (EE.UU.) había ganado 84.463.131 $ en premios en toda su carrera. De forma increíble, esta ganadora de 23 títulos individuales de Grand Slam logró su séptimo Abierto de Australia el 28 de enero de 2017 embarazada de ocho semanas de su hija Alexis.

Más títulos individuales en tierra batida (Era Open)

El 23 de abril de 2017, Rafael Nadal logró su 50.º título en tierra batida: el Masters de Montecarlo. Superaba así la marca de Guillermo Vilas (Argentina), que logró 49 títulos en tierra batida entre 1973 y 1983.

Nadal se convertía además en el **primer jugador en ganar 10 veces un mismo torneo de la ATP (individuales, Era Open)** (ver también arriba).

Más títulos de dobles en silla de ruedas en torneos de Grand Slam (hombres)

El 9 de septiembre de 2017, David Wagner (EE.UU.) ganó su 16.º título de Grand Slam de dobles en silla de ruedas en el Abierto de EE.UU. con el británico Andrew Lapthorne, al batir a Dylan Alcott y Bryan Barten por 7-5 y 6-2. Wagner también es el jugador que ha ganado **más títulos individuales de Grand Slam en silla de ruedas (hombres)**: seis, empatado con Peter Norfolk (R.U.).

El partido femenino más largo del Abierto de EE.UU.

El 31 de agosto de 2017, Shelby Rogers (EE.UU.) derrotó a Daria Gavrilova (Australia) en un maratoniano encuentro de segunda ronda que duró 3 h y 33 min. Rogers desperdició cuatro puntos de partido antes de hacerse con la victoria por 7-6 (8-6), 4-6, 7-6 (7-5).

El primer ganador del Next Gen ATP Finals

El 11 de noviembre de 2017, Chung Hyeon (Corea del Sur) venció a Andrey Rublev por 3-4, 4-3, 4-2, 4-2 y se hizo con la primera edición del Next Gen ATP Finals.

Más títulos individuales de Wimbledon (hombres)

El 16 de julio de 2017, Roger Federer (Suiza, ver arriba) derrotó a Marin Čilić por 6-3, 6-1, 6-4 y se hizo con su octavo título de Wimbledon, superando a Pete Sampras (EE.UU.) y William Renshaw (R.U.), que lo ganaron en siete ocasiones.

La **mayor cantidad de títulos individuales de Wimbledon** ganados por un tenista es nueve, récord de Martina Navratilova (EE.UU., nacida en Checoslovaquia), con sus victorias en 1978-79, 1982-87 y 1990.

El partido de cuartos de final de un Grand Slam con jugadores más altos

El 5 de septiembre de 2017, los cuartos de final del Abierto de EE.UU. enfrentaron a Kevin Anderson (Sudáfrica, abajo a la izquierda, 2,03 m) y Sam Querrey (EE.UU., abajo a la derecha, 1,98 m), cuyas alturas suman 4,01 m. Anderson se impuso por 7-6, 6-7, 6-3, 7-6.

DEPORTES DE MOTOR

Más visionados de una sesión de entrenamientos de un piloto de carreras profesional retransmitida en directo

El 3 de mayo de 2017, la retransmisión en directo de la primera sesión de entrenamientos del piloto español de F1 Fernando Alonso en la IndyCar con la escudería Andretti Autosport fue vista por 2.149.000 espectadores a través de Facebook y YouTube, algo sin precedentes. Alonso aspira a lograr la Triple Corona del Motor, un título no oficial que comprende el Gran Premio de Mónaco de F1, las 500 millas de Indianápolis y las 24 horas de Le Mans.

El **primer ganador de la Triple Corona del Motor** fue Graham Hill (R.U.), que completó el triplete con su victoria en Le Mans en 1972. Ningún otro piloto ha igualado su hazaña.

La primera mujer en ganar una prueba de un campeonato mundial de motociclismo

El 17 de septiembre de 2017, Ana Carrasco (España) ganó la séptima carrera del Campeonato Mundial de Supersport 300 de la FIM en el Autódromo Internacional del Algarve, Portugal. A los mandos de una Kawasaki Ninja 300, Carrasco, de 20 años, se puso en cabeza de esta prueba de 11 vueltas en su recta final para ganar por 0,053 s.

Más victorias consecutivas en el Campeonato Mundial de Superbikes

El 30 de septiembre de 2017, Jonathan Rea (R.U.) se aseguró su tercer título consecutivo del Campeonato Mundial de Superbikes al ganar en el circuito de Magny-Cours, Francia, y lograr su 50.ª victoria en una carrera. Rea terminó la temporada con dos triunfos en Qatar, con los que llegó a los 556 puntos: la **mayor cantidad de puntos ganados en una temporada en el Campeonato Mundial de Superbikes**.

Más victorias en pruebas de MotoGP/500 cc del Mundial de Motociclismo

Desde el 9 de julio de 2000 hasta el 25 de junio de 2017, Valentino Rossi (Italia) se impuso en 89 carreras del Mundial como piloto de Honda, Ducati y Yamaha.

La vuelta más rápida en moto con sidecar en el TT Isla de Man

El 5 de junio de 2017, los hermanos Ben y Tom Birchall (ambos de R.U.) completaron una vuelta del TT Isla de Man a los mandos de una Honda LCR 600 con sidecar en 19 min y 19,746 s. Fue la primera vez que una moto con sidecar alcanzaba una velocidad media en una vuelta superior a los 188 km/h, con 188,485 km/h.

Más victorias en carreras de aceleración de la Hot Rod Asociación (NHRA)

El 19 de marzo de 2017, John Force (EE.UU.) logró su 148.ª victoria en carreras de aceleración de la NHRA tras superar a Jonnie Lindberg en la final del Funny Car del Amalie Motor Oil NHRA Gatornationals disputada en la pista de Gainesville, Florida, EE.UU.

La velocidad más elevada alcanzada en una carrera Funny Car (304,8 m) de la NHRA
El 29 de julio de 2017, el dos veces ganador del campeonato Funny Car, Robert Hight (EE.UU.), alcanzó los 546,96 km/h en la pista de Sonoma, California, EE.UU., la máxima velocidad lograda en carreras profesionales de aceleración de la NHRA.

El 18 de agosto de 2017, Hight logró el **mejor tiempo en una carrera Funny Car (304,8 m) de la NHRA**: 3,793 s.

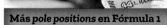

Más pole positions en Fórmula 1
A 26 de marzo de 2018, Lewis Hamilton (R.U.) había logrado 73 *pole positions* en la Fórmula 1. Hamilton superó el récord de Michael Schumacher de 68 en el Gran Premio de Italia, el 2 de septiembre de 2017.

El 7 de octubre de 2017, Hamilton obtuvo el primer puesto de la parrilla de salida en su 26.º circuito diferente, el de Suzuka, Japón: la **mayor cantidad de circuitos de Fórmula 1 en los que un piloto logra la *pole position***.

El conductor novato más joven en lograr un podio en la Fórmula 1

El 25 de junio de 2017, Lance Stroll (Canadá, nacido el 29 de octubre de 1998) terminó tercero en el Gran Premio de Azerbaiyán disputado en Bakú a la edad de 18 años y 239 días. Stroll, que es el segundo piloto de F1 más joven de la historia por detrás de Max Verstappen, debutó en esta competición con la escudería Williams.

El ascenso más rápido al monte Washington en carrera cronometrada

El 9 de julio de 2017, Travis Pastrana (EE.UU.), piloto de Subaru Rally Team USA, recorrió los 12,2 km que llevan hasta la cima del monte Washington, en New Hampshire, EE.UU., en 5 min y 44,72 s, lo que mejoraba el récord anterior en 24,37 s.

El ganador de las 500 millas de Daytona con menos vueltas como cabeza de carrera

El 18 de febrero de 2018, Austin Dillon (EE.UU.) fue el primero en cruzar la bandera a cuadros en las 500 millas de Daytona de la NASCAR después de ponerse en cabeza en la última vuelta del tiempo extra. Igualaba así la hazaña de Kurt Busch (EE.UU.), que hizo lo mismo en la última vuelta de la edición de 2017.

La velocidad media más elevada en una vuelta en las 24 horas de Le Mans
El 16 de junio de 2017, Kamui Kobayashi (Japón) se aseguró el primer puesto de la parrilla en las 24 horas de Le Mans con un Toyota TS050 Hybrid gracias a una vuelta de calificación en la que alcanzó una velocidad media de 251,882 km/h. Su tiempo de 3 min y 14,791 s fue el más rápido logrado en una vuelta desde que en 1989 se añadieron las chicanes en la recta Mulsanne del Circuit de la Sarthe.

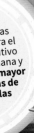

Finalmente, Porsche logró la victoria en las 24 horas de Le Mans de 2017. Era el tercer triunfo consecutivo para la escudería alemana y su 19.ª victoria total: la **mayor cantidad de victorias de una escudería en las 24 horas de Le Mans**.

DEPORTES EXTREMOS

Más participaciones en los X Games de Verano

La leyenda del skateboarding Bob Burnquist (Brasil) anunció que los X Games de 2017 serían los últimos en los que competiría tras haber participado en las 26 ediciones de estos juegos desde su edición inaugural en 1995.

Burnquist ostenta el récord de **más medallas ganadas en los X Games de Verano**: 14 de oro, 8 de plata y 8 de bronce entre 1997 y 2015, un total de 30.

Más medallas ganadas en los X Games (mujeres)

El 27 de enero de 2018, Jamie Anderson (EE.UU.) ganó su 15.ª medalla en los X Games de Invierno, en la prueba femenina de Snowboard Big Air. Entre 2006 y 2018 siempre ha subido al podio en las prueba de snowboard slopestyle, con cinco oros, siete platas y tres bronces.

La ganadora más joven de dos medallas de oro en los X Games

El 29 de enero de 2017, Kelly Sildaru (Estonia, nacida el 17 de febrero de 2002) ganó su segundo oro en los X Games en la prueba de Ski Slopestyle con 14 años y 347 días.

Brighton Zeuner (EE.UU., nacida el 14 de julio de 2004), con sólo 13 años y 1 día, se convirtió en la **ganadora más joven de una medalla de oro en los X Games de Verano**, en la prueba de Skatepark, el 15 de julio de 2017.

Más medallas de oro en BMX Street (hombres) en los X Games de Verano

Garrett Reynolds (EE.UU.) ganó su novena medalla de oro en la prueba de BMX Street en los X Games de Verano 2017. Sólo se le ha escapado la victoria una vez, cuando terminó segundo en los X Games de Los Ángeles 2013.

Más victorias en disciplinas distintas en los Nitro World Games

El 24 de junio de 2017, Ryan Williams (Australia) se convirtió en el primer ganador en dos disciplinas distintas en unos Nitro World Games. *R-Willy* ganó en las pruebas de acrobacias con BMX y acrobacias con patinete en Salt Lake City, Utah, EE.UU.

Joe Parsons sumó la 17.ª medalla a su palmarés después de ganar un bronce en la final de Acrobacias con moto de nieve. Se coloca una por detrás de Shaun White (EE.UU.), que ostenta el récord de **más medallas en los X Games de Invierno** (18).

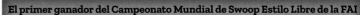

El primer ganador del Campeonato Mundial de Swoop Estilo Libre de la FAI

David *Junior* Ludvik (EE.UU.) se coronó campeón del mundo en la edición inaugural del Campeonato Mundial de Swoop Estilo Libre de la Fédération Aéronautique Internationale (FAI), celebrado del 25 al 26 de agosto de 2017 en Copenhague, Dinamarca. Los saltadores de paracaídas de swoop estilo libre se lanzan desde los 1.500 m de altura y alcanzan los 150 km/h antes de realizar una serie de maniobras acrobáticas sobre el agua. La puntuación valora la ejecución y el estilo.

La mayor distancia recorrida con un traje aéreo (aprobada por la FAI)

El 27 de mayo de 2017, Anastasis Polykarpou (Chipre) voló 5,192 km con un traje aéreo durante la primera ronda de los Wingsuit Performance Nationals de R.U. 2017 celebrados en Netheravon, Wiltshire.

El mismo día, Jackie Harper (R.U.) estableció el récord de la **mayor distancia recorrida con un traje aéreo (mujeres, aprobada por la FAI)**: 4,359 km. Alcanzó una velocidad de 254,2 km/h durante su vuelo.

La mayor distancia recorrida en paracaídas en vuelo rasante (aprobada por la FAI)

El 22 de julio de 2017, el instructor de paracaidismo Cédric Veiga Rios (Francia) recorrió 196,52 m en paracaídas en vuelo rasante durante los Juegos Mundiales disputados en Breslavia, Polonia. Al día siguiente, Cornelia Mihai (EAU, nacida en Rumanía) estableció el récord de **mayor distancia recorrida en paracaídas en vuelo rasante (mujeres, aprobada por la FAI)**: 175,77 m.

Más victorias en las Red Bull Cliff Diving World Series (mujeres)

Rhiannan Iffland (Australia) ganó cuatro de las seis pruebas de las Red Bull Cliff Diving World Series de 2017 y logró retener el trofeo King Kahekili; igualaba así la marca de Rachelle Simpson (EE.UU.), también bicampeona. Iffland, con experiencia previa en saltos de trampolín, retuvo el título tras imponerse el año anterior en la temporada de su debut, cuando compitió invitada por la organización.

Más victorias consecutivas en la prueba de Acrobacias con Moto de Nieve Estilo Libre de los X Games de Invierno

El 28 de enero de 2017, en los X Games de Invierno celebrados en Aspen, Colorado, EE.UU., Joe Parsons (EE.UU.) se convirtió en el primer campeón de la prueba de Acrobacias con Moto de Nieve que revalidaba su título. Con una giro de 360° sobre su asiento en mitad de un salto, una maniobra muy poco frecuente, logró 93,00 puntos que le dieron su segundo título consecutivo en estilo libre y el tercer puesto de la general.

DEPORTES DE PRECISIÓN

Más puntos conseguidos en arco recurvo al aire libre, 70 m y 72 flechas (mujeres)

El 20 de agosto de 2017, Choi Mi-sun (Corea del Sur) obtuvo 687 puntos de 720 posibles en la ronda de clasificación de la competición de arco recurvo en los juegos estudiantiles de la Universiada 2017, celebrada en Taipéi.

Más puntos conseguidos en arco recurvo al aire libre en competición paralímpica, 50 m y 72 flechas (W1, mujeres)

El 14 de septiembre de 2017, Jessica Stretton (R.U.) obtuvo 657 puntos de 720 posibles durante la ronda de clasificación para la final W1 de 50 m del Campeonato Mundial de Tiro con Arco Paralímpico 2017, en Pekín, China. Fue el 10.º récord mundial que batía ese año y en dos ocasiones logró establecer cuatro en un único día.

La puntuación más alta en carabina de aire a 10 m según las normas de la ISSF (mujeres)

El 24 de febrero de 2017, la china Shi Mengyao ganó el oro en una prueba de la Copa del Mundo de la ISSF celebrada en Nueva Delhi, India, con una puntuación de 252,1. Tenía 19 años, por lo que la marca también supuso el récord del mundo júnior de la ISSF.

La puntuación más alta en pistola de aire a 10 m según las normas de la ISSF (hombres)

El 3 de marzo de 2018, en su debut en la Copa del Mundo de la ISSF en Guadalajara, México, Shahzar Rizvi (India) ganó la prueba de pistola de aire a 10 m (242,3).

La **puntuación más alta en pistola de aire a 10 m según las normas de la ISSF (mujeres)** la logró la serbia Zorana Arunović (246,9) el 11 de marzo de 2017 en el Campeonato de Europa de Tiro a 10 m, en Maribor, Eslovenia.

Los primeros medallistas de oro en dobles mixtos en el Campeonato Mundial de Petanca

El 16 de abril de 2017, Nadia ben Abdessalem y Khaled Lakhal (Túnez) derrotaron a la pareja camboyana formada por Sreang Sorakhim y Nhem Bora por 13-7 en la final de dobles mixtos del Campeonato Mundial de Petanca celebrado en Gante, Bélgica. La petanca suele jugarse individualmente o en equipos de tres jugadores, denominados tripletas.

El jugador más joven en la Copa Mosconi

El 4 de diciembre de 2017, con 20 años y 63 días, Joshua Filler (Alemania, 2 de octubre de 1997) debutó en la Copa Mosconi con el equipo europeo de pool (billar americano) en su enfrentamiento contra EE.UU. Filler fue reconocido como el Jugador Más Valioso y embocó la bola que selló el triunfo europeo por 11-4.

Europa se impuso por 12.ª vez a EE.UU., la **mayor cantidad de victorias en la Copa Mosconi**. EE.UU. ha ganado 11 veces, con un empate en 2006.

Más puntos conseguidos en arco recurvo *indoor*, 18 m y 60 flechas (hombres)

El 20 de enero de 2017, Brady Ellison (EE.UU.) logró 599 puntos de 600 posibles en la prueba de la Copa del Mundo de Tiro con Arco *Indoor* en Nimes, Francia. Ellison batió su propio récord de 598.

La **puntuación más alta lograda en competición** *indoor* de tiro con arco compuesto, 18 m y 60 flechas (hombres) es de 600 puntos de 600 posibles: Mike Schloesser (Países Bajos) el 24 de enero de 2015.

Más medallas de oro de un país en dobles masculino de raffa en los Juegos Mundiales

Italia ha ganado las tres finales de raffa en dobles masculino de los Juegos Mundiales: en 2009, 2013 y 2017. El 24 de julio de 2017 derrotaron a San Marino por 12-7 en Breslavia, Polonia. Similar a la petanca, la raffa se juega con bolas de plástico, generalmente sobre moqueta o arcilla.

El jugador más joven de snooker (billar inglés) en lograr un break de 147 puntos en competición profesional

El 9 de julio de 2017, Sean Maddocks (R.U., nacido el 10 de abril de 2002) logró un break de la máxima puntuación a la edad de 15 años y 90 días durante el torneo LiteTask Pro-Am celebrado en Leeds, West Yorkshire, R.U. Batía así el récord de la leyenda del snooker Ronnie O'Sullivan por ocho días.

El **jugador de snooker más veterano en lograr un break de 147 puntos en competición profesional** es Mark Davis (R.U., nacido el 12 de agosto de 1972). Obtuvo la máxima puntuación por segunda vez en su carrera en una partida de la Championship League, el 2 de marzo de 2017 con 44 años y 202 días. Lo había logrado por primera vez dos meses antes.

Phil Taylor es uno de los dos jugadores, junto con Michael van Gerwen, que han logrado dos nine-dart finish (ganar una ronda empleando la menor cantidad de dardos posible) en la misma partida.

PHIL TAYLOR

Phil *The Power* Taylor (R.U.) se retiró de los dardos tras la final del Campeonato Mundial de la Professional Darts Corporation (PDC) celebrada el 1 de enero de 2018, en la que fue derrotado por Rob Cross por 7-2. El legado de Taylor incluye los récords de **más victorias en el Campeonato Mundial** (16, dos de la British Darts Organisation y 14 del PDC), **más títulos de la Premier League Darts** (6) y **más títulos de la World Matchplay** (16). *The Power* ganó su 16.ª corona de la World Matchplay el 30 de julio de 2017, tras derrotar a Peter Wright por 18-8 en la final.

GOLF

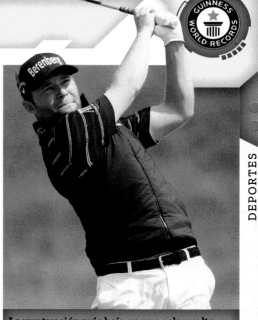

La golfista más joven en ganar un torneo del Ladies European Tour

Atthaya Thitikul (Tailandia, nacida el 20 de febrero de 2003) ganó el Ladies European Thailand Championship 2017 con 14 años y 139 días. Terminó la competición con 283 golpes, 5 bajo par. No pudo llevarse los 45.000 € del premio por ser una jugadora aficionada.

Más golpes bajo par en una vuelta en el Abierto de EE.UU.

El 17 de junio de 2017, Justin Thomas (EE.UU.) logró un 9 bajo par con 63 golpes en la tercera vuelta del Abierto de EE.UU. en Erin Hills, Wisconsin, EE.UU. Mejoró el 8 bajo par (también con 63 golpes) de Johnny Miller (EE.UU.) en 1973.

Thomas y Miller comparten el récord de **más golpes bajo par en un vuelta del Abierto de EE.UU.** (63), también logrado por Jack Nicklaus y Tom Weiskopf (ambos de EE.UU.) el mismo día, el 12 de junio de 1980, y por Vijay Singh (Fiyi) en 2003.

Más golpes bajo par en el Abierto de EE.UU.

Brooks Koepka (EE.UU.) ganó la edición del Abierto de EE.UU. de 2017 con 16 bajo par, igualando a Rory McIlroy (R.U.), que lo logró en la edición de 2011.

La puntuación más baja en la última vuelta de un ganador de una prueba del World Golf Championship

El 6 de agosto de 2017, Hideki Matsuyama (Japón) presentó una tarjeta de 61 golpes con siete birdies y un eagle en la vuelta final del torneo Bridgestone Invitational en Akron, Ohio, EE.UU., y se proclamó vencedor. Tras los torneos mayores, los cuatro torneos anuales del World Golf Championship son los más prestigiosos.

Más hoyos en uno en el Campeonato de la PGA en toda la carrera

Según las estadísticas oficiales del Campeonato de la PGA, a 28 de noviembre de 2017, Hal Sutton (EE.UU.) y Robert Allenby (Australia) habían logrado 10 hoyos en uno.

La **mayor cantidad de hoyos en uno en el Circuito Europeo en toda la carrera** es también 10, récord de Miguel Ángel Jiménez (España).

El ganador más joven de The Players Championship

El 14 de mayo de 2017, Kim Si-woo (Corea del Sur, nacido el 28 de junio de 1995) ganó el The Players Championship en Florida, EE.UU., con 21 años y 320 días. Si-woo se convirtió en el cuarto golfista en ganar dos torneos del Campeonato de la PGA antes de cumplir 22 años, junto con Jordan Spieth, Sergio García y Tiger Woods.

La golfista en ganar más rápidamente 1.000.000 $ en el Campeonato de la LPGA

Entre el 2 de marzo y el 16 de julio de 2017, Park Sung-hyun (Corea del Sur) ganó 1.000.000 $ en el Campeonato de la LPGA en 14 torneos que culminaron con su victoria en el Abierto de EE.UU. En noviembre de 2017, se convirtió en la primera golfista de la LPGA en llegar al número 1 del mundo en su primera temporada como profesional. Junto a Ryu So-yeon (Corea del Sur) fueron las primeras coganadoras del premio Rolex a la Jugadora del Año de la LPGA desde su primera edición en 1966.

Los primeros ganadores del torneo GolfSixes

Dinamarca (Lucas Bjerregaard y Thorbjørn Olesen) ganó el torneo GolfSixes del European Tour celebrado en el Centurion Club de St Albans, Hertfordshire, R.U., del 6 al 7 de mayo de 2017. La competición enfrenta a equipos de dos jugadores de 16 naciones en un recorrido de seis hoyos cronometrado que penaliza el juego lento.

Más birdies en una sola vuelta en el Campeonato de la PGA

El 21 de enero de 2017, Adam Hadwin (Canadá) consiguió 13 birdies en 18 hoyos en el torneo CareerBuilder Challenge. Igualaba así a Chip Beck (EE.UU.), que también logró 13 birdies en el torneo Las Vegas International de 1991.

El 15 de junio de 2017, Hadwin logró el récord de **más birdies consecutivos en el Abierto de EE.UU.** (6), lo que igualaba la hazaña de George Burns en 1982 y Andy Dillard (ambos de EE.UU.) en 1992.

Más victorias en torneos mayores del PGA Tour Champions

A 14 de agosto de 2017, Bernhard Langer (Alemania) había ganado 10 torneos mayores en el circuito PGA Tour Champions, que está abierto a jugadores mayores de 50 años. Con su noveno triunfo, en el Senior PGA Championship de 2017, Langer se anotó la victoria en los cinco torneos mayores del Tour Champions.

La **mayor cantidad de victorias en torneos del PGA Tour Champions** es 45, cifra lograda por Hale Irwin (EE.UU.) entre 1995 y 2007.

La puntuación más baja en una sola vuelta en un torneo mayor (hombres)

El 22 de julio de 2017, Branden Grace (Sudáfrica) presentó una tarjeta con 62 golpes, 8 bajo par, en la tercera vuelta del The Open Championship, celebrado en el Royal Birkdale Golf Club de Southport, Merseyside, R.U. Grace logró ocho birdies y ningún bogey. El récord anterior de 63 golpes había sido logrado 31 veces por 29 golfistas distintos.

Más torneos mayores disputados antes de lograr una victoria

Sergio García (España) se anotó su primera gran victoria en el Masters de Augusta 2017 en su 74.° torneo mayor, dos más que Tom Kite, que ganó el Abierto de EE.UU. de 1992 en su 72.° torneo mayor. El 9 de abril, García derrotó al inglés Justin Rose en un play-off con muerte súbita en el Augusta National Golf Club en Georgia, EE.UU.

A 16 de marzo de 2018, el récord de **más torneos mayores disputados sin lograr la victoria (actualidad)** es 79, de Lee Westwood (R.U.). El récord de **más torneos mayores disputados sin lograr la victoria de todos los tiempos** es 87, establecido por Jay Haas (EE.UU.) entre 1974 y 2008.

ATLETISMO

La primera milla en menos de cuatro minutos

El 6 de mayo de 1954, el estudiante de medicina Roger Bannister (R.U.) corrió una milla en 3 min y 59,4 s ante 3.000 espectadores en la pista de atletismo de Iffley Road, en Oxford, R.U. Se convertía así en la primera persona en romper la barrera de los cuatro minutos, y aunque su marca fue mejorada sólo 46 días después, sigue siendo un hito en la historia del deporte (ver en la pág. 232 el récord actual). El locutor de la pista, Norris McWhirter, colaboraría con su hermano gemelo Ross en la primera edición del *Guinness World Records*. Roger Bannister murió el 3 de marzo de 2018 a los 88 años.

Más medallas ganadas por un país en Campeonatos Mundiales de Atletismo de la IAAF

EE.UU. hizo historia al ganar 30 medallas en el Campeonato Mundial de la IAAF 2017 celebrado en Londres, R.U.: 10 oros, 11 platas y 9 bronces.

Desde la primera edición de 1983, el equipo de EE.UU. es el que ha ganado **más medallas de oro en Campeonatos Mundiales**: 155 en total.

El mayor margen de victoria en el relevo 4 × 400 en el Campeonato Mundial de la IAAF

El 13 de agosto de 2017, el equipo de EE.UU. formado por Quanera Hayes, Allyson Felix, Shakima Wimbley y Phyllis Francis se hizo con el oro en el relevo 4 × 400 m femenino con una marca de 3 min y 19,02 s, a 5,98 s del equipo de Gran Bretaña.

Cockroft empezó a competir a los 13 años. Batió su primer récord del mundo en 2010, y en junio de ese mismo año estableció las siete mejores marcas de todos los tiempos en sólo ocho días.

El lanzamiento de disco más lejano (F52, hombres)

El 18 de julio de 2017, André Rocha (Brasil) ganó la prueba de lanzamiento de disco en categoría F52 en el Campeonato Mundial de Atletismo Paralímpico con una marca de 23,80 m en el estadio Olímpico de Londres, R.U. Exagente de la policía militar, Rocha sufrió una lesión en la médula espinal como consecuencia de una caída estando de servicio.

Rocha estableció más de seis récords mundiales esa misma temporada, el último de los cuales fue el de **lanzamiento de peso más lejano (F52, hombres)**: 11,74 m, en São Paulo, Brasil, el 28 de octubre de 2017.

Los 400 m más rápidos (T63, mujeres)

El 5 de junio de 2017, Gitte Haenen (Bélgica) ganó los 400 T63 con una marca de 1 min y 28,76 s en un Gran Premio celebrado en Nottwil, Suiza. Exluchadora de kick boxing, tuvieron que amputarle la pierna izquierda por encima de la rodilla debido a los daños sufridos durante un entrenamiento. Increíblemente, era la primera vez que corría los 400 m en competición oficial.

Los 400 m más rápidos (T37, mujeres)

El 20 de julio de 2017, Georgina Hermitage (R.U.) ganó el oro en los 400 m femeninos T37 del Campeonato Mundial celebrado en Londres, R.U. (1 min y 0,29 s).

Hermitage también ostenta el récord de los **100 m (T37, mujeres)**: 13,13 s, marca establecida el 9 de septiembre de 2016.

Los 200 m más rápidos (T38, mujeres)

El 15 de julio de 2017, Sophie Hahn (R.U.) ganó los 200 m femeninos T38 en el Campeonato Mundial de Atletismo Paralímpico, en Londres, R.U. (26,11 s).

El 22 de julio de 2017, logró el oro y mejoró su propio récord de los 100 m (T38, mujeres) con una marca de 12,44 s.

Más medallas ganadas en Campeonatos Mundiales de Atletismo de la IAAF (hombres)

Usain Bolt (Jamaica) se retiró en 2017 tras ganar 14 medallas en varios Mundiales de la IAAF desde su primera participación en 2009. En Londres logró un bronce en los 100 m que se sumaba a sus 11 medallas de oro (ver más abajo) y dos de plata. Bolt estableció el aún vigente **récord de los 100 m lisos (hombres)** en el Campeonato Mundial de 2009 (9,58 s).

Más medallas ganadas en Campeonatos Mundiales de Atletismo de la IAAF

Entre 2005 y 2017, Allyson Felix (EE.UU.) ganó 16 medallas en varios Mundiales de la IAAF, más que cualquier otro atleta, hombre o mujer. Su palmarés incluye el **récord de mayor cantidad de medallas de oro en Campeonatos Mundiales**, que comparte con Usain Bolt: 11. En 2017, sumó dos oros, en los relevos 4 × 100 m y 4 × 400 m, y un bronce individual en los 400 m.

Los 1.500 m en silla de ruedas más rápidos (T54, hombres)

El 3 de junio de 2017, el canadiense Brent Lakatos ganó los 1.500 m masculinos T53-54 (2 min y 51,84 s) en Nottwil, Suiza. Culminó así 10 días memorables en los que estableció cinco récords mundiales.

El 27 de mayo, durante el Campeonato de Suiza celebrado en Arbon, Suiza, Lakatos batió el récord de los **100 m en silla de ruedas (T53, hombres)** por segunda vez en tres días con una marca de 14,10 s. Al día siguiente, logró el récord de los **200 m en silla de ruedas (T53, hombres)** con 25,04 s y el de los **800 m en silla de ruedas (T53, hombres)** con 1 min y 31,91 s.

Los 100 m en silla de ruedas más rápidos (T34, mujeres)

El 14 de julio de 2017, Hannah Cockroft (R.U.) ganó el oro en el Campeonato Mundial de Atletismo Paralímpico celebrado en Londres, R.U. (17,18 s). Fue la primera de las tres medallas de oro que logró esta plusmarquista. También se hizo con la victoria en los 400 y 800 m T34.

El 3 de junio de 2017, en Nottwil, Suiza, Cockroft ya había logrado el récord de los **1.500 m en silla de ruedas (T34, mujeres)** con una marca de 3 min y 50,22 s que mejoraba en 11 segundos el récord anterior, establecido tres años antes.

Más títulos de la Carrera de Diamante de la IAAF (mujeres)

Sandra Perković (Croacia) ganó seis títulos consecutivos de la Liga de Diamante en lanzamiento de disco de 2012 a 2017. Ganó en cuatro de las cinco pruebas de 2017: Shanghái, Oslo, Birmingham y Bruselas. A 1 de septiembre de 2017, Perković había ganado 38 competiciones de lanzamiento de disco, la **mayor cantidad de victorias en pruebas de la Liga de Diamante**.

La **mayor cantidad de títulos de la Carrera de Diamante de la IAAF (hombres)** es siete, récord establecido por el saltador de pértiga Renaud Lavillenie (Francia) entre 2010 y 2016 (ver pág. 235).

Más victorias en el Desafío IAAF de Lanzamiento de Martillo

Anita Włodarczyk (Polonia) ganó cinco veces consecutivas la competición femenina del Desafío IAAF de Lanzamiento de Martillo entre 2013 y 2017. Permaneció invicta en la competición la temporada 2017, el tercer año consecutivo que esto ocurría.

La **mayor cantidad de victorias en el Desafío IAAF de Lanzamiento de Martillo (hombres)** es cuatro, récord de Paweł Fajdek (Polonia), en 2013, 2015, 2016 y 2017.

En su triunfo más reciente, Fajdek estableció la **puntuación general más alta de todos los tiempos de la competición**: 248,48. Ganó el oro en los Campeonatos Mundiales de la IAAF.

El mayor margen de victoria en el Campeonato Mundial de Atletismo de la IAAF

El 13 de agosto de 2017, Yohann Diniz (Francia, n. el 1 de enero de 1978) ganó los 50 km marcha con un margen de 8 min y 5 s sobre el segundo clasificado, el mayor en la historia de los campeonatos. Su tiempo de 3 h, 33 min y 12 s fue además el segundo más rápido de la prueba de todos los tiempos. Con 39 años y 224 días, Diniz se convirtió en el **ganador de un Mundial de la IAAF más veterano**.

El lanzamiento de peso más lejano (F43, hombres)

El 23 de julio de 2017, Akeem Stewart (Trinidad y Tobago) logró el oro en lanzamiento de peso (19,08 m) en el Campeonato Mundial de Atletismo Paralímpico de la IPC celebrado en Londres, R.U. El 18 de julio, Stewart, que padece una dismetría congénita de los miembros inferiores, también ganó el oro al lograr el **lanzamiento de jabalina más lejano (F43, hombres)**: 57,61 m.

Más victorias por equipos en el Campeonato Mundial de Campo a Través de la IAAF (mujeres)

El 26 de marzo, Kenia ganó su duodécimo título femenino sénior en el Campeonato Mundial de Campo a Través de la IAAF 2017. Lideradas por la ganadora de la general, Irene Chepet Cheptai, las atletas kenianas coparon las seis primeras posiciones y establecieron la mínima puntuación posible para un equipo: 10 puntos, algo sin precedentes. Previamente, Kenia se había alzado con la victoria en 1991-93, 1995-96, 1998, 2001 y 2009-13.

El **mayor número de victorias por equipos en el Campeonato Mundial de Campo a Través de la IAAF (hombres)** también lo ostenta Kenia, con 24 títulos entre 1986 y 2011.

La milla más rápida en marcha atlética

El 9 de julio de 2017, Tom Bosworth (R.U.) ganó la prueba de marcha atlética de la milla de los Anniversary Games con un tiempo de 5 min y 31,08 s en el estadio Olímpico de Londres, R.U. Mejoraba así en casi seis segundos el anterior récord mundial, establecido 27 años antes por Algis Grigaliũnas.

Los 300 m más rápidos (hombres)

El 28 de junio de 2017, Wayde van Niekerk (Sudáfrica) estableció el récord del mundo de los 300 m lisos (30,81 s) en una competición de la IAAF World Challenge celebrada en Ostrava, República Checa. Mejoraba así el récord de Michael Johnson (EE.UU.), a quien previamente ya había arrebatado el **récord de los 400 m lisos** con una marca de 43,03 s establecida en 2016.

Más medallas de oro ganadas en pruebas individuales en Campeonatos Mundiales de Atletismo de la IAAF (mujeres)

El 11 de agosto de 2017, Brittney Reese (EE.UU.) ganó su cuarto título mundial de salto de longitud con una marca en tercera ronda de 7,02 m. Repetía su hazaña de 2009, 2011 y 2013; aunque en 2015 no consiguió clasificarse para la final. Reese igualó a la lanzadora de peso Valerie Adams (de soltera Vili, Nueva Zelanda), que logró la **mayor cantidad de medallas de oro individuales consecutivas en Campeonatos Mundiales (mujeres)**: cuatro, entre 2007 y 2013.

Reese y Adams ostentan el récord de más oros en pruebas individuales femeninas de Campeonatos Mundiales. Allynson Felix (arriba a la izquierda) también ganó cuatro oros pero en la prueba de relevo 4 × 400 m. Su compatriota Natasha Hastings ganó cinco oros en la misma prueba, aunque sólo corrió las eliminatorias previas en 2007-11.

MARATONES

Más victorias en la maratón de Londres (hombres)

El 22 de abril de 2018, Eliud Kipchoge (Kenia) ganó su tercera maratón de Londres con un tiempo de 2 h, 4 min y 17 s. António Pinto (Portugal), Dionicio Cerón (México) y Martin Lel (Kenia) también han vencido tres veces. El 24 de abril de 2016, Kipchoge corrió la **maratón de Londres más rápida**: 2 h, 3 min y 5 s.

El **récord de más victorias en la maratón de Londres (mujeres)** es cuatro, establecido por Ingrid Kristiansen (Noruega) en 1984-85 y 1987-88.

La finalización más rápida de la Sri Chinmoy Self-Transcendence 3100 Mile Race (mujeres)

La Sri Chinmoy Self-Transcendence 3100 Mile Race, una ultramaratón que se disputa dando vueltas a una manzana del distrito de Queens, Nueva York, EE.UU., es la **carrera anual más larga**. El 6 de agosto de 2017, Kaneenika Janakova (Eslovaquia) completó el recorrido en 48 días, 14 h, 24 min y 10 s. Con una media de más de 101 km diarios durante casi dos meses, superó el récord femenino anterior por más de 17 h.

El récord de la **finalización más rápida de la Sri Chinmoy Self-Transcendence 3100 Mile Race** es de 40 días, 9 h, 6 min y 21 s, establecido por Ashprihanal Aalto (Finlandia) el 24 de julio de 2015. Promedió más de 122 km diarios y supuso su octava victoria en la prueba.

Más victorias en el Ultra-Trail de Mont-Blanc (hombres)

El 2 de septiembre de 2017, François D'Haene (Francia) ganó su tercer Ultra-Trail de Mont-Blanc, con lo que igualaba el palmarés en la prueba de Kilian Jornet (España), ganador en 2008-09 y 2011. Las anteriores victorias de D'Haene fueron en 2012 y 2014. La carrera, celebrada por primera vez en 2003, es una ultramaratón anual de montaña de unos 167 km que tiene como escenario los Alpes franceses, suizos e italianos.

La **mayor cantidad de victorias en el Ultra-Trail de Mont-Blanc** son cinco, logradas por Lizzy Hawker (R.U.) en 2005, 2008 y 2010-12.

El mejor tiempo en el Ironman de Hawái (hombres)

El 14 de octubre, Patrick Lange (Alemania) ganó el Ironman de Hawái 2017 celebrado en Big Island, Hawái, EE.UU., con un tiempo de 8 h, 1 min y 40 s. Completó la prueba a nado de 2,4 km en 48 min y 45 s, la prueba en bicicleta de 180 km en 4 h, 28 min y 53 s y la maratón de 42,1 km en 2 h, 39 min y 59 s.

La mayor distancia corrida en 24 horas (mujeres)

Patrycja Bereznowska (Polonia) corrió 259,99 km en 24 h en el 12.º Campeonato del Mundo de las 24 Horas de la IAU celebrado en Belfast, R.U., el 1-2 de julio de 2017. Era la segunda vez ese año que batía el récord, mejorando su marca de 256,27 km lograda en el Campeonato de Polonia de las 24 Horas celebrado en Łódź el 8-9 de abril.

La **mayor distancia corrida en 24 horas** es 303,50 km, marca lograda por el legendario ultramaratoniano Yiannis Kouros (Grecia) en Adelaida, Australia, el 4-5 de octubre de 1997.

La mayor distancia corrida en 6 horas (mujeres)

El 11 de marzo de 2017, Nele Alder-Baerens (Alemania) recorrió 85,49 km en 6 horas en el 6-Stunden-Lauf Münster, una ultramaratón que se disputa en Münster, Alemania. Alder-Baerens tiene problemas de visión y está completamente sorda desde los 13 años.

La mayor distancia corrida en 12 horas (mujeres)

Del 9 al 10 de diciembre de 2017, Camille Herron (EE.UU.) corrió 149,13 km en 12 horas en la reunión de Desert Solstice celebrada en Phoenix, Arizona, EE.UU. Mejoraba así la marca de Ann Trason de 1991 de 147,60 km.

El 22 de abril de 2018, alrededor de 40.000 corredores acudieron a la línea de salida de la 38.ª maratón anual de Londres, R.U. GWR se asoció con la prueba por undécimo año y fue testigo de una gran cantidad de récords logrados por corredores con los atuendos más disparatados. Échales un vistazo:

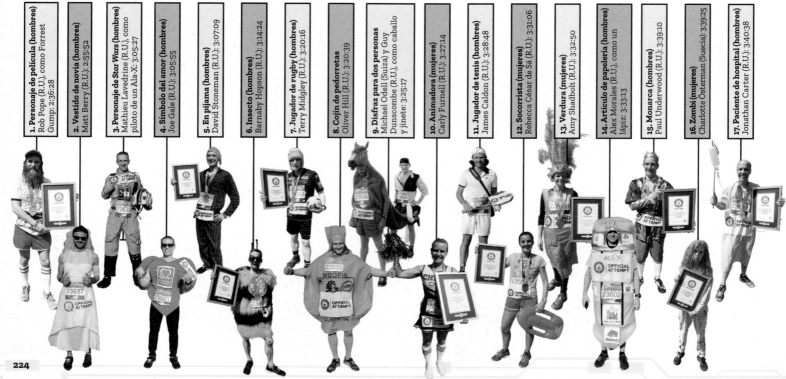

1. Personaje de película (hombres) Rob Pope (R.U.), como Forrest Gump: 2:36:28

2. Vestido de novia (hombres) Matt Berry (R.U.): 2:55:52

3. Personaje de Star Wars (hombres) Mathieu Lavedrine (R.U.), como piloto de un Ala-X: 3:05:27

4. Símbolo del amor (hombres) Joe Gale (R.U.): 3:05:55

5. En pijama (hombres) David Stoneman (R.U.): 3:07:09

6. Insecto (hombres) Barnaby Hopson (R.U.): 3:14:24

7. Jugador de rugby (hombres) Terry Midgley (R.U.): 3:20:16

8. Cojín de pedorretas Oliver Hill (R.U.): 3:20:39

9. Disfraz para dos personas Michael Odell (Suiza) y Guy Dunscombe (R.U.), como caballo y jinete: 3:25:17

10. Animadora (mujeres) Carly Furnell (R.U.): 3:27:14

11. Jugador de tenis (hombres) James Caldon (R.U.): 3:28:48

12. Socorrista (mujeres) Rebecca César de Sá (R.U.): 3:31:06

13. Verdura (mujeres) Amy Shadbolt (R.U.): 3:32:50

14. Artículo de papelería (hombres) Alex Morales (R.U.), como un lápiz: 3:33:13

15. Monarca (hombres) Paul Underwood (R.U.): 3:39:10

16. Zombi (mujeres) Charlotte Osterman (Suecia): 3:39:25

17. Paciente de hospital (hombres) Jonathan Carter (R.U.): 3:40:38

El mejor tiempo en la maratón en silla de ruedas de Chicago (mujeres)

El 8 de octubre de 2017, Tatyana McFadden (EE.UU., nacida en Rusia) ganó la maratón en silla de ruedas de Chicago, Illinois, EE.UU., con un tiempo de 1 h, 39 min y 15 s. Superó a su compatriota Amanda McGrory en un final muy apretado en el que ambas establecieron el mismo tiempo. Fue la séptima victoria consecutiva de McFadden en Chicago y la octava en total.

El mejor tiempo en la carrera en silla de ruedas Boston Push-Rim Wheelchairs

El 17 de abril de 2017, Marcel Hug (Suiza) ganó la carrera en silla de ruedas Boston Push-Rim Wheelchairs disputada en Boston, Massachusetts, EE.UU., con un tiempo de 1 h, 18 min y 4 s. Era la tercera victoria consecutiva de *Silver Bullet* en la prueba.

El mismo día, Manuela Schär, compatriota de Hug, logró el **mejor tiempo en la Boston Push-Rim Wheelchairs (mujeres)**: 1 h, 28 min y 17 s.

Más victorias en la maratón de Londres en silla de ruedas

El 22 de abril de 2018, David Weir (R.U.) logró su octavo título en la maratón de Londres, R.U.: la mayor cantidad de victorias en la prueba de un atleta en silla de ruedas.

La maratón femenina más multitudinaria

Disputada el 11 de marzo de 2018, la maratón femenina de Nagoya reunió a 21.915 corredoras en la prefectura de Aichi, Japón. Todos los años desde 2012, la competición mejora su récord de participación. La 38.ª edición de esta prueba de la IAAF Gold Label fue ganada por la etíope Assefa Meskerem, con un tiempo de 2 h, 21 min y 45 s.

Más victorias en la Great North Run

El 10 de septiembre de 2017, Mo Farah (R.U., nacido en Somalia) se alzó con su cuarto título en la media maratón Great North Run disputada en Newcastle-upon-Tyne, R.U. Igualaba así la hazaña de Benson Masya (Kenia), que logró la victoria en 1991-92, 1994 y 1996.

La **mayor cantidad de victorias en la Great North Run (mujeres)** es tres, logradas por Lisa Martin (Australia) en 1986-87 y 1989, Liz McColgan (R.U.) en 1992 y 1995-96 y Mary Keitany (Kenia) en 2014-15 y 2017.

La maratón de París más rápida (mujeres)

El 9 de abril de 2017, Purity Rionoripo (Kenia) ganó la maratón de París, Francia, con un tiempo de 2 h, 20 min y 55 s. Batía así por 11 segundos el récord de la prueba establecido por la etíope Feyse Tadese en 2013 y mejoraba su marca personal en casi 4 minutos. El marido de Rionoripo, Paul Lonyangata, ganó en categoría masculina ese mismo día (ve a la pág. 90 para conocer el récord que batieron juntos).

El **récord de la maratón de París más rápida** es de 2 h, 5 min y 4 s, establecido por Kenenisa Bekele (Etiopía) el 6 de abril 2014. Fue el debut en la distancia de Bekele.

El mejor tiempo en un debut en la prueba de la maratón

El 24 de septiembre de 2017, Guye Adola (Etiopía, arriba) terminó segundo en la maratón de Berlín, Alemania, con un tiempo de 2 h, 3 min y 46 s. Fue la 11.ª maratón más rápida de todos los tiempos. Adola promedió una milla (1,6 km) cada 4 min y 43,3 s.

En 2011 el corredor keniano Moses Mosop corrió la segunda maratón más rápida de todos los tiempos en su debut en la distancia: 2 h, 3 min y 6 s en la maratón de Boston. Sin embargo, la IAAF no reconoce los récords conseguidos en esta maratón ya que sus puntos de salida y de llegada están demasiado alejados y la diferencia entre sus respectivas alturas excede el máximo permitido.

La maratón de Dubái más rápida

El 26 de enero de 2018, Mosinet Geremew (Etiopía) ganó la maratón de Dubái, Emiratos Árabes Unidos, con un tiempo de 2 h y 4 min después de un extraordinario esprint final con los primeros seis atletas cruzando la meta en un lapso de 15 segundos. Siete corredores lograron tiempos por debajo de las 2 h y 5 min, algo inédito en la historia de esta maratón.

La maratón de Dubái más rápida (mujeres)

El 26 de enero, Roza Bekele (Etiopía) logró el triunfo en la maratón de Dubái 2018 con un tiempo de 2 h, 19 min y 17 s, en ese momento la 12.ª mejor marca femenina en la distancia. Las primeras cuatro clasificadas en Dubái establecieron tiempos por debajo de las 2 h y 20 min, algo inédito en una maratón femenina.

La maratón des Sables más rápida (mujeres)

Del 9 al 15 de abril de 2017, Elisabet Barnes (Suecia) logró su segunda victoria en tres años en esta agotadora ultramaratón de 250 km que se disputa en el desierto del Sáhara, con un tiempo de 23 h, 16 min y 12 s. Barnes mejoraba así el anterior récord femenino, establecido por Laurence Fricotteaux-Klein en 2007, por casi 15 min.

El récord de la **maratón des Sables más rápida** es de 16 h, 22 min y 29 s, fijado por Mohamad Ahansal (Marruecos) en 1998.

18. Candado (hombres)
Edward Low (R.U.): 3:51:18

19. Árbol (hombres)
Tim Perkins (R.U.): 3:52:35

20. Elvis (mujeres)
Stacey Harper (R.U.): 3:53:56

21. Edificio singular (hombres)
George Rutherford-Jones (R.U.), como Big Ben: 3:54:43

22. En traje (mujeres)
Marta Kiernacz-Abramek (R.U.): 3:57:57

23. Dragón (mujeres)
Bethan Roberts (R.U.): 3:58:53

24. A tres piernas (mixto)
Louise Andrews y Neil Sheward (ambos de R.U.): 3:59:56

25. Con un mono de motorista
David Smith (R.U.): 4:00:11

26. Disfraz de animal de cuerpo completo (mujeres)
Fiona Betts (R.U.): 4:13:25

27. Emoji (mujeres)
Victoria Bell (R.U.): 4:18:06

28. Personaje de cuento de hadas (mujeres)
Julie Greenwood (R.U.), como la Bella de *La Bella y la Bestia*: 4:24:07

29. Juguete tridimensional (hombres)
Bob Johnson (R.U.): 4:59:30

30. Planta tridimensional (hombres)
Owen Willis (R.U.): 4:59:39

31. Cargando un electrodoméstico
Richard Gray (R.U.): 5:49:37

32. Con botas de esquí (hombres)
Colin Haylock (R.U.): 5:52:16

33. En un disfraz para seis personas
Megan Walker, Ceyhun Uzun, Andrew Sharpe, Holly Bishop, Frederick Holland y Richard Scantlebury (todos de R.U.), como personajes de *Cazafantasmas* en el Ecto-1: 6:20:49

34. En zancos
Michelle Frost (R.U.): 6:37:38

NATACIÓN

Más medallas de oro ganadas en un solo Campeonato Mundial de la FINA

Caeleb Dressel (EE.UU.) ganó siete medallas de oro en el Campeonato Mundial de la FINA 2017, igualando el récord de su compatriota Michael Phelps de 2007. Dressel ganó los 50 m y 100 m estilo libre, 100 m mariposa, 4 × 100 m estilo libre y estilo libre mixto, y los 4 × 100 m estilos y estilos mixto, y estableció dos récords mundiales (ver abajo).

El relevo 4 × 100 m estilo libre en piscina larga más rápido (mixto)

El 29 de julio de 2017, el equipo de EE.UU. formado por Caeleb Dressel, Nathan Adrian, Simone Manuel y Mallory Comerford se impuso en la prueba de relevo mixto 4 × 100 m estilo libre del Campeonato Mundial con un tiempo de 3 min y 19,60 s.

El **relevo 4 × 100 m estilos en piscina larga más rápido (mixto)** lo nadó en 3 min y 38,56 s el equipo de EE.UU. en el Campeonato Mundial el 26 de julio de 2017. El equipo estaba formado por Matt Grevers, Lilly King, Caeleb Dressel y Simone Manuel.

El **relevo 4 × 100 m estilos en piscina larga más rápido (mujeres)** lo nadó en 3 min y 51,55 s el equipo de EE.UU., formado por Kathleen Baker (espalda), Lilly King (braza), Kelsi Worrell (mariposa) y Simone Manuel (estilo libre), el 30 de julio de 2017.

Más medallas de oro en el Campeonato Mundial de Natación de la FINA (mujeres)

Katie Ledecky (EE.UU.) ganó 14 medallas de oro en Campeonatos Mundiales de Natación entre 2013 y 2017. Cinco las sumó en Budapest 2017, cuando ganó los 400 m, 800 m, 1.500 m, el 4 × 100 m y el 4 × 200 m estilo libre.

Michael Phelps (EE.UU.) ostenta la marca de **mayor cantidad de medallas de oro ganadas en Campeonatos Mundiales de Natación** con 26, logradas entre 2001 y 2011.

Los 100 m con aletas más rápidos (mujeres)

El 22 de julio de 2017, Petra Senánszky (Hungría) ganó los 100 m con aletas con un tiempo de 45,16 s, en los Juegos Mundiales celebrados en Breslavia, Polonia. Fue su segundo récord mundial en esos juegos, ya que el día anterior se impuso en los **50 m con aletas** (20,52 s). Los participantes en las pruebas con aletas nadan equipados con gafas de buceo, un esnórquel y un par de aletas.

Los 200 m estilo libre más rápidos en piscina corta (mujeres)

El 12 de agosto de 2017, Sarah Sjöström (Suecia) ganó los 200 m estilo libre en piscina corta (1 min y 50,43 s) en la Copa del Mundo de la FINA en Eindhoven, Países Bajos. Batió cinco récords mundiales en 2017 (ver pág. 238).

Sin embargo, Sjöström perdió el récord de los **100 m estilo libre en piscina corta (mujeres)** el 26 de octubre de 2017 frente a Cate Campbell (Australia) en el Campeonato de Australia de piscina corta (50,25 s).

Los 100 m mariposa más rápidos (S13, mujeres)

El 4 de diciembre de 2017, Carlotta Gilli (Italia) ganó el oro en el Campeonato Mundial de Natación Paralímpica (1 min y 2,64 s). También estableció los récords de los **50 m mariposa más rápidos en S13 (mujeres)** (27,98 s) y los **200 m estilos individual más rápidos en SM13 (mujeres)** (2 min y 23,62 s), ambos el 9 de julio.

Los 50 m espalda más rápidos (S4, hombres)

El 7 de julio de 2017, Arnošt Petráček (República Checa) nadó los 50 m espalda en 41,63 s en Berlín, Alemania. Fue la segunda vez en tres meses que Petráček, que carece del hueso húmero en sus brazos (focomelia), batía el récord de la prueba.

Los 50 m braza en piscina larga más rápidos (hombres)

El 25 de julio de 2017, en el Campeonato Mundial de Natación de la FINA celebrado en Budapest, Hungría, Adam Peaty (R.U.) ganó su semifinal de 50 m braza con un tiempo de 25,95 s. Fue la primera vez que un nadador bajaba de la barrera de los 26 s en esta prueba. Peaty batió su propio récord dos veces ese mismo día, en el que ya había logrado un tiempo de 26,10 s en una eliminatoria anterior.

Los 100 m espalda más rápidos en piscina larga (mujeres)

El 25 de julio de 2017, Kylie Masse (Canadá) se convirtió en la primera canadiense en ganar un Campeonato Mundial de la FINA al imponerse en los 100 m espalda (58,10 s). Mejoró el récord de Gemma Spofforth (58,12 s), vigente desde 2009 y uno de los récords femeninos de natación más antiguos hasta entonces.

Los 100 m más rápidos de arrastre de maniquí con aletas (hombres) de la Federación Internacional de Salvamento y Socorrismo (ILSF)

El 22 de julio de 2017, Jacopo Musso (Italia) ganó el oro en la prueba masculina de los 100 m de arrastre de maniquí con aletas con un tiempo de 49,02 s en los Juegos Mundiales de Breslavia, Polonia. Los participantes deben nadar 50 m en estilo libre con aletas y tubo flotador de rescate antes de colocar éste último alrededor de un maniquí situado en el extremo opuesto de la piscina y remolcarlo hasta la meta.

El mismo día, Justine Weyders (Francia) estableció el récord de los **100 m más rápidos de arrastre de maniquí con aletas (mujeres)** con un tiempo de 57,18 s en la misma competición.

Adam Peaty no sólo ostenta el récord de los **100 m braza en piscina larga más rápidos (hombres)** con 57,13 s, también ha establecido los 10 mejores tiempos de todos los tiempos en esta prueba.

DEPORTES ACUÁTICOS

VINCENT-LAPOINTE L

Los 200 m C1 en aguas tranquilas más rápidos (mujeres)

El 27 de agosto de 2017, Laurence Vincent-Lapointe (Canadá) ganó los 200 m C1 (canoa individual) (45,478 s) en el Campeonato Mundial de Piragüismo en Aguas Tranquilas de la ICF en Račice, República Checa. El día anterior, ya había logrado con Katie Vincent (Canadá) el **récord de los 500 m C2 (canoa, parejas) en aguas tranquilas más rápidos** (1 min y 56,752 s).

Los 200 m K1 en aguas tranquilas más rápidos

El 16 de julio de 2017, Liam Heath (R.U.) ganó los 200 m K-1 masculino (kayak individual) con un tiempo de 33,38 s en el Campeonato Europeo de Piragüismo en Aguas Tranquilas de la Asociación Europea de Piragüismo (ECA) celebrado en Plovdiv, Bulgaria.

Los **1.000 m K2 masculino (kayak, parejas) más rápidos en aguas tranquilas** se recorrieron en 3 min y 5,624 s, marca establecida por Francisco Cubelos e Iñigo Peña (ambos de España) en Szeged, Hungría, el 27 de mayo de 2017.

La mayor velocidad en tabla de windsurf (mujeres)

El 22 de noviembre de 2017, Zara Davis (R.U.) recorrió 500 m en una tabla de windsurf a una velocidad media de 46,49 nudos (86,09 km/h) en Lüderitz, Namibia. El récord fue aprobado por el World Sailing Speed Record Council (WSSRC).

Más victorias en el Campeonato Mundial de Waterpolo de un equipo (mujeres)

La selección femenina de waterpolo de EE.UU. ha ganado el oro en el Campeonato Mundial de Natación de la FINA cinco veces desde que se instauró en 1986: 2003, 2007, 2009, 2015 y 2017. Las estadounidenses, que partían como las grandes favoritas, no defraudaron y sellaron su quinto título con una victoria sobre España por 13-6 el 28 de julio de 2017 en el Estadio Nacional de Natación Alfréd Hajós de Budapest, Hungría. La atacante Kiley Neushul marcó cuatro goles.

La carrera universitaria de remo más rápida (mujeres)

El 2 de abril de 2017, Cambridge se hizo con el triunfo en la Regata Femenina Cambridge-Oxford (18 min y 33 s). No sólo fue el mejor tiempo desde que en 2015 la competición femenina se disputa en el río Támesis, Londres, R.U., sino que además rebajó el mejor tiempo de la categoría masculina en ese mismo recorrido en 2014 y 2016.

El scull individual paralímpico más rápido (mujeres)

El 16 de junio de 2017, Birgit Skarstein (Noruega) ganó la carrera de exhibición de scull individual (10 min y 49,940 s) que se celebró en Poznan, Polonia. Skarstein también representó a Noruega en esquí de fondo en los Juegos Paralímpicos de 2014.

La **mejor marca en la categoría masculina de scull individual paralímpico** (9 min y 39,480 s), fue establecida por Erik Horrie (Australia) en el Campeonato Mundial de Remo de 2017, el 1 de octubre.

El scull individual más rápido (hombres)

El 18 de junio de 2017, Robert Manson (Nueva Zelanda) ganó la final de 2.000 m de scull individual masculino (6 min y 30,740 s) en la Copa del Mundo de Remo celebrada en Poznan, Polonia. Mejoró en casi 3 s el récord anterior establecido por Mahé Drysdale en 2009.

El campeón del mundo de la APB de bodyboard arrodillado sobre una pierna más joven

El 17 de septiembre de 2017, Sammy Morretino (EE.UU., nacido el 29 de noviembre de 1996) se convirtió en campeón del mundo de la Association of Professional Bodyboarders' (APB) de bodyboard arrodillado sobre una pierna con 20 años y 292 días. Batió al siete veces campeón Dave Hubbard en la final de la prueba Sintra Pro.

La distancia más larga en buceo libre en apnea dinámica sin aletas (mujeres)

El 1 de julio de 2017, Magdalena Solich-Talanda (Polonia) buceó 191 m en el Campeonato de Polonia de Apnea en Piscina celebrado en Opole, Polonia.

Más tiempo transcurrido en alzarse con dos medallas de oro en salto en Campeonatos Mundiales de Natación de la FINA (hombres)

El 22 de julio de 2017, Tom Daley (R.U.) ganó el oro en salto desde plataforma a 10 m en el Campeonato Mundial de Natación de la FINA, 8 años y 1 día después de haberlo logrado, con apenas 15 años, en la edición de 2009.

También en el campeonato de 2009, Yuliya Pakhalina (Rusia) ganó el oro en la competición femenina de trampolín a 1 m, 11 años y 182 días después de haber subido al podio en la prueba de trampolín sincronizado a 3 m el 18 de enero de 1998, el **mayor tiempo transcurrido en alzarse con dos medallas de oro en salto en un campeonato de la FINA**.

Buceo libre a más profundidad con peso constante (mujeres)

El 10 de mayo de 2017, Alessia Zecchini (Italia) llegó a una profundidad de 104 m en la competición Vertical Blue disputada en el agujero azul de Dean, Bahamas. Fue la segunda vez en cuatro días que establecía un récord en esta disciplina: el 6 de mayo había alcanzado los 102 m, marca superada por Hanako Hirose con 103 m minutos antes de que Zecchini se hiciera finalmente con el título.

JJ.OO. DE INVIERNO

Más medallas de oro en snowboard en Juegos Paralímpicos de Invierno

El 16 de marzo de 2018, Bibian Mentel-Spee (Países Bajos) ganó su tercer oro paralímpico en snowboard banked slalom SB-LL2 después de revalidar su título en snowboard cross el 12 de marzo, éxitos que llegaron un año después de que le fuera diagnosticado cáncer por novena vez. A Mentel-Spee le amputaron la pierna derecha por debajo de la rodilla debido a un cáncer de hueso diagnosticado cuando intentaba clasificarse para los Juegos Olímpicos de Invierno de 2002.

Más medallas ganadas en unos Juegos Olímpicos de Invierno (país)

Noruega ganó 39 medallas en los XXIII JJ.OO. de Invierno celebrados en Pieonchang, Corea del Sur, del 9 al 25 de febrero de 2018. En total, sumó 14 medallas de oro, 14 de plata y 11 de bronce.

Los 14 títulos de Noruega suponen la **mayor cantidad de medallas de oro ganadas en unos JJ.OO. de Invierno (país)**, récord que comparte con Alemania (también en 2018) y Canadá (Vancouver, 2010).

Más países medallistas en unos Juegos Paralímpicos de Invierno

Un total de 26 países lograron al menos una medalla en los XII Juegos Paralímpicos de Invierno de Pieonchang. Ganaron alguna prueba 21 países, algo sin precedentes. Cuatro de ellos, China, Croacia, Kazajistán y la anfitriona Corea del Sur, lograron su primer oro.

Más medallas en patinaje de velocidad en Juegos Olímpicos de Invierno

Ireen Wüst (Países Bajos, abajo) ganó 11 medallas entre 2006 y 2018: 5 oros, 5 platas y 1 bronce. En Pieonchang, se colgó la plata en 3.000 m y en persecución por equipos, y el oro en los 1.500 m, con lo que se convertía en la patinadora de velocidad más laureada de la historia olímpica. Cuatro años antes, Wüst ganó un total de cinco medallas en Sochi, más que cualquier otro atleta en esos juegos.

Sven Kramer, compatriota de Wüst, ganó su novena medalla en Pieonchang, el récord de **más medallas en patinaje de velocidad en JJ.OO. de Invierno** (hombres).

El medallista de oro más veterano en esquí alpino en unos JJ.OO. de Invierno

El 15 de febrero de 2018, Aksel Lund Svindal (Noruega, nacido el 26 de diciembre de 1982) ganó la prueba masculina de descenso con 35 años y 51 días. Svindal se hizo con la primera medalla de oro de Noruega en la competición tras superar por 0,12 segundos a su compatriota Kjetil Jansrud en el Centro Alpino de Jeongseon.

La **medallista más veterana en esquí alpino en unos JJ.OO. de Invierno** es Lindsey Vonn (EE.UU., nacida el 18 de octubre de 1984), que el 21 de febrero de 2018 logró un bronce en la competición femenina de descenso con 33 años y 126 días.

Más medallas olímpicas en patinaje artístico

Tessa Virtue y Scott Moir (ambos de Canadá) ganaron cinco medallas olímpicas entre 2010 y 2018. Con su actuación en Pieonchang, Virtue igualaba la marca de Sonja Henie (Noruega) de **más medallas de oro olímpicas en patinaje artístico (mujeres)**: tres. Por su parte, Moir igualaba la marca de Gillis Grafström (Suecia) de **más medallas de oro olímpicas en patinaje artístico (hombres)**: también tres.

El medallista de oro más joven en una prueba de snowboard en unos JJ.OO. de Invierno

El 11 de febrero de 2018, Redmond Red Gerard (EE.UU., nacido el 29 de junio de 2000) ganó la prueba de slopestyle con 17 años y 227 días. Gerard, que ocupaba la 11.ª posición de 12 competidores antes de su tercera y última carrera, se hizo con el oro tras lograr la mejor marca del día: 87,16 puntos.

El 16 de febrero de 2018, Julia Pereira de Sousa Mabileau (Francia, nacida el 20 de septiembre de 2001) ganó la plata en la prueba de snowboard cross con 16 años y 149 días, y se convirtió en la **medallista de oro más joven en una prueba de snowboard en unos JJ.OO. de Invierno**.

Más medallas de oro en snowboard ganadas en unos JJ.OO. de Invierno

Shaun White (EE.UU.) venció en la prueba masculina de halfpipe en 2006, 2010 y 2018. En Pieonchang, White combinó dos cuádruples giros consecutivos (1440s) y logró una marca de 97,75. White comparte el récord de **más medallas en snowboard en Juegos Olímpicos de Invierno** (tres) con Kelly Clark (EE.UU.), que ganó un oro y dos bronces en 2002-14.

El récord de **más medallas de oro en snowboard slopestyle en Juegos Olímpicos de Invierno** (2) es de Jamie Anderson (EE.UU.), logrado en 2014-18. (Conoce los récords de Anderson en los X Games en la pág. 219).

Más medallas en JJ.OO. de Invierno

El 25 de febrero, la esquiadora de fondo Marit Bjørgen (Noruega) ganó en la prueba femenina de los 30 km salida en masa en Pieonchang 2018. Era la 15.ª medalla olímpica que conseguía en unos JJ.OO. de Invierno, récord absoluto. Bjørgen ha ganado medallas en cinco juegos consecutivos: tres bronces, cuatro platas y ocho oros. La última cifra supone el récord de **más medallas de oro en Juegos Olímpicos de Invierno**, que comparte con su compatriota Bjørn Dæhlie, también esquiador de fondo.

Más goles en hockey sobre hielo en unos Juegos Paralímpicos de Invierno (hombres)

Declan Farmer anotó 11 goles para EE.UU. en los Juegos Paralímpicos de Invierno de 2018, entre ellos el de la victoria en la final contra Canadá, logrado en la prórroga. Igualaba así el récord de Sylvester Flis (EE.UU., nacido en Polonia), vigente desde 2002.

Farmer ganó su segundo oro paralímpico con sólo 20 años. Sus compañeros de equipo Steve Cash, Adam Page, Josh Pauls y Nikko Landeros han ganado tres, lo que supone el récord de **más medallas de oro en hockey sobre hielo en Juegos Paralímpicos de Invierno**.

El mayor margen de victoria en skeleton en unos Juegos Olímpicos de Invierno

El 16 de febrero de 2018, Yun Sung-bin (Corea del Sur) venció en la prueba masculina de skeleton con 1,63 segundos de diferencia sobre el segundo clasificado en el Alpensia Sliding Center, cerca de Pieonchang, Corea del Sur. El campeón local estableció el mejor tiempo en las cuatro carreras, con una marca de 50,02 s en la última.

PyeongChang 2018

Los dos goles más rápidos en un partido de hockey sobre hielo en unos JJ.OO de Invierno

El 13 de febrero de 2018, Jocelyne Lamoureux-Davidson (EE.UU.) marcó dos goles en apenas 6 s contra Atletas Olímpicos de Rusia (OAR). Batía así el récord de 8 s establecido por Carl-Göran Öberg (Suecia) en Squaw Valley, California, EE.UU., el 21 de febrero de 1960.

Más medallas de oro en luge ganadas en JJ.OO. de Invierno

El 15 de febrero de 2018, Natalie Geisenberger, Tobias Arlt y Tobias Wendl (todos de Alemania) ganaron su cuarto oro olímpico en luge relevo por equipos. Habían formado parte del relevo ganador en Sochi. Geisenberger es también doble campeona olímpica individual, y Arlt y Wendl han logrado dos veces el título de dobles.

El medallista más joven en esquí estilo libre en unos JJ.OO. de Invierno

El 22 de febrero de 2018, Nico Porteous (Nueva Zelanda, n. el 23 de noviembre de 2001) ganó el bronce en la prueba de halfpipe con 16 años y 91 días. Se convertía así en el tercer medallista olímpico más joven en una prueba individual, por detrás del snowboarder Ayumu Hirano en 2014 y Scott Allen (EE.UU., n. el 8 de febrero de 1949), que el 6 de febrero de 1964 ganó el bronce en patinaje artístico con 14 años y 363 días: el **medallista más joven en una prueba individual de unos Juegos Olímpicos de Invierno**.

Más medallas de oro en biatlón en JJ.OO. de Invierno (mujeres)

El 22 de febrero de 2018, Dárya Dómracheva aseguró la victoria del equipo de Bielorrusia en el relevo femenino 4 × 6 km en los JJ.OO. de Pieonchang. Con esta medalla, suma cuatro oros en su palmarés individual. Está casada con Ole Einar Bjørndalen (Noruega), la persona que ha logrado **más medallas de oro en biatlón en JJ.OO. de Invierno**: 8.

Más participaciones en JJ.OO. de Invierno

El saltador de esquí Noriaki Kasai (Japón) compitió en ocho Juegos Olímpicos de Invierno consecutivos entre Albertville 1992 y Pieonchang 2018. Kasai tiene la intención de seguir compitiendo hasta entrada la cincuentena y llegar a los Juegos Olímpicos de Sapporo, Japón, en 2026. Se le puede ver en la foto recibiendo sus certificados de GWR, incluido el de **más participaciones en pruebas de la Copa del Mudo de Salto de Esquí de la FIS**: 543, del 17 de diciembre de 1988 al 25 de marzo de 2018.

Más medallas de oro en esquí de fondo en Juegos Paralímpicos de Invierno (hombres)

Brian McKeever (Canadá) ganó 13 medallas de oro paralímpicas en cinco juegos diferentes entre 2002 y 2018. Tres de ellas llegaron en Pieonchang, en las categorías de 20 km estilo libre, 1,5 km sprint y 10 km clásicos para personas con discapacidad visual.

El récord de **más medallas de oro en biatlón en Juegos Paralímpicos de Invierno** es seis, logrado por Vitaliy Lukyanenko (Ucrania) entre 2006 y 2018.

Wu Dajing ganó el título olímpico de los 500 m tras liderar todas las carreras de la competición de principio a fin.

Los 500 m más rápidos en patinaje de velocidad en pista corta

El 22 de febrero de 2018, en la final olímpica de la prueba de los 500 m de velocidad en pista corta, el patinador Wu Dajing (China) obtuvo el oro (39,584 s) en el Gangneung Ice Arena, Corea del Sur. Durante la competición, Wu batió en dos ocasiones el récord de J. R. Celski de 39,937 s, vigente desde hacía seis años.

Los 3.000 metros relevo femenino más rápidos en patinaje de velocidad en pista corta

El 20 de febrero de 2018, los Países Bajos, representados por Suzanne Schulting, Jorien ter Mors, Lara van Ruijven y Yara van Kerkhof, ganaron la final B de los 3.000 metros relevo femenino con un tiempo de 4 min y 3,471 s. El equipo holandés logró la medalla de bronce en la final A después de que China y Canadá fueran descalificadas.

La primera mujer en ganar una medalla de oro en distintos deportes en JJ.OO. de Invierno

Ester Ledecká (República Checa) hizo historia en los Juegos Olímpicos de Invierno de 2018 tras ganar el oro en eslalon súper gigante de esquí alpino el 17 de febrero y en eslalon gigante paralelo de snowboard el 24 de febrero. Campeona mundial de snowboard, Ledecká fue la sorpresa de los juegos tras ganar en eslalon súper gigante compitiendo con unos esquís prestados y superar a la defensora del título, Anna Veith, por 0,01 s. Era la primera vez que subía al podio en una carrera de esquí de nivel internacional.

RECOPILATORIO

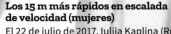

Los 15 m más rápidos en escalada de velocidad (mujeres)

El 22 de julio de 2017, Iuliia Kaplina (Rusia) ganó el oro en la prueba femenina de escalada de velocidad en los Juegos Mundiales celebrados de Breslavia, Polonia, con un tiempo de 7,32 s. Era la tercera vez que batía el récord ese año, después de lograrlo en Chongqing y Nanjing (China) en sendas pruebas de la Federación Internacional de Escalada Deportiva (IFSC).

El tiempo ganador más rápido en los Oaks

El 2 de junio de 2017, *Enable* ganó los Oaks Stakes con un tiempo de 2 min y 34,13 s en el hipódromo de Epsom Downs, en Surrey, R.U. Montada por Frankie Dettori (ver abajo), esta yegua luchó contra la lluvia torrencial y ganó por cinco cuerpos.

Más canastas anotadas en una temporada regular de la Super Netball (individual)

Caitlin Thwaites (Australia) anotó 594 canastas de 647 intentos con los Collingwood Magpies Netball durante la temporada regular de la Super Netball australiana de 2017 (ver derecha).

Las primeras ganadoras de la Super Netball

El 17 de junio de 2017, Sunshine Coast Lightning venció a GIANTS Netball (ambos de Australia) por 65-48 en la gran final inaugural de la Super Netballl, celebrada en Brisbane, Australia. La capitana y portera Geva Mentor (R.U., arriba a la derecha) fue nombrada jugadora del año. Logró la **mayor cantidad de paradas en una temporada regular de la Super Netball**: 90.

El mayor peso levantado por un halterófilo paralímpico (-49 kg)

El 4 de diciembre, Lê Văn Công (Vietnam) levantó 183,5 kg durante el Campeonato Mundial de Halterofilia Paralímpica 2017 en Ciudad de México, México. En esa misma competición y en el mismo día, Lingling Guo (China) estableció el récord de **mayor peso levantado por una halterófila paralímpica (-45 kg)**: 110 kg. Era la primera vez que Lingling competía en halterofilia.

El 19 de febrero de 2018, Paul Kehinde (Nigeria) batió su propio récord de **mayor peso levantado por un halterófilo paralímpico (-65 kg)** con una marca de 221 kg lograda en Dubái, Emiratos Árabes Unidos.

Más carreras hípicas en plano ganadas por un entrenador en un año natural

El entrenador Aidan O'Brien (Irlanda) ganó 28 carreras en plano del grupo 1/grado 1 en 2017. El 28 de octubre de 2017, superó el récord de 25 establecido por Bobby Frankel en 2003, cuando su caballo *Saxon Warrior* ganó el trofeo Racing Post en Doncaster, South Yorkshire, R.U. El caballo que más triunfos ha dado a O'Brien es *Winter*, que ganó cuatro carreras de grupo 1, mientras que *Roly Poly* y *Highland Reel* ganaron tres cada uno. O'Brien ganó ocho de los 10 British e Irish Classics, algo sin precedentes.

Más victorias de un jinete en el Prix de l'Arc de Triomphe

Frankie Dettori (Italia) ha montado al ganador del Prix de l'Arc de Triomphe, la carrera de caballos más exclusiva de Europa, cinco veces: *Lammtarra* (1995), *Sakhee* (2001), *Marienbard* (2002), *Golden Horn* (2015) y *Enable* (2017). Alcanzó su quinta victoria en su 29.° Arc, disputado el 1 de octubre de 2017 en el hipódromo de Chantilly, en Oise, Francia.

Los 15 m más rápidos en escalada de velocidad

El 30 de abril de 2017, Reza Alipourshenazandifar (Irán) ganó la semifinal en la prueba masculina de escalada de velocidad de la Copa del Mundo de la IFSC en Nanjing, China, con una marca de 5,48 s. El récord anterior (5,60 s) de Danyil Boldyrev había permanecido vigente desde 2014.

Más puntos precisados por un equipo internacional de voleibol para ganar un set

El tercer set del partido de la ronda intercontinental del grupo 3 de la Liga Mundial de la Federación Internacional de Voleibol que enfrentó a las selecciones de Qatar y Venezuela el 11 de junio de 2017 en el Palacio de los Deportes de Tallin, Estonia, terminó 45-43 a favor de Qatar. Este maratoniano set duró 49 minutos. Qatar se impuso por 3-1 (27-29, 25-16, 45-43, 25-13).

Más victorias en el Campeonato de Europa de la IWRF

La selección de rugby en silla de ruedas de Gran Bretaña se aseguró su sexto título del Campeonato de Europa de Rugby en Silla de Ruedas de la International Wheelchair Rugby Federation tras batir a Suecia 49-41 en la final celebrada en Kobenz, Alemania, el 1 de julio de 2017. También conocido como «bola asesina», el rugby en silla de ruedas se juega en una pista cubierta del tamaño de una cancha de baloncesto y compiten dos equipos de cuatro jugadores que intentan anotar cruzando la línea de fondo con el balón.

Más victorias consecutivas en la prueba de descenso del Campeonato Mundial de Ciclismo de Montaña de la UCI

El 30 de abril de 2017, Rachel Atherton (R.U.) ganó su 14.ª carrera consecutiva en la prueba de descenso del Campeonato Mundial de Ciclismo de Montaña de la UCI en Lourdes, Francia. En 2016 completó una temporada perfecta, después de vencer en las siete carreras del año, algo sin precedentes.

Más victorias en el Campeonato Mundial de Polo

El 29 de octubre de 2017, Argentina se hizo con su quinto título del Campeonato Mundial de la Federación Internacional de Polo (FIP) tras derrotar a Chile en la prórroga por 8-7. El encuentro se disputó en Richmond, Nueva Gales del Sur, Australia. El argentino Lucio Fernández Ocampo igualó el marcador en el último segundo del tiempo reglamentario y marcó el gol de oro en el tiempo añadido.

El intento de récord de la milla de Robinson tuvo lugar al mismo tiempo que el Antarctic Ice Marathon: la **maratón más meridional**.

Más victorias en la prueba de descenso del Campeonato Mundial de Ciclismo de Montaña de la UCI (hombres)

El 26 de agosto de 2017, Aaron Gwin (EE.UU.) ganó la última carrera de la temporada en Val di Sole, Italia, y se aseguró su quinto título en la prueba de descenso del Campeonato Mundial. Campeón en 2011-12 y 2015-16, igualaba así la hazaña de Nicolas Vouilloz (Francia), que ganó en 1995-96 y 1998-2000.

La velocidad media más alta alcanzada en la carrera ciclista París-Roubaix

El 9 de abril, Greg van Avermaet (Bélgica) logró la victoria en la París-Roubaix con una velocidad media de 45,2 km/h y completó los 257 km en 5 h, 41 min y 7 s. El anterior récord (45,1 km/h) de Peter Post permanecía vigente desde 1964. Conocida como el «Infierno del Norte», es famosa por sus tramos adoquinados y las duras condiciones meteorológicas.

Más victorias en el Campeonato Mundial de Lacrosse femenino

EE.UU. ha ganado el Campeonato Mundial de Lacrosse femenino de la Federación Internacional de Lacrosse (FIL) ocho veces (1982, 1989, 1993, 1997, 2001, 2009, 2013 y 2017). El 22 de julio de 2017, logró su octavo título frente a Canadá en Guildford, Surrey, R.U.

Más placajes superados en un temporada regular de fútbol australiano (AFL)

Dustin Martin (Australia, arriba a la izquierda) superó 68 placajes como jugador de los Richmond durante la temporada regular de la AFL 2017. Martin es famoso por su contundente defensa con el brazo, conocida como «no insistas». Martin completó un 2017 estelar al ganar la medalla Brownlow, la medalla Norm Smith y la medalla de ganadores de la liga, todo en el espacio de una semana.

La milla en la Antártida más rápida

El 25 de noviembre de 2017, el corredor irlandés Paul Robinson corrió una milla en la Antártida en 4 min y 17,9 s. El recorrido de esta carrera en línea recta disputada en el remoto glaciar Unión se midió cuatro veces mediante un GPS satelital para asegurar que la distancia fuera la correcta. Teniendo en cuenta la sensación térmica, la temperatura era de -25 °C.

El timonel más joven en ganar la Copa América

El 26 de junio de 2017, el timonel Peter Burling (Nueva Zelanda, nacido el 1 de enero de 1991), guio al equipo de Emirates Team New Zealand hasta la victoria por 7-1 frente al equipo de Oracle Team USA. Peter contaba en ese momento con 26 años y 176 días. Celebrada por primera vez en 1851 en Cowes, isla de Wight, R.U., la Copa América es en la actualidad la **regata internacional de veleros más antigua**.

Más victorias en la Copa Gordon Bennett (individual)

Celebrada por primera vez en 1906, la Copa Gordon Bennett es la **carrera de aviación más antigua**. El campeón es aquel piloto capaz de guiar su globo de gas de 1.000 m³ lo más lejos posible del lugar de despegue. En 2017 Vincent Leys y Christophe Houver (ambos de Francia) se hicieron con la victoria tras recorrer en su globo 1.834,72 km, desde Friburgo, Suiza, hasta Estonia. Era la novena victoria de Leys en esta competición.

Más elementos con el nombre de un mismo gimnasta en el código de puntos FIG (hombres)

Kenzō Shirai (Japón) ha dado nombre a seis elementos (habilidades originales) en el código de puntos de la Federación Internacional de Gimnasia: tres en suelo y otros tres en salto. Su sexto elemento es el salto Shirai 3, una variación de un salto realizado por Vitaly Scherbo que Shirai empleó por primera vez en competición oficial el 25 de febrero de 2017.

Kenzō Shirai estrenó tres nuevos elementos en el Campeonato Mundial de Gimnasia Artística 2013, donde también se convirtió en la **primera persona en realizar un cuadruple giro en una gran final de gimnasia**, con tan sólo 17 años.

ATLETISMO

ATLETISMO: PRUEBAS EN PISTA AL AIRE LIBRE

HOMBRES	Tiempo/Distancia	Nombre y nacionalidad	Lugar	Fecha
100 m	9,58	Usain Bolt (Jamaica)	Berlín, Alemania	16 ago 2009
200 m	19,19	Usain Bolt (Jamaica)	Berlín, Alemania	20 ago 2009
400 m	43,03	Wayde van Niekerk (Sudáfrica)	Río de Janeiro, Brasil	14 ago 2016
800 m	1:40,91	David Rudisha (Kenia)	Londres, R.U.	9 ago 2012
1.000 m	2:11,96	Noah Ngeny (Kenia)	Rieti, Italia	5 sep 1999
1.500 m	3:26,00	Hicham El Guerrouj (Marruecos)	Roma, Italia	14 jul 1998
1 milla	3:43,13	Hicham El Guerrouj (Marruecos)	Roma, Italia	7 jul 1999
2.000 m	4:44,79	Hicham El Guerrouj (Marruecos)	Berlín, Alemania	7 sep 1999
3.000 m	7:20,67	Daniel Komen (Kenia)	Rieti, Italia	1 sep 1996
5.000 m	12:37,35	Kenenisa Bekele (Etiopía)	Hengelo, Países Bajos	31 may 2004
10.000 m	26:17,53	Kenenisa Bekele (Etiopía)	Bruselas, Bélgica	26 ago 2005
20.000 m	56:26,00	Haile Gebrselassie (Etiopía)	Ostrava, República Checa	27 jun 2007
1 hora	21.285 m	Haile Gebrselassie (Etiopía)	Ostrava, República Checa	27 jun 2007
25.000 m	1:12:25,40	Moses Cheruiyot Mosop (Kenia)	Eugene, EE.UU.	3 jun 2011
30.000 m	1:26:47,40	Moses Cheruiyot Mosop (Kenia)	Eugene, EE.UU.	3 jun 2011
3.000 m obstáculos	7:53,63	Saif Saaeed Shaheen (Qatar)	Bruselas, Bélgica	3 sep 2004
110 m vallas	12,80	Aries Merritt (EE.UU.)	Bruselas, Bélgica	7 sep 2012
400 m vallas	46,78	Kevin Young (EE.UU.)	Barcelona, España	6 ago 1992
Relevo 4 × 100 m	36,84	Jamaica (Yohan Blake, Usain Bolt, Michael Frater, Nesta Carter)	Londres, R.U.	11 ago 2012
Relevo 4 × 200 m	1:18,63	Jamaica (Yohan Blake, Nickel Ashmeade, Warren Weir, Jermaine Brown)	Nassau, Bahamas	24 may 2014
Relevo 4 × 400 m	2:54,29	EE.UU. (Andrew Valmon, Quincy Watts, Harry Reynolds, Michael Johnson)	Stuttgart, Alemania	22 ago 1993
Relevo 4 × 800 m	7:02,43	Kenia (Joseph Mutua, William Yiampoy, Ismael Kombich, Wilfred Bungei)	Bruselas, Bélgica	25 ago 2006
Relevo 4 × 1.500 m	14:22,22	Kenia (Collins Cheboi, Silas Kiplagat, James Kiplagat Magut, Asbel Kiprop)	Nassau, Bahamas	25 may 2014

La milla más rápida (hombres)

El 7 de julio de 1999, Hicham El Guerrouj (Marruecos) batió el récord de la milla (3 min y 43,13 s) en el Estado Olímpico de Roma, Italia. El segundo clasificado, Noah Ngeny, también mejoró el récord mundial anterior. El Guerrouj ya había batido el récord de los 1.500 m en el mismo estadio un año antes, con un tiempo de 3 min y 26 s.

MUJERES	Tiempo/Distancia	Nombre y nacionalidad	Lugar	Fecha
100 m	10,49	Florence Griffith-Joyner (EE.UU.)	Indianápolis, EE.UU.	16 jul 1988
200 m	21,34	Florence Griffith-Joyner (EE.UU.)	Seúl, Corea del Sur	29 sep 1988
400 m	47,60	Marita Koch (RDA)	Canberra, Australia	6 oct 1985
800 m	1:53,28	Jarmila Kratochvílová (Checoslovaquia)	Múnich, Alemania	26 jul 1983
1.000 m	2:28,98	Svetlana Masterkova (Rusia)	Bruselas, Bélgica	23 ago 1996
1.500 m	3:50,07	Genzebe Dibaba (Etiopía)	Fontvieille, Mónaco	17 jul 2015
1 milla	4:12,56	Svetlana Masterkova (Rusia)	Zúrich, Suiza	14 ago 1996
2.000 m	*5:23:75	Genzebe Dibaba (Etiopía)	Sabadell, España	7 feb 2017
3.000 m	8:06,11	Wang Junxia (China)	Pekín, China	13 sep 1993
5.000 m	14:11,15	Tirunesh Dibaba (Etiopía)	Oslo, Noruega	6 jun 2008
10.000 m	29:17,45	Almaz Ayana (Etiopía)	Río de Janeiro, Brasil	12 ago 2016
20.000 m	1:05:26,60	Tegla Loroupe (Kenia)	Borgholzhausen, Alemania	3 sep 2000
1 hora	18.517 m	Dire Tune (Etiopía)	Ostrava, República Checa	12 jun 2008
25.000 m	1:27:05,90	Tegla Loroupe (Kenia)	Mengerskirchen, Alemania	21 sep 2002
30.000 m	1:45:50,00	Tegla Loroupe (Kenia)	Warstein, Alemania	6 jun 2003
3.000 m obstáculos	8:52,78	Ruth Jebet (Baréin)	París, Francia	27 ago 2016
100 m vallas	12,20	Kendra Harrison (EE.UU.)	Londres, R.U.	22 jul 2016
400 m vallas	52,34	Yuliya Pechonkina (Rusia)	Tula, Rusia	8 ago 2003
Relevo 4 × 100 m	40,82	EE.UU. (Tianna Madison, Allyson Felix, Bianca Knight, Carmelita Jeter)	Londres, R.U.	10 ago 2012
Relevo 4 × 200 m	1:27,46	EE.UU. «Azul» (LaTasha Jenkins, LaTasha Colander-Richardson, Nanceen Perry, Marion Jones)	Filadelfia, EE.UU.	29 abr 2000
Relevo 4 × 400 m	3:15,17	URSS (Tatyana Ledovskaya, Olga Nazarova, Maria Pinigina, Olga Bryzgina)	Seúl, Corea del Sur	1 oct 1988
Relevo 4 × 800 m	7:50,17	URSS (Nadezhda Olizarenko, Lyubov Gurina, Lyudmila Borisova, Irina Podyalovskaya)	Moscú, Rusia	5 ago 1984
Relevo 4 × 1.500 m	16:33,58	Kenia (Mercy Cherono, Irene Jelagat, Faith Kipyegon, Hellen Obiri)	Nassau, Bahamas	24 may 2014

Resultados en pista cubierta (ver pág. 234)

Récords vigentes a 4 de abril de 2018

Los 2.000 m más rápidos (mujeres)

El 7 de febrero de 2017, Genzebe Dibaba (Etiopía) ganó los 2.000 m en pista cubierta (5 min y 23,75 s) en Sabadell, España. Aunque el récord de los 2.000 m en pista cubierta no es oficial para la IAAF, Dibaba también superó la mejor marca al aire libre, por lo que se puede considerar el récord absoluto de la distancia (ver pág. 234).

ATLETISMO: PRUEBAS EN PISTA CUBIERTA

HOMBRES	Tiempo/Distancia	Nombre y nacionalidad	Lugar	Fecha
50 m	5,56	Donovan Bailey (Canadá)	Reno, EE.UU.	9 feb 1996
60 m	6,34	Christian Coleman (EE.UU.)	Albuquerque, EE.UU.	18 feb 2018
200 m	19,92	Frankie Fredericks (Namibia)	Liévin, Francia	18 feb 1996
400 m	**44,57	Michael Norman Jr. (EE.UU.)	College Station, EE.UU.	10 mar 2018
800 m	1:42,67	Wilson Kipketer (Dinamarca)	París, Francia	9 mar 1997
1.000 m	2:14,20	Ayanleh Souleiman (Yibuti)	Estocolmo, Suecia	17 feb 2016
1.500 m	3:31,18	Hicham El Guerrouj (Marruecos)	Stuttgart, Alemania	2 feb 1997
1 milla	3:48,45	Hicham El Guerrouj (Marruecos)	Gante, Bélgica	12 feb 1997
3.000 m	7:24,90	Daniel Komen (Kenia)	Budapest, Hungría	6 feb 1998
5.000 m	12:49,60	Kenenisa Bekele (Etiopía)	Birmingham, R.U.	20 feb 2004
50 m vallas	6,25	Mark McKoy (Canadá)	Kobe, Japón	5 mar 1986
60 m vallas	7,30	Colin Jackson (Gran Bretaña†)	Sindelfingen, Alemania	6 mar 1994
Relevo 4 × 200 m	1:22,11	Gran Bretaña e Irlanda del Norte (Linford Christie, Darren Braithwaite, Ade Mafe, John Regis)	Glasgow, R.U.	3 mar 1991
Relevo 4 × 400 m	**3:01,77	Polonia (Karol Zalewski, Rafał Omelko, Łukasz Krawczuk, Jakub Krzewina)	Birmingham, R.U.	4 mar 2018
Relevo 4 × 800 m	7:13,11	EE.UU. All Stars (Richard Jones, David Torrence, Duane Solomon, Erik Sowinski)	Boston, EE.UU.	8 feb 2014
5.000 m marcha	18:07,08	Mikhail Shchennikov (Rusia)	Moscú, Rusia	14 feb 1995

MUJERES	Tiempo/Distancia	Nombre y nacionalidad	Lugar	Fecha
50 m	5,96	Irina Privalova (Rusia)	Madrid, España	9 feb 1995
60 m	6,92	Irina Privalova (Rusia)	Madrid, España	11 feb 1993
200 m	21,87	Merlene Ottey (Jamaica)	Liévin, Francia	13 feb 1993
400 m	49,59	Jarmila Kratochvílová (Checoslovaquia)	Milán, Italia	7 mar 1982
800 m	1:55,82	Jolanda Batagelj (Eslovenia)	Viena, Austria	3 mar 2002
1.000 m	2:30,94	Maria de Lurdes Mutola (Mozambique)	Estocolmo, Suecia	25 feb 1999
1.500 m	3:55,17	Genzebe Dibaba (Etiopía)	Karlsruhe, Alemania	1 feb 2014
1 milla	4:13,31	Genzebe Dibaba (Etiopía)	Estocolmo, Suecia	17 feb 2016
3.000 m	8:16,60	Genzebe Dibaba (Etiopía)	Estocolmo, Suecia	6 feb 2014
5.000 m	14:18,86	Genzebe Dibaba (Etiopía)	Estocolmo, Suecia	19 feb 2015
50 m vallas	6,58	Cornelia Oschkenat (RDA)	Berlín, Alemania	20 feb 1988
60 m vallas	7,68	Susanna Kallur (Suecia)	Karlsruhe, Alemania	10 feb 2008
Relevo 4 × 200 m	1:32,41	Rusia (Yekaterina Kondratyeva, Irina Khabarova, Yuliya Pechonkina, Yulia Gushchina)	Glasgow, R.U.	28 ene 2006
Relevo 4 × 400 m	3:23,37	Rusia (Yulia Gushchina, Olga Kotlyarova, Olga Zaytseva, Olesya Krasnomovets)	Moscú, Rusia	18 feb 2011
Relevo 4 × 800 m	8:06,24	Equipo Moscú (Aleksandra Bulanova, Yekaterina Martynova, Elena Kofanova, Anna Balakshina)	Moscú, Rusia	18 feb 2011
3.000 m marcha	11:40,33	Claudia Ştef (Rumanía)	Bucarest, Rumanía	30 ene 1999

Los 60 m lisos más rápidos en pista cubierta (hombres)
El 18 de febrero de 2018, Christian Coleman (EE.UU.) ganó los 60 m masculinos (6,34 s) en los Campeonatos de Atletismo en Pista Cubierta y al Aire Libre de EE.UU., en Albuquerque, Nuevo México, EE.UU. Medalla de plata en los 100 m en el Campeonato del Mundo de la IAAF 2017, con 21 años batió el récord de Maurice Greene (6,39 s), vigente durante casi 20 años.

† Gran Bretaña, según el listado de la IAAF   ** Pendiente de ratificación

Las 100 millas más rápidas (mujeres)
Del 10 al 11 de diciembre de 2016, Gina Slaby (EE.UU.) corrió 100 millas en 13 h, 45 min y 49 s en una carrera de ultrafondo en Phoenix, Arizona, EE.UU. Se inscribió en la prueba de 24 horas, pero cambió de objetivo a mitad de carrera al ver que podía batir el récord de Ann Trason de las 100 millas (1991). Slaby promedió 8,15 min por milla en una pista de atletismo.

ATLETISMO: ULTRAFONDO

HOMBRES	Tiempo/Distancia	Nombre y nacionalidad	Lugar	Fecha
50 km	2:43:38	Thompson Magawana (Sudáfrica)	Ciudad del Cabo, Sudáfrica	12 abr 1988
100 km	6:10:20	Donald Ritchie (Gran Bretaña)	Londres, R.U.	28 oct 1978
100 millas	11:28:03	Oleg Kharitonov (Rusia)	Londres, R.U.	20 oct 2002
1.000 km	5 días, 16:17:00	Yiannis Kouros (Grecia)	Colac, Australia	26 nov-1 dic 1984
1.000 millas	10 días, 10:30:36	Yiannis Kouros (Grecia)	Nueva York, EE.UU.	20-30 may 1988
6 horas	97,2 km	Donald Ritchie (Gran Bretaña)	Londres, R.U.	28 oct 1978
12 horas	163,785 km	Zach Bitter (EE.UU.)	Phoenix, EE.UU.	14 dic 2013
24 horas	303,506 km	Yiannis Kouros (Grecia)	Adelaida, Australia	4-5 oct 1997
48 horas	473,495 km	Yiannis Kouros (Grecia)	Surgères, Francia	3-5 may 1996
6 días	1.036,8 km	Yiannis Kouros (Grecia)	Colac, Australia	20-26 nov 2005

MUJERES	Tiempo/Distancia	Nombre y nacionalidad	Lugar	Fecha
50 km	3:08:39	Frith van der Merwe (Sudáfrica)	Ciudad del Cabo, Sudáfrica	25 mar 1989
100 km	6:33:11	Tomoe Abe (Japón)	Tokoro, Japón	25 jun 2000
100 millas	13:45:49	Gina Slaby (EE.UU.)	Phoenix, EE.UU.	10-11 dic 2016
1.000 km	7 días, 1:28:29	Eleanor Robinson (Gran Bretaña)	Nanango, Australia	11-18 mar 1998
1.000 millas	12 días, 14:38:40	Sandra Barwick (Nueva Zelanda)	Nueva York, EE.UU.	16-28 oct 1991
6 horas	85,492 km	Nele Alder-Baerens (Alemania)	Münster, Alemania	11 mar 2017
12 horas	149,130 km	Camille Herron (EE.UU.)	Phoenix, EE.UU.	9-10 dic 2017
24 horas	259,990 km	Patrycja Bereznowska (Polonia)	Belfast, R.U.	1-2 jul 2017
48 horas	397,103 km	Sumie Inagaki (Japón)	Surgères, Francia	21-23 may 2010
6 días	883,631 km	Sandra Barwick (Nueva Zelanda)	Campbelltown, Australia	18-24 nov 1990

ATLETISMO Y CICLISMO

Los 10 km en ruta más rápidos (mujeres)

El 9 de septiembre de 2017, Joyciline Jepkosgei (Kenia) venció en la prueba de los 10 km del Praga Grand Prix, República Checa, con un tiempo de 29 min y 43 s. Fue la primera vez que una atleta bajaba de los 30 min en esta distancia, y el quinto récord mundial que Jepkosgei lograba en Praga ese año.

ATLETISMO: CARRERAS EN RUTA

HOMBRES	Tiempo	Nombre y nacionalidad	Lugar	Fecha
10 km	26:44	Leonard Patrick Komon (Kenia)	Utrecht, Países Bajos	26 sep 2010
15 km	41:13	Leonard Patrick Komon (Kenia)	Nijmegen, Países Bajos	21 nov 2010
20 km	55:21	Zersenay Tadese (Eritrea)	Lisboa, Portugal	21 mar 2010
Media maratón	58:23	Zersenay Tadese (Eritrea)	Lisboa, Portugal	21 mar 2010
25 km	1:11:18	Dennis Kipruto Kimetto (Kenia)	Berlín, Alemania	6 may 2012
30 km	1:27:13	Eliud Kipchoge (Kenia) Stanley Kipleting Biwott (Kenia)	Londres, R.U.	24 abr 2016
Maratón	2:02:57	Dennis Kipruto Kimetto (Kenia)	Berlín, Alemania	28 sep 2014
100 km	6:13:33	Takahiro Sunada (Japón)	Tokoro, Japón	21 jun 1998
Relevo en ruta	1:57:06	Kenia (Josephat Ndambiri, Martin Mathathi, Daniel Mwangi, Mekubo Mogusu, Onesmus Nyerere, John Kariuki)	Chiba, Japón	23 nov 2005

MUJERES	Tiempo	Nombre y nacionalidad	Lugar	Fecha
10 km	29:43	Joyciline Jepkosgei (Kenia)	Praga, República Checa	9 sep 2017
15 km	45:37	Joyciline Jepkosgei (Kenia)	Praga, República Checa	1 abr 2017
20 km	1:01:25	Joyciline Jepkosgei (Kenia)	Praga, República Checa	1 abr 2017
Media maratón	1:04:51	Joyciline Jepkosgei (Kenia)	Valencia, España	22 oct 2017
25 km	1:19:53	Mary Jepkosgei Keitany (Kenia)	Berlín, Alemania	9 may 2010
30 km	1:36:05	Mary Jepkosgei Keitany (Kenia)	Londres, R.U.	23 abr 2017
Maratón	2:15:25	Paula Radcliffe (Gran Bretaña)	Londres, R.U.	13 abr 2003
100 km	6:33:11	Tomoe Abe (Japón)	Tokoro, Japón	25 jun 2000
Relevo en ruta	2:11:41	China (Jiang Bo, Dong Yanmei, Zhao Fengting, Ma Zaijie, Lan Lixin, Lin Na)	Pekín, China	28 feb 1998

Desde 1998, la Asociación Internacional de Federaciones de Atletismo (IAAF) establece que los récords mundiales pueden lograrse en instalaciones «con o sin techo», lo que significa que los tiempos, las alturas y las distancias establecidas bajo techo también son válidos como récords al aire libre, siempre que se cumplan ciertas condiciones, como por ejemplo no haberse logrado en una pista peraltada. Esta norma es aplicable al récord de salto con pértiga de Renaud Lavillenie (ver derecha) y al récord mundial de 2.000 m de Genzebe Dibaba (pág. 232).

ATLETISMO: PRUEBAS EN PISTA AL AIRE LIBRE

HOMBRES	Distancia/Puntos	Nombre y nacionalidad	Lugar	Fecha
Salto de altura	2,45 m	Javier Sotomayor (Cuba)	Salamanca, España	27 jul 1993
Salto con pértiga	6,16 m*	Renaud Lavillenie (Francia)	Donetsk, Ucrania	15 feb 2014
Salto de longitud	8,95 m	Mike Powell (EE.UU.)	Tokio, Japón	30 ago 1991
Triple salto	18,29 m	Jonathan Edwards (Gran Bretaña)	Gotemburgo, Suecia	7 ago 1995
Lanzamiento de peso	23,12 m	Randy Barnes (EE.UU.)	Los Ángeles, EE.UU.	20 may 1990
Lanzamiento de disco	74,08 m	Jürgen Schult (RDA)	Neubrandenburg, Alemania	6 jun 1986
Lanzamiento de martillo	86,74 m	Yuriy Sedykh (URSS)	Stuttgart, Alemania	30 ago 1986
Lanzamiento de jabalina	98,48 m	Jan Železný (República Checa)	Jena, Alemania	25 may 1996
Decatlón†	9.045 puntos	Ashton Eaton (EE.UU.)	Pekín, China	28-29 ago 2015

† 100 m, 10,23 s; salto de longitud, 7,88 m; lanzamiento de peso, 14,52 m; salto de altura, 2,01 m; 400 m, 45,00 s; 110 m vallas, 13,69 s; lanzamiento de disco, 43,34 m; salto con pértiga, 5,20 m; lanzamiento de jabalina, 63,63 m; 1.500 m, 4 min y 17,52 s

MUJERES	Distancia/Puntos	Nombre y nacionalidad	Lugar	Fecha
Salto de altura	2,09 m	Stefka Kostadinova (Bulgaria)	Roma, Italia	30 ago 1987
Salto con pértiga	5,06 m	Yelena Isinbayeva (Rusia)	Zúrich, Suiza	28 ago 2009
Salto de longitud	7,52 m	Galina Chistyakova (URSS)	Leningrado, URSS	11 jun 1988
Triple salto	15,50 m	Inessa Kravets (Ucrania)	Gotemburgo, Suecia	10 ago 1995
Lanzamiento de peso	22,63 m	Natalya Lisovskaya (URSS)	Moscú, Rusia	7 jun 1987
Lanzamiento de disco	76,80 m	Gabriele Reinsch (RDA)	Nuevo Brandeburgo, Alemania	9 jul 1988
Lanzamiento de martillo	82,98 m	Anita Włodarczyk (Polonia)	Varsovia, Polonia	28 ago 2016
Lanzamiento de jabalina	72,28 m	Barbora Špotáková (República Checa)	Stuttgart, Alemania	13 sep 2008
Heptatlón ††	7.291 puntos	Jacqueline Joyner-Kersee (EE.UU.)	Seúl, Corea del Sur	23-24 sep 1988

†† 100 m vallas, 12,69 s; salto de altura, 1,86 m; lanzamiento de peso, 15,80 m; 200 m, 22,56 s; salto de longitud, 7,27 m; lanzamiento de jabalina, 45,66 m; 800 m, 2 min y 8,51 s

Decatlón †††	8.358 puntos	Austra Skujytė (Lituania)	Columbia, Missouri, EE.UU.	14-15 abr 2005

††† 100 m, 12,49 s; salto de longitud, 6,12 m; lanzamiento de peso, 16,42 m; salto de altura, 1,78 m; 400 m, 57,19 s; 100 m vallas, 14,22 s; lanzamiento de disco, 46,19 m; salto con pértiga, 3,10 m; lanzamiento de jabalina, 48,78 m; 1.500 m, 5 min y 15,86 s

* Competición en pista cubierta

El salto de longitud más largo (hombres)

Mike Powell (EE.UU.) ganó la medalla de oro en la prueba de salto de longitud en el Campeonato del Mundo de Atletismo de 1991 con una marca de 8,95 m. Salió triunfante tras un emocionante duelo con Carl Lewis, al superar uno de los récords más longevos del deporte: la marca de 8,90 m establecida por Bob Beamon en 1968.

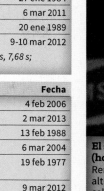

ATLETISMO: PRUEBAS EN PISTA CUBIERTA

HOMBRES	Distancia/Puntos	Nombre y nacionalidad	Lugar	Fecha
Salto de altura	2,43 m	Javier Sotomayor (Cuba)	Budapest, Hungría	4 mar 1989
Salto con pértiga	6,16 m	Renaud Lavillenie (Francia)	Donetsk, Ucrania	15 feb 2014
Salto de longitud	8,79 m	Carl Lewis (EE.UU.)	Nueva York, EE.UU.	27 ene 1984
Triple salto	17,92 m	Teddy Tamgho (Francia)	París, Francia	6 mar 2011
Lanzamiento de peso	22,66 m	Randy Barnes (EE.UU.)	Los Ángeles, EE.UU.	20 ene 1989
Heptatlón†	6.645 puntos	Ashton Eaton (EE.UU.)	Estambul, Turquía	9-10 mar 2012

† 60 m, 6,79 s; salto de longitud, 8,16 m; lanzamiento de peso, 14,56 m; salto de altura, 2,03 m; 60 m vallas, 7,68 s; salto con pértiga, 5,20 m; 1.000 m, 2 min y 32,77 s

MUJERES	Distancia/Puntos	Nombre y nacionalidad	Lugar	Fecha
Salto de altura	2,08 m	Kajsa Bergqvist (Suecia)	Arnstadt, Alemania	4 feb 2006
Salto con pértiga	5,02 m	Jennifer Suhr (EE.UU.)	Albuquerque, EE.UU.	2 mar 2013
Salto de longitud	7,37 m	Heike Drechsler (RDA)	Viena, Austria	13 feb 1988
Triple salto	15,36 m	Tatyana Lebedeva (Rusia)	Budapest, Hungría	6 mar 2004
Lanzamiento de peso	22,50 m	Helena Fibingerová (Checoslovaquia)	Jablonec, Checoslovaquia	19 feb 1977
Pentatlón ††	5.013 puntos	Natallia Dobrynska (Ucrania)	Estambul, Turquía	9 mar 2012

†† 60 m vallas, 8,38 s; salto de altura, 1,84 m; lanzamiento de peso, 16,51 m; salto de longitud, 6,57 m; 800 m, 2 min y 11,15 s

El salto con pértiga más alto (hombres, pista cubierta)

Renaud Lavillenie (Francia) superó con éxito una altura de 6,16 m en la reunión Pole Vault Stars celebrada en Donetsk, Ucrania, el 15 de febrero de 2014. La IAAF lo reconoce como el récord mundial de salto con pértiga en pista cubierta y al aire libre, lo que eclipsa la marca de 6,14 m establecida por Sergei Bubka en 1994.

Los 50 km marcha más rápidos (mujeres)

El 13 de agosto de 2017, Inês Henriques (Portugal) logró el oro en la prueba femenina de los 50 km marcha del Campeonato del Mundo de la IAAF celebrados en Londres, R.U. (4 h, 5 min y 56 s). Era la primera vez que esta prueba se incluía en los campeonatos, y de las siete atletas que tomaron la salida, sólo cuatro lograron terminarla. Henriques mejoró su propio récord mundial en más de 2 min.

ATLETISMO: MARCHA ATLÉTICA

HOMBRES	Tiempo	Nombre y nacionalidad	Lugar	Fecha
20.000 m	1:17:25,6	Bernardo Segura (México)	Bergen, Noruega	7 may 1994
20 km (ruta)	1:16:36	Yusuke Suzuki (Japón)	Nomi, Japón	15 mar 2015
30.000 m	2:01:44,1	Maurizio Damilano (Italia)	Cuneo, Italia	3 oct 1992
50.000 m	3:35:27,2	Yohann Diniz (Francia)	Reims, Francia	12 mar 2011
50 km (ruta)	3:32:33	Yohann Diniz (Francia)	Zúrich, Suiza	15 ago 2014

MUJERES	Tiempo	Nombre y nacionalidad	Lugar	Fecha
10.000 m	41:56,23	Nadezhda Ryashkina (URSS)	Seattle, EE.UU.	24 jul 1990
20.000 m	1:26:52,3	Olimpiada Ivanova (Rusia)	Brisbane, Australia	6 sep 2001
20 km (ruta)	1:24:38	Liu Hong (China)	La Coruña, España	6 jun 2015
50 km (ruta)	4:05:56	Inês Henriques (Portugal)	Londres, R.U.	13 ago 2017

CICLISMO EN PISTA

HOMBRES	Tiempo/Distancia	Nombre y nacionalidad	Lugar	Fecha
200 m (salida lanzada)	9,347	François Pervis (Francia)	Aguascalientes, México	6 dic 2013
500 m (salida lanzada)	24,758	Chris Hoy (Gran Bretaña)	La Paz, Bolivia	13 may 2007
750 m por equipos (salida parada)	41,871	Alemania (Joachim Eilers, René Enders, Robert Förstemann)	Aguascalientes, México	5 dic 2013
1 km (salida parada)	56,303	François Pervis (Francia)	Aguascalientes, México	7 dic 2013
4 km (salida parada)	4:10,534	Jack Bobridge (Australia)	Sídney, Australia	2 feb 2011
4 km por equipos (salida parada)	3:50,265	Gran Bretaña (Edward Clancy, Owain Doull, Bradley Wiggins, Steven Burke)	Río de Janeiro, Brasil	12 ago 2016
1 hora	54,526 km	Bradley Wiggins (Gran Bretaña)	Londres, R.U.	7 jun 2015

MUJERES	Tiempo/Distancia	Nombre y nacionalidad	Lugar	Fecha
200 m (salida lanzada)	10,384	Kristina Vogel (Alemania)	Aguascalientes, México	7 dic 2013
500 m (salida lanzada)	28,970	Kristina Vogel (Alemania)	Fráncfort, Alemania	17 dic 2016
500 m (salida parada)	32,268	Jessica Salazar Valles (México)	Aguascalientes, México	7 oct 2016
500 m por equipos (salida parada)	32,034	China (Jinjie Gong, Tianshi Zhong)	Saint-Quentin-en-Yvelines, Francia	18 feb 2015
3 km (salida parada)	3:20,060	Chloé Dygert Owen (EE.UU.)	Apeldoorn, Países Bajos	3 mar 2018
4 km por equipos (salida parada)	4:10,236	Gran Bretaña (Katie Archibald, Laura Trott, Elinor Barker, Joanna Rowsell Shand)	Río de Janeiro, Brasil	13 ago 2016
1 hora	47,980 km	Evelyn Stevens (EE.UU.)	Colorado Springs, EE.UU.	27 feb 2016

Los 500 m contrarreloj más rápidos (salida lanzada, mujeres)

El 17 de diciembre de 2016, Kristina Vogel (Alemania) rodó los 500 m con salida lanzada en 28,970 s en Fráncfort, Alemania. Era la primera vez que una ciclista rompía la barrera de los 29 segundos. También ostenta el récord de los **200 m contrarreloj con salida lanzada (mujeres)**, con 10,384 s.

BUCEO, REMO Y PATINAJE

BUCEO LIBRE

DISCIPLINAS DE PROFUNDIDAD (HOMBRES)	Profundidad	Nombre y nacionalidad	Lugar	Fecha
Peso constante con aletas	129 m	Alexey Molchanov (Rusia)	Isla Espíritu Santo, México	28 oct 2016
Peso constante sin aletas	102 m	William Trubridge (Nueva Zelanda)	Long Island, Bahamas	20 jul 2016
Peso variable	146 m	Stavros Kastrinakis (Grecia)	Kalamata, Grecia	1 nov 2015
Sin límites	214 m	Herbert Nitsch (Australia)	Spetses, Grecia	14 jun 2007
Inmersión libre	124 m	William Trubridge (Nueva Zelanda)	Long Island, Bahamas	2 may 2016

APNEA DINÁMICA (HOMBRES)	Distancia	Nombre y nacionalidad	Lugar	Fecha
Con aletas	300 m	Mateusz Malina (Polonia)	Turku, Finlandia	3 jul 2016
		Giorgos Panagiotakis (Grecia)		
Sin aletas	244 m	Mateusz Malina (Polonia)	Turku, Finlandia	2 jul 2016

APNEA ESTÁTICA (HOMBRES)	Tiempo	Nombre y nacionalidad	Lugar	Fecha
Duración	11 min 54 s	Branko Petrovic (Serbia)	Dubái, UAE	7 oct 2014

DISCIPLINAS DE PROFUNDIDAD (MUJERES)	Profundidad	Nombre y nacionalidad	Lugar	Fecha
Peso constante con aletas	104 m	Alessia Zecchini (Italia)	Long Island, Bahamas	10 may 2017
Peso constante sin aletas	72 m	Sayuri Kinoshita (Japón)	Long Island, Bahamas	26 abr 2016
Peso variable	130 m	Nanja van den Broek (Países Bajos)	Sharm el-Sheikh, Egipto	18 oct 2015
Sin límites	160 m	Tanya Streeter (EE.UU.)	Islas Turcas y Caicos	17 ago 2002
Inmersión libre	92 m	Jeanine Grasmeijer (Países Bajos)	Bonaire, Caribe holandés	6 sep 2016

APNEA DINÁMICA (MUJERES)	Distancia	Nombre y nacionalidad	Lugar	Fecha
Con aletas	237 m	Natalia Molchanova (Rusia)	Cagliari, Italia	26 sep 2014
Sin aletas	191 m	Magdalena Solich-Talanda (Polonia)	Opole, Polonia	1 jul 2017

APNEA ESTÁTICA (MUJERES)	Tiempo	Nombre y nacionalidad	Lugar	Fecha
Duración	9 min 2 s	Natalia Molchanova (Rusia)	Belgrado, Serbia	29 jun 2013

Inmersión libre a más profundidad (hombres)

El 2 de mayo de 2016, William Trubridge (Nueva Zelanda) buceó hasta una profundidad de 124 m en el agujero azul de Dean, en Bahamas. Tuvo que superar algunas dificultades para retirar el indicador de profundidad que así lo acreditaba y batir su propio récord de 121 m vigente desde 2011. En total, su inmersión duró 4 min y 24 s.

REMO *(2.000 m de recorrido para todas las pruebas)*

HOMBRES	Tiempo	Nombre y nacionalidad	Lugar	Fecha
Individual	6:30,74	Robert Manson (Nueva Zelanda)	Poznan, Polonia	18 jun 2017
Doble scull	5:59,72	Croacia (Valent Sinković, Martin Sinković)	Ámsterdam, Países Bajos	29 ago 2014
Cuádruple scull	5:32,26	Ucrania (Morozov, Dovgodko, Nadtoka, Mikhay)	Ámsterdam, Países Bajos	30 ago 2014
Dos sin timonel	6:08,50	Nueva Zelanda (Eric Murray, Hamish Bond)	Londres, R.U.	28 jul 2012
Cuatro sin timonel	5:37,86	Gran Bretaña (Reed, James, Triggs Hodge, Gregory)	Lucerna, Suiza	25 may 2012
Dos con timonel**	6:33,26	Nueva Zelanda (Caleb Shepherd, Eric Murray, Hamish Bond)	Ámsterdam, Países Bajos	29 ago 2014
Cuatro con timonel**	5:58,96	Alemania (Ungemach, Eichholz, Weyrauch, Rabe, Dederding)	Viena, Austria	24 ago 1991
Ocho	5:18,68	Alemania (Jakschik, Sauer, Schmidt, Weissenfeld, Johannesen, Schneider, Planer, Ocik, Wimberger)	Poznan, Polonia	18 jun 2017

PESO LIGERO	Tiempo	Nombre y nacionalidad	Lugar	Fecha
Individual**	6:43,37	Marcello Miani (Italia)	Ámsterdam, Países Bajos	29 ago 2014
Doble scull	6:05,36	Sudáfrica (John Smith, James Thompson)	Ámsterdam, Países Bajos	30 ago 2014
Cuádruple scull**	5:42,75	Grecia (Magdanis, Giannaros, E Konsolas, G Konsolas)	Ámsterdam, Países Bajos	29 ago 2014
Dos sin timonel**	6:22,91	Suiza (Simon Niepmann, Lucas Tramèr)	Ámsterdam, Países Bajos	29 ago 2014
Cuatro sin timonel	5:43,16	Dinamarca (Barsøe, Jørgensen, Larsen, Winther)	Ámsterdam, Países Bajos	29 ago 2014
Ocho**	5:30,24	Alemania (Altena, Dahlke, Kobor, Stomporowski, Melges, März, Buchheit, Von Warburg, Kaska)	Montreal, Canadá	13 ago 1992

MUJERES	Tiempo	Nombre y nacionalidad	Lugar	Fecha
Individual	7:07,71	Rumyana Neykova (Bulgaria)	Sevilla, España	21 sep 2002
Doble scull	6:37,31	Australia (Sally Kehoe, Olympia Aldersey)	Ámsterdam, Países Bajos	29 ago 2014
Cuádruple scull	6:06,84	Alemania (Annekatrin Thiele, Carina Bär, Julia Lier, Lisa Schmidla)	Ámsterdam, Países Bajos	30 ago 2014
Dos sin timonel	6:49,08	Nueva Zelanda (Grace Prendergast, Kerri Gowler)	Poznan, Polonia	18 jun 2017
Cuatro sin timonel**	6:14,36	Nueva Zelanda (Prendergast, Pratt, Gowler, Bevan)	Ámsterdam, Países Bajos	29 ago 2014
Ocho	5:54,16	EE.UU. (Regan, Polk, Snyder, Simmonds, Luczak, Robbins, Schmetterling, Opitz, Lind)	Lucerna, Suiza	14 jul 2013

PESO LIGERO	Tiempo	Nombre y nacionalidad	Lugar	Fecha
Individual**	7:24,46	Zoe McBride (Nueva Zelanda)	Varese, Italia	20 jun 2015
Doble scull	6:47,69	Países Bajos (Maaike Head, Ilse Paulis)	Poznan, Polonia	19 jun 2016
Cuádruple scull**	6:15,95	Países Bajos (Woerner, Paulis, Kraaijkamp, Head)	Ámsterdam, Países Bajos	29 ago 2014
Dos sin timonel**	7:18,32	Australia (Eliza Blair, Justine Joyce)	Aiguebelette-le-Lac, Francia	6 sep 1997

*** Clases de embarcación no olímpicas*

El dos sin timonel más rápido (hombres)

En los JJ.OO. de Londres 2012, Eric Murray y Hamish Bond (Nueva Zelanda) ganaron la prueba de dos sin timonel (6 min y 8,50 s) y batieron un récord vigente durante una década. Lograron 69 victorias consecutivas antes de la retirada de Murray en mayo de 2017.

El dos sin timonel más rápido (mujeres)

El 18 de junio de 2017, Kerri Gowler y Grace Prendergast (Nueva Zelanda) ganaron la final femenina de la regata World Rowing Cup con un tiempo de 6 min y 49,08 s. Fue uno de los tres récords mundiales establecidos ese día en Poznan, Polonia.

PATINAJE DE VELOCIDAD: PISTA LARGA

HOMBRES	Tiempo/Puntos	Nombre y nacionalidad	Lugar	Fecha
500 m	33,98	Pavel Kulizhnikov (Rusia)	Salt Lake City, EE.UU.	20 nov 2015
2 × 500 m	1:08,31	Jeremy Wotherspoon (Canadá)	Calgary, Canadá	15 mar 2008
1.000 m	1:06,42	Shani Davis (EE.UU.)	Salt Lake City, EE.UU.	7 mar 2009
1.500 m	1:41,02	Denis Yuskov (Rusia)	Salt Lake City, EE.UU.	9 dic 2017
3.000 m	3:37,28	Eskil Ervik (Noruega)	Calgary, Canadá	5 nov 2005
5.000 m	6:01,86	Ted-Jan Bloemen (Canadá, nacido en Países Bajos)	Salt Lake City, EE.UU.	10 dic 2017
10.000 m	12:36,30	Ted-Jan Bloemen (Canadá, nacido en Países Bajos)	Salt Lake City, EE.UU.	21 nov 2015
Esprint combinado	136,065 puntos	Kai Verbij (Países Bajos)	Calgary, Canadá	25-26 feb 2017
Combinado pequeño	146,365 puntos	Erben Wennemars (Países Bajos)	Calgary, Canadá	12-13 ago 2005
Combinado grande	145,742 puntos	Shani Davis (EE.UU.)	Calgary, Canadá	18-19 mar 2006
Persecución por equipos (8 vueltas)	3:35,60	Países Bajos (Blokhuijsen, Kramer, Verweij)	Salt Lake City, EE.UU.	16 nov 2013

MUJERES	Tiempo/Puntos	Nombre y nacionalidad	Lugar	Fecha
500 m	36,36	Lee Sang-hwa (Corea del Sur)	Salt Lake City, EE.UU.	16 nov 2013
2 × 500 m	1:14,19	Heather Richardson (EE.UU.)	Salt Lake City, EE.UU.	28 dic 2013
1.000 m	1:12,09	Nao Kodaira (Japón)	Salt Lake City, EE.UU.	10 dic 2017
1.500 m	1:50,85	Heather Richardson- Bergsma (EE.UU.)	Salt Lake City, EE.UU.	21 nov 2015
3.000 m	3:53,34	Cindy Klassen (Canadá)	Calgary, Canadá	18 mar 2006
5.000 m	6:42,66	Martina Sáblíková (República Checa)	Salt Lake City, EE.UU.	18 feb 2011
Esprint combinado	146,390 puntos	Nao Kodaira (Japón)	Calgary, Canadá	25-26 feb 2017
Combinado mini	155,576 puntos	Cindy Klassen (Canadá)	Calgary, Canadá	15-17 mar 2001
Combinado pequeño	154,580 puntos	Cindy Klassen (Canadá)	Calgary, Canadá	18-19 mar 2006
Persecución por equipos (6 vueltas)	2:50,87	Japón (Miho Takagi, Nana Takagi, Ayano Sato)	Salt Lake City, EE.UU.	8 dic 2017

La mejor puntuación en la prueba de esprint combinado en patinaje de velocidad en pista larga (hombres)

Entre el 25 y el 26 de febrero de 2017, Kai Verbij (Países Bajos) ganó el esprint combinado (dos carreras de 500 m y dos de 1.000 m) en el Campeonato Mundial de Patinaje de Velocidad 2017 de la ISU, en Calgary, Canadá (136,065 puntos).

Los 5.000 m más rápidos en la prueba de relevo en pista corta (hombres)

El 12 de noviembre de 2017, el equipo de EE.UU. formado por Thomas Hong, John-Henry Krueger, Keith Carroll y J.R. Celski (a la derecha en la imagen) ganó el relevo de 5.000 m en la Copa del Mundo en Pista Corta de la ISU celebrada en Shanghái, China, con un tiempo de 6 min y 29,052 s. El combinado superó a sus rivales surcoreanos por sólo 0,024 s, y mejoró el récord establecido por el equipo de relevos canadiense en 2012.

PATINAJE DE VELOCIDAD: PISTA CORTA

HOMBRES	Tiempo	Nombre y nacionalidad	Lugar	Fecha
500 m	39,584	*Wu Dajing (China)	Gangneung, Corea del Sur	22 feb 2018
1.000 m	1:20,875	Hwang Dae-heon (Corea del Sur)	Salt Lake City, EE.UU.	12 nov 2016
1.500 m	2:07,943	Sjinkie Knegt (Países Bajos)	Salt Lake City, EE.UU.	13 nov 2016
3.000 m	4:31,891	Noh Jin-kyu (Corea del Sur)	Varsovia, Polonia	19 mar 2011
5.000 m relevo	6:29,052	EE.UU. (John J.R. Celski, John-Henry Krueger, Keith Carroll, Thomas Hong)	Shanghái, China	12 nov 2017

MUJERES	Tiempo	Nombre y nacionalidad	Lugar	Fecha
500 m	42,335	Elise Christie (Gran Bretaña)	Salt Lake City, EE.UU.	13 nov 2016
1.000 m	1:26,661	Shim Suk-hee (Corea del Sur)	Calgary, Canadá	21 oct 2012
1.500 m	2:14,354	Choi Min-jeong (Corea del Sur)	Salt Lake City, EE.UU.	12 nov 2016
3.000 m	4:46,983	Jung Eun-ju (Corea del Sur)	Harbin, China	15 mar 2008
3.000 m relevo	*4:03,471	Países Bajos (Suzanne Schulting, Yara van Kerkhof, Lara van Ruijven, Jorien Ter Mors)	Gangneung, Corea del Sur	20 feb 2018

*Pendiente de ratificación

PATINAJE ARTÍSTICO

HOMBRES	Puntos	Nombre y nacionalidad	Lugar	Fecha
Total combinado	330,43	Yuzuru Hanyu (Japón)	Barcelona, España	12 dic 2015
Programa corto	112,72	Yuzuru Hanyu (Japón)	Montreal, Canadá	22 sep 2017
Programa libre	223,20	Yuzuru Hanyu (Japón)	Helsinki, Finlandia	1 abr 2017

MUJERES	Puntos	Nombre y nacionalidad	Lugar	Fecha
Total combinado	241,31	Evgenia Medvedeva (Rusia)	Tokio, Japón	20 abr 2017
Programa corto	82,92	Alina Zagitova (Rusia)	Gangneung, Corea del Sur	21 feb 2018
Programa libre/ Programa largo	160,46	Evgenia Medvedeva (Rusia)	Tokio, Japón	20 abr 2017

PAREJAS	Puntos	Nombre y nacionalidad	Lugar	Fecha
Total combinado	245,84	Aljona Savchenko y Bruno Massot (Alemania)	MIlán, Italia	22 mar 2018
Programa corto	84,17	Tatiana Volosozhar y Maxim Trankov (Rusia)	Sochi, Rusia	11 feb 2014
Programa libre	162,86	Aljona Savchenko y Bruno Massot (Alemania)	Milán, Italia	22 mar 2018

DANZA SOBRE HIELO	Puntos	Nombre y nacionalidad	Lugar	Fecha
Total combinado	207,20	Gabriella Papadakis y Guillaume Cizeron (Francia)	Milán, Italia	24 mar 2018
Danza corta	83,73	Gabriella Papadakis y Guillaume Cizeron (Francia)	Milán, Italia	23 mar 2018
Danza libre	123,47	Gabriella Papadakis y Guillaume Cizeron (Francia)	Milán, Italia	24 mar 2018

Puntuación más alta en el programa corto de patinaje artístico (mujeres)

El 21 de febrero de 2018, Alina Zagitova (Rusia) logró 82,92 puntos en los Juegos Olímpicos de Invierno 2018 en el Gangneung Ice Arena, Corea del Sur. Patinando con la música de *El lago de los cisnes*, esta campeona de 15 años se hizo con la medalla de oro después de batir el récord mundial establecido sólo unos minutos antes por su compatriota Evgenia Medvedeva (81,61 puntos).

NATACIÓN

Más récords mundiales de la FINA (actualidad)

A 4 de abril de 2018, más de un año después de su retiro, la leyenda de la natación Michael Phelps (EE.UU.) todavía ostentaba siete marcas mundiales. Su récord más antiguo es el de **los 400 m estilos**, con 4 min y 3,84 s, que le dio el oro en los Juegos Olímpicos de Pekín el 10 de agosto de 2008.

Los 100 m braza más rápidos en piscina olímpica (mujeres)

El 25 de julio de 2017, Lilly King (EE.UU.) ganó la final femenina de los 100 m braza del Campeonato Mundial de Natación de la FINA 2017 en Budapest, Hungría (1 min y 4,13 s). Cinco días después, en su camino hacia una nueva medalla de oro, King nadó los **50 m braza más rápidos (mujeres)** con una marca de 29,40 s.

NATACIÓN: PISCINA OLÍMPICA (50 M)

HOMBRES	Tiempo	Nombre y nacionalidad	Lugar	Fecha
50 m libres	20,91	César Cielo Filho (Brasil)	São Paulo, Brasil	18 dic 2009
100 m libres	46,91	César Cielo Filho (Brasil)	Roma, Italia	30 jul 2009
200 m libres	1:42,00	Paul Biedermann (Alemania)	Roma, Italia	28 jul 2009
400 m libres	3:40,07	Paul Biedermann (Alemania)	Roma, Italia	26 jul 2009
800 m libres	7:32,12	Zhang Lin (China)	Roma, Italia	29 jul 2009
1.500 m libres	14:31,02	Sun Yang (China)	Londres, R.U.	4 ago 2012
Relevo 4 × 100 m libres	3:08,24	EE.UU. (Michael Phelps, Garrett Weber-Gale, Cullen Jones, Jason Lezak)	Pekín, China	11 ago 2008
Relevo 4 × 200 m libres	6:58,55	EE.UU. (Michael Phelps, Ricky Berens, David Walters, Ryan Lochte)	Roma, Italia	31 jul 2009
50 m mariposa	22,43	Rafael Muñoz (España)	Málaga, España	5 abr 2009
100 m mariposa	49,82	Michael Phelps (EE.UU.)	Roma, Italia	1 ago 2009
200 m mariposa	1:51,51	Michael Phelps (EE.UU.)	Roma, Italia	29 jul 2009
50 m espalda	24,04	Liam Tancock (Gran Bretaña)	Roma, Italia	2 ago 2009
100 m espalda	51,85	Ryan Murphy (EE.UU.)	Río de Janeiro, Brasil	13 ago 2016
200 m espalda	1:51,92	Aaron Peirsol (EE.UU.)	Roma, Italia	31 jul 2009
50 m braza	25,95	Adam Peaty (Gran Bretaña)	Budapest, Hungría	25 jul 2017
100 m braza	57,13	Adam Peaty (Gran Bretaña)	Río de Janeiro, Brasil	7 ago 2016
200 m braza	2:06,67	Ippei Watanabe (Japón)	Tokio, Japón	29 ene 2017
200 m estilos	1:54,00	Ryan Lochte (EE.UU.)	Shanghái, China	28 jul 2011
400 m estilos	4:03,84	Michael Phelps (EE.UU.)	Pekín, China	10 ago 2008
Relevo 4 × 100 m estilos	3:27,28	EE.UU. (Aaron Peirsol, Eric Shanteau, Michael Phelps, David Walters)	Roma, Italia	2 ago 2009

MUJERES	Tiempo	Nombre y nacionalidad	Lugar	Fecha
50 m libres	23,67	Sarah Sjöström (Suecia)	Budapest, Hungría	29 jul 2017
100 m libres	51,71	Sarah Sjöström (Suecia)	Budapest, Hungría	23 jul 2017
200 m libres	1:52,98	Federica Pellegrini (Italia)	Roma, Italia	29 jul 2009
400 m libres	3:56,46	Katie Ledecky (EE.UU.)	Río de Janeiro, Brasil	7 ago 2016
800 m libres	8:04,79	Katie Ledecky (EE.UU.)	Río de Janeiro, Brasil	12 ago 2016
1.500 m libres	15:25,48	Katie Ledecky (EE.UU.)	Kazán, Rusia	4 ago 2015
Relevo 4 × 100 m libres	3:30,65	Australia (Bronte Campbell, Brittany Elmslie, Emma McKeon, Cate Campbell)	Río de Janeiro, Brasil	6 ago 2016
Relevo 4 × 200 m libres	7:42,08	China (Yang Yu, Zhu Qianwei, Liu Jing, Pang Jiaying)	Roma, Italia	30 jul 2009
50 m mariposa	24,43	Sarah Sjöström (Suecia)	Borås, Suecia	5 jul 2014
100 m mariposa	55,48	Sarah Sjöström (Suecia)	Río de Janeiro, Brasil	7 ago 2016
200 m mariposa	2:01,81	Liu Zige (China)	Jinan, China	21 oct 2009
50 m espalda	27,06	Zhao Jing (China)	Roma, Italia	30 jul 2009
100 m espalda	58,10	Kylie Masse (Canadá)	Budapest, Hungría	25 jul 2017
200 m espalda	2:04,06	Missy Franklin (EE.UU.)	Londres, R.U.	3 ago 2012
50 m braza	29,40	Lilly King (EE.UU.)	Budapest, Hungría	30 jul 2017
100 m braza	1:04,13	Lilly King (EE.UU.)	Budapest, Hungría	25 jul 2017
200 m braza	2:19,11	Rikke Møller Pedersen (Dinamarca)	Barcelona, España	1 ago 2013
200 m estilos	2:06,12	Katinka Hosszú (Hungría)	Kazán, Rusia	3 ago 2015
400 m estilos	4:26,36	Katinka Hosszú (Hungría)	Río de Janeiro, Brasil	6 ago 2016
Relevo 4 × 100 m estilos	3:51,55	EE.UU. (Kathleen Baker, Lilly King, Kelsi Worrell, Simone Manuel)	Budapest, Hungría	30 jul 2017

Los 50 m libres más rápidos en piscina olímpica (mujeres)

El 29 de julio de 2017, Sarah Sjöström (Suecia) ganó su semifinal de los 50 m libres del Campeonato Mundial de Natación de la FINA 2017 (23,67 s). En la final, ganó el oro con la segunda mejor marca de todos los tiempos: 23,69 s. Además, como miembro del equipo de relevos sueco de 4 × 100 m libres, estableció el récord de los **100 m libres más rápidos en piscina larga (mujeres)**: 51,71 s.

Los 100 m mariposa más rápidos en piscina corta (hombres)

El 8 de diciembre de 2016, Chad le Clos (Sudáfrica) ganó los 100 m mariposa del Campeonato Mundial de Natación de la FINA en piscina corta con una marca de 48,08 s y mejoró su propio récord de 48,44 s. Le Clos se recuperó así de la decepción en los JJ.OO., donde ganó dos platas pero quedó cuarto en la disputada final de los 200 m. El sudafricano también ostenta el récord de los **200 m mariposa más rápidos en piscina corta**: 1 min y 48,56 s, logrado el 5 de noviembre de 2013 en Singapur.

NATACIÓN: PISCINA CORTA (25 M)

HOMBRES	Tiempo	Nombre y nacionalidad	Lugar	Fecha
50 m libres	20,26	Florent Manaudou (Francia)	Doha, Qatar	5 dic 2014
100 m libres	44,94	Amaury Leveaux (Francia)	Rijeka, Croacia	13 dic 2008
200 m libres	1:39,37	Paul Biedermann (Alemania)	Berlín, Alemania	15 nov 2009
400 m libres	3:32,25	Yannick Agnel (Francia)	Angers, Francia	15 nov 2012
800 m libres	7:23,42	Grant Hackett (Australia)	Melbourne, Australia	20 jul 2008
1.500 m libres	14:08,06	Gregorio Paltrinieri (Italia)	Netanya, Israel	4 dic 2015
Relevo 4 × 100 m estilos	3:03,30	EE.UU. (Nathan Adrian, Matt Grevers, Garrett Weber-Gale, Michael Phelps)	Manchester, R.U.	19 dic 2009
Relevo 4 × 200 m estilos	6:49,04	Rusia (Nikita Lobintsev, Danila Izotov, Evgeny Lagunov, Alexander Sukhorukov)	Dubái, UAE	16 dic 2010
50 m mariposa	21,80	Steffen Deibler (Alemania)	Berlín, Alemania	14 nov 2009
100 m mariposa	48,08	Chad le Clos (Sudáfrica)	Windsor, Canadá	8 dic 2016
200 m mariposa	1:48,56	Chad le Clos (Sudáfrica)	Singapur, Singapur	5 nov 2013
50 m espalda	22,22	Florent Manaudou (Francia)	Doha, Qatar	6 dic 2014
100 m espalda	**48,90	Kliment Kolesnikov (Rusia)	San Petersburgo, Rusia	22 dic 2017
200 m espalda	1:45,63	Mitch Larkin (Australia)	Sídney, Australia	27 nov 2015
50 m braza	25,25	Cameron van der Burgh (Sudáfrica)	Berlín, Alemania	14 nov 2009
100 m braza	55,61	Cameron van der Burgh (Sudáfrica)	Berlín, Alemania	15 nov 2009
200 m braza	2:00,44	Marco Koch (Alemania)	Berlín, Alemania	20 nov 2016
100 m estilos	50,30	Vladimir Morozov (Rusia)	Berlín, Alemania	30 ago 2016
200 m estilos	1:49,63	Ryan Lochte (EE.UU.)	Estambul, Turquía	14 dic 2012
400 m estilos	3:55,50	Ryan Lochte (EE.UU.)	Dubái, UAE	16 dic 2010
Relevo 4 × 100 m estilos	3:19,16	Rusia (Stanislav Donets, Sergey Geybel, Evgeny Korotyshkin, Danila Izotov)	San Petersburgo, Rusia	20 dic 2009

MUJERES	Tiempo	Nombre y nacionalidad	Lugar	Fecha
50 m libres	22,93	Ranomi Kromowidjojo (Países Bajos)	Berlín, Alemania	7 ago 2017
100 m libres	50,25	Cate Campbell (Australia)	Adelaida, Australia	26 oct 2017
200 m libres	1:50,43	Sarah Sjöström (Suecia)	Eindhoven, Países Bajos	12 ago 2017
400 m libres	3:54,52	Mireia Belmonte (España)	Berlín, Alemania	11 ago 2013
800 m libres	7:59,34	Mireia Belmonte (España)	Berlín, Alemania	10 ago 2013
1.500 m libres	15:19,71	Mireia Belmonte (España)	Sabadell, España	12 dic 2014
Relevo 4 × 100 m libres	3:26,53	Países Bajos (Femke Heemskerk, Inge Dekker, Ranomi Kromowidjojo, Maud van der Meer)	Doha, Qatar	5 dic 2014
Relevo 4 × 200 m libres	7:32,85	Países Bajos (Femke Heemskerk, Inge Dekker, Ranomi Kromowidjojo, Sharon van Rouwendaal)	Doha, Qatar	3 dic 2014
50 m mariposa	24,38	Therese Alshammar (Suecia)	Singapur, Singapur	22 nov 2009
100 m mariposa	54,61	Sarah Sjöström (Suecia)	Doha, Qatar	7 dic 2014
200 m mariposa	1:59,61	Mireia Belmonte (España)	Doha, Qatar	3 dic 2014
50 m espalda	25,67	Etiene Medeiros (Brasil)	Doha, Qatar	7 dic 2014
100 m espalda	55,03	Katinka Hosszú (Hungría)	Doha, Qatar	4 dic 2014
200 m espalda	1:59,23	Katinka Hosszú (Hungría)	Doha, Qatar	5 dic 2014
50 m braza	28,64	Alia Atkinson (Jamaica)	Tokio, Japón	26 oct 2016
100 m braza	1:02,36	Rūta Meilutytė (Lituania)	Moscú, Rusia	12 oct 2013
		Alia Atkinson (Jamaica)	Doha, Qatar	6 dic 2014
			Chartres, Francia	26 ago 2016
200 m braza	2:14,57	Rebecca Soni (EE.UU.)	Manchester, R.U.	18 dic 2009
100 m estilos	56,51	Katinka Hosszú (Hungría)	Berlín, Alemania	7 ago 2017
200 m estilos	2:01,86	Katinka Hosszú (Hungría)	Doha, Qatar	6 dic 2014
400 m estilos	4:18,94	Mireia Belmonte (España)	Eindhoven, Países Bajos	12 ago 201
Relevo 4 × 100 m estilos	3:45,20	EE.UU. (Courtney Bartholomew, Katie Meili, Kelsi Worrell, Simone Manuel)	Indianápolis, EE.UU.	11 dic 2015

** Pendiente de ratificación

Los 400 m estilos más rápidos en piscina corta (mujeres)

El 12 de agosto de 2017, Mireia Belmonte (España) nadó los 400 m estilos en piscina corta en 4 min y 18,94 s durante la Copa del Mundo de Natación de la FINA en Eindhoven, Países Bajos. En el tramo de braza, recuperó los dos segundos perdidos con Katinka Hosszú, y resistió en cabeza en el tramo de estilo libre. Dos semanas antes, Hosszú había vencido a Belmonte en los 400 m estilos en el Campeonato Mundial de Natación de la FINA.

Los 50 m libres más rápidos en piscina corta (mujeres)

El 7 de agosto de 2017, Ranomi Kromowidjojo (Países Bajos) nadó los 50 m libres en 22,93 s en la Copa del Mundo de Natación de la FINA en piscina corta celebrada en Berlín, Alemania. Batía así el récord de Sarah Sjöström, que sólo cinco días antes había nadado en 23,10 s. Kromowidjojo, triple campeona olímpica en los 50 m, 100 m y 4 × 100 m libres, ya había batido el récord de la distancia en agosto de 2013.

HALTEROFILIA

HOMBRES	Categoría	Peso	Nombre y nacionalidad	Lugar	Fecha
56 kg	Arrancada	139 kg	Wu Jingbiao (China)	Houston, EE.UU.	21 nov 2015
	Dos tiempos	171 kg	Om Yun-Chol (Corea del Norte)	Houston, EE.UU.	21 nov 2015
	Total	307 kg	Long Qingquan (China)	Río de Janeiro, Brasil	7 ago 2016
62 kg	Arrancada	154 kg	Kim Un-Guk (Corea del Norte)	Incheon, Corea del Sur	21 sep 2014
	Dos tiempos	183 kg	Lijun Chen (China)	Houston, EE.UU.	22 nov 2015
	Total	333 kg	Lijun Chen (China)	Houston, EE.UU.	22 nov 2015
69 kg	Arrancada	166 kg	Liao Hui (China)	Almaty, Kazajistán	10 nov 2014
	Dos tiempos	198 kg	Liao Hui (China)	Breslavia, Polonia	23 oct 2013
	Total	359 kg	Liao Hui (China)	Almaty, Kazajistán	10 nov 2014
77 kg	Arrancada	177 kg	Lü Xiaojun (China)	Río de Janeiro, Brasil	10 ago 2016
	Dos tiempos	214 kg	Nijat Rahimov (Kazajistán)	Río de Janeiro, Brasil	10 ago 2016
	Total	380 kg	Lü Xiaojun (China)	Breslavia, Polonia	24 oct 2013
85 kg	Arrancada	187 kg	Andrei Rybakou (Bulgaria)	Chiang Mai, Tailandia	22 sep 2007
	Dos tiempos	220 kg	Kianoush Rostami (Irán)	Teherán, Irán	31 may 2016
	Total	396 kg	Kianoush Rostami (Irán)	Río de Janeiro, Brasil	12 ago 2016
94 kg	Arrancada	188 kg	Akakios Kakiasvilis (Grecia)	Atenas, Grecia	27 nov 1999
	Dos tiempos	233 kg	Sohrab Moradi (Irán)	Anaheim, EE.UU.	3 dic 2017
	Total	417 kg	Sohrab Moradi (Irán)	Anaheim, EE.UU.	3 dic 2017
105 kg	Arrancada	200 kg	Andrei Aramnau (Bulgaria)	Pekín, China	18 ago 2008
	Dos tiempos	246 kg	Ilya Ilyin (Kazajistán)	Grozny, Rusia	12 dic 2015
	Total	437 kg	Ilya Ilyin (Kazajistán)	Grozny, Rusia	12 dic 2015
105+ kg	Arrancada	220 kg	Lasha Talakhadze (Georgia)	Anaheim, EE.UU.	5 dic 2017
	Dos tiempos	263 kg	Hossein Rezazadeh (Irán)	Atenas, Grecia	25 ago 2004
	Total	477 kg	Lasha Talakhadze (Georgia)	Anaheim, EE.UU.	5 dic 2017

MUJERES	Categoría	Peso	Nombre y nacionalidad	Lugar	Fecha
48 kg	Arrancada	98 kg	Yang Lian (China)	Santo Domingo, República Dominicana	1 oct 2006
	Dos tiempos	121 kg	Nurcan Taylan (Turquía)	Antalya, Turquía	17 sep 2010
	Total	217 kg	Yang Lian (China)	Santo Domingo, República Dominicana	1 oct 2006
53 kg	Arrancada	103 kg	Ping Li (China)	Guangzhou, China	14 nov 2010
	Dos tiempos	134 kg	Zulfiya Chinshanlo (Kazajistán)	Almaty, Kazajistán	10 nov 2014
	Total	233 kg	Shu-ching Hsu (Taiwán)	Incheon, Corea del Sur	21 sep 2014
58 kg	Arrancada	112 kg	Boyanka Kostova (Azerbaiyán)	Houston, EE.UU.	23 nov 2015
	Dos tiempos	142 kg	Hsing-chun Kuo (Taiwán)	Taipéi, Taiwán	21 ago 2017
	Total	252 kg	Boyanka Kostova (Azerbaiyán)	Houston, EE.UU.	23 nov 2015
63 kg	Arrancada	117 kg	Svetlana Tsarukaeva (Rusia)	París, Francia	8 nov 2011
	Dos tiempos	147 kg	Wei Deng (China)	Río de Janeiro, Brasil	9 ago 2016
	Total	262 kg	Wei Deng (China)	Río de Janeiro, Brasil	9 ago 2016
69 kg	Arrancada	123 kg	Oxana Slivenko (Rusia)	Santo Domingo, República Dominicana	4 oct 2006
	Dos tiempos	157 kg	Zarema Kasaeva (Rusia)	Doha, Qatar	13 nov 2005
	Total	276 kg	Oxana Slivenko (Rusia)	Chiang Mai, Tailandia	24 sep 2007
75 kg	Arrancada	135 kg	Natalya Zabolotnaya (Rusia)	Belgorod, Rusia	17 dic 2011
	Dos tiempos	164 kg	Un Ju Kim (Corea del Norte)	Incheon, Corea del Sur	25 sep 2014
	Total	296 kg	Natalya Zabolotnaya (Rusia)	Belgorod, Rusia	17 dic 2011
90 kg	Arrancada	130 kg	Victoria Shaimardanova (Ucrania)	Atenas, Grecia	21 ago 2004
	Dos tiempos	160 kg	Hripsime Khurshudyan (Armenia)	Antalya, Turquía	25 sep 2010
	Total	283 kg	Hripsime Khurshudyan (Armenia)	Antalya, Turquía	25 sep 2010
90+ kg	Arrancada	155 kg	Tatiana Kashirina (Rusia)	Almaty, Kazajistán	16 nov 2014
	Dos tiempos	193 kg	Tatiana Kashirina (Rusia)	Almaty, Kazajistán	16 nov 2014
	Total	348 kg	Tatiana Kashirina (Rusia)	Almaty, Kazajistán	16 nov 2014

El mayor peso levantado total (94 kg, hombres)
El 3 de diciembre de 2017, Sohrab Moradi (Irán) se hizo con la medalla de oro en el Campeonato del Mundo de la IWF celebrado en Anaheim, California, EE.UU., con un total de 417 kg. Empezó con 184 kg en arrancada, a lo que sumó el récord de **mayor peso levantado en la prueba de dos tiempos en la categoría de 94 kg (hombres): 233 kg.**

El mayor peso levantado en dos tiempos (58 kg, mujeres)
El 21 de agosto de 2017, Hsing-chun Kuo (Taiwán) levantó 142 kg en dos tiempos en su camino al oro durante la 29 Universiada de Verano celebrada en Taipéi. Con su marca, batía un récord que llevaba 10 años vigente. Su total de 249 kg se quedó a sólo 3 kg del récord mundial.

El mayor peso levantado en arrancada (90 kg, mujeres)
Victoria Shaimardanova (Ucrania) levantó un peso de 130 kg en la categoría de 75+ kg en la competición femenina de halterofilia de los Juegos Olímpicos de 2004 de Atenas, Grecia. Los récords mundiales femeninos en la categoría de 90 kg fueron establecidos por la IWF a raíz de su decisión de introducir esta nueva categoría de peso en septiembre de 2016.

BÉISBOL

Si no se indica de otro modo, todos los equipos y jugadores son de EE.UU.

Más strikeouts de los lanzadores de un equipo en una temporada de la Major League Baseball (MLB)

Los lanzadores de los Cleveland Indians eliminaron a un total de 1.614 bateadores durante la temporada 2017. Lograron 10,1 strikeouts cada nueve entradas, el promedio más alto de la historia en la MLB.

Menos entradas de una lanzador para alcanzar 1.500 strikeouts

Entre 2010 y 2017, Chris Sale eliminó a 1.500 bateadores en 1.290 entradas como jugador de los Chicago White Sox y de los Boston Red Sox. El récord anterior estaba en manos de Kerry Wood, con 1.303 entradas.

Más partidos de un lanzador en una Serie Mundial

Sólo dos lanzadores se han enfrentado a un bateador en los siete partidos de una Serie Mundial: Darold Knowles, de los Oakland Athletics, en 1973; y Brandon Morrow, de Los Angeles Dodgers, en 2017.

La racha ganadora ininterrumpida más larga en la MLB

Entre el 24 de agosto y el 14 de septiembre de 2017, los Cleveland Indians se impusieron en 22 partidos consecutivos. Finalmente, el 15 de septiembre cayeron derrotados frente a los Kansas City Royals, un equipo al que los Indians habían batido cuatro veces durante su racha ganadora. Según las estadísticas, entre el 7 y el 30 de septiembre de 1916, los New York Giants ganaron 26 partidos de 27, pero la racha de victorias se vio interrumpida por un empate a nueve entradas contra los Pittsburgh Pirates el 18 de septiembre.

Más posiciones ocupadas por un jugador en un partido de la MLB

El 30 de septiembre de 2017, Andrew Romine jugó en las nueve posiciones con los Detroit Tigers en su derrota por 3-2 frente a los Minnesota Twins. Romine comenzó el partido en el campo izquierdo, jugó como receptor en la séptima entrada y bateó en la octava. Sólo cuatro jugadores de la MLB han hecho lo mismo: Bert Campaneris (Cuba), César Tovar (Venezuela), Scott Sheldon y Shane Halter.

Más home runs en un partido de béisbol

Dieciocho jugadores han logrado cuatro home runs en un sólo partido de la MLB desde que Bobby Lowe lo hiciera por primera vez en 1894. En 2017 lo consiguieron Scooter Gennett (izquierda), jugador de los Cincinnati Reds, el 6 de junio, y J. D. Martinez, de los Arizona Diamondbacks, el 4 de septiembre.

Más home runs en una Serie Mundial (equipos)

Los Houston Astros y Los Angeles Dodgers sumaron 25 home runs en siete partidos en la Serie Mundial de 2017, cuatro más que el récord anterior de 2002.

El 25 de octubre de 2017, durante el segundo partido, los equipos sumaron ocho home runs, cuatro cada uno, y establecieron el récord de **más home runs combinados en un partido de la Serie Mundial**.

Más bateos extrabase en un partido de la MLB

El 3 de septiembre de 2017, José Ramírez (República Dominicana) hizo cinco bateos extrabase (es decir, dobles, triples o home runs) para los Cleveland Indians en su victoria contra los Detroit Tigers. Con dos home runs y tres dobles, Ramírez se convirtió en el decimotercer jugador en la historia de la MLB en lograr esta marca.

La **mayor cantidad de bateos extrabase en una carrera en la MLB** es de 1.477, récord establecido por Hank Aaron entre 1954 y 1976.

Más veces alcanzada la primera base por la interferencia de un receptor en una carrera en la MLB

El 11 de septiembre de 2017, Jacoby Ellsbury, de los New York Yankees, celebró su cumpleaños alcanzando la primera base por interferencia del receptor por trigésima vez en su carrera. Batía así la marca de Pete Rose (29), establecida entre 1963 y 1986. La interferencia de un receptor ocurre cuando éste obstaculiza al bateador.

Aaron Judge también ostenta el récord de **más bases por bolas de un novato en una temporada de la MLB**: 127. Batía un récord que permanecía vigente desde 1890.

Más impactos de lanzamientos en un partido de la MLB

El 16 de mayo de 2017, Jarrod Dyson recibió tres veces el impacto de un lanzamiento al batear para los Seattle Mariners contra los Oakland Athletics. Igualaba así el récord de la MLB, batido en 24 ocasiones desde que Wally Schang fuera el primero el 15 de mayo de 1923.

Más home runs de un novato en una temporada de la MLB

Aaron Judge logró 52 home runs en 2017 con los New York Yankees. Fue una gran temporada para este bateador de 2,01 m de alto, que saltó a los titulares después de convertirse en el primer novato en alcanzar 50 home runs en una temporada. El 25 de septiembre de 2017, tras anotar dos home runs contra los Kansas City Royals, superó el récord anterior de 49 establecido por Mark McGwire en 1987 con los Oakland Athletics.

Más home runs de un jugador en una Serie Mundial

George Springer, jugador de los Houston Astros, fue nombrado MVP de la Serie Mundial 2017 después de lograr cinco home runs contra Los Angeles Dodgers. Igualaba así la marca de Reggie Jackson en 1977 y Chase Utley en 2009.

Springer ostenta otros dos récords en la Serie Mundial: **más bases alcanzadas** (29) y **más bateos extrabase** (8).

ESQUÍ ACUÁTICO

HOMBRES	Récord	Nombre y nacionalidad	Lugar	Fecha
Eslalon	2,5 boyas/cuerda de arrastre de 9,75 m/58 km/h	Nate Smith (EE.UU.)	Covington, EE.UU.	7 sep 2013
Eslalon descalzo	20,6 estelas cruzadas en 30 s	Keith St Onge (EE.UU.)	Bronkhorstspruit, Sudáfrica	6 ene 2006
Figuras	12.570 puntos	Alexi Zharnasek (Bulgaria)	Islas del lago Hancock, EE.UU.	29 abr 2011
Figuras descalzo	12.500 puntos	David Small (R.U.)	Blue Moo Lake, Wisconsin, EE.UU.	4 ago 2016
Saltos	77,4 m	Ryan Dodd (Canadá)	Palm Bay, Florida, EE.UU.	1 jul 2017
Saltos descalzo	29,9 m	David Small (Gran Bretaña)	Brandeburgo, Alemania	11 ago 2010
Ski fly	95,09 m	Freddy Krueger (EE.UU.)	Grand Rapids, Michigan, EE.UU.	7 ago 2015
Combinada	2.812,71 puntos*	Adam Sedlmajer (República Checa)	Islas del lago Hancock, EE.UU.	20 abr 2017

MUJERES	Récord	Nombre y nacionalidad	Lugar	Fecha
Eslalon	3,5 boyas/cuerda de arrastre de 10,25 m/55 km/h	Regina Jaquess (EE.UU.)	Islas del lago Hancock, EE.UU.	5 nov 2016
Eslalon descalza	17,2 estelas cruzadas en 30 s	Ashleigh Stebbeings (Australia)	Perth, Australia	8 oct 2014
Figuras	10.610 puntos	Anna Gay (EE.UU.)	Lake Grew, EE.UU.	14 oct 2016
Figuras descalza	10.100 puntos	Ashleigh Stebbeings (Australia)	Mulwala, Australia	13 mar 2014
Saltos	60,3 m	Jacinta Carroll (Australia)	Lake Grew, EE.UU.	27 sep 2016
Saltos descalza	23,4 m	Ashleigh Stebbeings (Australia)	Canungra, Australia	19 feb 2017
Ski fly	69,4 m	Elena Milakova (Rusia)	Pine Mountain, EE.UU.	26 may 2002
Combinada	3.126,52 puntos**	Natalia Berdnikova (Bulgaria)	Groveland, EE.UU.	19 may 2012

*4 boyas a 10,25 m en eslalon, 10.640 en figuras, 65,7 m en salto   **3 boyas a 11,25 m en eslalon, 9.740 en figuras, 58,0 m en salto

Más puntos en la prueba combinada de esquí acuático (hombres)
El 20 de abril de 2017, Adam Sedlmajer (República Checa) obtuvo 2.812,71 puntos (según el nuevo método de cálculo de la IWWF) durante el Spring Isles Invitational, competición celebrada en Winter Garden, Florida, EE.UU. Superó 4 boyas con cuerda de arrastre de 10,25 m a 58 km/h, sumó 10.640 puntos en la modalidad de figuras y realizó un salto de 65,7 m.

MARATONES DEPORTIVAS

Deporte	Tiempo	Nombre y nacionalidad	Lugar	Fecha
Aeróbic	39 h y 59 min	Electric Eleven (EE.UU.)	Fremont, EE.UU.	30-31 dic 2016
Béisbol	74 h, 26 min y 53 s	56 jugadores de béisbol aficionado del área de Misuri, EE.UU.	Sauget, EE.UU.	26-29 may 2017
Baloncesto	120 h, 1 min y 7 s	Walang Iwanan y Bounce Back (Filipinas)	Manila, Filipinas	24-29 mar 2014
Baloncesto (silla de ruedas)	27 h y 32 min	South West Scorpions Wheelchair Basketball Club (R.U.)	Bristol, R.U.	11-12 ago 2012
Bolos (diez bolos)	134 h y 57 min	Stephen Shanabrook (EE.UU.)	Plano, EE.UU.	14-19 jun 2010
Bolos (pista cubierta)	52 h	Kaye Bunn, Glenys Carter, Hans Kerkhof, Bob Perrin, Alistair Carter y Bryan Allen (todos de Nueva Zelanda)	Central Bowling Club, Nueva Zelanda	21-23 oct 2016
Bolos (al aire libre)	172 h y 7 min	Paul Crawley, Alan Buchanan, Ryan McGowan, Neil Nicol, Sue LeCompte y Alistair Carter (Nueva Zelanda)	Central Bowling Club, Nueva Zelanda	19-26 mar 2016
Críquet	150 h y 14 min	Loughborough University Staff Cricket Club (R.U.)	Loughborough, R.U.	24-30 jun 2012
Curling	100 h, 3 min y 25 s	SwissCurling Association (Suiza)	Biel/Bienne, Suiza	16-20 dic 2015
Dardos (dobles)	49 h, 29 min y 18 s	Gary Pickford, Adam Dickinson, Paul Pickford y Mark Weaver (todos de R.U.)	Alsager, R.U.	12-14 feb 2016
Dardos (individual)	50 h, 50 min y 50 s	Mark Dye y Wayne Mitchell (ambos de R.U.)	Bromley, R.U.	13-15 mar 2014
Balón prisionero	41 h, 3 min y 17 s	Right to Play @ Castleton Club (EE.UU.)	Castleton, EE.UU.	27-29 abr 2012
Floorball	28 h	Mailattomat (Finlandia)	Seinäjoki, Finlandia	12-13 jun 2016
Hockey sobre hielo	250 h, 3 min y 20 s	Dr Brent Saik y amigos (Canadá)	Alberta, Canadá	6-16 feb 2015
Hockey en pista cubierta	62 h y 2 min	Prairie Cat Productions (Canadá)	Regina, Canadá	29-31 jul 2016
Hockey sobre patines en línea	36 h y 56 s	Scorpions Inline Hockey Club (Namibia)	Otjiwarongo, Namibia	10-11 sep 2016
Hockey callejero	105 h y 17 min	Molson Canadian y Canadian Tire (Canadá)	Lethbridge, Canadá	20-24 ago 2008
Hurling	24 h, 14 min y 2 s	Cloughbawn GAA Club (Irlanda)	Castleboro, Irlanda	22-23 jun 2012
Korfball	30 h y 2 min	Kingfisher Korfball Club (R.U.)	Larkfield, R.U.	14-15 jun 2008
Netball	72 h y 5 min	Generation Netball Club (Australia)	Launceston, Australia	9-12 jul 2015
Petanca	52 h	12 miembros de Gilles de B'Heinsch (Bélgica)	Toernich, Bélgica	18-20 sep 2009
Billar americano (individual)	105 h	Darren Stocks y Graham Cuthbert (ambos de R.U.)	Kingsteignton, R.U.	22-26 feb 2017
Esquí	202 h y 1 min	Nick Willey (Australia)	Thredbo, Australia	2-10 sep 2005
Snowboard	180 h y 34 min	Bernhard Mair (Austria)	Bad Kleinkirchheim, Austria	9-16 ene 2004
Fútbol	108 h y 2 min	Heartbeat United FC (R.U.)	Worthing, R.U.	26-30 may 2016
Fútbol sala	70 h y 3 min	Lee Knight Foundation (R.U.)	Wirral, R.U.	30 jul-2 ago 2015
Futbolín (dobles)	61 h y 17 min	Alexander Kuen, Manuel Larcher, Bernd Neururer y Dietmar Neururer (todos de Austria)	Innsbruck, Austria	29 aug-1 sep 2012
Tenis de mesa (dobles)	101 h, 1 min y 11 s	Lance, Mark y Phil Warren, Bill Weir (todos de EE.UU.)	Sacramento, EE.UU.	9-13 abr 1979
Tenis de mesa (individual)	132 h y 31 min	Randy Nunes y Danny Price (ambos de EE.UU.)	Cherry Hill, EE.UU.	20-26 ago 1978
Tenis (dobles)	57 h, 32 min y 27 s	Sipke de Hoop, Rob Hamersma, Wichard Heidekamp y Andre Poel (todos de los Países Bajos)	Zuidlaren, Países Bajos	16-18 ago 2013
Tenis (individual)	63 h, 27 min y 40 s	Dennis Groissl y Niklas Jahn (ambos de Alemania)	Bargteheide, Alemania	7-9 jul 2015
Voleibol playa	25 h y 39 min	Mateusz Baca, Wojciech Kurczyński, Sebastian Lüdke y Tomasz Olszak (todos de Alemania)	Görlitz, Alemania	3-4 jul 2010
Voleibol (pista cubierta)	101 h	SVU Volleybal (Países Bajos)	Amstelveen, Países Bajos	2-6 ene 2017
Wiffle ball	25 h, 39 min y 33 s	Chris Conrad, Julian Cordle, Gary Dunn, Donny Guy y Tom Mercier contra Bobby Heiken, Josh McDermott, Jeff Multanen, Rich Rosenthal y Cameron Williams (EE.UU.)	Medford, EE.UU.	10-11 ago 2013

CÓMO CONSEGUIR UN GWR

¿Tienes aptitudes para ganar un certificado GWR exclusivo? Si crees que sí, ¡ponte en contacto con nosotros! Y si te faltan ideas, en las siguientes páginas encontrarás cinco propuestas para intentarlo. ¡Buena suerte!

CÓMO CONSEGUIR UN GWR

1. Solicitud en línea
Tu primer paso hacia la gloria de GWR empieza en nuestra página web, **www.guinnessworldrecords.es**. Haz clic en «Registra un récord» y cuéntanos todo lo que puedas acerca del récord que te planteas. ¡Necesitamos saber quién, qué, cuándo, dónde y por qué para determinar si realmente merece llevar el nombre *Guinness World Records*!

2. Hazte con las normas
Si nos gusta tu idea o quieres tratar de batir un récord ya existente, te mandaremos las normas oficiales que debes seguir para realizar tu intento. (Y si rechazamos tu proyecto, te diremos el porqué.) Deberías recibirlas en unas 12 semanas. Todo el mundo DEBE cumplir las mismas reglas, a fin de que cada tentativa se pueda juzgar de la manera más justa.

3. A por el récord...
Ahora debes trazar tu plan... ¡y practicar sin parar! Es importante que tengas en cuenta el tiempo que vas a necesitar. Cuando al fin estés listo para realizar tu intento, asegúrate de grabar tu hazaña, toma muchas fotografías y consigue como mínimo el aval de dos testigos presenciales independientes. En las normas encontrarás las instrucciones completas.

4. Mándanos tus pruebas
Reúne todas tus pruebas conforme a la normativa y súbelas/publícalas en GWR. Nuestro Equipo de Gestión de Récords examinará cuidadosamente tus vídeos, declaraciones de testigos, libros de registro, etc., y tomará una decisión. Si tienes éxito, recibirás tu certificado GWR oficial por correo. ¡Será la confirmación de que eres OFICIALMENTE INCREÍBLE!

Una buena opción es buscar personas que tengan una idea afín para intentar lograr un GWR. El 8 de marzo de 2018, un total de 316 fans de Tomb Raider se reunieron para lograr la **mayor concentración de personas disfrazadas de Lara Croft**. Fue un evento organizado por Warner Bros. Pictures (China) en Pekín, China.

Max Verstappen (Países Bajos, n. el 30 septiembre de 1997) recibe su certificado GWR como el **piloto más joven en ganar una carrera del Mundial de F1**. Venció en el Gran Premio de España del 15 de mayo de 2016 (18 años y 228 días).

CONSEJO

ASEGÚRATE DE APORTAR TODAS LAS PRUEBAS: VÍDEO, FOTOS, REGISTROS DE TIEMPO, DECLARACIONES DE TESTIGOS FIRMADAS Y CUALQUIER OTRA COSA QUE NOS AYUDE A VERIFICAR TU LOGRO. ¡SI ESTÁN INCOMPLETAS, TU SOLICITUD SE PUEDE RETRASAR!

Quizá podrías ser un coleccionista de récord como Tai-Ting Tseng (Taiwán), que posee la **mayor colección de artículos relacionados con Final Fantasy**: 3.782 objetos, a 22 de julio de 2017.

FIGURITA DE GOMAS ELÁSTICAS

Puedes crear esculturas multicolores en 3D con sólo unas sencillas gomas elásticas. Anima a tus amigos a unirse al reto, ¡podríais establecer el récord de la mayor exposición de figuritas de gomas elásticas!

Ten presente las proporciones de la figura al hacerla. Un humano medio tiene entre siete u ocho cabezas de altura, así que tu figurita debe cumplir aproximadamente esa proporción.

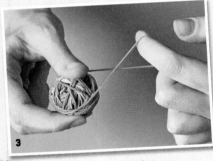

1

Los elementos básicos de tu figurita pueden hacerse juntando grupos de unas 20 gomas.

2

Sujeta el manojo con más gomas; después haz lo mismo para los brazos, las piernas y el torso de tu figurita.

3

Haz una típica bola de gomas para la cabeza (ver instrucciones en la pág. 133).

4

Utiliza más gomas para atar los brazos, las piernas y la cabeza al torso, y dales vueltas hasta que todas las partes estén bien unidas.

INSTRUCCIONES

- Este récord consiste en la **mayor cantidad de figuritas de gomas expuestas simultáneamente en un único lugar.**
- Las figuritas pueden hacerse individualmente o en equipo.
- Cada figurita debe estar hecha sólo de gomas elásticas, sin ninguna estructura interna que la sostenga. No se puede usar ningún tipo de pegamento o adhesivo.
- Deben emplearse gomas elásticas corrientes y disponibles en el mercado; se pueden usar de cualquier tamaño y color.
- Las figuritas pueden ser de tamaños distintos, pero todas deben tener forma humana (es decir, como mínimo tener cabeza, torso, dos piernas y dos brazos). La forma de la figura también debe cumplir las proporciones estándar de un cuerpo humano. Guinness World Records se reserva el derecho de rechazar toda figurita que no posea las clásicas proporciones corporales o el nivel necesario de creación artística.
- Para conseguir el récord, debes exponer todas las figuritas completadas en un lugar público.
- Dos testigos independientes deben supervisar el recuento final.
- Para acceder a las instrucciones completas y registrar tu solicitud, por favor consulta www.guinnessworldrecords.com/2019

NECESITARÁS

MONTONES Y MONTONES DE GOMAS ELÁSTICAS. DEBEN SER CORRIENTES Y ESTAR DISPONIBLES EN EL MERCADO.

COLLAR
DE ANILLAS

Guarda las anillas de las latas de refrescos (o haz uso del poder del reciclaje) y crea este sofisticado collar tan... ¡efervescente! Si consigues hacerlo larguísimo, ¡puedes lograr un título GWR!

Con cuidado, separa las anillas de las latas de refresco y haz un corte en cada una de ellas con unas tijeras bien resistentes. A continuación, enlázalas para crear una cadena. ¡Así de sencillo! Si lo tuyo son los grandes retos, ¿por qué no pruebas a hacer el **collar de anillas más largo** del mundo?

INSTRUCCIONES

1. Debes usar anillas comercializadas que tengan dos agujeros. No son válidas las anillas de un solo agujero. Aquí puedes ver el aspecto que deberían tener las anillas una vez que las saques de las latas.

2. Cada eslabón de la cadena debe consistir en tres anillas. Las debes enlazar según las indicaciones de esta página.

3. El collar debe estar hecho a mano por las personas que intenten lograr el récord. Tendrás que aportar un vídeo como prueba.

4. El récord dependerá de la longitud del collar una vez terminado. Debes medirlo extendiéndolo en una superficie plana antes de unir sus dos extremos para formar el collar. No podrá ser estirado mientras se efectúa la medición.

5. El collar tiene que ser continuo, y el diseño ha de ser coherente y uniforme en toda su longitud.

6. Una vez medido, debes unir el último eslabón de la cadena con el primero para cerrar el círculo y crear el collar.

7. El récord tiene en cuenta la longitud de la cadena, pero el número de eslabones (y el número de anillas usadas) deberá ser contado con exactitud por dos testigos independientes que estén presentes durante el proceso.

8. Puedes obtener las instrucciones completas y registrar tu solicitud en **www.guinnessworldrecords.com/2019**.

NECESITARÁS:

ANILLAS (MUCHÍSIMAS... ¡CIENTOS!)

UNAS TIJERAS RESISTENTES (SI PUEDE SER UNAS TIJERAS PARA CORTAR CARNE O UNAS TIJERAS DE JARDÍN)

UNA CINTA MÉTRICA

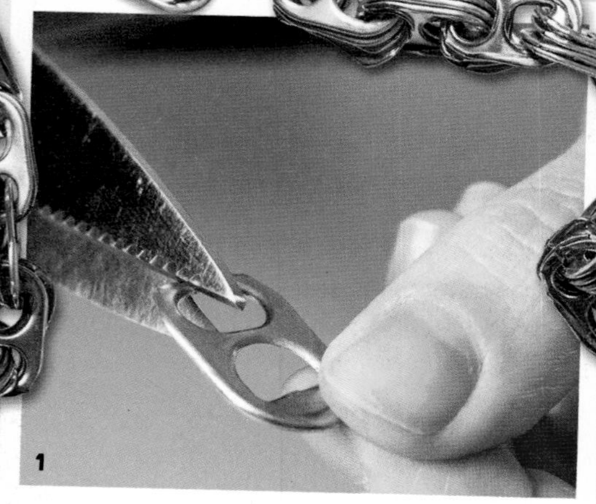

1

Haz un corte con las tijeras en un extremo de todas las anillas que hayas recopilado. El metal es duro, así que pide ayuda si es necesario.

2

Con cuidado, ensancha un poco la parte cortada de la anilla para separar el metal. A continuación, une este extremo con el lado cerrado de otra anilla.

3

Repite el paso 2 dos veces más de modo que haya tres anillas enlazadas. Añade dos anillas más a la anilla que está sola y repite todo el procedimiento hasta obtener una cadena enorme.

PERROS CON GLOBOS

Domina el maravilloso arte de la globoflexia aprendiendo a hacer este caniche con un globo. Una vez que sepas cómo hacerlo, ¡intenta lograr el récord del **menor tiempo en crear tres perros con globos**! Pero ¡que no se te pinche ningún cachorro!

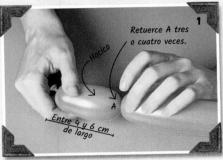

1
Retuerce A tres o cuatro veces.
Hocico
A
Entre 4 y 6 cm de largo

Para empezar, infla el globo hasta la mitad de su capacidad y luego hazle un nudo. Retuerce un extremo para hacer el hocico (A).

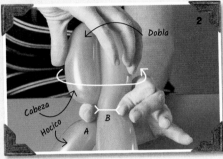

2
Dobla
Cabeza
Hocico
A   B

Para hacer la cabeza, calcula unos cuatro dedos desde el hocico, luego dobla el globo y retuerce A y B a la vez.

3
Pezuñas   E   F
Patas delanteras   D   G
Cuello   C

Para hacer el cuello, las patas delanteras y las pezuñas, retuerce dos secciones largas (C, D), dos cortas (E, F) y una larga (G).

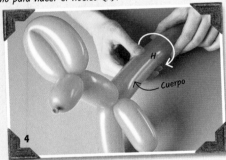

4
H
Cuerpo

La mitad anterior de tu perro debería tener este aspecto. Retuerce otra vez el cuerpo (H)...

NECESITARÁS:

GLOBOS PARA MODELAR
DEBEN SER DEL TIPO 260Q. «260Q» INDICA EL TAMAÑO DEL GLOBO CUANDO ESTÁ TOTALMENTE INFLADO: 2 PULGADAS DE GROSOR Y 60 PULGADAS DE LARGO (5 × 152 CM).

UN CRONÓMETRO

UNA CINTA MÉTRICA

5
J
I

... y luego da forma a las patas traseras. Para ello dobla (I) y retuerce (J). Te debería quedar un rabo y, a continuación, un trozo de globo desinflado.

6
K

Finalmente, aprieta el rabo de modo que un poco de aire penetre en el extremo del globo para crear una borla (K). Repite los seis pasos hasta obtener tres perros.

INSTRUCCIONES

1. Este récord te reta a hacer tres perros con tres globos para modelar en el menor tiempo posible. Debes seguir estrictamente las instrucciones de esta página.

2. Los globos utilizados deben ser globos para modelar 260Q. Deberán ser atados y anudados antes de intentar el récord. La longitud mínima de los globos inflados ha de ser de 44,5 cm.

3. Cuando se dé la señal, coge el primer globo y empieza a modelarlo. Está prohibido usar otros globos, por lo que si se te pincha el globo tu intento habrá terminado.

4. Una vez que hayas completado los tres perros, indícalo mediante una señal clara y audible.

5. Los perros terminados deben tener las siguientes longitudes:

   · Hocico: 4-6 cm
   · Cabeza: 7-9 cm
   · Cuello: 1,5-2,5 cm
   · Patas delanteras: 4,5-6,5 cm
   · Pezuñas: 1,5-2,5 cm
   · Cuerpo: 5-7 cm
   · Patas traseras: 9-12 cm en total (debes doblarlo por la mitad)
   · Rabo desinflado: 5-7 cm
   · Base del rabo: 4-6 cm
   · Extremo del rabo (borla): 3-5 cm

6. Puedes obtener las instrucciones completas y registrar tu solicitud en **www.guinnessworldrecords.com/2019**.

CUBO DE ORIGAMI

No seas cuadriculado y lánzate a por este reto: intenta ser el más rápido haciendo un cubo modular de origami. Inspirado en un diseño tradicional japonés, el desafío consiste en hacer un cubo con seis hojas de papel en lugar de una.

1

Empieza doblando por la mitad una hoja cuadrada de papel de origami.

2

Abre la hoja y dobla sus bordes hacia el pliegue central.

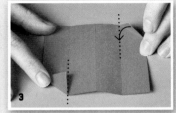

3

Ábrela una vez más y dobla dos esquinas opuestas.

4

Repite el doblez del paso 2.

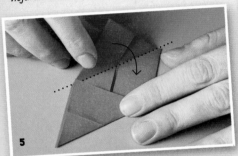

5

Haz dos pliegues diagonales siguiendo la línea de las esquinas dobladas en el paso 3.

6

Desdobla los pliegues diagonales y vuelve a doblarlos, esta vez colocando la esquina de la hoja debajo de la capa superior.

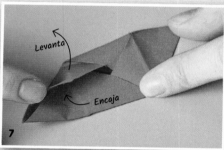

7

Repite este paso con el otro extremo de la hoja y colócala también bajo la capa superior.

INSTRUCCIONES

1. Este récord te desafía a hacer un cubo con papel de origami lo más rápido posible en base a un diseño sonobe de seis hojas.

2. Debes tener seis hojas cuadradas de papel de origami de idéntico tamaño. Emplearás cada una para construir una unidad sonobe.

3. Las hojas de papel no deben haber sido marcadas ni plegadas previamente.

4. Debes comenzar el desafío con las hojas de papel y ambas manos sobre la mesa. Cuando se dé la señal, ¡el tiempo empezará a correr!

5. Las unidades sonobe deben estar unidas de tal manera que al final el cubo quede sellado y sin aletas abiertas. No pueden usarse tijeras ni otras herramientas.

6. Para dar el desafío por finalizado, deja caer el cubo. El tiempo se detendrá cuando lo sueltes. Sólo se tendrán en cuenta los cubos que permanezcan intactos al aterrizar.

7. El intento debe grabarse en vídeo de principio a fin y en él deben poder apreciarse claramente todos los lados del cubo terminado.

8. Las piezas del cubo deben estar cuidadosamente dobladas y encajadas. Guinness World Records se reserva el derecho de rechazar cualquier cubo que no esté simétricamente doblado o que presente una separación excesiva entre las unidades sonobe.

9. Puedes obtener las instrucciones completas y registrar tu solicitud en www.guinnessworldrecords.com/2019

8

Dale la vuelta y dobla las esquinas puntiagudas. Ahora tendrás una unidad sonobe. Necesitarás seis como ésta, así que repite los pasos 1-8.

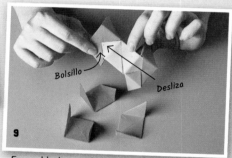

9

Ensambla las unidades sonobe deslizando cada esquina puntiaguda en el «bolsillo» que se ha formado en la parte inferior de cada una de ellas.

NECESITARÁS:

SEIS HOJAS DE PAPEL DE ORIGAMI CUADRADAS (O PAPEL RECTANGULAR CORTADO EN CUADRADOS)

UN CRONÓMETRO

10

Encaja la última unidad, que mantendrá el cubo unido.

PETARDO
DE PAPEL

Interrumpe a tus profesores y desespera a tus padres con el ruido de un petardo de papel. ¿Cuál es el récord? El de menor tiempo en fabricar y hacer estallar un petardo de papel tres veces. ¡PUM!

Si empleas el papel adecuado, los petardos de papel pueden usarse muchas veces. Para hacerlo sonar bien fuerte, sujétalo por un esquina y da un latigazo con un movimiento rápido y seco de la muñeca.

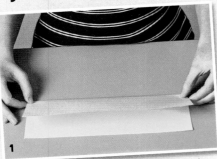

1

Toma una hoja de papel rectangular y dóblala por la mitad por el lado más largo.

2

Haz cuatro pliegues diagonales en cada extremo girando las esquinas hacia el centro.

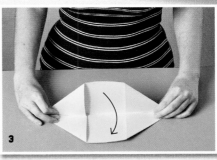

3

Abre la hoja por su pliegue central y vuelve a doblarla por la mitad por el lado contrario.

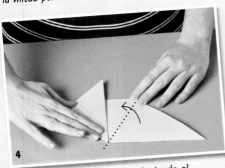

4

Dobla una de las esquinas siguiendo el borde diagonal...

5

... y repite el paso con la otra esquina para formar un cuadrado.

6

Dale la vuelta y dobla el cuadrado por la mitad para formar un triángulo. Deberías tener dos esquinas sueltas que serán las que sujetarás cuando hagas sonar el petardo.

INSTRUCCIONES

1. Para optar a este récord, tienes que hacer un petardo de papel siguiendo las instrucciones aquí detalladas y hacerlo restallar tres veces seguidas en el menor tiempo posible.

2. El papel puede ser de cualquier tamaño, pero te sugerimos que uses uno de tamaño A4 o carta.

3. El papel no debe haber sido marcado ni plegado previamente.

4. Debes comenzar el desafío con la hoja de papel y ambas manos sobre la mesa. Cuando se dé la señal, ¡el tiempo empezará a correr!

5. El papel debe doblarse a mano. No pueden usarse tijeras ni otras herramientas.

6. Una vez finalizado el petardo, hay que hacerlo sonar de forma claramente audible; después del primer estallido, vuelve a cerrarlo y repite dos veces la operación. El cronómetro sólo se detendrá después del tercer estallido audible.

7. Si el petardo no suena, se puede volver a intentar, pero ten en cuenta que a efectos del récord sólo se tendrán en cuenta tres explosiones audibles.

8. Puedes obtener las instrucciones completas y registrar tu solicitud en www.guinnessworldrecords.com/2019

NECESITARÁS:

UNA HOJA DE PAPEL RECTANGULAR (TAMAÑO A4 O CARTA SERÁ SUFICIENTE)

UN CRONÓMETRO

PUEDES ENCONTRAR UN VIDEOTUTORIAL SOBRE ESTOS PROYECTOS EN WWW.GUINNESSWORLDRECORDS.COM/2019

ÍNDICE

Los términos en **negrita** indican la entrada principal de un determinado tema; y los que aparecen en **NEGRITA MAYÚSCULA**, un capítulo completo.

ÍNDICE

AGRADECIMIENTOS

Edición en lengua española para España, EE.UU. y América Latina distribuida por Editorial Planeta, S.A., Av. Diagonal, 662-664, 08034 Barcelona, España.

Editor jefe
Craig Glenday
Editor ejecutivo sénior
Stephen Fall
Editor sénior
Adam Millward
Editor
Ben Hollingum
Editor de videojuegos
Mike Plant
Información y coordinadora de documentación sénior
Carim Valerio
Correctores de pruebas y comprobación de datos
James Proud, Matthew White
Directora editorial y de producción
Jane Boatfield
Vicepresidenta editorial
Jenny Heller
Editor fotográfico y de diseño
Michael Whitty
Editor fotográfico
Fran Morales
Documentación fotográfica
Saffron Fradley
Selección de talentos
Jenny Langridge
Ilustrador
Billy Waqar
Diseño
Paul Wylie-Deacon, Matt Bell, Rob Wilson de 55design.co.uk
Diseño de la cubierta
Paul Wylie-Deacon
Directora de producción
Patricia Magill
Coordinador de producción
Thomas McCurdy
Asesores de producción
Roger Hawkins, Tobias Wrona
Reprografía
Res Kahraman de Born Group
Producción de la cubierta
Spectratek Technologies, Inc (Terry Conway, Mike Foster, Rob J M J Harings), Cellografica Gerosa S.p.A, GT Produktion (Bernd Salewski)
Índice
Marie Lorimer
Impresión y encuadernación
MOHN Media Mohndruck GmbH, Gütersloh, Germany
Fotografías originales
Chris Allan, Richard Bradbury, James Ellerker, Aurélien Foucault, Sandy Huffaker, Paul Michael Hughes, Shinsuke Kamioka, Ronald Mackechnie, Holly Montgomery, James Morley, Joshua Paul, Olivier Ramonteau, Kevin Scott Ramos, Ge Tao, Stuart Wilson
Asesores
Aston, Tom Beckerlegge, Profesor Iain Borden, Profesor Randall Cerveny, Nicholas Chu, Steven Dale, Joshua Dowling, Dick Fiddy, David Fischer, Dave Hawksett, Eberhard Jurgalski, Bruce Nash (The Numbers), Ocean Rowing Society International, Dr. Paul Parsons, Dra. Clara Piccirillo, James Proud, Dr. Karl P N Shuker, Thomas Spöttl (International Slackline Association), Matthew White, Robert D Young
Coordinación editorial de la versión en español
LT Servicios Lingüísticos y Editoriales, S. L.
Traducción
Montserrat Asensio, Isabel Margelí, Lluïsa Moreno, Daniel Montsech

ISBN: 978-84-08-19310-4

Los récords se establecen para ser batidos. Si encuentras alguno que, en tu opinión, puedas superar, cuéntanoslo y formula una solicitud de récord. Averigua cómo hacerlo. Eso sí: antes de intentarlo, debes ponerte en contacto con nosotros.

Visita nuestro sitio web oficial (**www.guinnessworldrecords.com**) para conocer noticias sobre nuevos récords y contemplar algunos vídeos sobre diversos intentos. También puedes unirte a la comunidad virtual del Guinness World Records.

Sostenibilidad
El papel utilizado para esta edición fue fabricado por UPM Plattling, Alemania. La planta de producción dispone de la certificación forestal correspondiente, y su actividad cuenta con la acreditación del sistema de gestión medioambiental ISO 14001 y con la certificación EMAS, cuyo objetivo es garantizar una producción sostenible.

Los papeles UPM son auténticos productos Biofore obtenidos de materiales renovables y reciclables.

Guinness World Records Limited aplica un sistema de comprobación muy riguroso para verificar todos los récords. Sin embargo, aunque ponemos el máximo empeño en garantizar la exactitud, Guinness World Records Limited no se hace responsable de los posibles errores que contenga esta obra. Agradecemos todos aquellos comentarios de nuestros lectores que contribuyan a una mayor exactitud de los datos.

Guinness World Records Limited utiliza preferentemente el sistema métrico decimal, excepto en ciertas unidades de otros sistemas de medición universalmente aceptadas y en algunos datos deportivos. Cuando se especifica una fecha, todos los valores monetarios se calculan según el tipo de cambio vigente en el momento; cuando únicamente se especifica el año, la conversión se establece con arreglo al tipo de cambio vigente el 31 de diciembre de ese año.

Al intentar batir o establecer récords se deben solicitar siempre los consejos oportunos. Cualquier tentativa de récord es responsabilidad exclusiva del aspirante. Guinness World Records Limited se reserva por completo el derecho a incluir o no un determinado intento de récord en cualquiera de sus publicaciones. La posesión de un récord del Guinness World Records no garantiza su aparición en ninguna publicación del *Guinness World Records*.

OFFICIALLY AMAZING

THE JIM PATTISON GROUP

OFICINA COPORATIVA
Presidente: Alistair Richards

Servicios profesionales
Directora financiera: Alison Ozanne
Director financiero: Andrew Wood
Gestora de cuentas por cobrar: Lisa Gibbs
Gestores de cuentas: Jess Blake, Jaimie-Lee Emrith, Moronike Akinyele
Asistentes de contabilidad: Yusuf Gafar, Jonathan Hale
Asistente de cuentas por pagar: Nhan Nguyen
Asistente de cuentas por cobrar: Jusna Begum
Directora de análisis comercial: Elizabeth Bishop
Director jurídico y comercial: Raymond Marshall
Asesora jurídico sénior: Catherine Loughran
Asesora jurídica: Kaori Minami
Asesor jurídico, China: Paul Nightingale
Abogada pasante: Michelle Phua
Directora de RR.HH.: Farrella Ryan-Coker
Adjunta de RR.HH.: Monika Tilani
Directora de oficina: Jackie Angus
Directora de formación: Alexandra Popistan
Director de TI: Rob Howe
Coordinador de TI: James Edwards
Programador: Cenk Selim
Administradores técnicos: Alpha Serrant-Defoe
Analista/tester: Céline Bacon
Dirección de gestión de categorías: Jacqueline Sherlock / Victoria Tweedy
Gestión de categorías sénior: Adam Brown
Gestión de categorías: Sheila Mella
Ejecutivos de categorías: Danielle Kirby, Luke Wakeham, Shane Murphy

Estrategia internacional de marca
Vicepresidenta sénior de estrategia internacional de marca: Samantha Fay
Directora de marca: Juliet Dawson
Vicepresidente creativo: Paul O'Neill

Producto y contenido global
Vicepresidenta de contenido y producto: Katie Forde
Director internacional de ventas y TV: Rob Molloy
Ejecutivo de contenido de TV sénior y coordinador de producción: Jonathan Whitton
Directora de medios digitales: Veronica Irons
Coordinador de contenidos sénior: David Stubbings
Coordinador de medios sociales: Dan Thorne
Programador de interfaz: Alex Waldu
Directora de producción de vídeo: Karen Gilchrist
Productor de vídeo digital: Matt Musson
Productora de vídeo digital júnior: Cécile Thai
Jefe de desarrollo de audiencias: Sam Birch-Machin
Jefe de producción y distribución: Alan Pixsley
Directora de marketing: Helen Churchill
Directora de marketing de marca y producto de consumo: Lucy Acfield
Directora de marketing de producto B2B (eventos en directo): Louise Toms
Directora de marketing de producto B2B (RR.PP. y publicidad): Emily Osborn
Ejecutiva de marketing de producto: Rachel Swatman
Diseñadora: Rebecca Buchanan Smith
Diseñador júnior: Edward Dillon

EMEA (Europa, Oriente Próximo y África) y APAC (Asia-Pacífico)
Vicepresidenta sénior para EMEA y APAC: Nadine Causey
Jefe de ventas de publicidad: Joel Smith
Directora de cuentas clave: Caroline Lake
Directora de exportación y derechos de publicidad: Helene Navarre
Ejecutiva de distribución: Natalie Audley
Director comercial: Sam Prosser
Directora sénior de cuentas: Jessica Rae
Director de desarrollo de negocio: Alan Southgate
Directores de cuentas comerciales: Sadie Smith, Fay Edwards, William Hume-Humphreys, Irina Nohailic
Ejecutivo de cuentas comerciales: Andrew Fanning
Representante comercial-Director de desarrollo de producto, India: Nikhil Shukla
Ejecutivo comercial, India: Rishi Nath
Directora de marketing: Chriscilla Philogene
Director de RR.PP.: Doug Male
Publicista sénior: Amber-Georgina Gill
Directora de RR.PP sénior: Lauren Cochrane
Publicista: Georgia Young
Asistenta de RR.PP: Jessica Dawes
Jefa de marketing: Grace Whooley
Coordinadora de marketing: Kye Blackett
Gerentes sénior de marketing: Daniel Heath / Mawa Rodriguez, Saloni Khanna
Ejecutiva de marketing de contenidos: Imelda Ekpo
Dirección de gestión de récords, APAC: Ben Backhouse
Dirección de gestión de récords, Europa: Shantha Chinniah
Dirección de récords sénior: Mark McKinley
Dirección de récords: Christopher Lynch, Matilda, Hagne, Daniel Kidane
Ejecutivos de récords: Lewis Blakeman, Tara El Kashef
Directora de producción sénior: Fiona Gruchy-Craven
Director de producción: Danny Hickson
Director nacional, MENA: Talal Omar
Jefe de dirección de récords, MENA: Samer Khallouf
Directora de récords, MENA: Hoda Khachab
Gerente de marketing, MENA: Leila Issa
Contenidos digitales: Aya Ali
Director de cuentas comerciales sénior: Khalid Yassine
Directores de cuentas comerciales, MENA: Kamel Yassin, Gavin Dickson
Vicepresidenta, Japón: Erika Ogawa
Directora de oficina: Emiko Yamamoto
Director de RMT, Japón: Kaoru Ishikawa
Dirección de récords: Yoko Furuya, Lala Teranishi
Ejecutivo de récords: Koma Satoh
Dirección de RR.PP. sénior: Kazami Kamioka
Asistente de RR.PP.: Mina Haworth
Diseño: Momoko Satou
Director de contenidos (Digital): Masakazu Senda
Directora de proyecto sénior: Reiko Kozutsumi
Director comercial: Vihag Kulshrestha
Directores de cuentas comerciales: Takuro Maruyama, Masamichi Yazaki
Cuentas comerciales: Yumiko Nakagawa, Yumi Oda
Directora de ventas comerciales y de marketing: Aya McMillan
Adjudicadores oficiales: Ahmed Gamal Gabr, Anna Orford, Brian Sobel, Glenn Pollard, Jack Brockbank, Kevin Southam, Lena Kuhlmann, Lorenzo Veltri, Lucia Sinigagliesi, Mariko Koike, Paulina Sapinska, Pete Fairbairn, Pravin Patel, Richard Stenning, Şeyda Subaşı-Gemici, Sofia Greenacre, Victor Fenes, Joanne Brent, Brittany Dunn, Solvej Malouf, Swapnil Dangarikar, Justin Patterson, Mai McMillan, Rei Iwashita, Fumika Fujibuchi

AMÉRICA
Vicepresidente para América: Peter Harper
Vicepresidente comercial: Keith Green
Jefa de cuentas: Nicole Pando
Gerente sénior de cuentas: Alex Angert
Director de cuentas: Mackenzie Berry
Ejecutivo de cuentas: David Canela
Ejecutivo de cuentas júnior: Michelle Santucci
Vicepresidente de ventas: Walter Weintz
Directora de ventas de publicidad: Valerie Esposito
Jefa de RMT, América del Norte: Hannah Ortman
Director sénior de récords, América del Norte: Michael Furnari
Directores de récords, América del Norte: Kaitlin Vesper, Spencer Cammarano
Ejecutiva de récords, América del Norte: Christine Fernandez
Ejecutiva de récords júnior, América del Norte: Callie Smith
Directora de marketing: Sonja Valenta
Directora de marketing sénior: Kerry Tai
Diseñador júnior: Valentino Ivezaj
Jefa de RR.PP. para América: Kristen Ott
Adjunta a la dirección de RR.PP., América del Norte: Elizabeth Montoya
Coordinadora digital: Kristen Stephenson
Coordinadora de RR.PP. para América del Norte: Rachel Gluck
Auxiliar de oficina: Vincent Acevedo
Directora de desarrollo de marca para la Costa Oeste: Kimberly Partrick
Director para América Latina: Carlos Martinez
Directora sénior de récords, América Latina: Raquel Assis
Director de cuentas comerciales sénior: Ralph Hannah
Directora de récords, América Latina: Sarah Casson
Directores de cuentas, América Latina: Giovanni Bruna, Carolina Guanabara
Directora de RR.PP. para América Latina: Alice Marie Pagán-Sánchez
Directora de marketing, América Latina: Laura Angel
Adjudicadores oficiales, América del Norte: Michael Empric, Philip Robertson, Christina Flounders Conlon, Andrew Glass, Claire Stephens, Mike Marcotte, Casey DeSantis, Kellie Parise
Adjudicadores oficiales, América Latina: Natalia Ramirez Talero, Carlos Tapia Rojas

CHINA
Vicepresidente sénior de récords y director general para China: Marco Frigatti
Vicepresidente comercial general y China: Blythe Fitzwiliam
Directores de cuentas comerciales: Catherine Gao, Jacky Yuan, Chloe Liu
Cuentas comerciales: Jing Ran, Elaine Wang, Jin Yu
Jefe de RMT: Charles Wharton
Directora de récords: Alicia Zhao
Ejecutiva de récords: Winnie Zhang
Jefe de producción: Reggy Lu
Dirección de récords, Coordinación de proyectos: Fay Jiang
Jefa de RR.PP.: Wendy Wang
Directora de RR.PP.: Yvonne Zhang
Directora digital: Echo Zhan
Directora de marketing: Karen Pan
Técnicas de marketing: Maggie Wang, Vanessa Tao, Tracy Cui
Directora de contenidos: Angela Wu
Dirección de oficina y RR.PP: Tina Shi
Auxiliar de oficina: Crystal Xu
Adjudicadores oficiales: John Garland, Maggie Luo, Dong Cheng, Peter Yang, Louis Jelinek, Wen Xiong, Iris Hou

▼ Créditos fotográficos

1 Kevin Scott Ramos/GWR; **2** Alamy; **7** Garrett Britton; Juan David Torres; **8** Matt Alexander, Shinsuke Kamioka/GWR; **9** Paul Michael Hughes/GWR, Jeff Halperin, Philip Robertson/GWR; **10** Paul Michael Hughes/GWR, Alamy; **11** Alamy, Shutterstock; **12** NASA; **14** NASA; **15** ESO, NASA; **16** NASA, SPL, ESA, Shutterstock; **17** Alamy, Shutterstock; **18** Getty, Shutterstock, NASA, Alamy; **19** NASA, Shutterstock; **20** SPL, NASA, Alamy; **21** SPL, NASA, Alamy; **22** Getty, NASA; **23** NASA; **24** SPL, Alamy, Getty, NASA; **25** Perth Observatory, Alamy, NASA; **26** University of Warwick, NASA; **27** University of Warwick, JAXA, NASA; **28** Shutterstock, Paul Michael Hughes/GWR, Alamy; **29** Getty, Shutterstock; **30** NASA; **32** Science Photo Library, Alamy, Shutterstock; **33** Shutterstock, Science Photo Library, Alamy, Getty; **34** Science Photo Library, Shutterstock, NGDC/GLCF/USGS/DLR; **35** iStock, Alamy, Getty; **36** Getty, Shutterstock, Gabor Merkl; **37** NASA, Shutterstock; **38** Alamy, Shutterstock, Getty; **39** Alamy, Shutterstock; **40** Google Earth, Alamy, Shutterstock, NASA; **41** Alamy; **42** Shutterstock, Alamy; **43** Shutterstock; **44** Shutterstock, Reuters; **45** Shutterstock, Reuters, Alamy; **46** Alamy; **47** Alamy, Getty, Shutterstock; **48** Paul Michael Hughes/GWR, Alamy, iStock, Shutterstock; **49** Alamy, Shutterstock; **50** Shutterstock; **51** Alamy; **52** SuperStock, US Forest Service, US Forest Service, Alamy, Shutterstock; **53** Google Maps, Alamy, Shutterstock; **54** Nature PL, Shutterstock, Alamy; **55** Shutterstock, Ardea, Alamy; **56** Shutterstock, iStock, Alamy; **57** Shutterstock, Alamy; **58** Alamy, Shutterstock, Getty; **59** Alamy, Shutterstock, iStock, SuperStock, Ardea; **60** Getty, Alamy, Shutterstock, iStock; **61** Caters, Siddhanta Scott, Alamy; **62** SuperStock, Alamy, Jeff Currier, Shutterstock; **63** Shutterstock, Solent, Alamy; **64** Alamy, Getty, Shutterstock; **65** Shutterstock, Getty; **66** Mathieu Foulquié, Shutterstock, FLPA, SuperStock; **67** Shutterstock, Alamy, FLPA; **68** Shutterstock, Getty, Alamy, Insect Museum Of West China; **69** Alamy, BroodKeeper, Petra & Wilfried, Shutterstock; **70** Alamy, Shutterstock, Getty, SWNS, Natural History Museum; **71** Shutterstock, Getty, Alamy, SPL; **72** Shutterstock; **73** Eva Kroecher, Shutterstock; **74** Joshua Paul/GWR, James Ellerker/GWR, Paul Michael Hughes/GWR, Kevin Scott Ramos/GWR; **75** Paul Michael Hughes/GWR, James Ellerker/GWR, Ryan Schude/GWR, Shutterstock; **76** Kevin Scott Ramos/GWR; **77** Kevin Scott Ramos/GWR, James Ellerker/GWR; **78** Paul Michael Hughes/GWR, Shutterstock; **79** NASA, Alamy, Shutterstock; **80** Ranald Mackechnie/GWR; **82** Getty, Tomas Bravo/GWR, Ryan Schude/GWR; **83** EFE, Reuters, AFP; **84** Richard Bradbury/GWR, John Wright/GWR, Owee Salva/GWR, Paul Michael Hughes/GWR, Ranald Mackechnie/GWR, Shutterstock; **85** Shutterstock, Barcroft Media, Alamy, Daw Photography, Paul Michael Hughes/GWR, Getty; **86** Richard Bradbury/GWR, Ranald Mackechnie/GWR, Javier Pierini/GWR, Shutterstock; **87** Shutterstock, Paul Michael Hughes/GWR, South Tyrol Museum Of Archaeology, Al Diaz/GWR; **88** Reuters, Sandy Huffaker/GWR, Shutterstock; **90** Getty, Alamy; **91** Splash News, MOVI Inc.; **92** Alamy, Getty; **93** Drew Gardner/GWR, Ranald Mackechnie/GWR; **94** Paul Michael Hughes/GWR, Alamy; **95** Alamy; **96** Matt Alexander; **98** Paul Michael Hughes/GWR, Shutterstock, Alamy; **99** Kevin Scott Ramos/GWR, iStock, Shutterstock; **100** Reuters, Tolga Akmen; **101** Shutterstock; **102** Kevin Scott Ramos/GWR, Paul Michael Hughes/GWR, Ranald Mackechnie/GWR; **103** Mark Lobo/GWR, Ranald Mackechnie/GWR; **104** Richard Bradbury/GWR, James Ellerker/GWR, Paul Michael Hughes/GWR; **105** Shutterstock, Kevin Scott Ramos/GWR, Paul Michael Hughes/GWR, James Morley; **107** Shutterstock, Andrew Ritchie; **108** Kevin Scott Ramos/GWR, Paul Michael Hughes/GWR, Ryan Schude/GWR, Chris Allan/GWR; **109** Olivier Ramonteau/GWR, Dan MacMedan, Shutterstock; **110** Michael Gouding/Orange County Register, Alamy; **111** Shutterstock; **112** Barcroft Media, Levi Allen, Sam Bie, Alamy, Fred Marie; **113** Aurelian Edelmann, Barcroft Media, Shutterstock, Richard Bradbury/GWR; **114** Ranald Mackechnie/GWR, James Ellerker/GWR, Paul Michael Hughes/GWR, Kevin Scott Ramos/GWR; **115** Shutterstock, Paul Michael Hughes/GWR, Richard Bradbury/GWR; **116** Ryan Scude/GWR, PA, Markus Scholz; **117** Shutterstock, James Ellerker/GWR, SWNS; **118** Geoff Caddick, Shutterstock, Getty; **119** Shutterstock; **120** Getty, Shutterstock, PA; **121** Shutterstock, NASA, Richard Bradbury/GWR; **122** Christian Cattell, Getty, Shutterstock; **123** Shutterstock, Facebook, Getty; **124** Ben Duffy, Konrad Bartelski; **125** Paul Michael Hughes/GWR; **126** Paul Michael Hughes/GWR, Tim Anderson/GWR, Ranald Mackechnie/GWR, Shutterstock; **127** Yui Mok/PA, Shutterstock; **128** Kevin Scott Ramos/GWR, Shutterstock; **129** Bibi Saint-Pol, Shutterstock; **130** Sabrina Melis, Shutterstock; **131** Shutterstock; **132** Getty, Kevin Scott Ramos/GWR, Shutterstock; **133** Shutterstock; **134** Ge Tao/GWR, Shutterstock; **135** Alamy, Aurelien Foucault/GWR, Shutterstock; **136** Kevin Scott Ramos/GWR, Shutterstock; **137** Kevin Scott Ramos/GWR, Shutterstock; **138** Richard Bradbury/GWR, Alamy, Shutterstock; **139** Shutterstock; **140** Ryan Schude/GWR, California Skateparks, Shutterstock; **141** Alamy, Shutterstock; **142** Purdue News Service, Getty, Alamy, Shutterstock; **143** Shutterstock; **144** James Ellerker/GWR, Shutterstock; **145** Shutterstock; **146** Paul Michael Hughes/GWR, Shutterstock; **147** Alamy, Shutterstock; **148** Paul Michael Hughes/GWR, Shutterstock; **149** Richard Bradbury/GWR, Shutterstock; **150** Getty; **152** Paul Michael Hughes/GWR; **153** James Ellerker/GWR, Alamy, Kevin Scott Ramos/GWR, Shutterstock, Ranald Mackechnie/GWR; **154** Shutterstock, Bitscope, Alamy, Thomas Nguyen; **155** Alamy, Getty, Shutterstock; **156** Sony, Paul Michael Hughes/GWR, MIT, Shutterstock; **157** ; **158** Boston Dynamics, Shutterstock; **159** Shutterstock; **160** Gensler, Getty, Reuters, Alamy, Shutterstock; **161** Google Earth, Shutterstock, SuperStock, KPF, Alamy; **164** Darren Harbar, Vulcan, Shutterstock; **165** Alamy, Alex Beltyukov/Russian Planes, Shutterstock; **166** Getty, Chris Ison; **167** Shutterstock, Archiv Käsmann, Getty, Shivraj Gohil/Spacesuit Media; **168** PIH Auctions, Getty; **169** Richard Bradbury/GWR, YouTube; **170** Shutterstock, PA, YouTube, Alamy; **171** Shutterstock, Michel Verdure, Michel Verdure; **172** Jean Lachat/The University of Chicago, Teufel/NIST, Graeme Fordham; **173** Shutterstock, Ansis Starks; **174** iStock, Shutterstock, Richard Bradbury/GWR, Bassetti Photography; **175** Getty, Valentin Flauraud, Shutterstock; **176** Paolo Bellutta; **177** Shutterstock; **178** Paul Michael Hughes/GWR, Shutterstock, Getty; **179** Shutterstock; **180** Marvel Studios/Disney; **182** Shutterstock, Alamy; **183** New Line Cinema, Disney, Warner Bros., Lucasfilm, Pixar, Shutterstock; **184** Marvel, Warner Bros., Alamy, Twentieth Century Fox; **185** Shutterstock, Facebook, Alamy; **186** Mark Surridge, Shutterstock, Getty; **187** Roc Nation, Shutterstock, Johnny's Entertainment Inc.; **188** Shutterstock, John Shearer/GWR, Alamy; **189** Shutterstock, Getty; **190** CBS, Getty, Endemol, BBC; **191** Alamy, Shutterstock; **192** Kevin Scott Ramos/GWR; **193** Paul Michael Hughes/GWR, Ranald Mackechnie/GWR, James Ellerker/GWR; **194** Alamy, Instagram, Shutterstock, Instagram; **195** Instagram, Instagram, Shutterstock, Instagram, Instagram; **196** Twitter, Vanity Fair, Shutterstock; **197** Twitter, Getty, Twitter, Alamy, Shutterstock; **198** Alamy, YouTube, Getty, Shutterstock, Instagram, YouTube; **199** YouTube, Paul Michael Hughes/GWR, YouTube, Facebook; **201** Shutterstock, Joan Marcus, Joan Marcus, Getty; **202** Paul Michael Hughes/GWR, PropStore, Lucasfilm, Shutterstock; **203** Alamy; **204** Shutterstock; **205** Shutterstock; **206** Shutterstock, Getty, Alamy; **207** Getty, Shutterstock; **208** Alamy, Getty, Shutterstock; **209** Getty; **210** Getty, Shutterstock; **211** Shutterstock, Getty, Alamy; **212** Getty, Alamy, Shutterstock; **213** Shutterstock; **214** Getty, Shutterstock, Alamy; **215** William Burkhardt/BJJ Pix, Getty, Shutterstock; **216** Getty, Shutterstock; **217** Shutterstock, Getty; **218** Getty, GeeBee Images, Mark Gewertz/NHRA, Shutterstock; **219** Red Bull, A.Sports, Getty, Red Bull; **220** JP Parmentier/Matchroom Sport, Dean Alberga/Dutch Target, Getty; **221** Getty, Shutterstock, Alamy; **222** Alamy, Shutterstock; **223** Alamy, Shutterstock; **224** Shutterstock, Ryan Maxwell; **225** Alamy, Shutterstock; **226** Alamy, Voros Nandor, Shutterstock; **227** Shutterstock; **228** Shutterstock, Getty; **229** Shutterstock, Alamy; **230** Getty, Shutterstock; **231** Alamy, Getty; **232** Getty, Shutterstock; **233** Alamy, Aravaipa Running; **234** Alamy, Getty; **235** Alamy, Getty, Drew Kaplan; **236** Daan Verhoeven, Shutterstock, World Rowing; **237** Getty, Shutterstock; **238** Getty, Shutterstock; **239** Shutterstock, Getty; **240** Shutterstock, IWF, Getty; **241** Shutterstock; **242** Paul Michael Hughes/GWR, James Ellerker/GWR, Shutterstock; **243** Paul Michael Hughes/GWR; **244** Paul Michael Hughes/GWR; **245** Paul Michael Hughes/GWR; **246** Paul Michael Hughes/GWR; **247** Paul Michael Hughes/GWR, Shutterstock

Guinness World Records desea expresar su agradecimiento a las siguientes personas, empresas e instituciones por la ayuda prestada en esta edición: Aliya Ahmad (DeepMind); Dra. Rachel Albrecht (Universidad de San Paablo, Brasil) Carmen Alfonzo; Asher Baker; Andrea Bánfi; Banijay Rights Ltd (Stefano Orsucci, Carlotta Rossi Spencer, Stefano Torrisi); Battelle Memorial Institute (T R Massey, Jennifer Seymour); Bender Media Services (Susan Bender, Sally Treibel); Desree Birch; Blue Kangaroo (Jason Knights, Paul Richards); Ryan, Brandon, Luke y Joseph Boatfield; Alex Burrow Events; Alfie y Henry Boulton-Fay; Christy Chin (POD Worldwide); Edd y Imogen China; Dr Sarah Crews (Academia de Ciencias de California); Disney (Hannah Proudlock, Lauren Sizer); Bryn Downing (INP Media); Rob Dunkerley (Connexion Cars); Benjamin y Rebecca Fall; Fifty Fifty Post (J P Dash, Nathan Mowbray); FJT Logistics Ltd (Ray Harper, Gavin Hennessy); Colin A Fries (NASA History Program Office); Alice y Sarah Geary; Gerosa Group (Joan Manel Berrocal, Miquel Rodríguez, Riccardo Vescovi); Tobias Gerstung; Kristen Gilmore; Jackie Ginger (Prestige Design); Douglas y Sylvia Glenday; Jordan Greenwood; Victoria Grimsell; Günter Thomas Produktion (Desiree Frackowiak, Florian Hoer, Jörg Plaumann, Timo Schlingmann, Günter Thomas); Amy y Sophie Hannah; John y Ed Hollingum; Hook United U9's (jugadores, entrenadores y familiares); Jacky, Oliver y Rich Howe; Gareth Howells (TUI Group); ICM Partners (Colin Burke, Robyn Goldman, Michael Kagan, Nicole Mollenhauer, Jordan Wise); Integrated Colour Editions Europe (Roger Hawkins, Susie Hawkins); Al Jackson; Luka Jakšić (Nuon Solar Team); Dr. Peter Jäger (Universidad de Senckenberg); Agencia Japonesa para la Exploración Aeroespacial; Richard Johnston (Hampshire Sports y Prestige Cars); Jumeirah English Speaking School (JESS) Dubai; Haruka Karuda; James Kayler; Kingbridge Centre (John Abele, Lisa Gilbert, Syed Hussain); Müşfik B Konuk; Orla y Thea Langton; Frederick Horace Lazell; Lion Television (Sarah Clarke, Susan Cooke, Anna Goldsworthy, Michelle Tierney, Dan Trelfer, Simon Welton); Zoë Luchman; Dr Craig McClain (Consorcio de Universidades de la Marina de Louisiana); Dr. Jonathan McDowell (Centro Harvard-Smithsonian para la Astrofísica); Sarah Ho Ying Ma; Alexander, Dominic y Henrietta Magill; MOHN Media (Anke Frosch, Theo Loechter, Christin Moeck, Reinhild Regragui, Florian Seyfert, Jeanette Sio, Dennis Thon); Sophie, Joshua y Flossie Molloy; Adam Moore; Dora y Tilly Morales; Mark Morley (White Light LTD); NASA (Brandi K Dean, Kathryn Hambleton, Megan Sumner); Viet Nguyen; Christian Nienhaus; Dr Simon Pierce (Marine Megafauna Foundation); Ping Leisure Communications (David Richard Apps, Claire Owen); Print-Force.com; Prominent Events (Andrew Dickson, Ben Hicks); Rainbow Productions; Dr. Ingo Rechenberg (Technische Universität Berlin); Rightsmith (Jack Boram, Masato Kato, Sachie Takahashi); Ripley Entertainment (John Corcoran, Lydia Dale, Ryan DeSear, Suzanne DeSear, Megan Goldrick, Rick Richmond, Andy Taylor); Albert Robinson; Robot Operations Group, JPL (Paolo Bellutta, Dr. Jeng Yen, Guy Webster); Bob Rogers; Rube Goldberg Inc. (Kathleen Felix, Janine Napierkowski); Tore Sand; Scott's Travel Management Ltd; Dr. Katsufumi Sato (Universidad de Tokio); Matthew Schultz (LEGO®); Ben Shires; Gabriel y Scarlett Smith; Samuel Stadler (Parrot Analytics); Stockroom London (Steve Chapman, Matthew Watkiss); Dr Clifford Stoll (Acme Klein Bottle Co.); Hannah Stone (Australia Broadcasting Corporation); TEDGroup (Matt Spence, Derek Leather); Frances Tessendorf; Julian Townsend; Universal Kids (Deidre Brennan, Rick Clodfelter, Rhonda Medina, Dana Rappaport, Kristofer Updike); David Wells; Graham Wells; Whitby Morrison; the Whittons; Isabella Whitty; Beverley Williams; Eddie Wilson; Hayley, Rueben George y Tobias Hugh Wylie-Deacon; Dr Angel Yanagihara (Universidad de Hawai'i en Mānoa); Xtreme Graphics

▼ Guardas

Delantera (fila 1):
1. Más trompos de 360° con un camión en un minuto
2. Más tiempo con un palo de hockey en equilibrio en un dedo
3. La hoja de arce humana más grande
4. El castillo de arena más alto
5. La mayor reunión de personas disfrazadas de gatos
6. La danza kuchipudi más multitudinaria

Delantera (fila 2):
1. Más palillos lanzados contra un objetivo con los ojos vendados en un minuto
2. La pelota de playa inflable más grande
3. La escultura de botellas de plástico más grande
4. Más bolas de helado en equilibrio en un cucurucho
5. Más pegatinas en un autobús
6. La persona más joven en escalar las Siete Cumbres y las Siete Cumbres Volcánicas

Delantera (fila 3):
1. La torre más alta de magdalenas
2. La tira cómica más larga (individual)
3. La herradura más grande
4. El mural dibujado a lápiz más grande
5. El mosaico de botellas de plástico más grande
6. El inflable para piscina más grande
7. Más libros copiados de atrás hacia delante

Delantera (fila 4):
1. Más sentadillas con una pierna en una tabla de equilibrios en un minuto
2. La bufanda de punto más larga
3. Más latas aplastadas con la cabeza en un minuto
4. Más dinero recaudado en un evento de ciclismo estático

Delantera (fila 5):
1. El viaje más largo en una bicicleta motorizada
2. El mayor desfile de alpacas
3. Más saltos a la comba dando toques a un balón de fútbol con los pies en un minuto
4. Más bates de béisbol partidos con las espinillas en un minuto
5. La escultura de margarina más grande
6 Más tiempo haciendo girar tres pelotas de baloncesto

Trasera (fila 1):
1. Los 50 m más rápidos en plano inclinado
2. La media maratón más rápida disfrazado de chef (hombres)
3. La pompa de jabón más grande flotando libremente (interior)
4. El zoo de figuras de animales hechas con globos más grande
5. El farol colgante más grande
6. El partido de fútbol femenino a más altitud

Trasera (fila 2):
1. Menos tiempo para quitarse 10 relojes de pulsera (una mano)
2. La maratón más rápida haciendo botar una pelota de baloncesto
3. Más distancia recorrida en bicicleta manteniendo una pelota de fútbol en equilibrio en la cabeza
4. La media maratón más rápida disfrazado de boxeador
5. El cartón de bingo más grande
6. Más tiempo con la cabeza completamente cubierta de abejas
7. Mayor distancia recorrida haciendo malabares con tres motosierras

Trasera (fila 3):
1. Mayor distancia recorrida en 24 horas con una silla de ruedas motorizada controlada con la boca
2. La reunión más grande de mascotas (misma mascota)
3. La bolsa de judías más grande
4. Más tiempo con una guitarra en equilibrio sobre la frente
5. Mayor distancia navegada en una embarcación de vela ligera para dos tripulantes
6. Más aviones en vuelo acrobático invertido

Trasera (fila 4):
1. La fuente de chocolate más alta
2. Más personas haciendo *fitness* en un vídeo
3. La reunión más grande de dragones danzantes
4. Más personas haciendo yoga en parejas
5. La clase de baloncesto más multitudinaria (distintos lugares)

Trasera (fila 5):
1. El cuchillo Bowie más grande
2. Más especies diferentes en un aviario
3. Más distancia recorrida haciendo limboskating por debajo de coches
4. La reunión de personas disfrazadas de fantasmas más multitudinaria
5. El tonel más largo en coche

▼ Código de países

ABW	Aruba
AFG	Afganistán
AGO	Angola
AIA	Anguila
ALB	Albania
AND	Andorra
ANT	Antillas Holandesas
ARG	Argentina
ARM	Armenia
ASM	Samoa Estadounidense
ATA	Antártida
ATF	Territorios Franceses del Sur
ATG	Antigua y Barbuda
AUS	Australia
AUT	Austria
AZE	Azerbaiyán
BDI	Burundi
BEL	Bélgica
BEN	Benín
BFA	Burkina Faso
BGD	Bangladés
BGR	Bulgaria
BHR	Bahréin
BHS	Bahamas
BIH	Bosnia-Herzegovina
BLR	Bielorrusia
BLZ	Belice
BMU	Bermudas
BOL	Bolivia
BRA	Brasil
BRB	Barbados
BRN	Brunéi Darussalam
BTN	Bután
BVT	Isla de Bouvet
BWA	Botsuana
CAF	República Centroafricana
CAN	Canadá
CCK	Islas Cocos (Keeling)
CHE	Suiza
CHL	Chile
CHN	China
CIV	Costa de Marfil
CMR	Camerún
COD	República Democrática del Congo
COG	Congo
COK	Islas Cook
COL	Colombia
COM	Comoras
CPV	Cabo Verde
CRI	Costa Rica
CUB	Cuba
CXR	Islas de Navidad
CYM	Islas Caimán
CYP	Chipre
CZE	República Checa
DEU	Alemania
DJI	Yibuti
DMA	Dominica
DNK	Dinamarca
DOM	República Dominicana
DZA	Argelia
ECU	Ecuador
EE.UU.	Estados Unidos de América
EGY	Egipto
ERI	Eritrea
ESH	Sáhara Occidental
ESP	España
EST	Estonia
ETH	Etiopía
FIN	Finlandia
FJI	Fiyi
FLK	Islas Malvinas
FRA	Francia
FRG	República Federal de Alemania
FRO	Islas Feroe
FSM	Estados Federados de Micronesia
FXX	Francia Metropolitana
GAB	Gabón
GEO	Georgia
GHA	Ghana
GIB	Gibraltar
GIN	Guinea
GLP	Guadalupe
GMB	Gambia
GNB	Guinea-Bissau
GNQ	Guinea Ecuatorial
GRC	Grecia
GRD	Granada
GRL	Groenlandia
GTM	Guatemala
GUF	Guayana Francesa
GUM	Guam
GUY	Guyana
HKG	Hong Kong
HMD	Islas Heard y McDonald
HND	Honduras
HRV	Croacia (Hrvatska)
HTI	Haití
HUN	Hungría
IDN	Indonesia
IND	India
IOT	Territorio Británico del Océano Índico
IRL	Irlanda
IRN	Irán
IRQ	Irak
ISL	Islandia
ISR	Israel
ITA	Italia
JAM	Jamaica
JOR	Jordania
JPN	Japón
KAZ	Kazajistán
KEN	Kenia
KGZ	Kirguistán
KHM	Camboya
KIR	Kiribati
KNA	San Cristóbal y Nieves
KOR	República de Corea
KWT	Kuwait
LAO	Laos
LBN	Líbano
LBR	Liberia
LBY	Jamahiriya Árabe de Libia
LCA	Santa Lucía
LIE	Liechtenstein
LKA	Sri Lanka
LSO	Lesoto
LTU	Lituania
LUX	Luxemburgo
LVA	Letonia
MAC	Macao
MAR	Marruecos
MCO	Mónaco
MDA	Moldavia
MDG	Madagascar
MDV	Maldivas
MEX	México
MHL	Islas Marshall
MKD	Macedonia
MLI	Mali
MLT	Malta
MMR	Myanmar (Birmania)
MNE	Montenegro
MNG	Mongolia
MNP	Islas Marianas del Norte
MOZ	Mozambique
MRT	Mauritania
MSR	Montserrat
MTQ	Martinica
MUS	Mauricio
MWI	Malaui
MYS	Malasia
MYT	Mayotte
NAM	Namibia
NCL	Nueva Caledonia
NER	Níger
NFK	Islas Norfolk
NGA	Nigeria
NIC	Nicaragua
NIU	Niue
NLD	Países Bajos
NOR	Noruega
NPL	Nepal
NRU	Nauru
NZ	Nueva Zelanda
OMN	Omán
PAK	Pakistán
PAN	Panamá
PCN	Islas Pitcairn
PER	Perú
PHL	Filipinas
PLW	Palau
PNG	Papúa-Nueva Guinea
POL	Polonia
PRI	Puerto Rico
PRK	Corea, República Popular Democrática de Corea
PRT	Portugal
PRY	Paraguay
PYF	Polinesia Francesa
QAT	Qatar
REU	Reunión
ROM	Rumanía
R.U.	Reino Unido
RUS	Federación Rusa
RWA	Ruanda
SAU	Arabia Saudí
SDN	Sudán
SEN	Senegal
SGP	Singapur
SGS	Islas Georgias del Sur y Sándwich del Sur
SHN	Santa Helena
SJM	Islas Svalbard y Jan Mayen
SLB	Islas Salomón
SLE	Sierra Leona
SLV	El Salvador
SMR	San Marino
SOM	Somalia
SPM	San Pedro y Miquelón
SRB	Serbia
SSD	Sudán del Sur
STP	Santo Tomé y Príncipe
SUR	Surinam
SVK	Eslovaquia
SVN	Eslovenia
SWE	Suecia
SWZ	Suazilandia
SYC	Seychelles
SYR	República Árabe de Siria
TCA	Islas Turcas y Caicos
TCD	Chad
TGO	Togo
THA	Tailandia
TJK	Tayikistán
TKL	Tokelau
TKM	Turkmenistán
TMP	Timor Oriental
TON	Tonga
TPE	Taiwán
TTO	Trinidad y Tobago
TUN	Túnez
TUR	Turquía
TUV	Tuvalu
TZA	Tanzania
UAE	Emiratos Árabes Unidos
UGA	Uganda
UKR	Ucrania
UMI	Islas Menores de EE.UU.
URY	Uruguay
UZB	Uzbekistán
VAT	Santa Sede (Ciudad del Vaticano)
VCT	San Vicente y las Granadinas
VEN	Venezuela
VGB	Islas Vírgenes (de R.U.)
VIR	Islas Vírgenes (de EE.UU.)
VNM	Vietnam
VUT	Vanuatu
WLF	Islas Wallis y Futuna
WSM	Samoa
YEM	Yemen
ZAF	Sudáfrica
ZMB	Zambia
ZWE	Zimbabue

ÚLTIMA HORA

Las siguientes entradas fueron aprobadas y añadidas a nuestra base de datos después de la fecha de cierre oficial para la presentación de candidaturas.

El mayor abono bancario asociado a un sorteo

El 5 de enero de 2017, el Gulf Bank (KWT) hizo un pago de 1.000.000 KWD (3.269.680 $) de un sorteo celebrado en el Grand Avenue Mall de la ciudad de Kuwait.

La maratón de horneado más larga (individual)

Entre el 26 y el 27 de enero de 2017, Sarah Corley, Hayley Christine Finkelman, Katherine Hinrichs, Cherise Nicole Ragland, Soyoung Shin y Eric Casper Wang (todos de EE.UU.) estuvieron horneando durante 25 horas consecutivas. La maratón formaba parte de la campaña Bake Some Good de Nestlé Toll House en Chicago, Illinois, EE.UU.

El batido más grande

La Cabot Creamery Cooperative sirvió un batido de 3.785 litros en el Florida Strawberry Festival de Plant City, en Florida, EE.UU., el 3 de marzo de 2017.

La alfombra floral más grande

El Yanbu Flower Festival (Arabia Saudí) presentó una alfombra floral de 16.134,07 m² compuesta por 1,8 millones de flores de 14 variedades distintas en Yanbu, Arabia Saudí, el 14 de marzo de 2017.

La danza kaikottikali más multitudinaria

El 1 de mayo de 2017, un grupo de 6.582 bailarines de kaikottikali actuaron juntos en Kizhakkambalam, Kerala, India. Se trató de un evento organizado conjuntamente por la organización benéfica Twenty20 Kizhakkambalam Association, la fábrica textil Kitex, la Parvanendu School of Thiruvathira y el Chavara Cultural Centre (todos de la India).

El mayor flujo luminoso en una imagen proyectada

WestJet (Canadá) proyectó hacia el cielo una imagen con un flujo luminoso de 4,66 millones de lúmenes en Híldale, Utah, EE.UU., el 3 de mayo de 2017. WestJet planteó el récord como parte de la apertura de un nuevo vuelo sin escalas diario entre Toronto, Canadá, y Las Vegas,

Nevada, EE.UU. Los pasajeros que volaban por encima de la imagen pudieron ver la proyección circular rotatoria que mostraba el número de un asiento, cuyo ocupante ganó un viaje de vuelta a Las Vegas.

El aviario con más especies

El aviario Shuka Vana, creado por Sri Ganapathy Sachchidananda Swamiji (India) alberga 468 especies de aves, tal como se verificó el 6 de mayo de 2017. Se halla en el SGS Avadhoota Datta Peetham de Mysuru, Karnataka, India.

Más personas saltando simultáneamente para chocarse los cinco

El Grupo Bolívar (Colombia) reunió a 2.209 parejas para que saltaran y chocaran los cinco simultáneamente en Bogotá, Distrito Capital, Colombia, el 18 de mayo de 2017.

Más victorias consecutivas en el Mundial femenino de Tenis real

El 20 de mayo de 2017, Claire Fahey (R.U., Vigrass de soltera) logró su cuarto título mundial cuando derrotó a su hermana Sarah Vigrass (R.U) por 6-0 y 6-0 en el Club Tuxedo de Nueva York, EE.UU.

Mayor velocidad promedio en una competición de carretera abierta

El Nevada Open Road Challenge se celebra cada mayo en la Ruta 318 de Nevada, EE.UU. El 21 de mayo de 2017, Robert Allyn (conductor) y David Bauer (copiloto, ambos de EE.UU.) alcanzaron la velocidad promedio más elevada de la historia de la carrera (353,4811 km/h), a bordo de un Chevrolet Montecarlo del año 2001. Esta carrera legal cuenta con el aval de la Silver State Classic Challenge (EE.UU.) y los automóviles que participan en ella pueden superar velocidades punta de 394 km/h durante los 145 km del recorrido.

El felpudo más grande

El 23 de mayo de 2017, Woods Hippensteal (EE.UU.) colocó un felpudo de 39,82 m² frente a la atracción del Guinness World Records en Gatlinburg, Tennessee, EE.UU. Esto equivale a aproximadamente el tamaño de tres plazas de aparcamiento.

La reunión de personas vestidas con un yakuto tradicional más multitudinaria

El alcalde de Yakutsk, Aysen Nikolayev (Rusia), organizó una reunión de 16.620 personas vestidas con el traje nacional en la capital de la República de Sajá, en la Federación Rusa, el 24 de junio de 2017.

Más victorias consecutivas en partidas de shōgi profesional

El 26 de junio de 2017, Sōta Fujii (Japón) logró su 29.ª victoria consecutiva en el juego conocido como «ajedrez japonés», con lo que, con tan sólo 14 años, rompió el récord establecido 30 años antes. También supuso el récord de **más victorias consecutivas en partidas de shōgi profesional desde el debut**.

La clase de baloncesto más multitudinaria

El 28 de julio de 2017, NBA Properties Inc. (EE.UU.) y Reliance Foundation (India) organizaron una clase de baloncesto para 3.459 jugadores en cinco ubicaciones distintas de la India.

Mayor velocidad en tierra de un cuadricóptero a pilas a control remoto

Un dron DRL manejado por Ryan Gury, de la Drone Racing League (ambos de EE.UU.), alcanzó una velocidad en tierra de 265,87 km/h en el Cunningham Park de Queens, en Nueva York, EE.UU., el 13 de julio de 2017.

La fila más larga de flotadores hinchables

El 30 de julio de 2017, Welland Floatfest (Canadá) formó una fila de 165,74 m de longitud con flotadores hinchables en Ontario, Canadá.

El mayor desfile de motocicletas Indian

El 19 de agosto de 2017, 247 motocicletas Indian desfilaron en St. Paul, en Minnesota, EE.UU., en un acontecimiento organizado por Indian Motorcycle of the Twin Cities Minnesota y Welch Charities (ambas de EE.UU.)

La media maratón celebrada a mayor profundidad

Millán Ludeña (Ecuador) completó una media maratón a 3.559,08 m bajo tierra, en la mina Mponeng de Gauteng, Sudáfrica, el 20 de agosto de

2017. Ludeña hizo un tiempo de 2 h, 31 min y 17,43 s.

El mayor desfile de alpacas

La Municipalidad Provincial de Carabaya (Perú) organizó un desfile con 460 alpacas en la ciudad de Macusani, en Puno, Perú, el 21 de agosto de 2017.

El castillo de arena más alto

El 1 de septiembre de 2017, Schauinsland-Reisen GmbH (Alemania) erigió un castillo de arena de 16,68 m de altura en una planta de carbón en desuso en Duisburgo, Alemania.

La mano de espuma más grande

Dell Technologies (EE.UU.) creó una mano de espuma para animar en eventos deportivos de 6,12 m de altura y 0,47 m de grosor, tal y como se verificó en Grand Prairie, Texas, EE.UU., el 5 de septiembre de 2017.

El viaje de ida y vuelta en bicicleta más rápido desde Land's End a John O'Groats (hombres)

James MacDonald (R.U.) salió y regresó a John O'Groats, Caithness, tras haber pedaleado hasta hasta Land's End, en Cornualles, en 5 días 18 h y 3 min. El viaje entre estos dos extremos geográficos del R.U. tuvo lugar entre el 4 y el 10 de septiembre de 2017.

La exposición con más variedades de tomate

El 17 de septiembre de 2017, la World Tomato Society Foundation (EE.UU.) presentó 241 variedades distintas de tomate en la Heirloom Tomato Harvest Celebration celebrada en Los Gatos, California, EE.UU.

La mayor distancia esquiada en una pista de esquí cubierta en 8 horas

El 8 de octubre de 2017, los instructores de la escuela Ski Dubai (EAU) cubrieron una distancia combinada de 302,3 km en una pista cubierta durante 8 horas en Dubái, EAU.

La imagen humana de una carretilla elevadora más grande

El 10 de octubre de 2017, 694 personas se reunieron para crear la imagen de una carretilla elevadora en Dormagen, Alemania. Fue un acontecimiento organizado por Covestro Deutschland AG (Alemania) para celebrar la apertura de un nuevo almacén.

La imagen con contenedores de embarque más grande

PSA Corporation Limited (Singapur) juntó 359 contenedores de embarque de distintos colores para formar una gigantesca cabeza de león en Tanjong Pagar, Singapur, el 15 de octubre de 2017.

La barra de manicuras más larga

El 21 de octubre de 2017, OPI Products (EE.UU.) presentó una barra de manicuras de 47,42 m de longitud en Santa Mónica, California, EE.UU. 50 manicuras atendieron a 501 personas, entre las que se encontraba la actriz Peyton List.

Más canastas de netboll encestadas en una hora (individual)

Lydia Redman (R.U.) encestó 756 canastas en una maratón de lanzamientos de 60 min de duración el 23 de octubre de 2017. Redman, que sólo tenía 13 años, logró su hazaña en las pistas al aire libre de The Kibworth School de Leicestershire, R.U.

La serie de carreras sobre arena más multitudinaria

El 5 de noviembre de 2017, el Surfing Madonna Oceans Project reunió a 4.288 corredores en Encinitas, California, EE.UU. Se celebraron carreras de distintas distancias para los adultos y otra más corta para los niños.

La ola más grande surfeada (ilimitado)

El 8 de noviembre de 2017, Rodrigo Koxa (Brasil) surfeó sobre una monstruosa ola de 24,38 m frente a la costa de Praia do Norte, en Nazaré, Portugal. El récord fue verificado por el comité que juzgaba los Quicksilver XXL Biggest Wave Award.

El guiso de judías verdes más grande

El 16 de noviembre de 2017, Green Giant (EE.UU.) preparó 288,93 kg de guiso de judías verdes en la Stella 34 Trattoria en Macy's Herald Square, Nueva York, EE.UU. La comida se donó a Citymeals on Wheels.

La carrera en silla de ruedas más multitudinaria

La policía de Dubái (EAU) organizó una carrera en la que participaron 289 personas en sillas de ruedas en Dubái, EAU, el 18 de noviembre de 2017.

El 3 de diciembre siguiente, la policía de Dubái y Meydan (EAU) organizaron la **hilera de caballos más larga**, con 116 animales.

Más parejas besándose bajo un muérdago (una misma ubicación)

El Gaylord Palms Resort & Convention Center (EE.UU.) reunió a 448 parejas para que se besaran bajo un muérdago en Kissimmee, Florida, EE.UU., el 7 de diciembre de 2017.

El derrape más largo en 8 horas

Los pilotos hábiles pueden derrapar de forma controlada cuando giran. El piloto Johan Schwartz (Dinamarca), de BMW of North America (EE.UU.), logró mantener su vehículo derrapando durante 8 h seguidas y una distancia de 374,17 km. La proeza tuvo lugar en Greer, Carolina del Sur, EE.UU., el 17 de diciembre de 2017.

En el mismo evento, BMW of North America consiguió también el **derrape de dos coches a la vez más largo (en circuito regado)**. Los pilotos Matt Mullins (EE.UU.) y Johan Schwartz cubrieron 79,26 km.

La ruleta más grande

El Casino del Líbano (Líbano) fabricó una ruleta de 8,75 m de diámetro en Jounieh, el 16 de diciembre de 2017.

El año más seguro para la aviación civil

Según la consultora holandesa To70 y la Aviation Safety Network (ASN), el año 2017 fue el más seguro para la aviación civil. No hubo ni un sólo accidente de avión de pasajeros en todo el mundo. La ASN informó de 10 accidentes en los que se vieron implicados aviones de carga y aeronaves comerciales pequeñas y que se cobraron 79 víctimas mortales. Supone una significativa reducción respecto a 2016, en el que 16 accidentes causaron 303 víctimas mortales. Según To70, el índice de víctimas mortales se ha reducido a «un accidente fatal por cada 16 millones de vuelos».

El artefacto pirotécnico aéreo más grande

Al Marjan Island (EAU) y Fireworks by Grucci (EE.UU.) fabricaron un artefacto pirotécnico de 1.087,26 kg que se lanzó sobre Al Marjan Island en Ras al-Khaimah, EAU, el 1 de enero de 2018.

Más personas juntas mojando galletas

El 6 de enero de 2018, las Girl Scouts of Greater Chicago and Northwest Indiana (EE.UU.) reunieron a 3.236 personas para que mojaran galletas en el Allstate Arena de Rosemont, Illinois, EE.UU.

El caballito más largo con un quad (todoterreno)

Abdullah Al Hattawi (EAU) hizo un caballito con un quad durante 60 km en Dubái, EAU, el 12 de enero de 2018.

Mayor distancia recorrida en motocicleta en 24 horas (individual)

Carl Reese (EE.UU.) condujo 3.406,17 km en 24 h en los Uvalde Proving Grounds en Texas, EE.UU., del 25 al 26 de febrero de 2017. Se detuvo cuando aún le quedaba 1 h y 18 min, porque su equipo se quedó sin neumáticos de recambio.

Los 3 km más rápidos en ciclismo en pista (inicio en parada, mujeres)

El 3 de marzo de 2018, la ciclista estadounidense Chloé Dygert Owen logró el oro en la prueba de persecución individual en la Copa del Mundo de Ciclismo en Pista en Apeldoorn, Países Bajos, con un tiempo de 3 min 20,060 s. Rompió el récord de 3 min 22,269 s que su compatriota Sarah Hammer había logrado dos veces en un mismo día en 2010.

El cortometraje que ha ganado más premios

Luminaris (2011), dirigido por Juan Pablo Zaramella (Argentina) había ganado un total de 324 premios a 6 de marzo de 2018. El corto dura seis minutos y está montado con *stop-motion* para crear escenas con actores reales y objetos animados.

Primer cienmilmillonario

Según la lista anual de milmillonarios, que *Forbes* publicó el 6 de marzo de 2018, el emprendedor de comercio electrónico y director general de Amazon, Jeff Bezos (EE.UU.), es la primera persona que ha superado los 100.000 millones de dólares de riqueza. Se estima que tiene una fortuna de 112.000 millones de dólares.

Según *Forbes*, la **mujer más rica** es Alice Walton (EE.UU.), copropietaria de la cadena de supermercados Walmart. Se estima que, a 6 de marzo de 2018, tenía una fortuna de 46.000 millones de dólares.

La cámara más cara vendida en una subasta

El 10 de marzo de 2018, un coleccionista privado de Asia compró un prototipo de una cámara Leica de 35 mm por 2,40 millones de euros en la WestLicht Photographica Auction en Viena, Austria. Este modelo antiguo, conocido como Leica serie 0 núm. 122, fue una de las 25 cámaras que se fabricaron para ser probadas en 1923, dos años antes de que la primera cámara Leica se pusiera a la venta.

El proyecto con la mayor financiación colectiva (en general)

En septiembre de 2012, la compañía Cloud Imperium Games pidió ayuda al público para lanzar su proyecto de videojuego *Star Citizen*, ayuda que sigue logrando titulares y generando fondos. A fecha de 19 de marzo de 2018, el simulador espacial, que aún no se ha lanzado, suma la extraordinaria cantidad de 180.386.613 dólares de 1.997.150 patrocinadores (a los que se conoce como Star Citizens).

Tiempo más rápido en recorrer longitudinalmente en bicicleta América del Sur (de Ushuaia a Cartagena)

Dean Scott (R.U.) pedaleó desde la comisaría de Ushuaia, en Tierra del Fuego, Argentina, hasta el hotel Casa Cochera del Gobernador en la ciudad colombiana de Cartagena de Indias. Tardó 48 días y 54 min, desde el 1 de febrero de 2018 al 21 de marzo de 2018. Lo hizo para recaudar dinero para la ONG Heads Together, que trabaja para la salud mental.

La linterna más alta

Wuhan East Lake Tingtao Tourism Development (China) construyó una linterna de 26,28 m de altura, verificada el 21 de marzo de 2018 en Wuhan, en la provincia de Hubei, China. Tiene un diámetro de 28,26 m y una superficie de 400,59 m².

Más partidos consecutivos en la temporada regular de la NBA anotando un mínimo de 10 puntos

LeBron James (EE.UU.) jugó 867 partidos de la temporada regular en los que consiguió 10 puntos o más para los Cleveland Cavaliers y los Miami Heat entre el 6 de enero de 2007 y el 30 de marzo de 2018. Con la victoria por 107-102 de los Cavaliers contra los New Orleans Pelicans, James rompió el récord de 866 partidos que ostentaba Michael Jordan.

La ciudad más barata

Según la Economist Intelligence Unit, la capital siria, Damasco, relevó en marzo de 2018 a Almaty (ver pág. 162) como la ciudad más barata del mundo. Descendió 14 puntos y obtuvo una puntuación de 26, mientras que la de la ciudad de Nueva York, en EE.UU., es de 100.

El sombrero más alto

El sombrerero Odilon Ozare (EE.UU.) lució un sombrero que medía 4,8 m de alto en Tampa, Florida, EE.UU., el 2 de abril de 2018. Para lograr el récord, tuvo que caminar más de 10 m con él puesto.

Más *breaks* máximos (147) partidas de snooker profesional

El 3 de abril de 2018, Ronnie O'Sullivan (R.U.) obtuvo su 14.º *break* máximo en el Open de China.

La figura de ajedrez más grande

El World Chess Museum (EE.UU.) construyó un rey con una base de 2,79 m de diámetro y lo presentó en San Luis, Missouri, EE.UU., el 6 de abril de 2018. Es 53 veces más grande que un rey de ajedrez estándar.

El barco de pasajeros más grande

El *Symphony of the Seas* emprendió su viaje inaugural el 7 de abril de 2018. Mide 362,12 m de longitud y 65,6 m de ancho y tiene un tonelaje bruto de 22.081 en 18 puentes. Sucede al *Harmony of the Seas* como el barco de pasajeros más grande.

Más giros completos del cuerpo con apoyo sobre el pecho en un minuto

Tanushree Udupi (India), de nueve años de edad, completó 42 giros de las piernas alrededor de su propio cuerpo en 60 s mientras se apoyaba sobre el pecho, en Udupi, Karnataka, India, el 7 de abril de 2018.

Más turbantes atados en 8 horas

El 7 de abril de 2018, Sikhs of NY (EE.UU.) celebró el Día mundial del turbante atando 3.010 turbantes en la ciudad de Nueva York, EE.UU.

Canal de Twitch con más seguidores

A 8 de abril de 20018, el jugador de videojuegos y presentador *Ninja* (alias de Richard Tyler Blevins, EE.UU.) tenía 5.144.968 seguidores en Twitch. Sus cifras se dispararon en unos 2 millones tras un *streaming* de famosos en Twitch en el que aparecieron los músicos Drake y Travis Scott y el icono del fútbol gridiron Juju Smith-Schuster.

El bollo de canela más grande

Wolferman's (EE.UU.) elaboró un bollo de canela de 521,5 kg de peso, tal como se verificó en Medford, Oregón, EE.UU., el 10 de abril de 2018.

Más triples marcados por un jugador novato en una temporada de la NBA

Donovan Mitchell (EE.UU.) obtuvo su 187.º triple para los Utah Jazz el 11 de abril de 2018. Superó así los 185 triples de Damian Lillard en la temporada 2012-2013.

Más éxitos simultáneos en el Hot 100 de *Billboard* (mujeres)

El 16 de abril de 2018, la rapera Cardi B (EE.UU., n. Belcalis Almanzar) tenía 13 canciones en el Hot 100 de *Billboard* al mismo tiempo.

El tiempo más veloz en resolver un cubo de Rubik

Felix Zemdegs (Australia) resolvió un cubo de Rubik estándar de 3 × 3 × 3 en 4,22 s en la competición Cube for Cambodia en Melbourne, Australia, el 6 de mayo de 2018.

El saque de puerta más largo en un partido de fútbol

El 10 de mayo de 2018, el portero Ederson de Moraes (Brasil) celebró el título de liga del Manchester City con un saque de puerta de 75,35 m en el Etihad Campus de Manchester, R.U.

Los 1.500 m libres nadados más rápidos (mujeres)

El 16 de mayo de 2018, Katie Ledecky (EE.UU.) se impuso en la prueba de 1.500 m libres con un tiempo de 15 min y 20,48 s en Indianápolis, Indiana, EE.UU. Recortó su propio récord en 5 s.

Más ascensos al Everest

El sherpa nepalí Kami Rita ascendió con éxito el Everest por 22.ª vez el 16 de mayo de 2018. Ese mismo día, Lakpa Sherpa (Nepal) también rompió su propio récord de **más ascensos al Everest (mujeres)**, tras alcanzar la cima por novena vez.

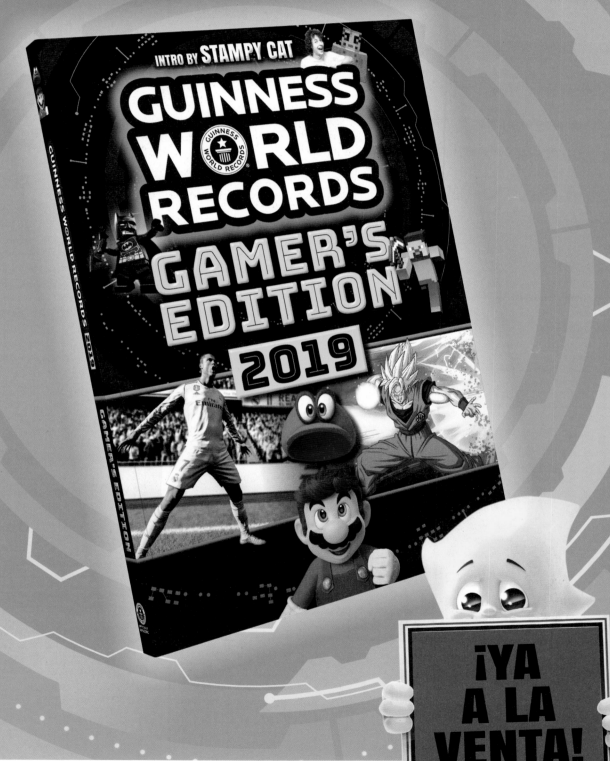